我们的爸爸曹禺和妈妈郑秀

万昭 万黛 著

长江出版社
CHANGJIANG PRESS

图书在版编目（CIP）数据

我们的爸爸曹禺和妈妈郑秀 / 万昭，万黛著．
－－武汉：长江出版社，2020.10
ISBN 978-7-5492-7283-9

Ⅰ．①我… Ⅱ．①万… ②万… Ⅲ．①曹禺（1910-1996）－生平事迹 Ⅳ．①K825.6

中国版本图书馆 CIP 数据核字（2020）第 203390 号

我们的爸爸曹禺和妈妈郑秀
WOMENDEBABACAOYUHEMAMAZHENGXIU

万昭 万黛 著

责任编辑：	朱舒
装帧设计：	汪雪 彭微
出版发行：	长江出版社
地　　址：	武汉市江岸区解放大道 1863 号
邮　　编：	430010
网　　址：	https://www.cjpress.cn
电　　话：	027-82926557（总编室）
	027-82926806（市场营销部）
经　　销：	各地新华书店
印　　刷：	武汉市首壹印务有限公司
规　　格：	787mm×1092mm
开　　本：	16
印　　张：	30.5
彩　　页：	8
字　　数：	500 千字
版　　次：	2020 年 10 月第 1 版
印　　次：	2024 年 4 月第 1 次
书　　号：	ISBN 978-7-5492-7283-9
定　　价：	86.00 元

（版权所有　翻版必究　印装有误　负责调换）

前　言

我们是剧作家曹禺与第一位夫人郑秀的大女儿万黛和二女儿万昭。

爸爸妈妈的去世极大地震撼了我们，回顾一生，想起与父母相处的许多往事，对父母感恩之情越加浓烈，他们是给予我们生命、养育我们、影响我们一生最重要的人，为此，我们要留下一份深情感恩的记忆。

不少朋友常常问到我们的父母，希望我们写点回忆。我们已是八旬老人，所剩时间不多了，我们想，关于他们，我们也应该把所知所想写出来。

对于戏剧，我们是外行。爸爸创作的辉煌年代，我们一个还没有出生，一个尚年幼，后由于父母婚变，我们与爸爸共同生活和向他求教的机会也比较少。这次写回忆录，曾经有过犹豫和痛悔。

重要的是，我国有许多研究曹禺的专家和前辈，他们写下了许许多多论著，他们对曹禺剧作，无论是它的力量，还是它的弱点，都做过精深的研究；他们对曹禺的了解、认识和理解超过我们，他们是爸爸的知音。

然而，我们毕竟是爸爸的女儿，和他同时生活在世界上五十七年，我们的亲历感受，可能较为贴心、真切、深入。特别是，从妈妈、家人、朋友和爸妈的清华同学那里，我们有幸亲知童年、青年时代的爸爸，也亲眼看到爸爸从青年走到中年，又进入晚年。

在生活中、舞台上，在学术著作和观众读者的反响里，我们沐浴着爸爸昔日创作辉煌的余晖，也体察到缠绕他身心的创作苦闷和噩梦，我们与他的艺术人生相通共存。三十年来，我们写过一些纪念文章，在一些学术研讨会上做过发言。

这次我们决心动笔写回忆录，只想作为女儿，倾吐我们的心声：谈谈我们的亲身经历，与爸爸在一起的难忘日子；更要谈谈我们对他的切身体验，从他艰辛复杂的人生历程中，探求一个剧作家创作的成与败、兴与衰、得与失、苦与乐及其产生的原因。

我们也希望通过这本回忆录，告诉读者我们的妈妈是怎样的一个人。

自妈妈爸爸去世（妈妈1912—1989年，爸爸1910—1996年），我们就开始着手写作，今天，我们终于可以说，亲爱的爸爸妈妈，回忆录终于完成了，我们的心愿实现了！

同时，用这本回忆录，我们要把对爸爸妈妈的回忆、思考和怀念，留给研究曹禺的专家，留给热爱他和他的剧作但对他还不大了解的读者、观众，留给我们的朋友、家人和后代，并感谢在困难中帮助过爸爸妈妈的好人、贵人。

目 录

第一部分　女儿心中的爸爸

1. 爸爸的艺术天性　　　　　　　　　　　　　／006
2. 学习创造　戏剧全才　　　　　　　　　　　／025
3. 生活源泉　社会良知　　　　　　　　　　　／050
4. 抉　择　　　　　　　　　　　　　　　　　／088
5. 拥抱新中国　　　　　　　　　　　　　　　／103
6. 十七年的艰难历程　生命和北京人艺相连　　／114
7. 十年磨砺　　　　　　　　　　　　　　　　／138
8. "文革"后的反思　天才未尽　　　　　　　　／148
9. 爸爸和我们　　　　　　　　　　　　　　　／177

第二部分　亲爱的妈妈

1. 中西合璧的严格教育　　　　　　　　　　　／223
2. 清华园里的金色年华　　　　　　　　　　　／229
3. 相伴相随至战乱中结合　　　　　　　　　　／238
4. 情变与妈妈的呵护　　　　　　　　　　　　／251
5. 离婚的日日夜夜　　　　　　　　　　　　　／265
6. 走出阴影　跟上时代　好人相助　　　　　　／285
7. 在妈妈的羽翼下　　　　　　　　　　　　　／295
8. 敬业乐群　　　　　　　　　　　　　　　　／301
9. 黄花岗情结　　　　　　　　　　　　　　　／310

10	痛心疾首　无尽追悔	/ 319
11	信守不渝	/ 325
12	两代人的感恩和怀念	/ 337

第三部分　妈妈遗作

| 1 | 《烟云录》（未完成） | / 346 |
| 2 | 《〈雷雨〉在这里诞生》 | / 390 |

《烟云录》是妈妈生命最后一年在重病中艰难撰写的回忆录，遗憾的是，没有写完她就去世了。回忆录中写了她的家庭、家庭教育、学生时代，特别是在清华大学的生活，写了她与爸爸的相识、相恋和《雷雨》的诞生，这是最值得珍视的一段回忆。

《〈雷雨〉在这里诞生》中，妈妈客观地记述了《雷雨》的创作情况。

第四部分　信件

1　爸爸的来信（1972—1994年）共74封　　　　　　　／396

这里呈现的是爸爸给我们姐妹二人（万黛、万昭）的信件。

2　妈妈的来信（1985—1988年）共10封　　　　　　　／478

后　记　　　　　　　　　　　　　　　　　　　　　　／489

第一部分

女儿心中的爸爸

我们想，写爸爸，主要写他的创作道路，主要探讨他创作道路上的一个重要问题。

这本回忆录酝酿、积累、思考了三十余年，动笔也已近十年，之后又进行了几十遍修改。

是一个什么样的重要问题困扰了我们数十年，支撑我们坚持自己的写作宗旨和初衷？

爸爸创作的辉煌年代，我们姐妹一个还年幼，一个尚未出生。后来，由于父母婚变，我们与爸爸相处的时间比较少，在戏剧上，少有机会让他给我们讲点什么，也没有刻意向他问点什么。为此，现在我们时时感受到痛悔的滋味，体会到爸爸"带走了他心灵中的宝贝"（巴金语）这句话的含义。

尽管如此，他是我们的爸爸，我们爱他。成年之后，我们无数次观看他的戏剧经典，仰望他昔日创作辉煌的余晖，为他的戏倾倒，并崇拜他的戏剧天才。

在北京人民艺术剧院（下简称"北京人艺"）的舞台上，我们看到曹禺戏剧怎样热烈地触发着一代代演员们的创造激情。2004年，我们有幸观看北京人艺第四代青年演员演出的《雷雨》，令人惊心动魄。我们也看到曹禺戏剧给大众的强烈震撼。2015年，清华校友剧团业余演员演出《雷雨》。那是一个上午，没有灯光，没有布景，图书馆人头攒动的开放式前厅鸦雀无声，剧场气氛、观众情绪都凝聚在舞台上紧张的戏剧情节之中。2004年，在湖北潜江一个妇孺相拥的市民剧场，我们也亲历同样的场面。

在专家学者的著作中，我们读到当年《雷雨》演出的轰动和成功。有人曾断言，从此中国戏剧史进入"《雷雨》时代"。人们评价，曹禺戏剧的诞生标志着"中国话剧的成熟"。

然而另一方面，作为生活在曹禺身边的家人，我们更察觉到爸爸内心的痛苦和身上缠绕着的噩梦，体验到他后半生写不出东西的巨大悲哀，忘不了他深重的创作苦闷。

这样，一个问题开始不断地缠绕在我们的脑海里，直至今日。这个问题就是：当年那个才华横溢的青年剧作家曹禺，后来怎么就写不出东西了呢？

那么，当初，曹禺创作的本原是什么？是什么造就了他的戏剧辉煌？后来，又是什么压抑、扭曲了他那些已经形成并成熟了的创作思想？

近些年，同样有人提出曹禺的创作"为什么从辉煌走向低谷"的问题（田本相、阿鹰编著《曹禺年谱长编》上卷3页，杨景辉：序一），也有人开门见山地对爸爸说：你后来的三个戏，我"一个也不喜欢"，并痛心地感叹：曹禺戏剧"从一个海洋萎缩为一条小溪"了（1983年3月黄永玉致曹禺信）。有关"曹禺现象"的论点在学术界被人提出并引起关注。

爸爸一生创作的前前后后，经历了成与败、兴与衰、得与失、苦与乐的艰辛、复杂的历程，留下了宝贵的经验和教训，他的创作人生前后是一个整体，相互关联，互为因果，不可分割。

于是，我们沿着爸爸的足迹，对他一生的创作道路进行了长时间的学习和思考，同时参加了许多学术纪念活动，阅读了许多研究论著，拜访了亲友，我们要尽力留下女儿眼中真实的爸爸，探索爸爸创作兴衰的成因，倾吐自己的心声。

这样，我们看到了爸爸走过的创作道路，看清了奠定这条道路的四块基石。

爸爸创作道路的四块基石：

一是艺术天性，爸爸先天的艺术特质使他具有感受、创作戏剧的才华，是艺术天资眷顾了他。

二是学习创造，爸爸对人类优秀艺术遗产的创造性学习，使他熟谙戏剧创作的真谛，是人类文化滋养了他。

三是生活源泉,爸爸熟知笔下的生活,他的创作总是为社会现实生活所点燃,是现实生活哺育了他。

四是社会良知,在先进的社会思想和艺术思想以及现实生活本身的教育下,爸爸的作品,同时来源于他对社会现实的深刻认识、来源于社会生活激发"他不能不写"的社会良知和责任感,是社会思想启迪了他。

更重要的是,爸爸在这四块基石铺就的创作道路上,逐渐形成了自己的一套创作思想、创作方法和治艺精神。

比如,"写人"是创作的中心,不能"主题先行";比如,不仅要熟悉,还要真正懂得自己笔下的人物,对他们做到真知道、真感受;又比如,写人,要写出真实、复杂、多重,具有活的灵魂的人物,等等。

正是走过这四块基石铺就的创作道路,正是遵循着这样的创作思想和方法,才成就了曹禺和曹禺戏剧。在前半生,他创作了《雷雨》《日出》《原野》《蜕变》《北京人》,编创了《家》。

爸爸的戏剧人生走到这时,可以说,他已经是一位熟谙戏剧创作规律、有成熟的艺术思想和创作方法、具有鲜明的艺术个性并享有很高成就的剧作家了。

因此,我们希望以铺就爸爸创作道路的艺术天性、学习创造、生活源泉、社会良知这四块基石和所形成的创作思想方法为主题,通过这四个主题在童年时代、学生时代、职业生涯等人生阶段的表现,探索曹禺创作取得成就的渊源。

爸爸的确是一位少有的戏剧天才,但是他写得太少了,尤其是后半生。虽然他非常努力积极地工作,全身心地拥抱新中国,并且热切期盼中国能够诞生更多自立于世界民族之林的伟大作品,但是他再也没有写出令自己满意的好作品了。他愿意为工农兵服务,却写不出工农兵;他渴望歌颂新社会,但不会"写政治"。这到底是因为什么?这是我们感到痛惜和难以释怀的,也是我们想要深入探讨的问题。

经过探索,我们逐渐看到问题产生的原因。正是铺就爸爸创作道路的这四块基石和他的创作思想方法,决定着他艺术生命的兴衰成败:当他的艺术天性自由伸展、激情迸发,他对艺术的学习、对创作源泉的探究,以及思想和创作特质得到保护和发扬的时刻,创造之火便熊熊燃烧;若被压抑和扭曲,创造的火焰就会衰萎熄灭。

艺术的天性、创作的源泉和对艺术的学习和自由创造，才是曹禺戏剧创作的魂。

因而我们认为，爸爸留给后人的遗产，首先无疑是作品。但是，绝不仅于此，同样重要的还有：引导他写出好作品的创作道路，他的创作成就中蕴含、遵循的艺术思想，以及他后期创作悲剧的教训总结，即被人们普遍关注的"曹禺现象"。

对这些问题的反思，是我们作为女儿的责任。因为这正是爸爸留给我们和后人最宝贵的财富，也是作为生活在他身边的亲人有最真实体验的东西。

这样的写作初衷和思路，决定了我们回忆录的写作方式。我们不是按照生平年表的顺序写他日常生活的花絮故事，也不是具体的作品分析。家人回忆录的写作方式应该允许多样化，可以是抒情的散文，是优美的诗歌，是趣味性的故事集，也可以是对主人公研究热点的探讨。

我们的写作初衷、宗旨和思路结构，是想从女儿的视角和体验，探讨关于爸爸戏剧人生经历中的"两个为什么"：第一，曹禺的戏剧创作为什么能够取得成就。通过阐述铺就和引导他走向成功之路的四块基石和创作的思想方法，探索曹禺戏剧取得成就的原因和曹禺戏剧的社会价值与艺术价值，即对曹禺创作经验的思考。第二，曹禺在后半生为什么未能写出令自己满意的好作品。根据爸爸后半生的各个历程，谈谈造成他的创作苦闷和悲剧的原因，即对曹禺创作悲剧教训的探讨。

爸爸一生戏剧创作的苦与乐、得与失、兴与衰、成与败、经验与教训，产生"两个为什么"正反两方面问题的成因，长期困扰着我们。

我们以十分的认真和真诚写作，以女儿真情、朴素、直白的文风，通过摆出事实、讲清道理的方式，甚至运用我们浅薄的学识，进行一点曹禺"创作心理过程"的美学问题及西方人文主义文艺思想对曹禺创作的影响等方面的探讨，与其他发言者一样，平等地参与大家的讨论。

我们想，作为女儿，我们懂得爸爸，懂得爸爸戏剧的价值和创作苦闷，在他身边，对他的体验也会较为真切、贴心、深入，相信这种反思，从长远来看，是有价值、有意义的。

1

爸爸的艺术天性

看过一些为爸爸建造的塑像，我们想，一个人物塑像，应该显示这个人物最根本的"第一"形象，就是"心像"，塑像不但要形似，更要神似。然而爸爸的这些塑像是呆呆的、木木的、冷冷的，一点、半点都不像。曹禺这个人的"根本"是什么呢？

不少人说，曹禺有一个苦闷的灵魂。意思是说，苦闷是曹禺灵魂中的魂，曹禺这个人和作为曹禺生命的戏剧，与苦闷完全纠缠在一起，是苦闷造就了曹禺和他的戏剧。这个意思不错。

南朝文学理论家刘勰在《文心雕龙》中提出"蚌病成珠"的看法，说的是人的心灵受到外界的刺激"分泌"出诗，有如河蚌因掉入了沙尘等异物，在郁积、冲突中，才结出一粒粒珍珠。法国的福楼拜说："珠子是牡蛎生病所结成，作者的文笔却是更深沉的痛苦的流露。"德国的歌德也说过，"当我被灾祸胁逼时，诗的火焰炎炎燃烧——优美的诗文，像彩虹一样在雨后阴暗的地方出现"，以此来证明压抑苦闷激发造就了艺术创作，说明了从压抑到释放与创造的关系。

的确，曹禺很苦闷，特别是后半生，写不出东西，最后苦闷离世。然而，为什么会苦闷？为什么写不出东西？苦闷，仿佛又不是他的根本。

爸爸到底是什么样的一个人？怎样来形容他呢？

一个丰富、复杂又矛盾的灵魂，一个充满激情的生命。我们要写出这样一个真实的爸爸。

很难用一个标签化的结论来表达长久以来爸爸留给我们的第一感受，我们觉得，爸爸的形象虽然丰富、复杂，但首先，他是一个特别具有艺术天性的真正的艺术家。我们不忌讳谈天才，承认天才的存在，爸爸的确是一个戏剧天才。爸爸的艺术天性，是他成为艺术家的天然内在条件，由此引发出他的许多创作特质和艺术精神。

艺术的灵性

爸爸从小就很有灵气。我们的爷爷万德尊喜欢读诗、写诗，经常命儿时的爸爸背诗、作诗。当时爸爸对应《诗经》中的"雨雪霏霏"，哼出了"大雪纷纷下，穷人无所归"的诗句，爷爷很高兴，夸奖说："不错，很有些见解。"

民国初年，爷爷当过一段时间中华民国大总统黎元洪的秘书。一次，爷爷带爸爸参加总统府邸的聚会。在众幕僚的热闹之中出现了这么个小孩子，黎元洪起了雅兴，叫爸爸与他对对子。他指着花园里的一只海豹，先出上联：海豹，爸爸马上对了下联：水獭。一个小孩子能这么迅速、对仗到位地想出与海豹同样的稀罕物水獭，黎元洪感到意外，连连夸奖爸爸"聪明伶俐"，嘉奖手表一块。爷爷在众幕僚面前感到面上有光，很是得意，更加喜欢这个聪慧的小儿子了。

爸爸八九岁时，家塾先生方地山为他作诗一首："年少才气不可挡，双目炯炯使人狂。相逢每欲加诸膝，默祝他年姓自香。"

在表演上，爸爸从小就表现出天赋。奶奶薛咏南常用一口湖北腔带着几分得意对我们说："你们爸爸小时候演戏灵着乎呢"，描述爸爸年少演戏的情景：爸爸在南开中学男扮女装主演易卜生的名剧《娜拉》，剧中娜拉背着丈夫准备离家出走的这段戏，爸爸一个人在台上又是说又是唱，打着手鼓跳着舞，把娜拉在丈夫面前慌乱、复杂的心情表演得淋漓尽致；在改编自莫里哀喜剧的《财狂》中，爸爸饰演"悭吝人"韩伯康因丢失股票，一个人在台上又哭又闹，号呼，茫然，暴跳，"扑通"一下直愣愣地倒下，"死"在了台上。《益世报》发声叫好，视为"万君表演天才流露的最高峰"，可奶奶心疼得什么似的，生怕爸爸摔坏了。

爸爸扮演"悭吝人"韩伯康引起轰动，专家们纷纷在报刊上赞叹爸爸的表演才华。评论家岚岚写道：万君饰来可谓刻画入微，入木三分，一丝不苟，他能运用丰富灵敏的想象，将韩伯康的整个灵魂附入自己的躯壳，显现在我们面前的不复是万家宝先生其人，而是活生生的吝啬老财迷韩伯康。水波写道：万君从始至终维系着全剧的生命，他具有天才和修养，所以他编的《雷雨》能够成为伟作，在这里找到了注脚。

爸爸爱读书是出了名的。在清华大学西洋文学系，他对语法、文法、编剧法之类的课很不在意，只抓住"作品"这个关键，把自己的绝大部分时间、精力和兴趣放在研读剧本上，看过图书馆中几乎所有戏剧藏书。爸爸从作品中了解了社会、学习了历史、认识了社会中的各种人物，也获得了戏剧创作的知识，终身受益无穷。这是多么聪明的学习方法啊！

爸爸写戏的智慧、在艺术上的领悟和表现能力，理论家们做过很多研究和评价。他的确具有窥识和表达人类心灵奥妙的才华。爸爸写人物、写戏的才华，是他智慧中的大智慧。

应该说，除了传记性作品外，戏剧作品中的人物形象几乎没有现成的生活模型，爸爸却能从实际生活中并不起眼的平常现象中敏感地发现、细致而深入地观察到人物和戏剧的种子。就像他从生活中无数哀怨沉静的"繁漪"身上体察到那个不甘的灵魂，从无数纯洁可爱的少年身上预见周冲的悲剧结局，从他又爱又恨的父亲身上看到周朴园无情复杂人格的影子，从生活中那些卑琐龌龊的举止中勾勒出画廊式的形形色色的人物：李石清、张乔治、顾八奶奶、胡四……爸爸善于将这些艺术的种子，演绎成一个个活生生、光彩夺目、真实可信的人，一场场惊心动魄的戏。

同样，《雷雨》精妙的戏剧结构固然有生活积累、艺术学习和思想推动的作用，但也得益于他的艺术才智。

《胆剑篇》是爸爸不太愿意提及的作品，然而，《胆剑篇》中的语言超越了许多历史剧在台词语言上的弊病，如通篇文言生涩难懂或满口当今白话随意可笑，达到了文白相间、古今相济、雅俗相融的境界。第四幕越王勾践那段精彩的诵白，我们至今难忘。

生活中的点滴随笔，也透出他的艺术才智。一次，我们在电话机旁用于随手记录的小本上看到爸爸灵感来临之时写下的无题短诗，诗中写道："孤单，孤单，岩石般的沉默。思念，思念，沙漠中的饥渴"，我们马上被震动、吸引了。孤独、思念是人人皆有的体验，但是爸爸把无处寻声、无人倾诉、失聪般的空寂孤独比作是"岩石般的沉默"，把思念中的渴望、受折磨和无法解脱比作滴水即逝的"沙漠中的饥渴"，有谁会有如此深邃的体会、如此精彩的表达呢。

生动的心灵

有书中写：曹禺性格孤僻、忧郁、暗涩。但是，很多时候，爸爸并不是这样。在家里，在他完全放松自在的时候，在他喜欢的人和事面前或在他聊到感兴趣的艺术话题，在人前有意要表现什么的时候，特别在他兴之所至的时候，他可是另外一种样子。爸爸自己也承认，他素来有些忧郁而暗涩，纵然在人前有时也显露着欢娱。

我们觉得，爸爸不仅聪明，而且生动，他的身体里跳动着一个活泼的心灵。聪明的爸爸，他的心灵永远是生动活跃的。爸爸生性生动有趣，灵动活泼，不拘一格，是一个充满活力的人。他说过，小的时候，他的思想很活跃，想法很多，想尝试的事情也很多。对呀，一个艺术家，如果心灵死沉沉、木呆呆，怎么能搞艺术呢？

说起爸爸小时候的灵气，不由得想起他那个"圆光"的有趣故事。"圆光"是过去一种占卜凶吉的迷信活动：在黑屋子里，墙上挂张白纸，占卜者点一支蜡烛，在纸面前不断地晃动，然后，让"圆光"者（用迷信方法推断祸福的人）从纸上呈现出的不同影子中，解释出凶吉来。

民国初年，军阀混战，黎元洪方面陷入危机，幕僚们乱作一团，如热锅上的蚂蚁。他们有病乱投医，决定举办一次"圆光"仪式来占卜前途的凶吉。根据"童言无忌"的信条，他们挑选了一对"童男童女"做"圆光"者来解释光影，爸爸入选"童男"。仪式上,"童女"说在白纸上什么都没看见,而爸爸却说得活灵活现,他煞有介事地形容:他在白纸上看见了黎元洪的千军万马奔腾开来,打了大胜仗,还邪里邪乎地声言他清清楚楚地看见了士兵帽子上"黎元洪"三个字。一群久经沙场和政坛的元老围着一个小孩子听一番神乎其神的"圆光"演讲,真假难辨,喜忧难分,这是一个多么滑稽可笑又有趣的场面啊!平日总是闷闷不乐,此时突然开怀神侃的小儿子,让爷爷也摸不着头脑,犯了嘀咕。第二天,爷爷问:"添甲(爸爸的小名),你昨天是怎么回事?"爸爸扑哧一乐,便溜掉了。

人们说这是他第一次"成功的"戏剧表演。我们觉得,儿时的爸爸不仅聪明,而且搞怪多变,他的脑瓜灵活好动,是一个古灵精怪的精灵,这次"圆光"更是一场娃娃斗胆的恶作剧,太好玩了。

爸爸心情完全放松自由的时候,活泼有趣,异想天开,更是让人意外。一次,爸爸带我们到北戴河。晚上乘凉,妹妹们闹着要爸爸讲故事。当时暑热难耐,爸爸没故事可讲,但被闹得不行,眨眼的工夫,突然开口:"从前啊,有一个小孩,他什么都好,就是爱放屁,一吃崩豆,就放个没完。有一天,妈妈对他说,'屁乖儿,妈妈的小乖乖啊!我要出远门,你在家要好好地等着啊!'于是啊,屁乖儿一个人待在家里等妈妈,等啊等,左等不来,右等也不来,便大哭起来了。哭着哭着,有了,他想出一个好办法,拼命地吃崩豆。突然,他听见身下一声雷响,十万八千里,一下子崩到了妈妈身边。妈妈惊奇地问,'我的小屁乖儿,你怎么来的?'屁乖儿得意地指着小屁股大叫,'妈妈,你看,我是坐这个来的。'"这个意想不到的荒唐结尾,逗得我们乐不可支。妹妹们这才明白,使劲摇着爸爸的头嚷嚷:"爸爸你胡编,不干,不干!"天性生动的爸爸几秒钟里编出这个小玩意儿,虽然有点"臭",但也是突发奇想,让大家乐呵祛了暑。

另一次,爸爸在北戴河开会,夜深了,乘凉的人们都已回屋休息,喧闹的海边安静下来,只听见远处三两年轻人的说笑声在海面上荡漾。这时,北戴河的夜空异常晴朗,天边耀眼的月亮在海浪上摇晃出层层光影。爸爸拉着老顽童谢添下海去天边找月亮!他们游出很远,谢添说:"回去吧。"爸爸说:"马上就到!"谢添问:"到哪儿?"爸爸指着月亮说:"你看,那不是吗?"接着,他们向天边游去，游去，越过泳区的道道防鲨网，直到一点也听不见他们说话的声音……后来，人们这样议论，这就是诗人的灵性、浪漫和豪情！

"文革"后的一天，爸爸在家等一位"客人"，很兴奋，好像还有点坐立不安，他说"十几年没见了"。突然，门开了，那个人刚露面，爸爸就大叫起来，跑过去："哎呀，我的瑞芳啊，好瑞芳啊！"接着热烈拥抱，两个人拉着手走到沙发前坐下，整整聊了一下午。他们有时笑，有时落泪，最后快快乐乐地告别，爸爸还开了一个不着边际的玩笑，我们送客的人都有点不好意思，他们两个却大笑起来。爸爸就是这样，"人来疯"，何况他们是最要好的朋友，"有朋自远方来，不亦乐乎"。

后来，爸爸多次对我们说，他非常喜欢张瑞芳，说她可爱，性情跳动，是只快乐的小鸟，是一个好演员。1996年12月爸爸去世后没几天，我们读到一份记者电话采访张瑞芳的报道。报道中说，抗战时期，爸爸和张瑞芳是师生，更是好朋友和同事。张瑞芳在《北京人》中扮演的愫方，轰动了重庆。1942年，爸爸对张瑞芳说："瑞芳，我给你写一个戏吧，专门让你演，从一个年轻女人一直演到死。"这个角色就是话剧《家》中的瑞珏。这个戏开排时，好多女演员争演这个角色，爸爸说，你们都不用争了，瑞珏这个角色，是我给瑞芳写的。1943年，爸爸和张瑞芳同台演出匈牙利作家贝勒·巴拉兹的三幕名剧《莫扎特》，扮演奥地利作曲家莫扎特和他的情人。张瑞芳夸奖爸爸把一个有才华但被环境迫害的音乐家的内心世界表现得淋漓尽致。当她说到"曹禺是我最好的老师、最好的朋友"时，忍不住痛哭起来，记者不得不暂停采访，转而安慰这位老前辈。采访最后，张瑞芳告诉记者，前两年曹禺曾说要为他们这一批老演员、老导演专门写一个本子，但这个愿望终于没有实现……话筒里又是长久的哽咽、哭泣，采访就这样结束了。这篇报道令我们感动，让我们感受到艺术家之间深沉激荡的情感。

爸爸平时说话不多，但聊起艺术来就变了。南京国立戏剧专科学校（以下简称"国立剧专"）的学生见到我们，几乎毫无例外地回忆当年曹禺讲课如何生动、活灵活现，受到学生们的追捧。戏剧理论家田本相也多次提到采访中爸爸谈话的生动情景。他说，衰老体弱、无精打采的爸爸，有时语音很低，有气无力，思路中阻，说不出来什么；可有时，聊到"兴头"，"活分劲儿"上来了，会变得口若悬河，滔滔不绝，声音高昂，兴致勃勃，是一种进入角色的状态，与平时判若两人。

敏　感

艺术家天性的另一种特质是对外界事物反应极端敏感细腻，经常感受到别人尚未察觉的东西，而且反应强烈；在年少时期，显示出早熟。

爸爸刚出生三天生母就去世了，可以说，生母没有给他留下任何印象。很快，他的亲姨当了继母，对他非常好，视如己出。这种情况对于一般的孩子来说，不会太去在意，但是，年幼早熟的爸爸知道了这个秘密，心中总是涌起无限的悲哀。

爸爸六七岁时，爷爷被派到河北宣化当镇守使。按理说，这么小的孩子，正是浑浑噩噩、懵懂无知、淘气贪玩的时候，而且，作为"镇守使少爷"的爸爸衣食无忧，可是，他小小年纪却非常敏感，常常一人在宣化府后院的城墙上久坐，觉得偌大一个宣化府，他一个小孩子，亲生的母亲去世了、孑然一身、举目无亲，十分孤独而凄凉，想起亲生母亲，有时甚至潸然泪下。童年的爸爸常在府中的小溪捕捉小鱼，一个人玩。看见溪水清澈透底，小鱼在水中游荡嬉戏，很是惬意，他感慨："我真羡慕它们。傍晚，一个人难过极了！"自由快乐的小鱼儿竟引起他的自怜和心酸。

李玉茹阿姨曾回忆，爸爸对他生母的感情是很深很深的，曾经写了一篇长诗《母亲》纪念他的生母，可惜没有写完。爸爸知道继母对他很好，觉得过多地谈生母对不起继母，但是他念念不忘的还是他的生母。

爸爸常常陷入一种失去生母的孤独、寂寞和悲哀之中。我们也感觉到，爸爸对爱他的继母一直抱有一种复杂矛盾的感情，保持着某种距离感，虽然爸爸深知继母对他的爱，很感恩。

爸爸的继母就是我们的奶奶。奶奶虽然也十分爱爸爸，但是奶奶来京看望爸爸，大概出于对爸爸婚变的遗憾和不适应，从来不住在爸爸后来的家，而是住在爸爸第一位妻子即我们的妈妈郑秀这里。爸爸与奶奶之间，总让人感到有一种隔阔。爸爸这种对生母亲情的渴望、失落和断裂，后来深刻地反映在《雷雨》周冲与母亲繁漪亲昵而后崩塌的复杂感受中。

作为剧作家，爸爸对外界事物的敏感和强烈感受，更集中地表现在对人的关注上。

爸爸捕捉生活中人物的视角很有意思，有些生活中的人和事可能不被别人在意，却往往引起他的兴趣。

记得小时候爸爸带我们到东安市场的五芳斋吃包子，爸爸盯上了一个很小很小的"人物"——邻桌一个四五岁的小男孩。这个小男孩由父母带入座位后，一秒钟也没闲着，他上蹿下跳，一会儿把桌上的筷子都胡噜到地上，一会儿钻到桌子底下拽父母的脚，一会儿踢桌子，一会儿踩椅子，根本不听大人管教。于是，孩子妈妈用一口上海话吓唬他："你不乖，我打你啦！"小男孩哪里怕，小眯眼一瞪，一副讨人嫌的样子。感到当众丢人的孩子爸爸急了，打了小男孩一巴掌，小家伙便玩儿命大哭起来，不停地嚎叫："我瓜（乖），你不瓜！我瓜，你不瓜！"面对这个熊孩子，我们和其他顾客都烦透了，爸爸却兴趣盎然，笑着，眼光上上下下跟着小男孩转。不一会儿，这对父母没吃成饭，无奈地提着孩子走了，老远还听得见那个"小讨厌"不停地嚎叫。这顿饭爸爸没吃多少，饭后路上还不停地回味："这孩子真有意思，'我瓜，你不瓜'！"大概，小男孩的"特殊"让爸爸产生了兴趣。

一次，在音乐学院附中读书的昭昭聊起班里的事：一个学小提琴的女同学常常一个人在宿舍里点火柴，一根根看着它们慢慢熄灭……别的事爸爸一听而过，这个事却引起了爸爸的注意。他反复向昭昭提起这件事，很关注这个同学。昭昭告诉爸爸，这位同学性格内向，情绪低沉，爱看古典小说。也许，爸爸觉得这个女孩的举动太特别，透出了她的内心。

昭昭的儿子唐迎去看望病中的爸爸，爸爸向他询问学校的情况。唐迎是北京经济学院学生，在20世纪90年代"下海"的大潮中，唐迎也准备毕业后经商。爸爸躺在床上听着唐迎"海阔天空"，一言未发。半晌，他突然开口："我问你，你做生意，能不能坑你最要好的朋友？"爸爸这个突发的尖端问题，搞得唐迎不知所措，一时不知怎样回答，吭哧半天，才挤出两个字："不能。"爸爸马上爽快地对他说："你不行，你做不了生意！"写过《日出》，写过潘月亭、李石清这些"龌龊、卑鄙小人"，看清资本主义世界的爸爸，他的提问和回答，当然一针见血。唐迎的前景，真让爸爸一言说中。唐迎之后参与了不少行业，但最终由于缺乏商人那种精明、那种精于钻营和计算的大脑，败下阵来。

正由于爸爸对人和事物异乎寻常的敏感，他才能够极其细腻而敏锐地体验和表达人类复杂多变、真实细致的情感。

多情、善感的气质，感性形象的艺术思维

爸爸爱海。一次，看到海涛滚滚，推起一排排白色浪花由远及近，他突然发出感叹："多么像千万匹白马奔驰而来啊！"真是出神入化的一笔！描绘出大海的壮丽，抒发了艺术家的情怀。

我们想，面对同样的景象，科学家可能想到的是关于潮汐现象的海洋科学，而爸爸头脑里出现的却是具象、激情的奔马。正如科学家牛顿因坠落的苹果发现了地心引力、艺术家罗西尼在歌剧《威廉·退尔》中通过一个苹果表现了一位民族英雄的爱国之情，形象性、情感化，大概是艺术家与科学家的重要区别吧。

20世纪50年代，爸爸小小书房的窗外是一个被前排房屋遮挡的阴暗过道，过道尽头现出一棵阳光下的海棠树。树下，他的三女小方子（即万方）经常与小朋友快乐地跳皮筋。爸爸在书房伏案写作，天天都可以透过窗户看到、听到。他在一篇文章中留下了这样的一句话："树叶在秋天的阳光下闪烁，像无数孩子欢快的眼睛。"爸爸赋予了这棵普普通通的海棠树以无限的生机和活力，将当时"好光明""好孩子""好漂亮""好心情"的感受融会在一起，表现出景象的美丽和人性的温暖。

在戏剧创作中，爸爸对社会生活中的"人"与"事"的感受和表现方式，永远是"形象化"和"情感化"的。

比如，谈到处女剧作《雷雨》诞生时的心情，爸爸没有以抽象的"概念""论据"进行理性论证，闯入爸爸心灵的是具体可感的形象和激情的人性咏赞。

《雷雨》诞生了，爸爸这样表达他的心情："有如母亲抚慰自己的婴儿那样

单纯的喜悦","如欢喜在融冰后的春天,看一个活泼泼的孩子在日光下跳跃,或如在粼粼的野塘边偶然听得一声蛙鸣那样的欣悦"。

这里,爸爸表达的是情感——心灵的欢呼、母爱的喜悦,是婴儿、孩子、蛙鸣,一个个活泼泼的形象。他说:"我是一个不能冷静的人……我不会如心理学者立在一旁,静观小儿的举止","也不能如实验室的生物学家,运用理智的刀来肢解分析"。

谈到《雷雨》中的人物,爸爸总是以一种"情感的""形象的"感受来体验、同情这些社会中的人们,视他们为"悲悯眼光"俯视下的一群地面"蠕动的生物","他们这样盲目地争执着,泥鳅似的在情感的火炕里打着昏迷的滚,用尽心力来拯救自己,而不知千万仞的深渊在眼前张着巨大的口"。

谈到《雷雨》中的社会现实,爸爸把周围的黑暗现实比作是怎样呼号也难逃脱的、无望自拔的"残酷的井""黑暗的坑",把社会中的人们比作是"火坑里蠕动的泥鳅""泽沼中挣扎的羸马"……

在《雷雨》中,他以切身的体验和饱满的同情,通过深刻的人物形象和生活图景,描绘出人们的苦难和困境、社会的残忍和冷酷。

《雷雨》中的"景象""氛围"也永远是与情感、形象、剧作的矛盾发展紧紧交融纠缠在一起的。爸爸以他的感情和形象的方式在剧情中表现了《雷雨》故事发生的自然季节环境及环境烘托的戏剧氛围和郁结的社会情绪。

那是一个"苦热"的夏天。爸爸说:"夏天是个烦躁多事的季节,苦热会逼走人的理智。在夏天,炎热高高升起,天空郁结成一块烧红了的铁,人们会时常不由己地,更归回原始的野蛮的路,流着血,不是恨便是爱,不是爱便是恨。一切都走向极端,要如电如雷地轰轰地烧一场,中间不容易有一条折中的路。"

这里可以看到,在剧中爸爸对夏季感受的表达绝不仅仅是客观的自然现象,他对自然环境、人物心理、社会情绪的表现是如此交融:"烦躁多事"既是季节,又是心理;"苦热"既是体感,又是情绪宣泄。《雷雨》的创作孕育多年,对于多年来世间的人和事,爸爸把积压在心中的郁热、烦躁、压抑、愤懑,蒸腾在"郁结成一块烧红了的铁"似的"炎热"的夏日里,倾注在被苦热"逼走理智"的人物中。

这情，这景，这人，相互撞击又纠缠，把爱与恨的情感推向了极端。"不是恨便是爱，不是爱便是恨"，中间没有"折中"，不可调和，直至"要如电如雷地轰轰地烧一场"，戏剧性达到了高潮。"极端"和"矛盾"，成为《雷雨》戏剧氛围里的两种基调。

爸爸从来不是用抽象的概念、论证的逻辑思维去引领创作、感受和表现生活，形象化、情感化、激越的戏剧性的特质才是他的艺术天性。

"形象"和"情感"的作用始终贯穿、引导《雷雨》创作的全过程。

《雷雨》发表后，不少人问爸爸《雷雨》是怎么写的、是为什么写的、要表现什么，有的人甚至替他下了注释："暴露大家庭的罪恶"。

爸爸回答说，回忆起三年前提笔的光景，"我并没有显明地意识着我是要匡正、讽刺或攻击些什么，也许写到末了，隐隐仿佛有一种情感的汹涌的流来推动我。我在发泄着被压抑的愤懑，诽谤着中国的家庭和社会。然而在起首，我初次有了《雷雨》一个模糊的影像的时候，逗起我的兴趣的，只是一两段情节、几个人物、一种复杂而又原始的情绪。"

很清楚，引导、决定爸爸写作《雷雨》的，不是事先预制好的什么"主题""目的"，什么理论概念、政治口号，最初提笔的冲动只是"逗起我的兴趣的""一两段情节""几个人物"和一种还说不太清楚的原始"情绪"，即还未经政治理论梳理改造过的自发的原始情绪。

很明白，爸爸创作最初的萌动，一开始就是形象化、感情化的，并且整个创作过程，始终不离开"形象"和"情感"的陪伴，直至最后把它们表现出来。

同时，在创作过程中，这些"形象"和"情感"不断地发展深化，"写到末了"，爸爸有意无意地感到"隐隐仿佛有一种情感的汹涌的流来推动我。我在发泄着被压抑的愤懑，诽谤着中国的家庭和社会"。这样，《雷雨》中"诽谤着中国的家庭和社会"的思想主题，似乎是事后被理性概念"追认"的。

了解到爸爸这样的艺术天性，我们就很容易理解爸爸在后半生"渴望歌颂新社会，却不会写政治"的苦闷和对"主题先行"的创作方法的不适应、不赞成。

深刻的认知能力，飞扬的想象创造力

深刻的认知能力 我们说爸爸天性的情感化、形象性，不是说爸爸没有思想，不是说他在创作中没有抽象的思维活动，任凭情欲横流，成为感情的奴隶。爸爸情感化、形象化的艺术创造，也显示了他深刻的认知能力。他喜欢思想深刻的作品。他说过，自己对理论没有兴趣，但是，在欣赏作品时，似乎对写作深邃的作家格外喜欢，像契诃夫、托尔斯泰、鲁迅等。

在生活中，关注到某一种类型的人 爸爸怀着对旧中国的满腔愤懑，从对广泛生活的"浏览""感受""体验"中，关注到"某一种类型"的人。

在《雷雨》创作之前的许多年，爸爸游走于旧中国的社会，看到过各种各样的人物，算不清"亲眼看见多少繁漪"。首先，在广泛生活中，在形形色色的人群中，爸爸敏锐地关注到像繁漪"一种类型"的女人。

这类女人在社会环境的窒息中，呼吸不着一口自由的空气，抑郁终生。她们心比天高，本来有着对美好未来的向往，偏偏生活在阴沟里；她们心中燃烧着一片浇不熄的爱火，却枯干在沙砾上。此时的爸爸并没有进入创作过程，只是注意到有这样一种类型的后来称为"繁漪"的女人。

在各式人物的生活里，爸爸对"繁漪"这类人的敏感、注意和筛选，其实就是一种对生活的理性比较和判断的结果。尽管他本人并不一定清楚地意识到，这一直是在艺术的形象思维中进行的理性思考。

形象受胎 一把火，在爸爸激荡的心中催生了从"这一类"到"这一个"典型人物的"形象受胎"。一次机会，爸爸从无话不谈的好友陆以洪那里听到了又一个类似繁漪的女人的故事。这个女人是陆以洪的嫂子，与陆以洪有爱情关系。这位嫂子给爸爸的最初印象是文静、漂亮、不厉害，一肚子苦闷。她不爱自己的丈夫，丈夫成日在外工作且人很呆板。

这个人物的出现就像在爸爸心中"放了一把火"，与他自己心中的社会情绪、与他之前在生活中看到的"繁漪"这一类的许多女人那么"一碰"，互相撞击，使他从对社会人物的广泛"浏览""关注"，始入创作过程，成为他创造繁漪"这一个"典型人物形象的最初意念。

有人称这种艺术现象,为艺术创作的"形象受胎"。

爸爸从"这一类"到"这一个"人物的集中、深入和感染的过程中,同样也有着分析、选择、综合等理性因素。

再孕育 但是,"繁漪"这个人物形象,还是与爸爸的社会情绪之间存在着"参差"和"不满足",这促进了"繁漪"形象在生活中的"再孕育"。

"嫂子"这把火,在爸爸头脑中,萌生了"这一个"女人。但是,"这一个"女人是繁漪,又不是繁漪。

多年来,爸爸在中国的社会和家庭中一直有一种被压抑的愤恨"乱云似的匆促,迫切",企图发泄出来。而这位嫂子,虽同样感到社会的压抑,但她与爸爸"原来的企图",与原来燃烧并企图去表达的在爸爸心中的愤懑,存在"参差",有很大距离。正如爸爸所说,嫂子没有繁漪"勇敢",她还不够"强悍",情感还不够"火炽",缺乏一种"满蓄着受着抑压的'力'",不能令人满足。

爸爸需要再度在生活中去补充,去寻找,吸收更多的生活和知识营养。有人称之为"再孕育"的过程。也许因为这些,使爸爸联想到自己身边的继母,即我们的奶奶薛咏南。

奶奶薛咏南不一定有陆家嫂子的经历,但是爸爸说:"繁漪身上也可以找到我继母的东西,主要是那股脾气。"

从爸爸的回忆中,可以看到奶奶的性格和气派,即"那股脾气":爷爷活着的时候,她在饭桌上,敢于约束作为一家之主的爷爷的任性火气;她爱读小说,在艺术上很有一番见解,常与爷爷讨论《红楼梦》中的诗词;她也很理解《雷雨》中"繁漪"这一类人物,她说,人的感情被挤到那份儿上,就要发生这样的事;奶奶爱看大戏,自有一套活法,特别是爷爷在宣化当中将镇守使的时候,奶奶作为中将夫人,很有派头。

爸爸说,每次奶奶领着他去看戏,她一到戏院,戏班子无论正演着什么,都会立刻停下来,跳起"加官""天官赐福"来迎接,一边喊着"镇守使夫人到""少爷到",一边伺候入座,奶奶便把铜子赏钱撒到戏台上。

爸爸说奶奶是一个"很能干"的人,她对爸爸的教育,也与那些性情柔软的女人不同，大胆而自信，她经常鼓励爸爸："添甲，你出去，放心做事情，该做什么、想要做什么，只要不做缺德的事，大胆地去做好了，什么都不要怕。你父亲没有做过缺德的事……你放心做事吧。胆子要大一点，心肠要宽一点，善良一点，遇事要沉着点。"

一次，奶奶带十岁的昭昭乘三轮出门，酩酊大醉的车夫一路上醉话连篇，说什么须给十倍的车钱，不然要对老太太如何如何、对小孩子如何如何，把昭昭吓得直发抖。奶奶却腰板直直地坐在车上，对昭昭大声地说："不怕，不怕！"到了目的地，奶奶利索地按原价把车钱塞给车夫，带着昭昭扬长而去。

奶奶的强势、胆识和气派，给爸爸塑造剧中人物的性格气质以启发和补充。出于对社会、社会人物的深刻认知和评断，爸爸感到，必须吸取各种（包括身边的亲人）营养，改造、丰富、创新直接从生活中得来的"人物原型"，使自己笔下的繁漪"勇敢"起来、"强硬"起来。

当然，爸爸需要丰满人物形象的来源，绝不仅仅是"薛咏南"，肯定还有许多生活中"繁漪"似的女人。

知识补充　爸爸通观世界各国艺术中的人物创造和心理学，特别是变态心理学的研究。他说，一个作家，必然会去琢磨人物的种种心理，譬如，写繁漪，对她那种乖戾的阴鸷的心理，是不能不研究的。但是，他绝不是因为看了弗洛伊德的书，受到书的影响，才那么写的。重要的是他对生活中的人物性格和心理的观察和研究，并且把它提升起来。

像繁漪这类人，她们不正常的欲求、环境的窒息，常不为人理解，受人嫉恶，致使她们的性格扭曲，变得阴鸷可怖和强悍，因为热情烧疯了她们的心，她们的生命中交织着最残酷的爱和最不忍的恨，使她们敢于冲破一切的桎梏，对着黑暗的社会做一次困兽的斗。

这就是《雷雨》中的繁漪，就是爸爸在《〈雷雨〉序》中提到的那个具有"最雷雨的性格"的繁漪。

整体"揉搓塑抹"的创造　通观繁漪形象的整个创作过程：开始，怀着愤懑社会情绪的爸爸在广泛生活中"浏览""发现""体验"到"繁漪"这一类的女人——"这一类"女人被"嫂子"的"一把火"点燃，产生"繁漪""这一个"

典型女人的"形象受胎"——作者对生活原型"嫂子""不满足",在生活中进行"再孕育"——研究各种知识中关于这种女人的特性和命运——将前面的各种创作因素融合作者个人才智和想象在一起"揉搓塑抹",最后完成繁漪这个人物的塑造。

由此说明,在繁漪这个人物的感性的形象创造过程中,存在一个作者反复在生活中观察发现、比较筛选、加工融合、认识提升的思维过程,只是,有时作者并不自觉、没有理会罢了。

飞扬的艺术想象力 在爸爸艺术形象的构思中,想象创造活动可能比思想认知过程更活跃。

作者在实际生活中摄取的原始素材有时并不起眼,平淡无奇;有时虽然火爆,但仅仅是一叶碎片、一粒火花,它们距离艺术作品中完成的人物形象,还相差很远很远,只是孕育作品未来人物的一颗种子。有了这颗种子,关键就要依靠作者飞翔的想象力了。

在《雷雨》的创作中,爸爸把生活中关注到的、被压抑的,被"嫂子"点燃的、被自己的愤懑情绪所激发提升的一个魅惑强悍女人的幻想意象,渐渐熔铸成为剧中有血有肉、活生生、真实可信、具象的繁漪,洋溢着充沛的艺术想象力。

爸爸的创造想象活动极为活跃和富饶,异乎寻常。他为繁漪写了小传,对她进行了反复深入的创造和思考,编织出她的身世经历,编织出繁漪与周朴园、周萍、四凤、周冲,甚至与鲁妈、鲁贵之间那种错综复杂、微妙隐秘的人物关系,编织出那些纠结深邃的故事情节,设计出环环紧扣、盘根错节、动人心魄的戏剧结构,刻画出繁漪的独特性格、内心情感、语言特点,直至她的"一手一足,一笑一颦"和说话的"口吻、语气、用语"。

可想而知,从生活中的简单碎片和瞬间火花到一个丰满独特的人物、一场场扣人心弦、曲折复杂的情节戏剧,这中间包含多么丰沛的想象创造啊!

繁漪是爸爸最喜欢的剧中人物,妈妈在回忆中多次谈到爸爸的这个偏爱。这个人物不易为人解悟,一些观众,包括我们都不太理解,甚至有人骂她是阴狠怪癖的"醋坛子"。然而,爸爸始终认为,20世纪二三十年代,在黑暗沉闷的旧中国旧家庭，一个女人，敢恨敢爱，敢于站出来冲破一切的桎梏，对旧的婚姻、道德礼教、家庭人伦，对社会黑暗，做一次决死的"困兽的斗"，是非常难得的。

对于当时"发泄着被压抑的愤懑，诽谤着中国的家庭和社会"的爸爸来说，繁漪是完全可以理解、值得赞美的。

爸爸尤其赞美繁漪的"尖锐"和"她满蓄着受着抑压的'力'"。我们理解，爸爸所说的"尖锐"和"力"，就是反抗社会黑暗的勇敢和冲力。所以，爸爸不仅成功地塑造了繁漪这个人物形象，而且通过这个形象深刻地表达了自己强烈的社会情绪。

心理反应和表达的极端性与戏剧性

爸爸是一个感情型的作家，他说"我这个人就是一团感情"。他具有一种感情容易激发的气质，他的心灵动辄被深深打动，以至流泪。有人说，这种人神经系统发育得过了头，智力情感异常丰沛。当智力情感摆脱意志的羁绊分离出来，自由奔放地完全独立自发活动时，经常出现无穷的无法抑制的情感力量，形成一种特有的张力，时时刻刻寻求发泄和施展，往往冲到极致。

在艺术上，爸爸说过，他这个人不只喜欢真实，而且喜欢戏剧性强的作品。爸爸不仅具有多情、善感的艺术天性，而且这些心理的反应和表达方式异常强烈，有时甚至表现为极端，在戏剧中则表现出浓烈的戏剧性。

《北京人》中的愫方也是爸爸很喜欢的笔下人物。他在剧本舞台提示中写道，愫方"哀静""异常的缄默""怯怯的十分动人衿情""恍若一片明静的秋水"，深埋着丰富的心灵，压抑着苦痛和哀愁，"她温厚而慷慨"，为抚爱不幸的他人，"时常忘却自己的幸福和健康"。"她总是向往着美好的未来"，最后，她"觉醒"了，离家出走。爸爸说，他是根据死去的爱人方瑞来写愫方的，是想着方瑞来写愫方，是用他的心灵塑造成的，把自己对她的感情、思恋都写进了愫方的形象里。因而，爸爸在《北京人》的艺术创作中，对这个人物不断进行想象、创造、美化，将她推向了极致，塑造了一个"把好的送给人家，坏的留给自己"，无私牺牲个人爱情、勇敢走向社会和革命的完美女性。

从《原野》中花金子的一句话中，也可以看到爸爸的这个特点。花金子挑逗焦大星向自己示爱，向他提出这样的问题："我和你妈都掉到河里，你先救哪一个？"这原是热恋中妈妈曾对爸爸说过的一句假设的玩笑，而爸爸抓住这句富于特色的语言，加以夸张、想象、煽情，编写出花金子要求大星"你先救我""只救我一个"，强迫大星说出"淹死我妈"。这一大段剧情，把花金子火辣、狂野的性格推向了极致。

戏剧与音乐的激情交融　一次神奇的"窥视"　我们难得有一次机会"窥视"到爸爸的创作状态，那是一个激情燃烧的瞬间。一天夜半，爸爸的书房泄出灯光，昭昭透过门缝，听见了低回而又因激动难抑而颤抖的朗读声，看见桌前爸爸埋头于笔下心迹。屋内厚厚的窗帘严严实实，一片漆黑，唯有书桌台灯的橘红色灯光炽热，射在地面、护墙板上，仿佛地火随着起伏的朗读声，围绕着爸爸热气蒸腾地熊熊燃烧。爸爸喃喃地念着，声声入心，连绵不断，层层叠叠，螺旋似的升华，如激情的交响乐在整个屋内奏响，漾出胸中翻滚的情潮……昭昭怔住了，眼前的景象太神奇了！

爸爸不是音乐家，但是他很喜欢音乐，对交响乐的表现力有着难得的体会，他说："我在构思中，就有一种向往。不知是什么原因，交响乐总是在耳边响着，它那种层层展开、反复重叠、螺旋上升、不断升华的构架，似乎对我有一种莫名的吸引力。"

爸爸懂得音乐在激发情感和想象力上的巨大力量，为它迷醉。他说，他很喜欢音乐，特别是交响乐。莫扎特是他格外喜欢的。他有这样一个音乐的情结，或者说莫扎特情结，所以饰演了《莫扎特》中的莫扎特。

爸爸有一种创作习惯，每每写出一段文字，他都要投入角色反复朗读表演，这不仅仅是写作技术和态度上的要求，还因为爸爸追求人物以至整个戏剧的充沛情感和诗意浪漫，追求思想情感表现的节奏起伏、复杂错综和矛盾发展。而这方面，音乐和戏剧是多么相近！在音乐与戏剧交融之下，爸爸自我感觉：那个"劲儿"来了！这瞬间，也许就是灵感的来临、天才的激发吧。

这种激发的写作状态，是爸爸生活积累和形象孕育成熟、豁然贯通的结果，有时会出现在夜间。他不时为写作惊醒，想法在头脑里翻滚，越来越丰富清晰，于是干脆起床动笔，写下一段段精彩的文字。

严谨的态度　艰苦的历程

爸爸的戏剧创造是激情、深刻的，同时也是异常艰苦的。爸爸有超常的戏剧天赋，但是他的成功，绝对离不开严谨刻苦的创作努力。

妈妈回忆，《雷雨》从最初的创意萌发到最后完成，前后五年。爸爸为剧中的每一个人物都写了小传，而且不止一遍，还有创作提纲、剧本结构、剧情构想、人物性格、台词、舞台提示的草稿卡片、分幕表，甚至舞台设计草图、布景道具，等等，不计其数。这些创造性的工作经常是编织构建了又推翻重来，直至把人物真正想明白、想透，让戏剧效果达到惊心动魄、无懈可击。

在语言文字的运用上，爸爸也特别严格讲究，他总是一遍遍修改，一个字一个字地修改，甚至一个标点都不放过，写完后还要念。写《雷雨》时，妈妈常常看见爸爸对着镜子模仿不同人物的口吻和表情，有声有色地朗读剧中的台词，一遍，两遍，甚至十几遍，听着、看着镜子里的自己，一旦感觉不顺、不完美，马上修改。

写《雷雨》时，爸爸笔下的这些人物小传和各种草稿，每天都一大摞一大摞地带进清华园图书馆，最后堆满整个床下。这是多么艰辛的心血劳作啊！

热爱自由，厌恶束缚

爸爸的艺术天性以及读书、实践，培养了他对戏剧的痴迷、挚爱。除了戏剧，爸爸一生似乎没有什么特别的嗜好。他只求一片辽阔的天空，任他自由飞翔。戏剧创作需要一个心无羁绊的创作空间，因而，他厌恶束缚，热爱自由。

爸爸没有上过正规小学，童年时读的是家塾，父母和教书先生都比较宽松。课外阅读，他想看什么就看什么，想读多少就读多少，没人管束，自由自在。古今中外，他读的书不少，他对文化艺术知识的吸取，基本上靠自学。

爸爸 12 岁到 20 岁就读于天津南开中学和南开大学一年级。15 岁参加南开新剧团，开始了包括对艺术作品的阅读、表演、导演、翻译、改编、创作等全面的戏剧经历。这种学习是课余的，不上课，不考试，无压力，无人干涉，自觉自愿，完全随性随情，这引起了爸爸对自幼偏爱的戏剧的憧憬。更值得庆幸的是，他遇上了高人张彭春恩师的引导和着力培养，使得这种课余学习不但没有走歪和放纵，而且一直都在极高的艺术水准上展开。爸爸一开始就自由而快乐地步入了戏剧人生的正道。

爸爸 20 岁到 23 岁在北平清华大学，更加发扬了自己的自由天性。在南开，爸爸学习戏剧主要通过演戏，真正系统全面的戏剧学习是在清华大学。这一时期，他大胆摆脱羁绊，按照未来事业发展的志向、需要和兴趣，自由地追求知识。藏书丰富的清华图书馆成了他读书的天堂。

多少年后，爸爸写出了《雷雨》《日出》《北京人》《家》等优秀作品，回忆起写《雷雨》时的创作状态，他说，当时"不怕人说，也不怕人批评"。深谙戏剧创作真谛和规律的爸爸知道，心无羁绊、自由自在、直抒胸臆、淋漓酣畅，才是最好的，是写作必需的创作状态。因而他，尤其在创作上，厌恶束缚，热爱自由。

当然，作家的自由和解放，要有前提。一个作家要写出好作品，必须有雄厚的生活基础、进步的世界观、丰富的文化素养、熟练的艺术技巧、出色的艺术才智，这是必备的条件。但是，如果只有上述条件而没有自由宽松的外部环境和创作心态，作者没有了自主精神，艺术规律被扭曲，那么，艺术家和艺术作品同样也会枯萎。

有人强调，如果艺术家被要求按照"规定的主题方向"去思考，智力受到这种意志的控制，由意志指定方向，智力得不到完全自由，就不可能出现灵感和天才。

爸爸的艺术天性，我们经常能够感受到。这种艺术的"天性"，我们理解，是指一个人在艺术方面天生的禀赋才智。这只是成就剧作家曹禺的一个原因，不包括后天和外部的条件。

2

学习创造　戏剧全才

世界上，靠个人聪明、经验和丰富的生活经历从事写作，是存在的。但是，爸爸不是，他不仅是"写出来"的，也是"学出来"的作家。

他自幼学习了许多文学艺术作品，从中学、大学到研究院，接受了正规系统的戏剧文学教育，不倦地学习古今中外人类优秀的艺术遗产，并把学到的东西融化在自己的血液里，与表现中国的现实生活和创作个性结合起来，引出了自己的新创造，立志创造反映现实生活、具有真正中国气派、独具曹禺个性和高度艺术水平的现代戏剧。

爸爸的艺术学习，包括读书和参与艺术实践活动两个方面。

在读书和实践中，他向古今中外人类的优秀文化艺术学习，从中不仅受到了思想教育，而且学习了戏剧创作的艺术技巧，学习了如何认识人类社会生活中的各种"事"、各种"人"，以及人的思想感情、性格、语言等有关"人"的一切。

学习，尤其读书学习，在爸爸的创作生涯中占有非常重要的地位，是他成功的一个重要原因。参与欣赏、表演、导演、编译、创作、评论、教学、管理等艺术实践活动，是他另一种学习和创造的途径。

爱读书、看戏的小精灵

爸爸在童年时代，读书和参与文化生活，内容以中华民族文化为主，后来爸爸一生也都在学习并迷恋中华民族的优秀文化。

爸爸没上过小学，童年读的是家塾。父母和教书先生对爸爸课余读书和爱好不但不加限制，而且鼓励，给他创造了很好的学习环境。家里有不少藏书，奶奶还是个十足的戏迷，所以，爸爸从小就广泛地接触了中国戏曲、小说、诗歌、散文和曲艺。爸爸说，家里藏书很多，许多经典书籍都是小时候躲在藏书楼里看的。从儿时起，爸爸就从中国的文化艺术中，吸取了民族的审美观念、技巧和道德精神。

爸爸3岁时被奶奶抱到戏园，坐在她怀里看戏。从此，各具地方特色、种类繁多、丰富多彩、美妙迷人的中国戏曲，一步步进入他的心田，他成了小戏迷。跟着奶奶，爸爸看过很多著名演员的演出，比如京剧，表演艺术家杨小楼、余叔岩、谭鑫培演出的《空城计》《盗御马》《长坂坡》，刘鸿声表演的《斩黄袍》《失空斩》以及很多三国戏，尤其有关曹操的戏，爸爸几乎全看过。又比如北昆韩世昌的戏和侯永奎的《林冲夜奔》以及曲艺艺术家刘宝全的表演，等等。据当时的刊物和资料报道，爸爸就读天津南开学校后看戏更多。成年以后，还经常和章靳以、巴金伯伯一块到广和楼看富连城班子和小翠花的戏。

爸爸说旧戏对他影响很大，从旧戏里可以学到刻画人物的本领，戏里的每个人都有自己的性格，有聪明的、笨的、滑头的、阴险的、凶狠的、软弱的。爸爸说，三国戏不仅人物众多，形象鲜明，而且情节故事曲折，戏剧冲突波澜壮阔，引人入胜。爸爸还很喜欢专门听故事、说唱的曲艺艺术，赞赏它的多彩灵活。

许多戏剧艺术家的表演令爸爸终生难忘，他时常提起余叔岩、谭鑫培、杨小楼演唱的京剧多么"了不起"；上中学时自己如何模仿余派，唱起《南天门》；又说杨小楼演的黄天霸是多么"妙"，把这个人物狡猾、凶狠、聪明能干和对朝廷的一副奴才相，刻画得活灵活现；还有刘鸿声的《斩黄袍》，唱腔高昂响亮，

"一句唱出，满堂叫好"；在天津就职时，爸爸几乎每个星期六都到劝业场看昆曲。他说，北昆侯永奎演的《林冲夜奔》，"我太爱看了，看得如醉如痴"，侯永奎一个人在台上演了四十分钟，以独角戏唱出了一个"沉痛悲壮、'有国难投'的林冲"；刘保全的京韵大鼓，听起来也叫人入迷。

民国之后，随着文明戏的兴盛，爸爸还看了许多时尚的文明戏。文明戏中"言论正生"（指当时经常发表激昂慷慨、愤世嫉俗的言论，即兴表演的"生角"）一类的人物形象和观众的热烈反应给他留下了深刻的印象，令他倾倒。爸爸说，这种文明戏使他感到戏剧的确有一种动人的魅力，而中国的观众又"十分特别""十分善感"，台上"言论正生"演说过后，观众那样热烈地欢迎；台上男女洒泪告别时，台下也有妇女呜咽抽泣，擦湿了手帕。爸爸感叹：观众和舞台演出打成一片，真叫"交流"至极了！那些有本事的文明戏演员们，的确是有一套使当时的观众神魂颠倒的本事。

台下观众和台上表演的这种极致交流，给爸爸的创作树立了很强的群众观念，写作时时考虑观众的感受和舞台效果。爸爸说，中国人看戏喜欢有故事，所以编剧要有故事，要让观众能看到。中国观众对文明戏的情节性和戏剧性的喜爱，也使爸爸领会到民族的艺术审美特点和欣赏习惯。

除看戏外，爸爸童年还读过许多中国古典文学作品。四大名著之外，他小小年纪就读了《论语》《孟子》《大学》《中庸》《诗经》《左传》《史记》《春秋》《道德经》《易经》《古文观止》《二十年目睹之怪现状》《官场现形记》《聊斋志异》《老残游记》《镜花缘》，等等，特别是家中的《戏考》，都让他翻烂了。爸爸经常被人物众多、性格多样、故事曲折的中国古典文学吸引。成名之后的访谈中，爸爸谈了许多读书的有趣体会，如读《红楼梦》的感受。

爸爸对民族文化艺术的爱好和学习保持终身。他对京剧艺术情有独钟，由衷地推崇梅兰芳先生的京剧艺术和高尚品德。他学过余叔岩的戏，在《打渔杀家》中唱过老生；他喜欢川剧的精巧、悦耳，尤其赞赏充满智慧的川剧喜剧艺术；他能一连数遍欣赏凄凉细腻的评弹《夜雨闻铃》；他被高亢、激越的常香玉豫剧唱腔感动；有一阵子爸爸对陕西的秦腔和山西的晋剧特别入迷，几乎天天去看戏，还写了好几篇评论文章。

对中国诗歌、艺术理论，爸爸特别偏爱，一个时期我们看他手中拿的绝大部分是这方面的书。他曾钻研了一段时间刘勰的《文心雕龙》。看唐诗更是他喜欢的消遣，他有许多版本的唐诗和释本，给我们讲过《唐诗小札》。晚年，爸爸还给我们的孩子讲过《楚辞》。

有人说爸爸"抄袭"外国人的东西。这种批评的意思是说，一，爸爸的东西是"抄"来的，不是自己的；二，不但是"抄"来的，而且"抄"的还是外国人的东西。批评者的意思是，爸爸不懂中国民族文化，他的作品没有民族性。

对此，爸爸回答说："如果说我是'抄'人家的，没有自己的创造，外国的好戏那么多，何必演我这个'二道贩子'的戏。"爸爸说，话剧本来是外国的东西，向外国戏剧学习是必然的，关键在于自己的根底深不深、消化力强不强。我们中华民族的戏剧传统，在世界上是独一无二的，因而我们才能够把外国的话剧吸收过来，融合得这么好。爸爸说，"以我个人，还有田汉、夏衍、洪深，还有祖光，我们这些人来看，如果我们自身没有接受比较深厚的民族文学和艺术传统的熏陶，我们是啃不动话剧这块'洋骨头'的。"（田本相《曹禺访谈录》175页）

戏剧家黄佐临对爸爸的作品做了中肯的评价：曹禺虽然受外国作家的影响，但是中国化了，化成了中国生活。

爸爸在童年时代，通过读书、参与文化生活，特别是在奶奶的影响下接触戏园生活，在幼小的心灵中播下了戏剧的种子，使他对戏剧产生了的浓厚兴趣和倾心向往。

南开开启了爸爸的戏剧生涯

1922年，爸爸12岁，进入南开中学，逐步接触西方文化。

入中学的最初几年，爸爸受到五四新文化运动的深深感染，读了许多小说、诗歌、杂文等中国近现代文学作品，他的艺术视野逐步从历史传统扩展到现代现实。同时，在新文学的感召下，爸爸开始了最初的结合现实生活的写作活动，促使他后来对戏剧的学习一直保持着与现实社会生活的思想联系。

1925年，爸爸参加了南开中学由张彭春先生（1892—1957）指导的南开新剧团，开始接触西方话剧,他的人生发生了重要变化。

应该说,进入南开之前的童年时代,爸爸就接触过最初的外国文学,《巴黎茶花女遗事》《撒克逊劫后英雄略》《迦茵小传》《林肯传》《圣经》《我们的船长》等著作是他最初的读物。《鲁滨孙漂流记》给孩童时代的爸爸插上了幻想的翅膀,他曾设计绘制了一张快艇的蓝图,期望乘着快艇在海上乘风破浪,飞到世界上最幸福的地方去。这个幻想后来在《雷雨》里周冲的形象中得到表现。

然而,真正开始学习西方文化,特别是西方话剧,还是在加入南开新剧团之后。

恩师张彭春——中国现代戏剧开拓者之一　加入张彭春先生指导的南开新剧团,对爸爸的一生具有决定意义。在这里,爸爸遇到了最高水平的导师,接受了最高水平的校园戏剧教育。这是爸爸的幸福,也是他的幸运。

张彭春先生指导的南开新剧团作为一个由师生自愿参加的课余剧团,当时进行的戏剧教育,远远超越业余水平,面向了专业艺术,面向社会,面向中国,甚至面向世界。

20 世纪初,包括西方话剧在内的西方文化教育被迅速引入中国。

1904 年教育家张伯苓(1876—1951)在天津创立南开学校。

1907—1917 年,接受西方话剧影响的中国早期话剧——新剧登场。1909 年张伯苓在南开提倡新剧。1914 年,南开成立新剧团。

爸爸的恩师张彭春先生是张伯苓的胞弟。1910 年张彭春赴美研读西方文学、戏剧和教育、哲学。他是我国最早到西方学习现代戏剧的人。

1916 年张彭春回到南开中学,协助其兄张伯苓校长主持工作,倡导开放的西方教育和读书救国的思想,将教育和戏剧结合起来,通过南开新剧团培养强国的创造性人才。

张彭春先生在南开新剧团系统地介绍西方戏剧理论和一套完整的导演方法,尤其将戏剧经典作品引入中国舞台,排演了大量剧目。他是中国最早直接引进西方戏剧的编导艺术家。

同时,张彭春对中国戏曲,尤其对京剧美学和表演有精深的研究,通晓中国古典诗学,被梅兰芳先生推崇为"京剧大行家"。爸爸说,张先生的戏剧艺术是中西贯通融合的,有民族的精髓,有许多外国人没有的、他自己的东西。张先生十分注重戏剧与中国的现实社会结合,主张利用外国的戏剧形式表现中国的生活内容,提倡编写排演表现中国现实的新编剧目,推动了中国的戏剧创作。

由于张彭春先生编导排演了大量剧目,南开掀起演剧热潮,在中国,特别是在以天津、北平为代表的中国北方地区,产生了空前的社会影响,推动了中国戏剧的发展,对中国戏剧具有开拓性的贡献。南开新剧团被胡适称为五四时期"中国顶好的新剧团"。所以,张彭春先生是中国现代戏剧和戏剧导演制的创始人之一。

张彭春培养校园戏剧新星 爸爸的幸运在于,他在中学时期赶上这样一个时代,遇上这样一位导师。

1925年,爸爸15岁,加入了南开新剧团,在张彭春先生的指导和影响下开始学习演戏。张彭春先生发现了这个总是坐在角落里不爱说话,一上台却两眼放光、激情四溢、活灵活现的矮个子学生的戏剧潜质,器重他,破格大胆地起用他,施以高水平的培育开导和严格的训练。

1925—1935年在南开读书和天津任职的十年期间,爸爸演了很多话剧。作为教育家,张先生特别强调培养学生的创造性,重点培养有创造性的学生。这是他特别看重爸爸的原因。

爸爸1925年加入剧团时,剧团正在排练由英国戏剧家王尔德的名剧改编的《少奶奶的扇子》。爸爸参加了演出,认真地学习这部剧情结构巧妙、语言风趣的戏,天天去现场观摩排练、研读甚至背诵剧本,把剧本都翻烂了。

同年,爸爸在德国作家霍普特曼的剧作《织工》中担任小角色。

1927年12月,爸爸17岁,参加了丁西林的《压迫》和另一新剧《爱国贼》的演出。

在《压迫》中,爸爸饰演女房客,开始扮女角,受到师生好评:"一举一动,惟妙惟肖,滑稽拆白,尽现台上,可称得全场中之明星"。天津《大公报》评价表演"了不得",称赞他逼真地扮演了一个受过教育的新女性。

1928年,爸爸18岁,尝试另类风格的喜剧表演,在班级同学演出的爱情喜剧《亲爱的丈夫》中扮演太太,又在"滑稽剧"式的未来派戏剧《换个丈夫吧!》中,以"诙谐绝伦"的表演逗得观众捧腹大笑。喜剧演出充满乐趣,后来爸爸到清华导演喜剧《骨皮》，再次享受到这种同学共创喜剧时的无穷快乐，逗乐的排练让爸爸笑得就地打滚。

由于爸爸不断在表演中显示才华，1928年3月，张彭春先生安排他在世界剧作大家易卜生的名作《国民公敌》中扮演重要女角——裴特拉。

爸爸表演出色，荣获"新剧家"称号，这是爸爸第一次参加世界名家名作演出的大型剧目。此剧演出大受欢迎："幕幕精彩，处处动人……幕徐闭，数千观众才茫茫不胜留恋地离开座位。"

同年10月，张先生让爸爸担任一个更重要的角色，即在易卜生的大型代表剧作《娜拉》中饰演女主角娜拉。与爸爸演对手戏的是饰演娜拉丈夫的南开大学教授张平群。据记载，这次演出"观客极众，几无插足之地"。

《娜拉》是西方戏剧的经典剧目，几乎是女主角娜拉的独角戏。这部戏反映的是19世纪欧洲的妇女解放问题。虽然社会意义重大，但是戏剧的规模并不大，基本围绕娜拉一个人展开，没有丰富多彩的人物，没有曲折惊人的情节，也没有热闹火爆的场面，演出的成败几乎全系于女主角一人身上。娜拉的表演难度很大，不仅内涵深刻，内心活动细腻，还需兼顾舞蹈、歌唱和敲打手鼓等多样才艺，因而这个角色成为各国优秀女演员检验和显示个人表演功力的试金石。刚满18岁的爸爸成功地扮演了这一女角，引起轰动。

怪不得著名导演鲁韧回忆当时的演出，做了高度的评价："看到曹禺演的《娜拉》，男人演女角，演得那么好，确实让我惊呆了。哪儿有戏，我都去看，但没有像曹禺的演出这样给我以震撼，在我脑子里是不可磨灭的。我敢这样说，现在也演不出他们那么高的水平。我总觉得曹禺的天才在于是个演员，其次才是剧作家。我这个结论，你们是下不出来的，别人没看过他演戏，也下不出来，只有像我这样看过的，才能得出这种毫不夸张的结论。到现在，这样好的艺术效果，这样的艺术境界，是很难找到的。曹禺把夫妻间的感情，甚至那种微妙的感情分寸，都很细腻地、精湛地表演出来，就不能不令人倾倒。……万家宝演戏是用全身心来演的，他不是专业化演员，他不会那套形式，但凭全身心来演。现在，也很难找到这样一种全身心的表演了。"（田本相《曹禺访谈录》226页）

1929年，爸爸19岁，张先生再次让爸爸在英国高尔斯华绥的大型名剧《争强》

中担任主角。这次是男性角色,是在一部分量很重、反映劳资斗争的政治戏中饰演资方代表人物铁矿董事长安敦一。工人代表罗大为的扮演者仍是南开大学教授张平群。

人们评论这次演出由于张彭春先生的导演高明、演员表演灵巧,乃是南开大学"破天荒的盛事",而万家宝饰安敦一,"在全剧最为出色"。

当时在南开,师生同台演戏是个传统,老师们经常花心血培养学生。同台演戏的另一位南开大学教授伉乃如用天津话对爸爸说:"家宝,你是一朵红花,我们都是绿叶。"校长张伯苓也对爸爸"很赞赏",夸奖他"演戏非常好"。

1930年爸爸考入北平清华大学读书,并担任戏剧社社长、《清华周刊》编辑。1931年他再度主演《娜拉》和新剧《百马计》,1933年导演并主演高尔斯华绥的《罪》。

1934年,清华毕业一年后,爸爸回天津任职。作为校友,他积极参与南开新剧团的活动,校庆30周年出演了张彭春的剧作《新村正》。

1935年的南开校庆活动,爸爸在自己根据法国莫里哀名剧《悭吝人》编译的《财狂》中,扮演主角"悭吝人"韩伯康。张彭春任导演,林徽因任舞台设计,演员表演亦精彩,"观众的拥挤,为从来所仅见"。

天津《大公报》等报纸首日专版接着又做了两周连续报道,演出轰动了华北。文艺界名家郑振铎、巴金、章靳以等从北平专程赶来天津看戏。这次演出爸爸获得极大的成功,报刊连连赞誉,登载了许多文章,评价他的表演才能充分展现,进入巅峰。

艺术家萧乾在《〈财狂〉之演出》一文中评论:"这是一出性格戏……全剧的成败大事由这个主角支撑着。这里,我们不能遏制对万家宝先生表演才能的称许。……他简直把整个自我投入韩伯康的灵魂中。灯光一明,我们看到的是一个为悭吝附了体的人,他那缩肩抱肘的窘态,那抚腮抓手的彷徨,一声低浊的嘘喘,一个尖锐的哼,一阵咯咯骷髅的笑……在他初见木兰小姐,搜索枯肠地想说句情话,而为女人冷落时,他那种传达狼狈心情的复杂表演……失财以后那段著名的'有贼呀'的独白,已为万君血肉活灵的表演,将那种悲喜交集的情绪都传染给我们整个感官了。"(崔国良《曹禺早期改译剧本及创作》206页)

1937年爸爸在国立剧专时期出演《雷雨》中的周朴园。1938年在重庆出演抗日剧《全民总动员》。1943年1月最后一次上台，与张瑞芳合演话剧《莫扎特》，主演奥地利作曲家莫扎特。

演出《莫扎特》，爸爸全身心地倾注其中。评论家李健吾说："曹禺不仅表现了一个音乐家莫扎特的形象，而且表现了一个受难者的灵魂……在莫扎特这个人物中，他注入了自己的感受和体验，注入了自己的生命和灵魂，水乳交融地流泻着，迸发着。是这样的，他使这个人物有了深度。"（田本相《曹禺年谱》93页）

爸爸自己也说，"演到莫扎特生命的最后一息，似乎连自己的生命和灵魂都来了一次升华。我喜欢这出戏，我喜欢莫扎特这个形象。写一个角色和演出一个角色，都要用自己的心灵去创造。我演得不够理想，但我确是用我的全部心灵去拥抱这个角色。"（田本相《曹禺传》314页）

涉足导演 爸爸在南开的表演活动，几乎都是在张彭春的导演下进行的。他长期亲身体验了张先生的导演艺术，在这种艺术的熏陶和教导下受益。

张先生进入排练场，首要要求是对剧本、人物心理性格的理解，讲解作者生平、创作道路和全部作品，并且强调对音乐、布景、灯光、化妆、服装等舞台因素的整体合成，同时，在艺术上，十分注重不同于洋人的"中国古典诗学"。张先生的排演技巧高超，很会抓戏，懂得怎样把剧作排得更有戏。导演方法极其严谨而细腻，在艺术上精益求精，不容稍懈。

通过学习，爸爸从初中起，就开始在班级的戏剧活动中担当导演，十分活跃。1930年，爸爸进入清华，即任清华戏剧社社长，在迎新会上导演话剧《自然》。1931年4月，清华20周年校庆，爸爸又导演、主演了《娜拉》。1931年冬，导演喜剧《骨皮》，演出轰动全校。1933年5月，导演、主演高尔斯华绥的《罪》。

1936年、1937年在国立剧专教学期间，他为学生编译和导演了法国作家腊比西的《镀金》等，并在校外导演英国高尔斯华绥的《争强》。

1937年全面抗战爆发，在湘鄂川地区，爸爸导演了抗战剧《毁家纾难》《炸药》《反正》《疯了的母亲》《觉悟》等。1938年在重庆，导演了吴祖光的《凤凰城》和与宋之的合作改编的《全民总动员》，为剧专学生排练导演《雷雨》《日出》等剧。1939年，赴昆明导演《原野》《全民总动员》。

1947年秋，在上海文华影业公司，爸爸最后一次执导他自己编剧的电影《艳阳天》。

在阅读中学习　大量阅读，是张彭春先生对爸爸的另一个重要的教导。在他的推荐下，爸爸阅读了大量剧本。当时，话剧艺术刚刚被介绍到中国，阅读剧本是爸爸学习戏剧的重要途径。

他读过霍普特曼的《织工》、果戈理的《巡按》、莎士比亚的《威尼斯商人》以及另一作者的《女律师》，还读了莫泊桑、都德等人的文学作品。

许多外国作品，爸爸在中学是用英文阅读的。第一本是狄更斯的《大卫·考波菲尔》。1929年张先生赴美访问前，慷慨地送爸爸一套英文版的《易卜生全集》。还是中学生的爸爸，硬是借助词典读完了这套全集。爸爸还阅读美国戏剧刊物《剧场艺术月刊》，了解国外戏剧现状和发展，他是美国剧作家奥尼尔作品，特别是《榆树下的欲望》《安娜·克里斯蒂》《东航卡迪夫》的热心读者。

进入戏剧编译、创作领域　由于表演、导演、阅读的推动，爸爸在张先生的启示下，逐步进入戏剧编译、创作领域。

由于张先生掀起的南开演剧高潮，产生了对演出剧本的大量需求，西方剧作经典首当其冲。

1929年，爸爸在话剧表演，特别是在《国民公敌》《娜拉》两个大型剧目中显示戏剧才华后，张先生开始在创作领域大胆培养爸爸，让他先从翻译、改编他人的作品入手。爸爸还经常根据需要，把翻译和改编结合起来，边翻译，边对原剧本进行某种改编，形成新的编译方式。

十七八岁的爸爸曾翻译法国莫泊桑的小说《房东太太》《一个独身者的零零碎碎》，小试身手。

1929年，19岁的爸爸在张彭春先生的指导下，为南开新剧团编译了英国高尔斯华绥三幕四场的大型剧目《争强》。

同年，在被张先生引发的兴趣的驱使下，爸爸自己又编译了西欧剧作：奈瑟·伯尔的《冬夜》（1929）、李·狄克森和列斯里·姆·赫克索合著的《太太》，这两个剧本被平津地区的剧团、学校戏剧活动普遍采用。

1934年爸爸回天津就职，在张先生的指导下，为校庆活动改编了张先生

1918 年创作的《新村正》。第二年又将法国莫里哀名剧《悭吝人》编译为《财狂》。1936 年,为国立剧专学生排戏需要,编译了法国作家腊比西的《镀金》、米尔恩的《戏》。1938 年,编译腊比西的《烟幕弹》。1939 年,根据墨西哥作家约瑟菲纳·尼格里的《红丝绒的山羊》编译《正在想》,后着手奥尼尔的三部曲《哀悼》(未完成)。

爸爸编译剧作不是停留在简单的直译上,而是经常包含着创造。

1935 年,25 岁的爸爸将法国莫里哀的《悭吝人》编译为《财狂》。这次,爸爸为了适应当时的国情和国人接受度,在翻译中对原著进行了大胆的改编。其中比较简单的改动如:将人物改用中国姓名,改写剧本中过于"洋味"不合国情的对话。更为大胆的改变如改写、压缩不近事实、离奇巧合、过于戏剧化、烦琐的场面穿插,陈腐无聊的噱头旁白。爸爸甚至将无意义的大团圆结局改为股票暴跌,老财狂幻想破灭。

1936 年,巩思文发表《〈财狂〉改编本的新贡献》,评价了爸爸改编的成绩。岚岚在文章《看了〈财狂〉后》中表示,爸爸对《悭吝人》的编译,使未看过原本的人,会完全不相信这是由外国剧本改编的。

在改编他人作品的影响下,爸爸自己也开始创作小说、诗歌、散文和政论杂文。

张彭春先生是"影响了我一生命运"的人　爸爸在南开学校和张先生那里获得的戏剧教育,无疑是第一流的、最好的。爸爸聆听张先生的悉心教导,得到他的特殊培养重用,学习了世界戏剧艺术的经典和理念以及张先生戏剧艺术的精髓,进一步燃起了对戏剧的热情和信念,使他一辈子献身于戏剧事业。南开中学的生活为以后爸爸的戏剧创作做了很好的准备,是他戏剧人生的一个起点。

年迈时,爸爸无不感激地说:"张先生对我的影响是决定性的,可以说影响了我一生的命运。"他说:"我不是注定非搞戏剧不可的","从小喜欢戏,也仅仅是喜欢","在中学时代,我的兴趣也是多方面的"。幸运的是,"到了南开新剧团,特别是在张先生指导下演剧,他那么器重我、培养我,把我的兴趣调动起来,把我的内在的潜力发挥出来,让我对戏剧产生一种由衷的喜爱,使之成为我生命中的一个组成部分,直到我愿意,应当说情不自禁地投入戏剧中去,这就是张先生培育的结果,他确实是我的恩师。"（田本相《曹禺访谈录》13 页）

清华——爸爸戏剧人生质的升华

1930—1933 年，爸爸在北平清华大学西洋文学系读书，进入戏剧学习和创造的更高阶段。

作为全国的最高学府，清华的西洋文学系师资雄厚；各专业史论课程丰富高深，包括西方各国文学史、戏剧史、断代史、作品分析、名作选读以及文学批评、比较文学、戏剧编剧、哲学史、语言文字，等等；校园文化生活活跃；文理综合性大学的知识天地开阔，学术空气比南开大学更加自由和民主；海量的藏书并从世界各地不断更新，这些，都使爸爸的艺术视野得到空前的拓展。比起以往的家塾和中学教育，比起南开新剧团的演出需求，爸爸在清华大学对古今中外艺术遗产的涉猎和学习更加系统、全面、广阔、深入，他的戏剧人生得到了质的升华。

以研读作品为主要方式开展学习　爸爸说，一到清华，就感受着一种清新自由的空气。那时起，爸爸便以一种崭新的方式开始大学学习。

他发扬在家庭和南开时期的自由天性和自学习惯与能力，把握课堂讲授的西洋戏剧文学史的脉络，越过一些考证式、形式化的烦琐课程把戏剧作品作为学习的中心。他抓住"作品"这个关键，钻进图书馆，把自己的绝大部分时间、精力和兴趣放在研读剧本上。

在南开中学时他基本是在演戏中学习戏剧，到清华后，他开始更全面更系统地钻研古代直至近现代的西方戏剧作品和戏剧理论，将图书馆中几乎所有的戏剧藏书一一拜读。他不满足于课堂教学，继续凭着自己的志向和兴趣，自由地追求知识。按照未来事业发展的需要自学，仍是他学习的重要方式。

爸爸曾在南开大学就读一年，之后转到清华大学。听爸爸回忆这两个大学的学习生活，很有意思："清华非常之自由，和南开不一样，南开管理很严，不允许随便选修，一定要按照校方的规定上课，当然更不允许挑选老师，我很不喜欢。南开的生活循规蹈矩，清华是自由主义，上课从不点名，我很少听课，总是到图书馆去看书。"他说，同班的一位同学很有学问，但"他不像我经常不去听课；他是去听课，其实他对任何教授都是看不起的"。（田本相《曹禺访谈录》121、151 页）

爸爸之所以如此，是因为他有把握、有必要这样做，有能力自学。在南开参与戏剧表演、阅读、习作的过程中，他不但学到了知识，更学到了研读把握戏剧的要领和方法。比如，在张彭春先生导演的戏剧排演中，学习了如何深入细致地挖掘戏剧，学习了对剧本主旨、对人物性格心理的理解和表演；在剧本的改编创作中，更深入地学习了如何把握戏剧的经典内涵和创作技巧。因而，他坚信在图书馆自学研读剧本会更得要领，更能领略到它们的妙处。

爸爸说："在大学读书，光是靠教课的先生是不行的，必须自己去找先生，图书馆里就有大先生、老先生。一进了图书馆的海洋，就觉得个人是渺小的，知道世界是如此之灿烂多姿。"他说："在我看来，写戏没有别的路子，更没有捷径，必须认认真真地反复地读剧本。"（田本相《曹禺访谈录》108页）

于是，人们在清华图书馆的阅览室经常可以看到爸爸几乎整日陶醉在读书中，当时的一位姓金的图书管理员对他特别照顾，甚至允许他熄灯后进书库看书。

系统学习　广泛涉猎　知书、勤奋的爸爸在清华创作《雷雨》之前，在图书馆里系统地钻研了西洋戏剧作品和戏剧理论，远溯古希腊罗马、中世纪、文艺复兴、古典主义、启蒙时期和感伤主义、浪漫主义、现实主义时期，近至现代的西方戏剧作品。清华图书馆浩如烟海的戏剧藏书，包括二、三流作家的作品，他几乎都读过。特别是古希腊悲剧和莎士比亚、易卜生、奥尼尔、契诃夫的戏剧，他读得很透。

爸爸读书不仅系统而且广，他的艺术见解和视野广博而包容，他主张："要读各种剧本，国外的国内的，从关汉卿到京剧，加上外国的许多流派，都要读，要广泛涉猎。……新的思潮新的方法，在20世纪初已经提出来了，文学、戏剧也是各种流派都出来了。我先是学易卜生，也就是现实的路子。后来的戏剧流派很多，象征主义、未来主义、表现主义，等等……我赞成都试一试，但是要根据生活，大作家都是离不开生活的啊！"（田本相《曹禺访谈录》108页）

20世纪60年代，北京人艺的艺术家英若诚四处寻觅挪威剧作家比昂逊的作品准备翻译，没有结果，最后在清华大学图书馆里找到。最后一页借书人名单上，竟然有"万家宝"——爸爸30年代在清华图书馆读书时留下的记录。

英若诚后来向爸爸谈及此事，爸爸不但向他谈了比昂逊这个人，还介绍了比昂逊的作品"五四"时期在中国翻译、出版的情况。根据爸爸的介绍，英若诚居然找到了"五四"时期茅盾的译本。爸爸曾向英若诚谈及，早期他受到以法文写作的欧洲作家布里俄的启示，并介绍了布里俄及其作品，这是一位在世界上早已被人遗忘，在中国更是罕为人知的剧作家。这件事让我们感叹：爸爸的知识是多么广博，头脑里装有多少宝贝啊！

藏书丰富的清华图书馆成了爸爸读书的天堂，他每天在这个书的天堂里自由翱翔，贪婪地吸吮它的丰厚滋养，学到很多东西，从中得到了无尽的宝藏。在清华园中的读书学习，是爸爸戏剧人生升华的极其重要的阶段。

在这些人类的戏剧经典中，爸爸进一步认识了人类的历史、社会和社会中的各式人物，它们把爸爸带入了一个神奇的戏剧世界，这种神秘的诱惑让他神魂颠倒。这些戏剧所展现的伟大而深刻的诗情，复杂变异的人性，人物心灵隐秘、自我搏斗的深刻性，绝妙的戏剧结构，非凡的想象力，都使爸爸感到美的震撼和心灵的启迪。

会读书，把握书中的好东西　爸爸在这无尽的知识宝藏中，不仅收获广博，而且精于读书、会读书，能一下子抓住、学到书海里面的好东西，把书真正读懂、读透，做到"多读书，读透书"。

爸爸说，易卜生是对他的创作影响较多的头一位外国戏剧家。中学时代阅读英文版《易卜生全集》，是他与这位西洋戏剧家第一次全面接触，领受了它的滋养："我是咬着牙把易卜生全集读完的。读完以后，我身心愉快极了，好像步入了戏剧的海洋，啊！话剧艺术原来有这么多表现方法，人物可以那样真实，又那样复杂；那么多不同类型的男女人物，塑造得个个栩栩如生。表现方法又是那么灵活多样，明喻、暗喻、象征，各种手法运用自如。读他的剧作，使人感到妙趣横生。还有他的构思是那么精美巧妙，结构是那么精细严谨，这些都使我迷恋忘返。尤其是他的简洁，简直到了无可挑剔的地步，没有任何多余的与戏剧冲突无关的笔墨。真是大开了眼界！这些为我后来从事戏剧创作奠定了艺术基础。"（田本相《曹禺访谈录》13—14页）

进入清华后，爸爸更进一步抓住易卜生的戏剧结构精髓。他说，真正研究戏的结构，对结构发生兴趣是在大学读书的时候。啃易卜生的剧作，完全在于剧作的艺术魅力，读完了，就懂得了许多戏剧方面的知识和技巧，懂得了戏的结构奥妙，以及结构对于一出戏非同小可的作用。

真正让爸爸一生学不尽、倾心叹服的作家，还是莎士比亚。他说："学习莎士比亚，才知道天上有多少星星在亮，地上便有多少莎士比亚的诗句和人物在闪光。"他经常无限感慨地赞叹莎士比亚戏剧的宝藏："莎士比亚的戏博大精深，宇宙有多么神奇，它就有多么神奇。我从易卜生的作品中学到了许多写作的方法，而莎士比亚的变异复杂的人性、精妙的结构、绝美的诗情、充沛的人道精神、浩瀚的想象力，是任何天才不能比拟的。莎士比亚的诗，就像泉水那样喷涌而出，每个人物，一个乞丐、一个流氓坏蛋、一个王侯，说出来的台词，时如晶莹溪水，时如长江大海，是宇宙与人性的歌颂，是用利刃解剖人性的奥秘，是寻常却永恒的哲理的珠玉，是阳光灿烂的人道主义的精华。"（《曹禺全集》五卷368、376页）

后来，爸爸在《和戏剧家们谈读书和写作》的一次讲话中，专门解析了莎士比亚剧作中开幕和闭幕的写作手法，讲得精彩，充满感情。

我们也切身感受到爸爸在读书中的这种智慧和真知。

一次，昭昭听爸爸朗读俄国作家果戈理的《塔拉斯·布尔巴》。这是关于一位乌克兰英雄父亲的悲剧故事。在抗击波兰侵略者的战斗中，塔拉斯·布尔巴的大儿子在华沙英勇就义，小儿子安德烈却当了叛徒。父亲亲手处死了叛国的安德烈，最后自己也被敌人活活烧死。爸爸给昭昭读的是塔拉斯在死去的安德烈身旁的一段情节，显然他被这位父亲内心的悲哀、矛盾和伟大人格深深打动，这是果戈理在小说中写得最精彩的，也是俄罗斯艺术评论界最称赞的地方。高尔基在他的《在人间》中，记述了少年高尔基在轮船上打工时听老水手朗读果戈理作品中的这段情节，二人不禁感动得流泪。

学外文，得精髓 为了真正掌握戏剧经典的真谛，读透书，爸爸对于外文作品，尽量读原文。爸爸非常重视外文，对语言学习有特殊的兴趣。当时的西洋文学系规定学生要掌握两门以上外语，爸爸精通英语，在学校修法语、德语各四年，又学了两年俄语，为了读古希腊悲剧和文艺复兴时期的作品，他又涉猎拉丁语和希腊语，因此宿舍里各语种的词典有几十本。

爸爸说：无论搞创作、搞研究，都应当学两三门外语，没有工具不行。他曾经读过《牛津诗集选》,从乔叟到19世纪的,选了三四百首。他说:"不直接读原文,就很难体会那些诗的意味韵律,这种韵味勾起你的联想和美感,原文就保持那种具有韵味的意境。我背过拜伦的短诗,当时读起来非常之愉快。"

新中国成立后,为了捡回放下多年的俄语,他买了许多文法、会话书,抓紧一切空隙时间自学。经过几年努力,他能读俄文书,并能与苏联人做一般交谈。他更喜欢在艺术中学习语言。他托人买到一套莫斯科艺术剧院演出的契诃夫《三姐妹》的俄文台词唱片,如获至宝,让我们和他一起倾听,又与留苏归来的中央乐团指挥李德伦共同欣赏、交流,从中体味契诃夫笔下俄罗斯语言所营造的特有的社会气氛和人物情感。

"文革"中,他曾向二女婿唐彦林讲述过一首19世纪爱尔兰诗人的诗歌。他先直译了作品的诗文,然后,像一位多情的诗人,纵情地朗诵了原文,赞美英语语言的韵味和诗歌情感表达的精彩;最后,他以全新的面貌重译了这首诗,二女婿惊呆了:"真是太美妙了!"

爸爸很清楚,学习外语不仅为了解决阅读的语言障碍,更重要的是通过作品的母语,理解、领略、学到语言背后的深刻内涵,即一个民族、一个时代、一个社会和一个人物特有的思想、感情、性格、心理的特点,以及特有的表达方式、审美素质。也正因如此,他翻译的《柔密欧与幽丽叶》,不仅传达了莎士比亚戏剧语言的神韵,还表现了莎士比亚戏剧的灵魂。爸爸就是这样通过语言深入学习戏剧的。

学习是为了创造 我们知道,不是所有的爱书人都能发现、学到书中的好东西,也不是所有的艺术鉴赏家都能写出好作品。所以,有人说爸爸是天才的读者,有卓越的艺术感觉和创造,感叹他在俄国作家契诃夫的戏剧还被中国戏剧界冷落在一边的20世纪30年代就独具慧眼,成为契诃夫戏剧的知音。

爸爸说:"契诃夫教我懂得艺术上的平淡,一个戏不要写得那么张牙舞爪,在平淡的人生的铺叙中照样有吸引人的东西。他的作品,使你感到生活是那么丰富。他的作品反映生活的角度和莎士比亚、易卜生都不一样,显得很深沉,感情不外露,看不出雕琢的痕迹。虽然他对自己的剧本总是反复地修改,是费了力气写出来的。"(《曹禺全集》五卷378页)爸爸像一般人那样去读剧本,在舞台上看契诃夫的戏，但是他却非同寻常地在契诃夫的戏剧中，特别是在《三姐妹》尾声展示的那一幅"秋天的忧郁"中，发现了契诃夫式的诗情戏剧和打破传统模式的戏剧革新，体味到剧中那摄人魂魄的情调所营造的契诃夫风格。

他更以高于鉴赏家的天才，在《雷雨》之后，写出自己的新创造——话剧《日出》《北京人》，展示自己戏剧的成熟与拓展，创新了不同于《雷雨》的戏剧结构。同时，在这两部新作品"诗""戏"交融的艺术境界中，甚至在《北京人》那凄凉的军号声和《日出》"硬面饽饽"寂寞的叫卖声中，我们仍可以"听到"契诃夫戏剧的回响。

爸爸对古希腊悲剧的研读和学用，也是异常深刻而出色的。他曾这样谈起自己的体会：

"古希腊悲剧中那些故事所蕴藏的不可逃脱的命运，也死死纠缠着我。这原因很可能是，那时我就觉得这个社会是一个残酷的井、黑暗的坑，是一个任何人也逃脱不了的网，人是没有出路的，人们无法摆脱悲剧的命运。而这些都是决定着《雷雨》结构的因素，它就是一个天网，天网恢恢，在劫难逃！一个戏的结构，绝不是形式，它是一种艺术的感觉，是一个剧作家对人生、对社会的特有的感觉。《日出》的结构我也是凭着这种感觉找到的。……结构问题，是话剧创作中的一个十分重要的问题。"（田本相《曹禺访谈录》52页）

在这里，爸爸把古希腊悲剧中所蕴藏的那种人的"不可逃脱的""死死纠缠"的命数和悲剧与自己在当时中国"对人生、对社会"的特有感受——一个人人都"无法摆脱""没有出路"的"恢恢天网""残酷的井""黑暗的坑"联系起来，与"一个戏的结构"联系起来，创造出《雷雨》这出结构严谨、环环相扣、令人惊心动魄的社会和人生大戏。

美国剧作家奥尼尔的作品，爸爸也很喜欢读，因为奥尼尔不断探索和创造能够生动地表现人物的各种心情的技巧；他的早期作品，对下层水手的理解是真正从生活中来的；更因为，奥尼尔触发了爸爸许多的创作遐想和创造。他说："我为什么对奥尼尔的作品有一种亲切之感，特别是他的《天边外》，我总觉得奥尼尔的剧作不仅是现实主义的，还有一种牵动人心的幻想、希望和期待，就是那种让人说不出来又能感到的理想的情愫。"（田本相《曹禺访谈录》80页）

奥尼尔的这种艺术特色引起了爸爸的儿时回忆，那时他经常到住家附近的老龙头火车站去看火车通过，"我站在那里，凝神望着那伸向遥远的铁轨，望着那蜿蜒呼啸而去的火车，望着火车吐出的滚滚浓烟，一直看着它消失在遥远的天边。凝望天边，产生着种种的遐想，在那天边外又是怎样的一个世界……"（田本相《曹禺访谈录》80页）。这种深深的童年记忆和奥尼尔作品中那种"牵动人心的"又"让人说不出来的"充满"幻想、希望和期待"的"理想情愫"，在后来的《原野》创作中，是那么"亲切地"融合在了一起：在历经苦难的"仇虎"心中升起一种希望，他要沿着漫漫铁轨，领着金子，到天边外去寻找那个遥远的"铺满金子的地方"。

追求艺术的最高境界　正因为爸爸读得多、读得广，又真正把书读透，把握住书中的好东西，所以他对戏剧创作具有高度的判断力，具有学贯古今中外戏剧的"世界眼光"和高标准。无论在阅读还是在写作中，他都能够知道，什么是好东西、好在哪儿、哪儿不行、怎么写才好，名家是怎么写的、怎么用的，哪儿名家已经用过、不能再用了，他都烂熟于心；哪些落入俗套，哪些走了别人的老路，爸爸一眼便能看出。

比如，在戏剧作品的学习和评价中，爸爸始终以这种高度的判断力，判断作品的好与坏、高和低。记得20世纪60年代，爸爸与梅阡、于是之一起写作《胆剑篇》，我们有时去看爸爸，知道写得很艰难，各人冥思苦想，不断出新招。有时经过几天思考，才想出"新意"，结果常常被爸爸一声"普通"或"一般"推倒重来。

他一生的创作总是要求最高、最好，始终追求完美，追求艺术的最高境界。他是一个流着心血倾心写作并在创作中追求完美的作家，他所要写的，是能够真正燃烧自己心灵并使观众在精神上迸发出火花的作品；他终生坚持艺术的高标准和原则，绝不把连自己都通不过的作品交给观众。

爸爸一生都坚持这种艺术的高标准。他不太认可"眼高手低"这句话中对"眼高"的片面贬义。爸爸向来主张艺术家一定要眼高，他认为只有眼高，才能手高。在艺术上，爸爸讲究艺术的创造性和个性，最不喜欢陈词滥调和"现成"的东西，不喜欢平庸普通、没有创造性的东西。

正因为爸爸对人类优秀艺术遗产的传承，坚持在创作中追求完美，所以他在艺术上才能取得成功，才能创作出像《雷雨》《日出》和《北京人》这样高水平的具有真正中国气派、独具曹禺个性和深刻反映现实生活的现代戏剧。

编、演、导、教的戏剧全才

编、演、导"三位一体" 在童年、南开中学、清华大学以及后来职业生涯的经历中，在阅读、欣赏、表演、导演、编译、创作等领域中，爸爸进行了全面、深入的学习和探索，熟谙戏剧艺术各领域的内涵真谛和联系，做到融会贯通、运用自如、碰撞升华。

表演体验对爸爸的戏剧创作有着重要影响。与专门从事写作的剧作家不同，爸爸是一个会演戏、懂得舞台表演的剧作家。演戏不仅教他如何深入细致地挖掘戏剧人物，而且使他熟悉舞台、熟悉观众，使他知道如何写戏才能抓住观众、树立观众观念、懂得观众的心理和需要。演戏使他学到剧作如何掌控艺术表演的韵律节奏、感染力和舞台感。爸爸说："戏剧有它自身的内在规律，不同于小说和电影，掌握这套规律的重要途径就是舞台实践。因此，如何写戏，光看剧本不行，要自己演；光靠写不成，主要是在写作时知道在舞台上应如何举手投足。当然，剧作家不都是走我这样的道路。"（《曹禺全集》五卷122页）

他说："我的戏剧语言，可能同演戏有关"，"这种语言磨炼不是一天两天的事，同舞台感、群众感有关"，"要经得住舞台的考验"。

爸爸的追求是，要把台词写成能够离开舞台经得起"读"，又能够离开剧本经得住"演"的真正戏剧语言。

由于爸爸对舞台、观众的熟悉，不少人认为，爸爸翻译的《柔密欧与幽丽叶》是多种译稿中最好的。其中的原因，除了体现出爸爸深厚的艺术功力之外，还在于他对舞台感的掌控，对艺术表演韵律和英语语感的出色体现。所以，演员们都愿意选择他的译本。

爸爸深有感触："一方面是看戏，一方面是读剧本，再有就是演戏，这样，使我逐渐对创作产生兴趣。"

导演上，长期聆听张彭春先生的导演教育，使爸爸懂得了剧作对社会生活、作家、作品、人物、情节、舞台等各种戏剧因素的总体整合、把控和贯通、提升。

翻译、改编经典作品对爸爸来说是一种更重要的写作学习，学习戏剧经典的内涵、创作技巧和艺术规律。爸爸说，编译经典剧作比起演戏和读戏，是深入进去，直至深处、细部，进一步学得它的妙处。

爸爸在演戏、导演、编译、创作、阅读全面创造性的学习和探索中，成为编、演、导"三位一体"的戏剧全才，并从中不断选择自己的未来，最后确定从事创作。经过五年酝酿，写出了《雷雨》。

开辟戏剧教育的新天地

1933年清华大学毕业后，爸爸的戏剧人生又开辟了另一个天地——戏剧教育，成为编、演、导、教四方面的戏剧全才。

1933年至新中国成立前夕，爸爸从保定、天津、南京、长沙、重庆、江安，回到南京、上海，从事戏剧教学十多年。1949年中华人民共和国成立后至1966年"文革"前，他兼任中央戏剧学院副院长，同时，面向各种剧团、学校、青年作家群体、戏剧讲座、训练班等，开展了大量讲课、演讲、排戏指导的活动。

其中在国立剧专的六年教学，为时最长。他的讲课让现在已是白发老人的学生终生难忘，深情怀念。

对于爸爸的戏剧教学经历，除了他的学生和评论家，大概鲜为人知。他讲戏教学的精彩和迷人，可能只有亲耳聆听过讲课的人才有体会。爸爸的讲授之所以令学生念念不忘，主要有如下原因。

首先，学生们认为，爸爸是教师中功底雄厚、天赋很高的学者典型。

爸爸在剧专讲授《戏剧概论》《西洋戏剧史》《西洋戏剧》《剧本选读》《名著欣赏》《编剧技巧》《现代戏剧与戏剧批评》等课程，当时条件很差，没有教科书，都是爸爸亲自编写教材。

学生吕恩、陈永倞、叶子说：他"在戏剧方面，不论是现代的、古代的、中国的、外国的，都精通……是个手不释卷的学者"，他"广学博览"，根基"雄厚无比"，"讲起课来游刃有余"。

范启新说，"万先生讲课，那真可谓口若悬河。他看得多，顺手拈来，旁征博引"，讲了匈牙利摩尔纳的《百合花》，又讲法国班拿的《妒误》《玛亭》。

冀淑平说："他对希腊悲剧，可以说有一种独到的体会。他不是一般地介绍，而是让你感到其中的悲剧精神。我们最喜欢听他的课。"

陈永倞回忆说："他教编剧给我印象最深的，是他讲错综的心理、错综的感情，都是一般戏剧理论书中很难看到的，听起来很新鲜。"

但是，爸爸讲课从来不提自己的作品，学生们说他"很谦逊，是个搞学问的人，没有那些人情世故，是个典型的学者；品德也高尚，言谈举止都很谨慎，从不敢放纵"。

第二，学生们认为爸爸讲课传神、风格独特、打动人心。

学生们之所以喜欢听爸爸讲课，不仅是因为他知识渊博，还因为他把对戏剧的热爱投入教学中，把艺术的灵性、创造力传达给学生，把对剧本的深刻认识和感悟变成传神的语言和表演。课堂上师生互动，气氛生动活泼。

学生说爸爸讲课有自己的个性，"很有特点，有自己独特的风格"。像他的剧作一样，爸爸不是简单地传授知识，"不是纯粹的理论分析，而是感性的"。学生听他的课"都很着迷"。上午四堂课，只是中间稍事休息，"往往是一气呵成"。张家浩说："万先生讲课时，课堂鸦雀无声，常常过了点，大家听得入神，误了吃饭。"

的确，爸爸讲起课来，是动真感情，自己首先被作品感动，从而打动人心，感动学生。学生们说："讲课的时候他自己入了迷，沉浸在戏剧情境之中，大家也如痴如醉了"，"讲到高兴的时候，他就用手揪着右耳朵上的一个小肉瘤，眨着眼睛，神采飞扬，全神贯注，我们这些学生也都'入戏'了"。

正是如此，讲课对爸爸来说，是一种陶醉，是对经典的颂歌。

第三，学生认为爸爸是戏剧全才。

陈永倞、叶子说："曹禺是全才，编、导、演，他都行"，"三位一体"，讲起课来，也是三者结合，浑然一体。

上课时，他一段一段地朗读剧本，讲析"戏的跌宕和节奏，韵味和分寸"。

外国剧本他朗诵原文，让学生体验外国文字的语感、韵律。

享誉上海的"话剧皇帝"石挥在江安这个小古城待了一年，与爸爸相识相交，留下了深深的怀念。他说爸爸"是一个不喜欢说话的人"，讲话最多的是上课的时候。石挥这样生动描述："他的课程，没有一个同学不爱听……可以说，他简直不是在讲书而是在演戏。他用丰盛的情感与不同的音调，读着各种角色的台词，用动人的语句，讲出每个剧作的灵魂，用亲切的理解道出角色的个性及其发展与转变。尤其是在讲剧本故事的时候，他能将所有学生自由地带入他所要讲的世界与生活中，十百个心变成一个心，与剧中人同甘苦、同纵放、同欢笑、同郁闷、同忧伤。全课室一点声息也没有，连他轻微到几乎难以听见的叹息，也沉重地打动每个人的心弦。"

后来，剧专的学生们无限怀念地告诉我们："你爸爸讲课真是一人一台戏啊！"

教学生读书、演戏 爸爸深厚的古今中外的文化根基，在教学中得到充分发挥。他把爱读书、会读书的经验教给学生，教他们主动读书，自由学习。

除了课堂听课，爸爸要求学生课前看作品、读名著。他给每个学生指定读书目录，登记在点名册上，要求每人读后写读书报告。对三年级专攻剧本创作的学生，爸爸要求每人每学期写一个剧本，陈永倞说，"他批改得很认真，很仔细，哪个地方好、哪个地方不好、哪个地方还得推敲，都批得详详细细。那么多学生的卷子，他都那么精心去改，他是十分负责任的。"

同时爸爸要求学生多排戏。为教学和演出需要，他从中外戏剧作品中选择出适合中国国情及学生实际水平、需要的，亲自翻译、改编，如《正在想》《戏》《烟幕弹》《哀悼》等剧本，让学生在排练中学习，增加兴趣，提高水平。

爸爸除讲课外，还担任导演，教这些刚进剧校的学生如何演戏，非常用心。看到他们都没有什么舞台经验，许多人没有上过舞台，于是爸爸想找一出比较容易演的戏。几经挑选，选中了法国19世纪喜剧家腊比希的《迷眼的沙子》。这个戏容易有舞台效果，可以使初学表演的人尝到面对观众的滋味。他精心地把这个剧本改编成适合中国风土人情的讽刺剧《镀金》，原来两幕缩短成独幕，他亲自当导演，辅导学生排练。演出效果很好，训练了学生的舞台感，检验、提高了演员的修养水平。

爸爸指导学生排戏很细致，怎么念台词、怎么动作，他都严格要求，像工笔画一样，一笔一画精工细作，一点一滴地死抠。

1938年爸爸在重庆给学生排《雷雨》，扮演周朴园的陈永倧回忆："最后一场，周朴园上台阶、上哪一级台阶、念什么台词都很严格。还有那句'三十年前你在无锡，无锡是个好地方'，他讲究台词的抑扬顿挫，这些他都要亲自示范，对于具体情景下的人物的心理活动、动作，他都要求得很仔细。"

叶子记得当年爸爸导演《日出》的情景："每句台词为什么这样写、台词的意义是什么、该怎么念，他都讲给你，示范地演给你，等于他演了所有的角色。"这种细腻讲究的导演风格很像他的恩师张彭春。

爸爸爱学生，满腔热忱、毫无保留地传授知识，激发学生的创造力。他像当年张彭春先生付出巨大心血来栽培自己一样，把身边这些年轻人引向戏剧之路。

爸爸在剧专教书的时候，也就二三十岁，自己年轻，也更能体贴年轻人。他很疼爱学生，和学生的关系很好。他说："学生跟我比较随便，好像没有什么隔阂和戒备。"学生们也说："万先生是最没有架子的。"

吕恩从上海流亡到四川，入剧专找不到保证人，爸爸慨然应允做她的保证人，后来她一度想辍学，带着铺盖卷到办公室找爸爸，爸爸耐心相劝，并亲自把她送回宿舍。

在江轮上，爸爸看见一个被开除的学生，主动走上前，很关心地询问他的情况，并说，许多成功的人年轻的时候是坏学生，只要他有心戏剧事业，不要灰心，继续努力，世界就是最好的学校。这番话说得这个学生号啕大哭，爸爸也禁不住流下了眼泪。

倾力投入国立剧专的创建，坚守战时戏剧教育事业 爸爸对戏剧教育最主要的成绩在于和余上沅校长与师生一道，为建立发展中国第一个高等戏剧学府——国立剧专和战时建设而努力奋斗。

国立剧专创立于1935年的南京。1936年夏，爸爸应校长余上沅的邀请到学校任教导主任和教师，直至1942年初，共六年。

这六年正是"中华民族最危险的时候"，是日本鬼子在中国发动侵略战争，中国人民展开全面抗战的时期。国难当头，爸爸和剧专的全体师生首先在南京、长沙、重庆、江安驻地和搬迁沿途宣传演出，进行抗日话剧的创作和巡演，大大鼓舞了群众的爱国热情。

在完成战时要务的同时，剧专为中国第一个高等戏剧学府的创建和发展，又开展了大量的工作。

首先，爸爸和余上沅、吴祖光等为增强师资力量，请来了当时中国一流的戏剧精英，如焦菊隐、马彦祥，从英国留学回来的黄佐临、丹尼夫妇，从美国留学回来的张骏祥等一大批名师，担任教员。

国立剧专不仅师资雄厚，而且课程设置齐备、水平高。爸爸亲自编写教材并讲授七八种课程。全国会聚起来的学者们也各显其通，开办了丰富、精粹的课目，可以说，当时的国立剧专虽然校舍设施简陋，但显示了中国戏剧教育空前繁荣昌盛的局面。

可贵的是，处于战争环境中，除抗战戏剧活动外，课堂上仍然要讲西洋戏剧史，讲希腊悲剧、莎士比亚，仍然在排演《哈姆雷特》《奥赛罗》。剧专在对艺术的传统与现实、继承与发展等关系的处理上，坚持了正确而科学的教育思想。

戏剧家、导演黄佐临一来到剧专，就热烈地与爸爸探讨学生演戏实习、成立校友剧团的问题。二人谈戏入了迷，相互来回送行。爸爸开始翻译奥尼尔的三部曲《哀悼》，作为学生演戏的剧目。

当时，戏剧家、导演张骏祥和爸爸想在中国搞个像莫斯科艺术剧院那样的剧院，演出世界戏剧经典。1942年，张骏祥邀请爸爸翻译莎士比亚名剧《柔密欧与幽丽叶》，通过艰苦的努力，他终于排演了这部名著。1943年他又请爸爸在《莫扎特》中饰演作曲家莫扎特。这部西方戏剧演出反应强烈，收到了很好的教育效果。

这些事例都表现了戏剧家们对中国戏剧艺术和戏剧教育事业的坚守和热忱，因为他们懂得，无论在什么情况下，如果没有对人类优秀文化传统的传承，中国的戏剧就不可能站在巨人的肩膀上发展。即使在艰难的时刻，只要有机会，有条件，就不能放下这种学习和创造。

包括爸爸在内的全体师生的共同奋斗，创造了国立剧专的"黄金时代"，培养了一批批像谢晋、凌子风、陈怀凯、张瑞芳、叶子、蔡松龄、王大化、徐晓钟、刘厚生、陈永祥等优秀人才，他们中的许多人后来成为中国戏剧导演、表演、编剧、理论、管理、舞美等领域的国家栋梁和名家。国立剧专的的确确是中国戏剧家的摇篮。

此外，应该说，爸爸一生还在戏剧评论和戏剧管理方面做了大量、长时期的工作，在戏剧艺术各个领域不断实践，融会贯通，树立了追求艺术完美的标杆。北京人艺副院长于是之说："曹禺同志会写戏，又导过戏、演过戏、教过戏，是一位真正懂戏的院长。他是人艺的一把尺子，我们做任何决定都得考虑如果曹禺院长在场的话他是否同意。"

3

生活源泉　社会良知

1933年，爸爸清华大学毕业时，创作了自己的第一部剧作《雷雨》。从爸爸"学习创造"的经历中可以看到，《雷雨》是在漫长、艰苦的学习的基础上创作出来的。

然而，我们知道，要写出好作品，仅仅有广博的学识、超群的天赋，还远远不够。

人们常说，艺术作品是社会生活在作家头脑能动反应的产物。写什么？为什么写？如何写？作者必须有写作的生活素材，即艺术源泉；同时，作者还要有深刻认识生活的思想头脑。

那么，爸爸的作品是怎样在生活源泉和思想成长中炼就的呢？

家——熟悉、认识生活的开始

爸爸熟悉、认识生活是怎么开始的？这是在追寻爸爸的创作道路时，萦绕在我们脑子里的另一个问题。我们追溯到开始的第一步，原来是家，爸爸出生、长大的家。

爸爸童年、青少年时代的家庭与周围的人和事，给予他丰富的创作源泉和思想影响，对他的创作具有重要意义。他说过："这个家庭的事变，所给我的生活的教育是刻骨铭心的。"（田本相《曹禺访谈录》82页）

爸爸极少向我们提到他的家，倒是妈妈说过，爸爸的家"很沉闷"，他"不快活"，爷爷是"北洋军阀""黎元洪的秘书"。我们只看过爷爷的一张照片，他身着北洋将军服，头顶带穗的北洋军帽，人不太胖，但脸庞圆滚滚的，肉很瓷实，眼神并不显得厉害，爸爸中年时有张照片很像他。我们对爸爸的家庭，开始就知道这些。后来，慢慢从爸爸的各种自述中，我们了解到最初的一些情况。

家与周围的人和事　爸爸生于1910年，第二年就爆发了辛亥革命，他的童年是在民国初期度过的。他出生于当时军阀混战中的军界官僚家庭，家庭生活富足。但是，优裕的物质生活并没有给爸爸带来精神上的快乐，他不喜欢甚至厌恶这个家，感到苦闷和压抑。

当时，家庭的主要成员共四人：爷爷万德尊、奶奶薛咏南、伯父万家修和爸爸万家宝。爸爸和伯父是同一个父亲，母亲不同。

谈到爷爷万德尊，爸爸说，这个家庭是十分沉闷的，很别扭。爷爷是个军人出身的官僚，他的脾气很坏，有一段时间爸爸很怕他。爷爷对伯父很凶很凶，动不动就发火。爸爸总是害怕和爷爷一起吃饭，因为爷爷常常在饭桌上就训斥起子弟来。爷爷这个人自命清高，"望子成龙"的思想很重。

谈到伯父万家修，爸爸说他30多岁就死去了，到现在还不大明了他。年长且让人不解的万家修不可能成为儿时爸爸的陪伴。

在爸爸眼中，父亲和哥哥之间的深仇大恨和势不两立，让人感到怪异和困惑。他们父子两人的仇恨很深很深，爷爷总是挑剔伯父，伯父也恨透了爷爷。家中气氛非常不正常。

爸爸与爷爷的关系也不是很融洽。他回忆说，爷爷打家修，也打过他。一天，爷爷从外面回来，不见了往日的笑容，而是换了另一副冷面孔，可能在外边遇到了不顺心的事。一进家门，爸爸怯怯地喊道："阿爹，阿爹！"喏嚅着走到他身边。爷爷铁青的脸上毫无表情，木木地坐到自己的椅子上，用直直的眼睛看着爸爸,冷不丁地吼一声:"来背诗!"爸爸早已背熟了的诗,被他这一声吼吓得全忘光了,呆如木鸡,站立着,连大气也不敢喘。忽然"啪"一声,爷爷就给了爸爸一巴掌,打在脸上,火辣辣的。爸爸说,这一巴掌印象太深刻了,使他联想起《朝花夕拾》中鲁迅写的《我的父亲》中扼杀儿童的情景。爸爸的遭遇虽与伯父不同,但是爷爷也同样令他恐惧。

谈到自己的母亲,爸爸说过,爷爷前后有三位妻子。原配去世早,留下一双儿女。爸爸是爷爷与第二个妻子的孩子,但19岁的生母生下爸爸三天,就得产褥热病逝。继母薛咏南是爸爸生母的孪生妹妹,是爸爸的亲姨。继母对爸爸很好,是她最早培育了爸爸对戏剧的兴趣,在爸爸心中种下了戏剧人生的种子。继母对丈夫原配的一双儿女也很好,经常扮演他们与父亲之间矛盾的调停人。但是,她并不是一个全身心扑在孩子身上、细腻温柔的母亲,她不大管家事,有自己独立自在的生活秩序,是一个有主见很自立、聪明能干很会处事的女人。爸爸与继母之间似乎没有那种十分贴心亲近的母子关系和感情,特别是爸爸从奶娘那儿知道继母不是自己的生母之后,爸爸与继母之间始终有一种说不清楚的距离感,失去生母的悲哀和失落几乎影响了他的一生。

儿时,家中这四口人,有数个仆人伺候。

关于爷爷与仆人的关系,爸爸说,他恨爷爷踢人骂人,尤其是对家里的下人动不动就发脾气大骂。爷爷常常在吃饭时骂厨子,一看菜做得不满意,就把厨子喊来骂一通。爸爸指责:"父亲对下人是没有同情心的,不仅自己打骂,有时还逼着我去打丫头,我当然不会依从。"

这个家,让儿时的爸爸感到苦闷。

从这个家小小的窗户看窗外,从家庭周围来来往往的人和发生的事中,爸爸窥视到窗外的世事。

爷爷曾在河北宣化任中将镇守使,儿时的爸爸亲眼看到宣化府军法官对"土匪"的拷打。这些实为贫苦农民的土匪被打得皮开肉绽,血肉模糊,最后被拉出去枪毙。在爷爷握有实权的宣化府里发生这样残忍的景象,给爸爸幼小的心灵以极大的震撼。他感到恐惧、怜悯、愤恨,他同情家中的仆人,"心中格外可怜这些被拷打的农民","恨透了黑心的官老爷"。二十年后,萌生了《原野》

中仇虎的形象。

爸爸在宣化府还经历了另一番情景,如奶奶领着他去戏院看戏,那种他觉得很不光彩的迎接官亲和赏赐戏班的场面。后来,爸爸到衙门练兵场玩耍经历的一幕,更令他惊呆。那些大兵哪怕正在操练,一看爸爸到了,便马上停下来,领队跑过来敬礼,喊着:"请少爷指示!""请少爷训话!"爸爸想,我一个小孩子能指示什么呢,吓得赶快逃跑,心里十分别扭。这些经历使爸爸深深感受到自己的官亲身份与贫苦百姓之间地位的天壤之别和不平等。

年龄大一些的时候,爸爸的视野和经历开始从自己的家庭扩展到自家之外,周围类似以及不同的家庭和人物,使他对世事的认知得到延伸和提高。

当时,正是封建社会转向半殖民地半封建社会,民主革命逐步兴起,这样大动荡、大变革的时代里,万家周围与之关系密切或来往的家庭和社会人物,更是形形色色、五花八门。爸爸有机会接触这些人。他说,小时候,家里有客人来,他们谈这谈那,有时也说点有关时局的东西,虽不能全懂,但也不经意地听了一些。

来往的,有苦撑门面的封建官宦之家,有腐朽衰败的世袭大家庭,有保存浓厚封建色彩的新兴资本家,有势力强大的官僚买办财团主脑。登门万家的各类座上客,有的地位比万家高,趾高气扬;有的低,先是阿谀奉承,跪地叩拜,后来见到万家败落了,就无影无踪了。爷爷病逝报丧时,这些人多数以白眼相待。

童年的爸爸也接触到一些下层的平民百姓。那时贫富悬殊,家中的女佣月薪两元,而爸爸经常在邻居财主家阳台上看到的漂亮姨太太,是花一万元从妓院买来的。

与爸爸日夜相伴的保姆段妈,家境尤其悲惨,丈夫被打死,婆婆上吊自尽,儿子长了蛆疮,活活疼死。段妈额纹深陷,嘴有点豁,没有一丝笑容,但十分慈爱善良。她常常讲述自己家中和家乡的故事哄爸爸睡觉,这些悲惨的故事断断续续讲了几乎三年。段妈的不幸遭遇和她那张因生活摧残而扭曲的苦脸,引起幼小爸爸的无限同情,这些生活和形象与爸爸后来在《原野》中写出的那个身世坎坷、内心充满仇恨的黑脸汉子仇虎,有着深深的联系。

1917年海河发大水,爸爸忘不了那些涌进天津的灾民,他们用箩筐挑着饥肠辘辘的孩子，你挤我攘，哭爹喊娘，如潮水般冲击大街小巷，夜半仍可以听到他们凄厉的叫喊声。

爸爸还看到贫富之间各色形态的小人物，他们有的势利眼、猥琐卑微，有的狗仗人势、凶狠无情。

这些家里家外、富的穷的、好的恶的、上层的底层的、各种各样的人物和事情，在爸爸幼小的心灵里留下了不灭的印记，成为他未来创作的生活积累和培养思想认识能力的土壤。

良知的萌发与成长　　爸爸出身、成长于这样一个家庭，作为一个富家孩子，他没有成为同流合污或麻木不仁的纨绔子弟，而是凭着自己善良、敏感、多情、多思的天性，在年龄、知识、生活阅历的不断增长中，在原始本能自发感受的基础之上，逐渐地树立起他的社会意识和良知。

童年的爸爸对家庭和周围的感受和情感，出于儿童的本能和天性。

本来，家庭应是儿童的乐园，快乐玩耍应是天性，父母手足应是陪伴。一个不到十岁的孩子，在一个富足的家庭，应该是无忧无虑、无所用心、乐乐呵呵的时光。

然而，爸爸偏偏不是这样，他经常感到心灵的孤独、心境的沉重压抑，觉得不快乐、不幸福、不温暖。他说："还是在我小的时候，就有很多痛苦……我当时不好玩，也不爱说话。"爸爸回忆儿时爷爷在宣化任镇守使的日子，听到的、看到的是森严的衙门、乌鸦凄厉的鸣叫、审讯犯人的鼓声。尤其当他坐到城墙上，望着后园里那棵阴森森的"神树"，远处传来单调的却是非常凄凉的军号声，这种苍凉阴郁之感，深深地印在了爸爸心里，后来弥漫在《北京人》衰败的曾宅中，在《原野》莽苍苍森林的阴暗景象中。

爸爸最初对于家庭矛盾和社会不平的强烈反应和感受，多是出于向善、纯洁、孱弱的天性，出于孩子本能地对暴力、罪恶的不忍和抗拒。随后，爸爸慢慢从家庭和周围人的不同命运中，朦胧地感知到外面世界存在的人群差异、贫富不均、不同人的不同地位和遭遇使他心境沉重愤懑，促进了他的思想认识能力。

真正引导儿时爸爸思想成长的重要因素，是读书。他说："我小的时候就生活在一个书的世界里。"当时，家里藏书很多，许多经典书籍都是他小时候躲在藏书楼里看的。

爸爸说,"书给了我很多社会知识","激发我的想象力","又给了我很宽阔的世界"。

更重要的是,书本的教育使他进一步树立了是非感、正义感和同情心。爸爸说:"由于读书,使我比较有正义感","书里有许多故事","让我懂得世事人生、历史"。爸爸说,中国传统文化思想中有精华,有反封建的东西。比如,孔孟之道中"为富不仁也,为仁不富也"的伦理。又比如,读《红楼梦》给人的影响,并不是叫人羡慕那些有钱的人,最讲义气的还是穷人,叫你并不喜欢那些有钱有势的人,越有钱越不叫人羡慕。

爸爸很早就从书中接受了"贫富观念"和"为富不仁"的社会思想,他表示:"我的家并不贫困,但是我的心却同情这些可怜的人们。"他明白了:"贫和富的区别,穷人和富人的区别,富人享受,穷人受罪,从而,不知不觉地同情穷人。对于佣人,小时候,我和父亲的感情完全不一样,所以我最恨我父亲骂下人了,尤其在饭桌上。"

生活本身的教育,是书本教育之外的另一位老师。爸爸说,"对眼前的社会印象是太深刻了,看着非常不习惯","从亲自经历的,看过的,听人说过的""觉得这个社会这样下去是不行的"。生活本身促进爸爸思想的成长,让他知道生活中除了贫富不公之外,还有更黑暗的社会现象,更多、更深刻的问题和道理,因此后来形成现实社会"非改变不可"的信念。(田本相《曹禺访谈录》第 7、8、16、17、35 页)

然而,对于爸爸一生的戏剧创作来说,我们感到,童年时代爸爸最重要的认知活动还在于对"人"和"人性"的启蒙认知。

"人""人性"是爸爸童年认知活动的中心 爸爸童年、少年时代对"人""人性"的认知活动,是他在学生时代接受人文主义思想的重要渊源,对曹禺戏剧的特点和艺术思想的形成有着重要影响,"写人"成为他创作的中心。

爷爷万德尊是他认知的第一个重要人物 我们只见过爷爷万德尊的照片,爸爸从未向我们谈及爷爷,甚至爸爸自己也感到对自己的父亲了解不够。在创作《雷雨》的时候,爸爸强烈感到对生活素材的需求,曾跑回天津家中寻找爷爷当年写的十几本集子《杂货铺》。可惜，都让伯母当引柴烧了，爸爸痛惜无比。

爷爷万德尊很特别，他的特别在于他的矛盾，他是一个充满矛盾的人。爸爸的回忆不多，却鲜明地为我们勾勒出一个活生生的人物来。爸爸向我们一页页揭示出爷爷这个人，也一幕幕向我们揭开了爸爸这个"颓败""沉闷的家"的内幕成因。

爷爷出生在湖北潜江乡村一个教书的家庭。万氏家族几代人都是私塾先生，希望通过读书走上仕途，奋斗了近百年，却屡战屡败。1873年，爷爷万德尊出生，15岁考中秀才，随后进入张之洞创办的两湖书院苦读。清末，作为穷教书出身、没有任何背景的"篾人之子"（湖北方言"穷人的孩子"），万德尊要想升迁，便捷之途就是随洋务运动兴起时的留学风潮出国留学。1904年（光绪年间），爷爷考上官费留学生赴日本东京，先后被派在振武学校和日本陆军士官学校就读。

1909年，爷爷回国后进入军界，当了武官。在民国初期的军阀混战中，他从团长、少将、中将，中间曾短期任宣化镇守使，一路晋升，直至被任命为大总统黎元洪的秘书、将军府将军。

爷爷自社会下层进入强势的上层社会，光宗耀祖，实现了万氏家族梦想走上仕途、振兴家业的夙愿。这是爷爷荣耀的一面。1918年，徐世昌任大总统时，爷爷的祖母魏氏过百岁大寿，万家在天津大摆宴席隆重庆祝，徐世昌差人送去题为"蔚为人瑞"的大匾额。爷爷在意租界住宅的大客厅里，风光地接待过黎元洪的姨太太和北洋军阀大政客黄郛。对等待接见的求见者，爷爷则毫不客气，经常摆架子慢腾腾地从楼上走下来，接受求见者的拜见。

但是另一方面，爷爷的军旅生涯并不得意顺心，学军、从军、黩武，完全由上级指令认定，既非他所愿，也非他所能。

私塾文化是万氏家族的传统，舞文弄墨是族人的爱好，也是爷爷的最爱。爷爷自幼在这样的家庭氛围之中，继承了家族的文人传统。爸爸说，爷爷是个官僚，自命清高，喜好写诗，念书很多，也是个地道的文人；爷爷有一手好文笔，诗词写得很好，也喜欢用骈体文为别人写寿文。爷爷用心地把自己写的诗词、寿文、挽联、对联、文稿杂记收集在十几本集子里，命名《杂货铺》。《杂货铺》记录了爷爷的思想，也透出他志趣的幽默感，是他的精神寄托。

严格地说，爷爷的军职不过是谋生之计，找几个文人经常在一起吃吃喝喝，或赋诗，或写对联，才是他理想的生活。文书之类的文职、士大夫式的闲官，可能对他更适合。

爷爷不善武，他懦弱胆小，多愁善感。虽然爷爷当了武将，但爸爸说，他根本不是一个当武官的材料，他胆子很小，从来没有打过仗。他有些软弱、善感。爷爷在宣化当镇守使只待了一两年，他很害怕，怕兵变打仗。

爷爷更不喜武，他不是那种秉性黩武之徒，看不得血腥争斗，厌恶打仗。同时，他也不是那种贪得无厌之人，他说他是凭着良心去做事，他是清高的，他的钱都是挣来的，没有一笔是歪道来的。奶奶也常说他是清官，没有做过任何坏事，也没有偷过抢过。因而，爷爷对当时那种血腥残酷、争权夺利、无是非无苍生的军阀混战并不热衷。丢官之后，他有再度出山的机会，但仍回绝了留学老同学大军阀阎锡山的邀请，他厌倦了军阀战事，不愿再干。

像爷爷这样的人，既没有胆量在战火中冒险，没打过仗，没有战场上的实干，又没有嗜血强夺的秉性野心，他的将军军衔只不过是一种虚名，并无实权，也没有多少人气威望。所以，他虽然在百姓之上坐享富贵，但是在军界并不得志，并不快活，属于比下有余比上不足，夹在中间的那一部分，常常处于社会和生活的矛盾之中。

他在外做事不顺心，回家就发火发牢骚。他之所以一再告诫儿子，不要忘记自己是"窭人之子"，不仅因为他出身贫寒，也在于他觉得即使自己现在做官，也并不事事在人之上，仍经常处于受制于人的"窭人之子"的地位。他明确表示他做官不得志。他认为，干了一辈子他并不情愿的武官，甚至做官本身都非他所愿，他说他"做了一辈子官是做错了"。

真真切切的生活事实让他认识到社会现实的严酷，他坚决反对儿子做官，反复警示儿子"千万不要做官，万万不可做官"，授意儿子去做一个有真才实学的医生，教导儿子如何自立。

爷爷这种处境地位和人生哲学甚至影响到他的政治视角和见解，他的政治见解也经常表现出复杂的矛盾性，这些思想情绪经常记录在《杂货铺》的诗文中。

一方面，作为封建军阀，他是维护现存秩序的，有一套固执的思想，与儿子的逆论争论，经常说着说着就"说崩了"。当时，爷爷看着爸爸这么一个小孩子整天老皱着眉头，不好玩，也不爱说话，"对整个社会不满意"，就警示爸爸："你不要老想改造这个社会，那是蚍蜉撼树啊！"爸爸也感到："我的爱好，我的理想，我的追求，往往不被父亲理解。"

另一方面，爷爷竟佩服列宁。他订阅《东方杂志》，赞成列宁的新经济政策，感慨贫困腐朽的帝俄十月革命后得到振兴，他说"列宁了不起，是个巨人，是个伟大的人物"。在官场，他看到当时中国的污浊腐朽，认为这个社会不好，是坏的，但是又认为要改造它也是"蚍蜉撼树"。

在宣化，他一方面当镇守使维护政法秩序，吊打过所谓"土匪"；另一方面虽然干了一些不得已的事，但又很在意与宣化府士兵的关系，在乎他们对自己的看法。爸爸曾回忆府中一段令人啼笑皆非的故事，从中可见爷爷在岗位上尴尬矛盾的处境：儿时的爸爸和卫队的士兵混得很熟，大家很喜欢他，叫他"小少爷"。有一次，爸爸正在玩耍，看见爷爷也正在院子里，就叫"阿爹，你来"，边喊边拉着他的手，朝卫队的宿舍里走去。这时卫队的人正在推牌九，爷爷看到这场面，当时就发起脾气来，立即命令他们停止，并叫军法官拿棍子来把每人打了十军棍。事后爷爷埋怨爸爸不该拉他到卫队宿舍里来，爸爸才明白爷爷是不愿意管这些事的，也怕得罪士兵，睁只眼闭只眼就算了，但是看见了就不得不管。以后卫队的人见爸爸就不叫"小少爷"而叫"狗少爷"了。爸爸感到委屈："其实他们挨军棍也是我始料不及的。"爸爸才懂得原来有些事要隐瞒。

1923年，企图苦读诗书入仕途但在军界挣扎十几年的爷爷，随着黎元洪倒台而丢官卸甲，回天津赋闲当寓公。民国初年的军阀混战中，有的人飞黄腾达，有的人跌下马来，爷爷是混战中被挤轧出来的失败者，也是一个被矛盾折磨的苦恼人。

丢官后的爷爷一蹶不振。当初在职时他虽不得志，但还必须在岗位上硬挺着，保住这个苦苦争得的光宗耀祖的位置。丢官后，他靠积蓄（*股票利息和一栋房产*）度日。他不愿眼看着家里坐吃山空一天一天败下去，常常对孩子说："我再为你们出去跑一趟，做点事，赚些钱。"但是另一方面，他不到五十就觉得老境已到，他那个再出山做点事的宣言只不过是说说而已。爸爸说,爷爷中风之后,就念起《金刚经》来了。他老了,无所寄托,再无前进之心。他再也无力去奋斗,去挣扎,陷于失败者的痛苦中。

当时的家庭气氛,爸爸痛苦地回忆道:"从早到晚,父亲和继母在一起抽鸦片烟。我记事的时候,父亲就不做事了。上中学时,我每天早晨去上学,下午四点回家,这时父亲、继母还都在睡觉。抽一夜鸦片,天亮才睡觉,下午四五点钟才起来。我回家后,家里鸦雀无声。其实家里人不少,厨子一个,帮厨的一个,拉洋车的一个,还有一个佣人、一个保姆,但是沉静得像座坟墓似的,十分可怕。我吃晚饭,不知他们是吃哪顿饭,这时才能见到他们。我记得常常在吃饭时,父亲骂厨子。他一看菜做得不满意,就把厨子喊来骂一通,也不知为什么要骂得那么凶。我母亲就说他。不知怎么搞的,越说他就越发脾气,越大声骂起来。""那时,一家子真是乌烟瘴气啊!父亲、继母在楼上的大客厅里抽,哥哥在楼下抽……有时客人来了,就和父亲躺到小客厅里对着抽鸦片,客人的太太和我的继母对着抽。"爸爸无限感慨:"真是沉闷的家庭啊!"(田本机《曹禺访谈录》9页)

爷爷就是这样,有时,躺在大烟榻上销魂,麻醉自己;有时,牢骚满腹,悔恨自己这不该、那不该,一辈子都错了,像一个怀才不遇的落魄文人;同时,抱怨这、抱怨那,无名的火气和烦恼使他对下人和长子万家修大打出手,发脾气,掀饭桌,看什么都不顺眼。

丢官后的爷爷,性情变得越发暴躁乖戾。他喜怒无常,高兴了,你干什么都行,他不过问;不高兴了,就骂人、踢人,大发无名火,搞得家人都摸不着头脑。爸爸说,爷爷那种歇斯底里的劲,真让人受不了。

爷爷在这种矛盾的折磨中蹉跎、挣扎,爸爸的童年在这种沉闷的家庭环境氛围中度过。面对这样的家庭和父亲,爸爸烦闷、愤恨,他不想看见这些令人心烦的事,常躲到自己的房间里去读书。他孤独、苦闷,在宣化时六七岁,经常一个人独处闷坐。

但是可恨的爷爷还有另外一面的性情。爸爸说:"他对我很好啊!"又表示:"他对我可不一般,最疼我……"

爸爸对爷爷的感情也很复杂。爸爸说:"我对我的父亲又是恨,又是爱,又是怜悯。我恨他，怕他，可又总是忘不了他，十分惦记他。"还说："尽管我父亲很喜欢我，但我不喜欢我的家。"

爷爷非常爱爸爸。爸爸说，不管外面公务多忙，爷爷一回家总是先去看他。晚上，常要亲他背他，哼着催眠小曲哄他睡觉。爷爷常带爸爸去十分讲究的澡堂洗澡，即使家里没有钱，也要找一个比较好的澡堂。爸爸都十多岁了，在澡堂子睡着了，爷爷为他穿好衣服，还背着他回家。爸爸十六岁出疹子，爷爷硬是让爸爸在家休学一年，并安排住在隔壁房间，以便照顾。对于儿子的教育，爷爷更是上心，前后为爸爸请过三位老师，真是竭尽全力，望子成龙。他盼着爸爸去留学，总说："为了你留学，我再出去奔一奔，赚点钱。"出于这种父子交流，爷爷因一生无为而痛苦难抑的样子，又令爸爸生出恻隐之心。人就是这么复杂矛盾！

在与大儿子万家修之间势不两立、深仇大恨的父子关系中，爷爷的情感也极其复杂。爷爷自己抽大烟，却严禁万家修抽。怒其不争，曾打断了长子的腿，同时又给儿子下跪，对他说："我给你跪下，你是父亲，我是儿子，我请你不要抽，我给你磕响头，求你不——"之后，爷爷告诉爸爸："你哥哥又吸鸦片了，我就给他跪下求他不要再吸了！"这个情景，后来爸爸痛心地写进了《北京人》中曾皓与儿子文清的一幕戏中。

在爸爸的回忆中，我们体会到人性的复杂和矛盾。爸爸不满、批判家庭的沉闷、陈腐和颓势，但是，他始终没有忘记家庭和父亲对他的养育、疼爱和有益的教诲。

爸爸在复杂而真实的感受中，不仅认识了家庭的"重心"——爷爷这个人，认识了父与子这种关系，还学会了如何在社会中观察人和人与人的关系，认知人与社会的复杂性，认知每个人物的鲜明个性。他清楚地看到那个剧烈动荡变革的时代中人物内心世界的复杂性，看到真实生活复杂的另一面。

"认知爷爷"对爸爸创作的影响　　爸爸对爷爷的认识，无时不在影响爸爸的创作。他笔下不少人物有爷爷万德尊的影子。后来在爸爸剧作中展现的艺术思想和创作方法就是：着重写人，着重对人物内心世界和人物真实性、复杂性、矛盾性、多重性的探究，深入挖掘和塑造人物形象。

关于这种创作思想和方法，爸爸在谈创作时曾这样说过："那时有一种想法，还是要写人。一切戏剧都离不开写人物，而我倾心的是把人的灵魂、人的心理、人的内心隐秘、内心世界的细微的感情写出来。……一定得把人物写透，写深，让他活起来，有着活人的灵魂。"（田本相《曹禺评传》160-161 页）

谈到《北京人》的人物形象，爸爸说："曾皓、文清、江泰身上有我父亲的影子。"曾皓向儿子下跪、文清的懦弱、江泰的牢骚满腹等人物个性和行为，都与爷爷，甚至伯父万家修有着千丝万缕的联系。

爸爸对爷爷的认知，更深刻地影响到爸爸对《雷雨》中周朴园形象的塑造。爸爸说过，爷爷"和周朴园有些相似，色厉内荏"，周朴园这个人物充分而真实地展现了人性复杂矛盾的多重性。

对待繁漪，周朴园一方面"关心"繁漪的病，为她请了最好的德国医生，另一方面又以最残忍的精神暴力和令人不寒而栗的威慑逼她喝药，要她维护家庭秩序，"替孩子做个服从的榜样"。他一方面"虔诚"地纪念"死去的梅"，另一方面却容不下活着的侍萍，毫不留情地令她销声匿迹，暴露他虚伪的本质。

对待亲生儿子鲁大海，他一方面打听、念及儿子的下落，另一方面却冷酷地将他从矿业开除，断了他的生路。

对待周冲，一方面他似乎关心周冲的需求和幸福，另一方面又以他傲慢的所谓日耳曼式的教养和学识，以强力的震慑无情扼杀少年纯洁的心灵，嘲笑挖苦他的天真幼稚。

学生时代——走向大社会

强大而深刻的爱国主义热潮和教育

1922—1930 年，爸爸在南开中学、南开大学一年级就读，1930 年秋转到清华大学，1933 年毕业。十余年的学生时代是爸爸人生的重要阶段，他从家庭和周围的生活圈子逐步走向外面的大社会大世界。他的生活和思想在认识社会和世界、树立爱国情怀等方面，都产生了重要变化。

从记事起，不论何时何地，爸爸对祖国火热的情感常常感动我们。他的这种感情是怎么来的？

我们知道，爸爸童年看了很多戏，读过很多中国古典文学作品，开始了对祖国文化的喜爱，播下了爱国的种子。但是，我们没有想到，一个从小完全迷醉于艺术的小孩子后来到学生时代，竟然那么热情地投入爱国政治活动，参加了那么多新时代的文化艺术生活。

这首先是因为爸爸成长时的中国正处于一个苦难深重、极度屈辱、民心热血沸腾的时代。1840年后帝国主义列强开始了对中国的疯狂掠夺和欺凌，1911年的辛亥革命并没有使中国真正摆脱两千年的封建重压，封建军阀混战越演越烈，激起中国人民决心改变国家命运的爱国热潮，汇成一场反帝反封建的民主革命运动。

爸爸的学生时代，首先扑面而来的就是这股强大的爱国主义热潮和一场深刻的爱国主义教育。

1921年，11岁的爸爸在天津汉英译学馆学英文，第一次随学馆加入5月9日"国耻日"的"政治生活"，热情高涨地跟着上街，参加反日大游行。后来，他动情地回忆，当时他们充满对帝国主义侵略的愤恨，曾经在大街上高喊"取消'二十一条'""还我山东"的口号，高唱"打倒列强，除军阀，国民革命成功，齐欢畅"。反帝反封建的时代号角，引导爸爸走向大社会。

南开中学的宗旨——教育救国，培养有创造性的人才　1922年，12岁的爸爸第一次进了学校——南开中学。学校的创办人、校长正是著名的爱国教育家张伯苓。1894年中日甲午战争失败后，张伯苓愤然摒弃习武救国的梦想，转为从事教育，1904年创立了新式的南开学校。

张伯苓的办学宗旨是教育救国，他说："南开学校系受外侮刺激而产生，故教育目的，旨在雪耻图存。"南开学校开展的各种形式的爱国主义教育给了爸爸重要的影响，儿时孤独寡言的爸爸积极参与学校为"培养学生爱国爱群之公德，与夫服务社会之能力"的反帝爱国爱群活动。

1925年，五卅运动促成的反对日、英帝国主义的民族运动席卷全国，爸爸热情加入"南开中学五卅后援会"组织的反帝爱国集会、校刊宣传和戏剧演出活动。

1927年的反日运动中，南开学生会成立"学生反日运动委员会"，爸爸被选为十人委员之一，参加抵制日货等反日宣传活动，并在校刊《南中周刊》上撰写多篇政治杂文。在《中国人，你听着！》一文中，斥责在民族大义面前见利忘义、苟且偷生的人。

1928年，爸爸担任编辑的《南开双刊》上刊登了鲁迅的语录，郑重纪念1926年发生的"三一八"惨案，同时，揭露日本帝国主义在济南枪杀中国同胞的暴行。

可贵的是，南开的爱国教育强调"联系中国之国情"，提倡学生广泛接触社会。为培养学生独立处理问题的能力，学校开设"社会视察"课程，包括讲课和外出社会视察，观察思考社会，学习社会问题的分析方法，培养改良社会的能力，如张彭春曾带领学生到天津东站视察难民问题，爸爸所在年级也进行过法庭、监狱、商行、工厂、交通、机关等方面的社会视察。

通过这些"联系中国之国情"的社会调查，爸爸亲身体验到中国贫穷落后的现况，了解到社会各阶层特别是下层人民的苦难，促进了他认识中国国情、关心国家命运、爱国强国的责任感。少年时代"社会视察"的鲜活场景和所受到的深深触动，爸爸铭记于心。同是在天津，十几年后，爸爸为写《日出》，大胆地走进社会最底层调查、体验，从三等妓院妓女的悲惨命运中找到《日出》全剧的灵魂。这是南开的教育在开花结果。

南开的爱国强国教育特别着重于培养人才的创造性。张伯苓说，要在现代世界中求生存，必须造就具有应对现代问题能力的人才。南开结合社会现实，大力开展丰富多彩的课余社团，培养独立的、有创造性的人才。南开组织文学剧团，推动学生走进社会，锻炼他们对外活动、演讲、演出的能力。

爸爸是这种培养创造性人才教育的受益者。张彭春先生发现了爸爸的艺术潜质，挖掘出他的天分和创造性，因材施教，给予重用，让爸爸的演戏才能在南开剧团的舞台上熠熠生辉，在校内外的各种宣传演出活动中大显身手，为后来爸爸成为一个有创造性、有中国独特风格的剧作家打下了基础。

清华大学的抗日救亡运动　1930年爸爸进入清华大学，第二年就爆发了日本帝国主义无耻侵占我国东北的"九一八"事变。

"九一八"事变的第二天，即1931年9月19日，清华学生成立抗日救国会，掀起北平学生爱国运动。爸爸一开始就投入这个初期的抗日爱国活动中。

清华的爱国运动受到国民党反动派的镇压。禁止学生罢课、游行、集会、演讲，激起学生的强烈抗议，他们立即组织自己的代表团到南京请愿。

爸爸虽不是请愿团成员，但是坚定支持请愿团行动，痛斥混在请愿团中国民党右派学生的卖国行径。在学校的一次集会上，爸爸和同学们一道愤怒驱赶了鼓吹投降主义的美国牧师。爸爸参与演出的抗战戏《马百计》更是轰动全校。爸爸还和同学自筹资金办起《救亡日报》，撰写了第一篇社论和不少文章。《救亡日报》通过社论、杂文、小说、漫画等方式，鼓舞了同学的爱国热情。

抗战时期，清华大学经常组织学生到外地进行抗日宣传讲演。爸爸被选为学校抗日救国会委员兼抗日宣传队小队长，每周六带领同学到河北保定涿县一带进行抗日宣传讲演。一次，他在火车上遇见一位长辛店铁路工厂的工人并进行交谈。这位产业工人干练的形象、坚定开阔的思想、丰富的知识，给爸爸留下了深刻的印象。后来在《雷雨》人物特别是鲁大海的形象中，我们可以感受到这次相遇的影响。

1933年1月，日本鬼子直驱山海关，2月进攻热河，3月攻进河北古北口，战火烧到北平大门口。爸爸与同学奔赴古北口前线，慰问、救护迎战日寇的二十九军战士。一位生命垂危、军服浸透鲜血仍和学生们深情诀别的年轻战士让爸爸久久不能忘记。后来鼓舞他以生平最快的速度带病创作了抗战剧本《蜕变》。

学生时代，爸爸超越家庭，进一步看到过去从未见识的广阔社会和世界，看到弱肉强食、残忍的民族压迫和社会黑暗。正是学校教育和中国人民的爱国热潮，孕育爸爸心头的爱国种子发芽、成熟，让他树立起"祖国永远是最好的"信念，培养了他关心民族命运、为国分忧的责任担当。爸爸一生对祖国炽热不变的感情不是偶然的。

新文化运动与西方人文主义思潮

新文化的引领 新文化运动是20世纪初中国一些先进知识分子发起的反对封建主义的思想解放运动，其基本口号是拥护"德先生"（Democracy）和"赛先生"（Science），也就是提倡民主和科学。

新文化运动中涌现出大批新文学作家，雨后春笋般出现的新作品和刊物像潮水一般涌入爸爸的视野，如鲁迅创办的刊物《语丝》、撰写的小说《呐喊》《孔乙己》《社戏》《故乡》《祝福》《药》《阿Q正传》《狂人日记》等。又如郭沫若创办的刊物《创造》，胡适的《新青年》，叶圣陶的《少年》，沈雁冰、郑振铎、叶圣陶等先后主编的《小说月报》，杜亚泉、胡愈之和商务印书馆主编发行的《东方》，北京发行的《晨报》，天津的《庸报》副刊和南开自己出版的《文学旬刊》，等等。

这些刊物和作品内容丰富，思想性强，讨论中国和世界大是大非之潮流，涉及政论、新闻、杂文、小说、诗歌、散文、美术、译著、评介、史论等各类体裁品种，古今中外应有尽有。在新文化运动中展现的中外戏剧作品及演出更加丰盛。

爸爸如饥似渴地阅览，有的刊物几乎期期必买、篇篇必读。爸爸非常喜欢聆听社会精英学者讲学，曾在暑期补习班听过梁启超的演讲，从中接受了丰富的新时代滋养和信息。多思的爸爸思考得更广更深了。

爸爸被鲁迅的《祝福》深深感动，祥林嫂的故事与童年听到的段妈遭遇是多么相似！读《呐喊》，他更加同情劳苦大众；读杂志《少年》《东方》《语丝》《创造》和鲁迅的《孔乙己》《社戏》《故乡》，他看到广大中国民众的生活状况；在戴望舒的诗作中，爸爸感受到一代中国青年的时代苦闷。爸爸喜欢读郁达夫的小说，感到自己与这位诗人相通的忧郁情愫；同时，爸爸也从《东方》杂志中看到关于新生苏维埃共和国的报道；在《晨报》中知晓李大钊被害的悲痛消息；在刊物中，他还了解到中国新文学戏剧蓬勃开展的状况；在国外文化艺术的译著和介绍中，了解到世界戏剧的新动向；在新文化运动影响下的校园戏剧活动中受益良多。当然，也有许多作品爸爸不甚理解，如《药》中的人血馒头、《阿Q正传》

的含义,他琢磨不透。

新文化的深深感染,使爸爸的艺术视野和热情从中国古典文学和外国文学逐步扩展到当代中国新文学上来。他说,出于时代和国情的不同,古老和遥远国度的故事似乎"不能那样打动我"。新文化传达的时代号角、现实社会的激动脉搏、现实生活的民众苦难和呼喊、新艺术的新创造,很自然地激起爸爸的共鸣,使爸爸"热血沸腾起来,要和旧势力拼杀一下"。

洋溢的革命精神和狂飙突进的热情,是新文化首先打动爸爸的地方。爸爸说他曾被郭沫若的《凤凰涅槃》感染、鼓舞,"震动了,《凤凰涅槃》仿佛把我从迷蒙中唤醒一般。我强烈地感觉到,活着要进步,要更新,要奋力,要打碎四周的黑暗"。

新文化运动热情的矛头首先指向的是中国最根深蒂固的封建势力。

16 岁上高一时,爸爸与同学、校友一道走向社会,与天津《庸报》联手,创办《玄背》副刊,表达一群"不受天命"的青年对周遭一切恶势力的压迫决心不屈不挠地进行抗争的意志,受到当时的新文学作家诗人郁达夫的赞许和支持。

爸爸紧跟新文化运动的脚步,曾以少年的满腔热情写过几篇杂文,向旧的封建营垒发动抨击。1927 年 17 岁时发表的《杂感》,最能体现他高中时代的社会思想,他呼吁人们放弃个人得失,不要妥协和降伏,勇敢地"为社会夺得自由和解放","以诗、剧、说部向一切因袭的心营攻击"。

他在另一篇杂文《闲说·偶像孔子》中批判了封建迷信,呼吁"打破偶像的崇拜,和一切类似偶像的因袭无理由不合人道的旧思想的权威"。

爸爸学习新文化作家的榜样,积极参加校内各种刊物的创办、编辑和公益社团的组织活动。如加入出版刊物《文学》《文学旬刊》的南开文学会,曾任文学会大会主席,并负责一些日常工作。在《南中周刊》《南开双周》中编辑撰写杂文、政论、短评针砭时弊,组织剧作反映现实。

在新文化的感召下,爸爸开始最初的写作活动,以战斗的激情发表政治杂文,撰写小说、诗歌、剧评。他在写作中探索社会问题,表达自己的思想苦闷和对社会恶势力的抗争,并将自己的戏剧学习与现实社会生活联系起来。

西方人文主义思想的影响 人文主义是始于古希腊的一种文化传统,即关心人，尤其是关心人的精神生活；尊重人的价值，尤其是尊重人作为精神存在的价值。古希腊智者学派的观点是西方人文主义的起源，文艺复兴和宗教改革是对人文主义的发展。启蒙运动时期，法国思想家伏尔泰、孟德斯鸠、卢梭以及德国思想家康德等人宣扬理性，反对神性，认为人之理性是衡量万物的标准，人之理性可以解决所有问题。这些启蒙思想家的观点影响很大，人文精神从此在西方占据了主导地位。

西方人文主义思想传入中国，是在19世纪下半叶至20世纪上半叶。随着一批批中国的进步知识分子走出国门，西方资产阶级在革命时期高扬的人文主义思想文化迅速渗入中国，在反封建斗争中，特别在新文化运动前后的中国思想、文化、艺术界，引起热烈的响应。

爸爸熟读并演出当时大量引进的西方资产阶级文学戏剧，其中的人文主义思想尤其引起爸爸的强烈共鸣。比如反对封建专制的束缚、争取人权、要求个性解放和思想自由；比如反对封建礼教对人的感情的压抑，主张感情的解放自由，要求个人追求幸福爱情的权利；又比如反对贫富地位的差异和对立，倡导社会平等和博爱精神的社会思想，等等。

这些人文主义观念契合和影响了爸爸的思想，不仅贯穿在爸爸的校园戏剧活动和最初的写作中，并且深刻地反映在他的处女剧作《雷雨》中，特别集中地表现在繁漪和周冲这两个人物上，对爸爸中年时期的创作也有重要影响。

"回到自然"的启蒙文学对爸爸的影响　西方人文主义思想从文艺复兴时期发展到18世纪启蒙运动时期，法国启蒙活动家、作家卢梭提出"回到自然"的人文主义口号，对中国新文化创作，特别是诗歌，也有相当影响。卢梭认为人性本善，人所以变坏，是社会所致，因而提倡恢复"自然人"，回到纯净的"大自然"中去。

在卢梭和欧洲多个时期倡导这种主张的文学作品中，特别是"田园诗""牧歌""抒情诗"等诗歌作品中，推崇纯真，赞美自然，主张人与自然相通，在大自然中热烈地抒发自己的感情，把歌颂爱情和描绘自然结合起来，喜爱描写淳朴农民和天真儿童，以此来与丑恶现实对比或远离现实社会。这种主张虽然在一定程度上否定了人类文明和进步，有时也陷入脱离群众和现实的"纯艺术"之中，但是，在当时却表现出否定封建社会的进步意义。

这种"回到自然"的"田园诗""牧歌"式的抒情创作，在新文化运动时期十分盛行。爸爸当时受到影响，写了多首被他后来称为"超脱的，不食人间烟火的""纯艺术"诗作，如《短诗二首》(《林中》《"菊""酒""西风"》)《四月梢，我送别一个美丽的行人》《南风曲》。

从这些诗歌中可以看到爸爸从古典诗词到新诗的学习，更可以感受到他"非这样写不可"的"内心要求"。爸爸借送别臆想中的"美丽行人"和梦幻的"村童和少女"，在街景和林野田禾中抒发自己内心寂寞苦闷的愁绪和美丽纯真而缥缈的向往，疏离苦闷的现实生活；同时，这些诗歌的创作也透露出爸爸浪漫诗意的艺术个性。在后来《雷雨》中少年周冲身上，就散发着这种纯真缥缈的浪漫气质。

浪漫主义文艺思潮的影响　爸爸的浪漫天性与19世纪初期欧洲浪漫主义文学十分投合。

欧洲浪漫主义文学与文艺复兴和启蒙运动的人文主义文学一脉相承，同样反对封建束缚，追求个性解放，其思想核心仍是资产阶级人文主义，要求进一步解放个性，获得更大的精神自由，特别强调表现作家个人对外界事物感受的内心主观世界，强调表达感受的强烈感情色彩，而不注重描写客观外部世界，显示了欧洲浪漫主义文学的主观精神和强烈的个人主义倾向。

欧洲的浪漫主义文学影响了新文化运动中一代中国文学青年，出现了一批追求浪漫主义风格的艺术家。

爸爸受郁达夫和一些创造社的作家的影响，1926年9月在《玄背》上发表小说《今宵酒醒何处》。爸爸迷恋过郁达夫的作品，尤其是《春风沉醉的晚上》，认为郁达夫的情调同自己忧郁的性情特别接近；爸爸也很喜欢戴望舒的诗，他从这位主情的象征主义诗人的诗歌中，呼吸感受到浪漫主义的气息和情愫。《今宵酒醒何处》体现了爸爸最初的美学追求，浪漫主义的情调成为他未来美学风格的一种成因。小说借柳永的词抒发自己自幼孤寂、忧郁的性情，此作的抒情性、感伤诗意和率真态度，给人以很深的印象。

爸爸不仅迷恋过新文化浪漫诗作，也直接接受了欧洲浪漫主义文学的影响。但是，爸爸有自己独立的思考，没有全盘接受欧洲浪漫主义流派。与这一流派的主张不太一样，他尤其不赞成那种忽视反映客观现实生活和强调主观的个人主义的创作倾向，他的创作对客观的现实社会有深刻的揭示和鲜明的是非态度，爸爸笔下的艺术人物也和欧洲浪漫文学中的"拜伦式的英雄"或"忧郁的流浪者"完全不同，爸爸写的是当代中国现实中纯粹的中国人。

同时，爸爸又吸取浪漫主义文学的精华，他的戏剧精于表现人物的内心世界，具有浓重的感情色彩，尤其喜爱情感表达的强烈戏剧性，也醉心于同样令人动情难忘的诗意境界，追求灵魂的震撼和诗情绵长。

作品中，不论是《雷雨》中即将来临的大雷雨和周冲的美丽憧憬，《日出》中那个最黑暗角落发出的控诉和从悬在房梁的小东西悄然落下的一只鞋，《北京人》中"天"的崩塌、崩塌前远处传来的凄凉军号声，还是《家》中瑞珏新婚之夜纯真凄婉的独白、洞房外湖上杜鹃的啼鸣，都传达了爸爸浪漫诗意的艺术个性、情感表达的强烈戏剧性色彩与中外浪漫主义文学的天然联系。

批判现实主义文艺思潮的影响　　引进的西方资产阶级人文主义文学中，初始对爸爸影响最大的是19世纪中期兴起一直延续到20世纪的批判现实主义文学。它是资本主义在欧洲胜利、发展、衰落和封建制度溃灭时期出现的文学现象。这时，资本主义自身固有的矛盾日益暴露，其他各种社会矛盾也很尖锐复杂。为揭露现实的黑暗和丑恶、表达对普通受压迫受压制人民的同情，产生了批判现实主义文学。

与爸爸校园戏剧活动息息相关的第一个批判现实主义作家是挪威的易卜生。爸爸在中学时代"啃"下了英文版的《易卜生全集》，主演了易卜生的《国民公敌》和《娜拉》，同时，还学习了德国、英国、美国的批判现实主义戏剧，如英国高尔斯华绥的《争强》和《罪》（此二剧的演出爸爸均担任主角）、美国奥尼尔的《天边外》《安娜·克利斯蒂》《榆树下的欲望》《东航卡迪夫》，还有德国惠普特曼的现实主义剧作《织工》，等等。

爸爸赞赏这些作品对现实社会的真实反映和批判，尤其是直接表现西里西亚织工起义的《织工》，描写罢工斗争中劳资双方激烈"争强"的《争强》，二者对资产者本性和劳资尖锐矛盾的深刻剖析，使爸爸从中学到很多东西，受到很大教育。后来，在《雷雨》的写作中，对以周朴园和鲁大海为代表的中国资产阶级和劳工尖锐斗争的表现，都有重要的启示。

经过十余年的学生生活，爸爸在新文化运动和人文主义思潮的影响下，不仅受到了思想的启迪、学到了知识，对不同艺术风格流派兼收并蓄，而且得到了生活的滋养，虽然这种生活滋养不少是从书本中间接获取的。

爸爸虽然经历了新文化运动，从中受到了革命教育，但是在当时，他这个才十几二十岁、出身旧官僚家族的青少年学生，对运动的重大意义、对中国新民主主义革命的性质、方向和领导力量，认识还很朦胧。

对人生的探索——人为什么活着

爸爸在学生时代的第三个思想升华是，对人生的探索。

面对社会和时代浪潮的冲击，爸爸之所以能够在生活中觉醒奋起，后来创作出《雷雨》《日出》等反映现实的作品，是因为经过对人生的思考，选择了自己的生活态度和道路。

爸爸这样回忆自己人生道路的开端："上高中了，觉得顿时长大了，对人生的意义、人生的价值等问题，常常在琢磨考虑。……我积极探求'人活着是为什么'的问题。"（田本相《曹禺访谈录》84页）

面对人生这个重大问题，比起同龄的我们，爸爸真是成熟多了、严肃多了，他爱想，他要走出自己的路，经历了一个长时间、艰难的探索过程。

爸爸说，他的青年时代总是有一种瞎撞的感觉，好像是东撞西撞，寻求着生活的道路，经常是向东撞进一条路，走不通，回来又往西撞另一条路……在多方面探索。他说，他的思想不是笔直前进的，有曲折，有迂回。

"追求宗教，追求音乐，后来又追求自由平等。"（田本相《曹禺访谈录》85页）爸爸这样概括自己青少年时代对人生的探索。

爸爸说，他曾经想从基督教、天主教里找出一条路来。天津的天主教堂曾令爸爸神往好奇。走进去，哥特式的拱顶直指苍穹，让人感到自身的渺小和上天的伟大威严。宏伟的弥撒曲响起，那种威慑力使人不由得拜倒在上天的脚下。有时，静谧平和的赞美诗在教堂里缭绕，高大窗户透出广阔浩瀚的天际，又会引起人的无限遐想、沉思，去探求"我是谁""我为什么活着""应该去哪儿"系列问题的答案。

宗教和音乐对爸爸曾是一种人生的诱惑，他希望在里边找到一条出路。爸爸内向沉静的性格也使他偏爱教堂中那种宁静肃穆的气氛。他说，人一进入教堂就安静下来了，真好像人的灵魂得到休息。

这种艺术气质不由得使人联想起俄国作曲家柴可夫斯基对东正教教堂气氛的感受和钟爱。柴可夫斯基不信仰宗教教义，却对宗教礼拜仪式诗意的魅力怀有深深的情愫。他常常参加弥撒，很喜欢置身在晚祷暮色朦胧的古老教堂里，周围香烟袅袅，陷入对永恒问题的沉思：我是谁？我在哪里？要到哪儿去？诗一般的圣咏把人从怅惘中唤醒，他感到一阵陶醉。

后来爸爸又追求自由平等。最能代表他这一段思想的是他对美国总统林肯的崇拜。他说，他曾经找过民主，也就是资产阶级民主，比如林肯，他就佩服过。爸爸读过关于林肯的传记和小说，尤其赞赏林肯著名的葛底斯堡演说，直到老年他都能用英文背诵。这篇演说如同一篇政治宣言，宣誓建立一个自由新国家的理想，奉行"一切人生来平等"的自由民主法则，预言"民有、民治、民享"的政府永世长存。爸爸钦佩林肯为黑奴的解放自由而献身的精神。

但是，无论是宗教、音乐，还是林肯的自由平等主张，都走不通。他感慨："人的一生总不应该白活着吧！为什么活着的问题，这是从小就应该考虑的问题。我小的时候，感到有很多苦恼，对林肯很佩服，对他所说的资产阶级民主很赞成，对宗教、基督教、天主教，都曾经寄托希望，我想在里边找出一条路来。后来，我终于知道这些全部都是假的。"（田本相《曹禺传》111页）

面对眼前的黑暗现实，爸爸感到苦闷。尤其遭遇家庭破败、爷爷55岁猝死的打击后，爸爸的情绪变得更加低落消沉。17岁的他，作为家庭支柱登门报丧，亲朋均极其冷漠，包括曾三顾茅庐敦请爷爷再度出山的阎锡山亲信，都"走谒三次始见面，对之冷淡，言不及义"。爸爸无限感慨：家庭破败是可怕的啊，人们的脸，一张张熟悉的脸，立即就变了，变得陌生起来了。家一败就完了，找谁谁都不管。他第一次尝到了世态炎凉的滋味，看到世人的真面目。

爸爸说爷爷的死的确给他带来深刻的心灵烙印！难怪他一个中学生，不久后竟写下了那篇极其悲观的诗作《不久长，不久长》。诗中写道："啊，我的心房是这样抽痛哟""我的脑是这样沉重哟，我的来日不久长""我要寻一室深壑暗涧／作我的墓房""啊，爹爹，不久我将冷硬硬地／睡在衰草里哟，我的灵儿永在／深林间和你歌唱"。这首诗不仅流露出丧父的悲哀、对死亡的强烈感受，更表达了一个极其敏感而自尊的少年对世人和现状的绝望。

感伤主义文学的影响　从这首诗中，也可以看到与人文主义文艺一脉相承的欧洲感伤主义文学的影响。在启蒙时期直到19世纪的欧洲，特别是发源地英国，感伤主义作家们或感伤于社会矛盾激化、各阶层贫富悬殊和生活的窘困，或感伤于人民疾苦，抒发人道主义情怀，或要求彻底解放感情，宣扬感情至上，远离现实，放任沉溺于个人感情的世界，或向大自然寄托自己孤独的伤感情绪，从而滋生了感伤主义文学。这派作家对人的各种心情和不幸遭遇极为敏感，描写细致，有的甚至喜爱抒发个人对生、死、黑夜和孤独的哀思，致使他们作品基调低沉，充满悲观失望的情调，如《哀怨，或关于生、死、永生的夜思》《墓地哀歌》等。其中以死、墓地为题材写诗的诗人，形成"墓地诗派"。

爸爸对于感伤主义文学，特别是英国的感伤主义诗歌，比较熟悉，直到晚年还能背诵，并向我们翻译讲解过一些作品。作为一种潮流，这派诗作对爸爸是有影响的。在艺术上，爸爸年少时代感伤的浪漫诗作，也预示了他未来戏剧的诗意风格。

《不久长，不久长》中的消极情绪，只是爸爸学生时代生活的一个情感低谷，探求人生道路上的一段插曲、多方探索和触底转折，是他之后思想飞跃和升华的前奏。

爸爸的人生探索尽管"东撞西撞""曲折迂回"，但是，爸爸说，终究，"对眼前的社会印象是太深刻了，看着非常不习惯"。这就是说，"眼前深刻的社会现实"刺激他，冲击他，让他不得不抛弃各种不切实际的幻想，摆脱一切个人渺小的悲哀；也就是说，爸爸自幼善良正直的同情心、正义感，由于来自学校、读书的影响，来自大社会、大时代和人民大众的教育，促使他对眼前的黑暗"非常不习惯"，看不下去，推动爸爸走上一条与旧世界背道而驰的正确道路，去寻找人生目的和社会不平的答案。

因而，爸爸说，学生时代让他"对人生有所追索，对社会也有更多的关注"，给了他一个"新世界"，他追求这个新世界，有一股为之奋斗的热情。尽管这个新世界在他脑中还比较抽象，怎么样才能实现这个新世界他也不知道。

时代、社会和人文主义思想对《雷雨》创作的影响

综上所述，爸爸的学生时代，无论在南开，还是在清华，学校推行的爱国的、革新的、开放的、民主主义教育，就像一座桥梁，把他与社会、世界联系在一起，使他从自己的小家庭和周围的小社会走向中国大社会，走向更大的世界。广阔的社会生活、激荡的时代风云和深刻的思想潮流，大大扩宽了爸爸的生活视野，提升了他认识生活的觉悟，培育了他的社会良知，使他从感受家庭转变为感受社会、从关注家庭转变为关注社会。

学生时代爸爸在生活、思想和艺术上得到一次再教育，使他站在人文主义民主思想的高度，对自幼以来家庭和周围社会的生活和人物进行一次再认识。

这种教育和认识影响到了爸爸后来的创作，使他在艺术观念上从对人性的思索、对人性多面性和复杂性的思索，提升到对人的社会性的探究和刻画；从人性、善恶、贫富的是非视角，提升到人文主义的社会认知的高度。也就是说，从认识一个个"个体人"的人性、贫富、善恶、是非以及他们的复杂性、多重性，提升到看到这些人在社会现实斗争中所形成的社会"阶层"，以及他们所持有的不同社会地位、利益、思想和要求、特点，试称为人的社会性吧。

处女剧作《雷雨》是时代大潮荡涤下，爸爸二十三年来，特别是学生时代生活和思想收获的硕果。学生时代新潮流的冲击比起童年生活对创作的影响，要成熟、深刻得多。

时代大潮对《雷雨》创作的影响主要表现在：从反对封建束缚，争取个性解放、自由平等的人文主义思想的高度，去认识从"嫂子"到"繁漪"的中国妇女问题，去认识周冲式的一代民主新青年；从反帝反封建民主思想的高度，从批判现实主义的文学高度，去认识周朴园式的中国资产阶级的特点，去认识鲁大海身上浮现出的作为中国时代新人的工人形象。

繁漪形象的蜕变和提升　我们曾谈到爸爸对生活敏感的观察力、深刻的思想能力和飞扬的想象力,分析爸爸创作"繁漪"这个人物在生活中"受胎""再孕育""再创造"等创作心理过程。

"繁漪"这个人物的创作心理过程中产生"再孕育"需求的思想原因,是爸爸在社会生活中提出了一个深刻的问题。爸爸说,现实中多少"繁漪",她们虽然在精神上备受压抑,心中燃烧着爱的火焰,却默默忍受,没有行动。

1933年的爸爸,对这些受压迫受压抑受束缚的女性深深同情,但十分不满足,尖锐地指出"她们不是繁漪,她们多半没有她的勇敢"。经历了学生时代,爸爸不再是只会对周围社会皱着眉头的苦闷小孩,经过群众爱国运动的淬炼,经过新文化运动,特别是人文主义民主思想的启迪激发,经过成熟的探索思考,他有着狂飙突进的革命热情,他的信念无比坚定,要冲破封建专制对人性的残酷束缚和对人的感情的无情压抑,去争取个性解放和追求个人的自由、平等、幸福的权利。爸爸正是从这种人文主义民主思想的高度,进一步,也可以说重新认识"繁漪"式的中国妇女现象。

他认为,他不仅要写出繁漪的受压抑、被同情,他更要重新赋予繁漪以"勇敢""强悍的蛮力",他要把在自己胸中熊熊燃烧的时代光明之火,融化在繁漪的形象里,以此完成了人物的蜕变提升,创造出对封建势力具有强悍冲击力的人物形象。

繁漪的人物创造,正是爸爸接受人文主义民主思想的结果,也是爸爸在《雷雨》中最喜欢这个形象的主要原因。

民主新青年周冲与悲剧　又例如周冲这个人物。有人说,这个人物写的就是爸爸自己,爸爸完全否认,我们也不赞成有人臆造的一些传闻。但是,我们和妈妈郑秀都很喜欢周冲这个人物,觉得他的思想和性格很像年轻时的爸爸,总觉得爸爸写《雷雨》有一种"周冲"的视角。爸爸写出了一个心地善良、纯洁、天真、真诚,充满生命力、同情心和正义感的民主青年,写出了他的家庭悲剧和社会悲剧。

在家庭中,爸爸把自己与继母、生母之间的复杂体验所铸成对母爱的强烈渴望倾注在周冲对母亲的依恋和仰望之中,又冷酷地让他目睹父亲对母亲的摧残,更残忍地让他看到母亲与哥哥之间那种令人不齿的关系,使他天使般纯净的心灵彻底摧毁，心中母亲的形象彻底崩塌。

在社会中，周冲接受学校的新式教育，幻想着天那边那个没有压迫、不分等级、人人平等、大家相亲相爱的理想世界。爸爸童年时不是也曾幻想乘着小船，飘向一个美丽的地方吗？周冲就是抱着这样的向往爱上了佣人的女儿，愿意与她平分学费，接受教育，并且天真地希望父亲能够同意他的选择和建议。在社会观念上，他支持父亲煤矿公司的工人罢工，平等地与罢工代表鲁大海谈心，真诚地希望填平他这个资本家少爷和工人鲁大海之间的鸿沟，与鲁大海做朋友，并且鼓足勇气反对父亲开除鲁大海，为他评理辩护。

虽然，周冲也像当年欧洲早期革命的启蒙主义者那样，"并没有表现出任何自私的观念"，坚信自己是"完全真诚地期望和相信""共同的繁荣昌盛"，相信全体人民将普遍享受自由平等的幸福生活，但是，在无情的社会现实面前，在资本家父亲面前，周冲的"理想"和"信念"被击得粉碎。现实就是这么残酷，这不仅是父子之间的纠葛，更是一场不同社会观念信仰的社会斗争。

爸爸看得很清楚，周冲追求的"自由""平等""博爱"的理想，就像他自己追求的宗教和自由民主一样，并不真实，不可能实现，尽管这个理想开创时很真诚。因而，周冲的死亡不可避免，这多么令人心痛。

周朴园的资本家本性 关于周朴园，像他这样的中国资产阶级，爸爸小时候在家庭周围接触过，爸爸从他们身上看到了人性的多面性和复杂性。入学之后，在广阔的社会生活中，爸爸亲历、看到、听到或在书本报刊读到各种人和事，进一步认识了中国资产者，不仅作为一个"个人"，更作为社会的一类资产者的骨子本性（当时爸爸还不懂得"阶级"）。

他首先认识到，作为资产者，一诞生，它的原始积累就是残酷血腥的。爸爸在《雷雨》中做了有力揭示。剧本根据当时的真实生活，通过鲁大海的口揭发了周朴园发家第一桶金的来历：承包哈尔滨一座江桥，故意叫江堤出险，淹死2200个小工，克扣他们的工钱，发了绝子绝孙的昧心财！鲁大海又控诉了周朴园指使警察开枪打死30多名罢工工人的血腥事实。

他同时认识到，资产者和工人之间劳资矛盾的尖锐和不可调和。爸爸在校园戏剧活动中有幸参加了《织工》《争强》等反映欧洲资本主义社会劳资斗争的戏剧演出。德国话剧《织工》真实反映了1844年西里西亚织工起义，这是真实的历史事件。爸爸15岁参演，从中感受到资本家对工人的残酷剥削、镇压和劳资间的尖锐斗争，看到了资产者"平等""博爱"的革命口号的局限性和虚伪性。

爸爸还全面地参与了英国话剧《争强》的表演、导演和编译活动，所以他对这个本子吃得很透。从中，他不仅看到"资本是一个吃人肉喝人血的妖怪"的血腥本质，也看到了劳资双方代表的"争强"不仅是一场经济斗争，更是对立双方为"理想""子孙"而展开的不可调和、深刻坚韧的政治和思想斗争。爸爸在《争强》编译本的"序"中，批判了剧本中"工人复工，劳资妥协"的结局和被收买工人的叛离行为。

据此，爸爸能够在《雷雨》中与《争强》不同，通过周朴园和鲁大海两个人物，写出了劳资斗争的针锋相对和你死我活，写出了资本家周朴园的奸诈狡猾、心狠手辣、软硬兼施，对工人用尽欺骗、拖延、离间、收买、开除直至开枪镇压的卑劣行径。

时代、社会、学校教育对周朴园形象塑造最重要的影响在于对周朴园一类中国资产阶级的认识。虽然中国社会远在明朝就萌发了资本主义经济的因素，但是由于中国封建势力异常强大，致使中国的资本主义经济发展缓慢，中国的资产阶级异常软弱，对封建权势有很强的依赖性，自身的封建性也格外浓厚。中国资产阶级的较大发展是在19世纪下半叶外国资本主义势力大举入侵和中国大批人员走出国门之后，因而又导致中国资产阶级对外国资本主义势力依赖和投靠。

具体到周朴园，他开了一个很大的矿业公司，这个人物是与外国资本有联系的。在《曹禺〈雷雨〉谈》一文中爸爸曾指出周朴园是"外国煤矿的资方代表"（《曹禺全集》七卷328页）。剧本对此虽然没有直接描述，但是剧中谈到，周朴园曾是地道的德国留学生，领教过西方社会经济理论，自认为社会思想先进又彻底；在生活中生病要请德国大夫，相信德国医学。同时，从剧本对周朴园指使警察开枪打死30多名罢工工人的描写可以看出他与当权买办官僚的关系。

然而，爸爸设计周朴园毕竟"是由封建家族（大地主）的子弟转化为成功的资本家的"（《曹禺全集》五卷56页），他在中国封建的家庭和社会中长大，骨子里浸透着浓重的封建意识和传统道德观念，最集中地表现在家庭里。

周朴园自视建家立业的一家之长，峻厉、凶横、自是，以夫权、父权施展铁桶式专制权威；他说一不二，"说一句就是一句"，"什么事自然要依着他"，一锤定音，不允许家人有半点民主自由和个性需求；他时时处处喜欢教训人，却不喜欢家人表示异议和顶撞，令他们闭嘴，把家人"渐渐磨成了石头样的死人"。

然而，可悲而真实的是，周朴园并不觉得自己是"作恶"的"恶人"，对自己的道德和尊严充满自信，自诩"我的家庭是我认为最圆满、最有秩序的家庭"，也被当时社会奉为爱妻教子的人物、仁厚正直的榜样。剧本对周朴园封建劣性的这种描写、这种自是自信，表现了封建专制的愚蛮和顽固，也正是《雷雨》人物塑造真实可信的地方。

时代新人的工人形象——鲁大海　关于劳资另一方的鲁大海，剧本虽然还不是，也不可能以无产阶级的形象来塑造，但是，爸爸毕竟受到李大钊、党员同学郭中鉴、抗战宣传中遇见的产业工人等革命形象、剧作《争强》以及蓬勃的爱国运动的影响，在剧中写出了工人鲁大海无畏坚定、不屈不挠的斗争精神。鲁大海虽然缺乏斗争经验，导致领导罢工失败，但是在他身上没有妥协媚骨，他头脑清醒、睿智、有主见，识破了周朴园的种种诡计，被周看作是"有背景"的人。爸爸通过笔下的鲁大海，坚持了《争强》"序"中的观念：劳资斗争是不可调和的。

鲁大海在《雷雨》中不是重要角色，但是他显示了一个新时代的印记。他并不代表一个"阶级"，更不代表一个"政党"，他身上有着各种"缺点"，并不完美，却显露了中国新时代出现的一种"新人"（这不由得使人联想起车尔尼雪夫斯基的《怎么办》中的"新人"），他是与"腐朽人物"完全不同的新人。这也是爸爸接触到的"新人物"的写照、社会生活的新烙印。

《雷雨》的意义　爸爸23岁从清华毕业时写出了《雷雨》，他这样描述自己的创作初衷："写《雷雨》是一种情感的迫切需要"，"在我个人光怪陆离的境遇中，我看见过、听到过多少使我思考的人物和世态。无法无天的魔鬼使我愤怒，满腹冤仇的不幸者使我同情，使我流下痛心的眼泪。我有无数的人想要刻画，不少罪状要诉说。""我开始日夜摸索，醒着和梦着，像是眺望时有时无的幻影。好长的时光啊！猛不丁地眼前居然从石岩缝里生出一棵葱绿的嫩芽——我

要写戏。"（田本相《曹禺传》142 页）

很清楚，是生活激发了爸爸，是思想点燃了他，使他不能不写。

《雷雨》写出了一个家庭的悲剧和崩塌，但这不仅仅是一个家庭的故事。这个沉闷家庭犹如一个王国，作为家庭经济和思想支柱的一家之主，就是这个王国的主宰和暴君。正如俄国批评家杜勃罗留波夫评价奥斯特洛夫斯基的《大雷雨》那样，称剧本中的家庭为"黑暗王国"，《雷雨》所描写的正是从一部家庭悲剧折射出的一个"黑暗王国"，是当时中国黑暗社会的投影。《雷雨》是对当时中国家庭和社会罪恶发出的愤懑呐喊。

《雷雨》创作于 1933 年，正是 1927 年大革命失败后中国最黑暗的年代，也是"山雨欲来风满楼"的时代，社会气息郁闷而压抑，一场更加猛烈的暴风雨就要到来。爸爸敏感地感受到这种时代的氛围，爸爸说："写《雷雨》时，就知道这个社会绝对长不了，心中满腔愤恨，怒火中烧，写作时真好像火山要喷发了似的。"（田木相《曹禺访谈录》46 页）于是，爸爸在《雷雨》中终于"喷发了"。

1934 年 7 月《文学季刊》发表了《雷雨》，之后全国各地和日本东京陆续上演，在中国文坛、剧坛引起轰动效应，至 1936 年底，在全国上演了五六百场，并被移植到除话剧之外的众多剧种。作家、戏剧家李健吾称这种气势"可以说作甚嚣尘上"。民国著名记者、作家曹聚仁说，1935 年"从戏剧史上看，应该说是进入《雷雨》时代"。以至当今，不少人评价，《雷雨》标志着"中国话剧的成熟"。（田本相《曹禺年谱》49 页）

对于爸爸来说，《雷雨》是他戏剧创作生涯的开端，人文主义影响了他一生的艺术思想。

开始职业生涯　走进中国大社会
创作《日出》《原野》

《日出》的萌发和酝酿　1933 年爸爸写完《雷雨》，从清华毕业，1934 年回到他戏剧人生的发端地天津教书，结束学生时代，开始独立的职业生涯，逐渐从家庭、类似家庭的生活圈子和学校真正一步步走进了中国的大社会。1935 年他开始酝酿《日出》的创作。

1935年，爸爸多次去中国旅行剧团下榻的天津惠中饭店，筹划、指导并观看《雷雨》演出。在这个大饭店及其周围社会中，他观察到各色人物，听到各种报道传闻，看见了一个光怪陆离的世界。这里，银行家、投机商、钻营者、新兴买办、洋奴文人、恶霸把头、地痞流氓、富孀、面首和仗势欺人的卑鄙小人物，鱼贯而过，应有尽有。他们骄奢淫逸，纸醉金迷，相互倾轧，钩心斗角，无所不为。在他们的压迫和损害欺辱之下，有交际花自杀、小文书毒杀全家后自杀遇救等疯狂的报道。同时，社会上又发生了电影演员艾霞、阮玲玉自杀的轰动事件；在家庭世交中，爸爸结识了高学历又漂亮的王又佳。

所见所闻的社会黑暗令爸爸惊愕、愤怒，《日出》人物中的一个个形象开始在头脑里酝酿，渐渐显现。

然而，《日出》创意的真正触动，还是来自底层妓院——这个最悲惨角落，爸爸在剧作的第三幕写出了悲惨的"宝和下处"妓院，发出了"为什么""谁之罪""怎么办"的怒吼和求索。

为什么 谁之罪 1932年暑假，在清华读书的爸爸陪外籍教师到山西五台山、内蒙古百灵庙旅行，去了太原，在太原第一次看到了妓院。爸爸说，这是他最早见到妓女的惨状。

在那里，妓女是被围起来的，她们的脸从洞口露出，招徕嫖客。爸爸说，他写的《日出》第三幕还不是最低级的，最低级的是整天接客，那样，不到几个月就会死的。看到这种惨象，真是让他难过极了。

后来爸爸又看到各种妓院，他说，最惨的是重庆的花街。十字街道，每个街口都有流氓把守着，每个街口进去都是卖淫的地方。十字街里有许多水坑，女人得了花柳病都是用这些水坑里的水，快死的时候喝着这些水坑里的水死去，实在是叫人目不忍睹！

1935年爸爸真正酝酿《日出》，主要是调查天津的妓院。为了解妓院内情，他对天津三不管、四马路、南市、侯家后、富贵胡同地区的妓院，包括鸡毛店、土药店，开始进行有目的的调查。他说，写"小东西"，就调查了很久。

他看到的妓女很可怜，一个女人后边跟着老鸨子在外边拉客，人家不理，骂她一通，或者流氓耍一通，那不是人过的日子。四马路妓院、妓女多得很，是人间最黑暗也是最悲惨的角落。剧中的"宝和下处"已经很苦了，爸爸说，现实中的妓院更差、更苦。

他说，那时年轻，也不知道哪里来的那么大的胆子，非要到妓院、土药店——就是抽大烟的地方去看。记得有一次，他跟中旅剧团的人去三等妓院、土药店调查，土药店像澡堂似的，一排排的床，乌烟瘴气，女招待给烧烟泡。……砸窑子是常事，妓女招待不好，就把窑子砸了。

这些妓院的景象刺激爸爸的心灵，使他感受到的痛苦、刻下的印记、在思想上引起的震撼和思考，是空前的。他在《日出》的"跋"中，写下了自己的写作初衷和感受。

爸爸说，"一件一件不公平的血腥的事实，利刃似的刺进了我的心，使我按捺不下愤怒"，"这些印象，我至死也不会忘记"。妓院里的罪恶，是爸爸有生以来看到的"最黑暗最残酷"的社会现实。

这个现实在爸爸的头脑中很快"化成多少严重的问题"：这是"为什么"？"为什么有许多人要过这种'鬼'似的生活"？"想一想人把人逼到了什么田地"？这是"谁之罪"——俄国作家赫尔岑在《谁之罪》一书中，对当时的社会罪恶曾发出这样的质问。

怎么办　寻求社会问题的症结　这个现实和问题，"灼热爸爸的情绪"，折磨他的心灵。他痛苦和焦躁，"如同肚内错投了一服致命的药剂"，又如负伤的困兽在笼中辗转撞击挣扎。

爸爸说，"我整日觉得身旁有一个催命的鬼"，"死命地突击着我"，"使我得不到片刻的宁贴"。"怎么办"——俄国作家车尔尼雪夫斯基曾提出这样的问题。爸爸也恨不得立刻搜索到一个答案。

他到书中去寻找，"渴望着一线阳光"。但是，"我观看地，地是空虚混沌；我观看天，天也无光"。没有答案！

他更在现实中感受，确确实实地"感觉到大地震来临前那种烦躁不安"，"我眼看着要地崩山惊"，有"一种暴风雨来临之感"。

爸爸说，他愿望"这一生里能看到平地轰起一声巨雷，把这群盘踞在地面上的魑魅魍魉，击个糜烂，哪怕因而大陆便沉为海"。

他自己"终久按捺不住了"，宁愿"驮负人间的酸辛"，抱定"时日曷丧，予及汝偕亡"的决心，"怀着一腔愤懑"，决定动笔创作《日出》，他不能不写！

当时，二十五六岁的爸爸似乎已经看到社会问题的症结，开始质疑并继续发问：许多人过着"鬼"似的生活，"难道这世界必须这样维持下去么？什么原因造成这不公平的禽兽世界？是不是这局面应该改造或者根本推翻呢？"问题提得相当尖锐。

爸爸自己做了回答："症结还归在整个制度的窳败"，他更明确地点出这句话：在于社会"损不足以奉有余"，这个社会造成的所有罪恶和"戏里的一切现象都归根于这句话里"。

勇闯、反映社会底层　为了暴露这个"损不足以奉有余"的社会和"地狱般的妓女生活"，爸爸勇闯妓院底层。他说，"为着写这段戏，我遭受了多少折磨、伤害，以至于侮辱"，被那里的奇形怪状的人物嘲笑、辱骂，推出门去。一次，因地痞流氓动开手，"险些瞎了一只眼睛"；他说，"为短短三十五页戏"，他一次次"厚着脸皮，狠着性"钻进那种地方，被"一个'朋友'瞥见了，给我散布许多不利于我的无稽的谣言，弄得多少天我无法解释自己"。

闯进妓院，爸爸诚恳地倾听着，一字一字认真地记录着，与那里的人混在一起，妓女们流着泪，"掏出心窝子"里的话，向爸爸叙述自己的身世，那是一段段说不尽的凄惨的故事。爸爸说，他见过许多三等妓女，他很认真地采访这些人，《日出》中翠喜的话就来源于此。

爸爸还走近寄生在妓院周围的另一群人：那些供嫖客消遣娱乐，窜到妓院唱数来宝的、打竹板的、租唱话匣子的、买报的、卖花生栗子茶鸡蛋的、赌赢东西的……各色最低的卖艺人和小买卖。爸爸记得当时一个三九天，他半夜里在一片荒凉的贫民区等候两个嗜吸毒品的龌龊乞丐来教唱数来宝。约好了，应许了给他们赏钱，大概赏钱许得过多了，他们猜疑爸爸是侦缉队之流，没有来。之后，爸爸又忍着刺骨的寒冷，瑟缩地到一种叫"鸡毛店"的地方去找他们。

爸爸以同样的尊重，并努力通过"腔调韵味""气息情绪""强弱快慢""长短远近"等各种"氛围效果"来记录这群可怜的人们，把他们与妓院的景象融会在一起，写出了一个各种叫卖、喧嚣、诟骂女人、打情卖笑的声浪，沸油似的煮成一锅、地狱般的"宝和下处"；写出了一个深夜妓女们的隐泣声、嫖客的淫荡小曲声、打更的木梆声、远处飘来"硬面饽饽"寂寞的叫卖声……传达出凄苦悲凉的同样的"宝和下处"。

为第三幕"宝和下处"辩护　　爸爸之所以这样尽心尽力，为第三幕妓院这段戏如此动情不平、寝食难安，是因为他认为比起大饭店里发生的事情，罪恶的妓院是这个"损不足以奉有余"的社会里"最黑暗的角落"，正是他创作"《日出》对那个罪恶社会抨击的支点"。因而，第三幕"宝和下处"是全剧真正的"心脏"。

爸爸说，第三幕"宝和下处""也是我的感情的支点"。因为它"最令我关心"，"最令我痛苦"，也"最贴近我的心"。他说妓院的景象"实在是叫人目不忍睹，令人太难过了！感情上不得不写……我的家并不贫困，但是我的心却同情这些可怜的人们"，"我们不应该忘掉他们"。

当时曾有人指责第三幕，轻易地把它从演出中挖去，爸爸断然申言："挖了它，等于挖去《日出》的心脏，任它惨亡"，"《日出》不演则已，演了，第三幕无论如何应该有"，如果必须肢解这个剧本，"那么就砍掉其余的三幕吧"。

批判旧中国的黑暗社会　　《日出》是爸爸创作的又一次攀登。如果说《雷雨》写了一个家庭，并透过家庭折射出社会，那么《日出》就是直面社会，直接批判了旧中国的黑暗社会。《日出》的创作，说明爸爸真正走进了中国社会，植根到更广阔的生活中，认识更深刻了。他认识到现实黑暗的社会根源，看到了象征光明、未来和生机的劳苦大众。虽然，因为虎视眈眈的恶枭无昼无夜在一旁监视，因为《雷雨》受到苛待的教训，《日出》中的这些新人还被无奈地安排在幕后，但是，爸爸与中国被压迫民众的心贴得更近了，他悲天悯人，承起社会的良知和责任。

《日出》是爸爸呕心沥血之作，反映了爸爸一生一直坚持的可贵的治艺精神。这里，没有功利，没有投机敷衍和冷漠，他要写的都是从他灵魂深处倾泻出来的真感情，他是一位流着心血真诚倾情创作的剧作家。

爸爸说自己这个人就是一团感情，他的个人感情总是被社会现实生活所点燃，是社会生活激发了他，是作家的社会良知和责任感驱使他不能不写。

1936年底1937年初，萧乾主持天津《大公报》文艺副刊，开辟三版，多天对《日出》进行集体笔谈，虽有争议，但给予高度评价。2月18日爸爸写了一篇激情而深刻的文章《我怎样写〈日出〉》，即《日出》跋，对评论表达谢意，回应自己的创作初衷并答疑。

创作《原野》　1936年爸爸完成《日出》后，9月应余上沅之邀到国立剧专任教，持续近六年。教学之余，爸爸在1937年3—6月创作了《原野》。爸爸写这部作品，可能有意要扩大题材视野，表现受欺压的农民和封建地主的罪恶，同时，他也有意在艺术表现手法上做了一次新的突破和探索。

主人公仇虎的故事与爸爸长期以来经历的一些人和事有关，如耳闻目睹宣化农民遭遇土匪、段妈一家人、天津逃荒灾民、南京"第一模范监狱"、报纸报道各种天灾人祸的惨状、童年老龙头火车站、宣化镇守使官府大院的记忆、大学"五台山之行"和内蒙古大草原的景象，等等。但是，爸爸毕竟对中国农民了解很少，"不熟悉农民"，所以《原野》的写作，思想观念、艺术想象的成分较多，农村现实生活的成分较少。它的主要价值在于对人物心理，特别是复仇心理的深入挖掘；在写作手法上，对表现主义、象征主义和浪漫主义的表现方法都有探索。此剧因全国抗日战事随即爆发，没有怎么演出，评价也有争议。爸爸说，"《原野》并不是故意求新，只是一种大胆的探索。后一部分是表现主义的，非此不能表现仇虎的全部内心活动"，"《原野》绝不是失败之作"。（田本相《曹禺访谈录》146、147页）

全面抗战时期
创作《蜕变》《北京人》编创《家》

积极投入抗日救亡宣传运动　1931—1937年六年局部抗战后，1937年七七事变标志中国抗日战争全面爆发，1937—1945年八年全国抗战。十四年的抗日战争是中国现代历史上的重要时期，爸爸投入抗战的洪流，抗战成为他思想和工作的第一主题。

1937年七七事变爆发时，爸爸正在天津为伯父万家修病逝奔丧，目睹日寇在天津枪杀工人的罪行。当时日军坦克在天津街道上横冲直撞，枪声不断，抛尸海河，爸爸亲眼看到河东房屋被炸成断壁残垣，到处都是死尸，惨状目不忍睹。爸爸愤怒地对朋友说："血债要用血来还！"

8月，日寇大肆轰炸上海和南京，进攻上海，国立剧专从南京迁至长沙。当时长沙呈现抗日热潮，爸爸返校后马上参加了抗战的民众运动，担任中华全国戏剧界抗敌协会理事。10—12月，他导演抗日话剧《疯了的母亲》《觉悟》《毁家纾难》《炸药》《反正》，率剧校演出队，在长沙和湘、鄂、川三省巡演近50场。

1937年11月上海沦陷，12月13日日军侵占南京，制造了惊世骇人的南京大屠杀。1938年元旦，剧专奉令西迁重庆。爸爸与师生同乘五只木船，从长沙，走湘江、洞庭、宜昌，沿长江长途跋涉。

20多岁的爸爸顶着日机的轰炸，一路带领学生演出宣传，表现出极高的抗战热忱。据学生陈永惊回忆，当时碰到码头就上岸去演街头剧。爸爸穿着棉袍子，一面打锣，一面吆喝："看戏了！"他到街上去召集观众，没有一点教导主任、教授的架子。

1938年2月中旬剧专才到达重庆。任教期间，爸爸积极投身各种抗战社会活动，如担任重庆抗敌儿童演剧队顾问；在中国青年救亡协会举办"战时戏剧讲座"；在报纸上著文并发表讲话，支持赞扬《前夜》《血海怒潮》等爱国话剧的上演；批评戏剧界中不严肃的创作态度，脱离现实的倾向，公式化、类型化的问题。为了推动战时的话剧创作，爸爸根据自己在1938年关于编剧方法的讲演稿整理出《编剧术》一文，对话剧创作做了一次理性总结，以满足开展抗日宣传的需求。

自1938年，剧专在重庆坚持了一年多，当时轰动山城的戏剧界大事是宋之的与爸爸合作改编的大型抗战话剧《全民总动员》的演出。这次活动不仅是抗战的"全民总动员"，也是重庆后方全体戏剧人的总动员，在渝200余名演职人员几乎全体参加演出，甚至包括国民党官员。爸爸热情高涨地参与了编剧、导演、演员的全程工作。演出受到观众的热烈欢迎，四天加演三个日场，场场爆满，全场观众爱国热情高涨，被重庆报界称为"中国戏剧史上的空前盛举"。

其间，爸爸还大力支持和导演了吴祖光的处女作抗战大剧《凤凰城》，影响很大。

由于日寇对重庆的大轰炸,1939年4月剧专从重庆迁至江安。

1939年间,应闻一多邀请,爸爸去昆明为国防剧社导演《原野》和《全民总动员》,轰动昆明。人们认为,此举把云南抗日救国的进步戏剧运动推向高潮,同时,爸爸也与闻一多结下了深厚的友谊。

创作抗战剧《蜕变》 爸爸最主要的抗战戏剧活动是1939年夏在江安创作话剧《蜕变》。当时中国正处于全面抗战极其艰苦的战略相持时期,但是在国统区,如伤兵医院、报社,甚至剧专内部,爸爸却看到听到各种贪污腐败内幕,以及做国难生意、消极涣散的恶疾,他深恶痛绝。另一方面,他又看到一批爱国知识分子走向抗战第一线。在报上看到白求恩的事迹,特别是在长沙亲耳聆听徐特立"抗日救国十大纲领"的演讲,使他看到了抗战的希望,首次在自己的作品中塑造了值得歌颂的英雄人物。

这些见闻成了爸爸创作《蜕变》的生活源泉。抗战生活的教育感触促成了创作抗战剧的思想动力,爸爸写出了"我们民族在抗战中一种'蜕'旧'变'新的气象"。这部爸爸带着极大热情抱病创作的作品,成为抗战初期的成功剧目。

《蜕变》演出遭到国民党当局的刁难,却受到爱国群众的热情支持,1941年在上海上演时,日夜两场连演了35天。

守护中华文化家园,创作《北京人》,编创《家》 投入抗战宣传活动的同时,爸爸没有停止对中国固有社会生活的思考和认识,没有放下手中的笔,1940年完成了《北京人》,1942年编创了《家》。

1940年创作的《北京人》是爸爸的重要作品,揭示了封建旧势力的衰亡,使人朦胧感受到革命新生力量的召唤。这部艺术作品正如爸爸要求的那样,对人物的复杂性、性格心理、活的灵魂、细微隐秘的内心世界,进行了深入的挖掘,力图把人物写透、写深,让人物活起来,有着活人的灵魂。

爸爸笔下这些从生活中得来的人物形象饱含着飞扬的想象力和创造力,他们活生生地生存于作品着力探求"平铺直叙,但又要有深邃艺术底蕴"的契诃夫式的戏剧氛围之中,使这部作品在艺术表现风格上取得了不同于戏剧性的《雷雨》的新成就。此外,《家》在艺术作品的改编创作上,也开辟了一条创造性的新道路。

对于《北京人》的创作，当时一些评论家认为，曹禺在全民抗战时期写出《蜕变》后忽又去描写抗战前一个封建士大夫的家庭，令人迷惑不解，是作家失望之余悲哀心情的表现，是对中国旧的封建社会唱出的低回婉转的挽歌。的确，爸爸这部作品主要取材于抗战前的生活积累，严格地说，剧中人物也主要来自那段生活，因袭着那段生活的许多特征和情感。

但对此，许多人士也提出了不同意见和评价，许多艺术团体举行了轰动的演出。茅盾发表最早的剧评，认为此剧使观众战栗，也促使他们猛醒，绝不能低估《北京人》的价值，低估它的社会意义。《新华日报》茜萍的《关于〈北京人〉》一文认为，抗战时期固然应该多写活生生的英勇战绩和抗战人物，但也不妨写些暴露旧社会黑暗面的剧本，去惊醒那些被旧社会的桎梏束缚得喘不过气来的人们，助之走向太阳，走向光明，走向新的生活。

当时在重庆工作的周恩来同志多次观看《北京人》，他指出剧作的思想局限，对爸爸说："你还在向往原始共产主义吗？我们现在已经有了延安了。"同时也肯定说，不能把《北京人》看成与抗战无关，反封建也很需要。

如何评价抗战时期爸爸的《北京人》，包括 1942 年编创《家》这样一类描写抗战前封建士大夫家庭的作品？应该说，这些作品虽然与抗战剧题材不同，但是，同样反映了一个没有硝烟的战场，在文化阵地上的坚守、无言的抗争是对中华家园的守护、对中华传统文化根基的守护。

对于爸爸来说，这些创作是他一贯戏剧道路、艺术探索的一种延伸，是以往生活素材储存的发挥创造，是中国社会生活和个人家庭情变对他写作的激发。我们想，在艺术创作上，传统和现实总是不可分割、相互传承而又矛盾发展的。如果没有发生日本侵华战争，爸爸可能还会继续写出一两部这类作品。战争是政治发展的继续和某种必然，但对于一个普通作家的创作生涯来说，这场战争是突然的。1940 年的爸爸，他原有的生活储存还没有充分发挥，他还有这方面写作的愿望，因而，只要有机会、有条件，他总是会执拗地去创作他想写的东西。我们想，只要作家作品的创作方向顺应社会进步总的时代潮流、顺应中国反帝反封建斗争、对待人民抱有正确的态度，就应该得到肯定。

1940 年冬，巴金与爸爸见面了，他们亲热地畅谈了六个晚上，兴奋地决定，将巴金旧作《家》改编成话剧。

当时的国立剧专在开展抗战戏剧活动的同时,也坚持对古今中外艺术遗产的学习和传承。

1942年爸爸改编创作《家》,正32岁,他的戏剧人生走到这时,可以说,他已是一位熟谙戏剧创作规律、有成熟的艺术思想和创作方法、具有鲜明的艺术个性并享有很高成就的剧作家。同时,他的创作永远是面向社会现实的,表现出对社会现实的深刻认识和高度责任感。

了解爸爸的艺术精神和特点,对于认识新中国成立后他的创作生活、寻找他后期创作生涯中的许多问题的答案,非常重要。

4

抉 择

1942年爸爸编创巴金的《家》之后,直到1949年北上解放区到达北平参加中国人民政治协商会议第一届全体会议,前后将近七年。

这七年,爸爸虽然没有写成什么作品,但是现在看来,对他来说是一段很重要的时期。

这一时期,他的戏剧创作发生了转折,创作的题材和主题产生了重要变化。也有人说,他的创作进入危机时期,即,他原有的旧中国旧家庭旧题材的生活积累已经枯竭,没得东西可写了,新创作又遇到困难。

这七年也是他社会思想的抉择时期。爸爸一生谈不上有什么成熟的政治观念,这时期,他只是对自己的社会道路做了一个抉择,选择了自己向往的理想社会。

我们认为,抓住这一抉择时期,抓住剧作家曹禺的造就、曹禺戏剧作品和艺术思想的"炼成",对于了解爸爸在新中国成立前夕的思想状况,理解他在新中国成立后,特别是新中国成立初期以至后来的思想、创作表现,很重要。

创作的转折

这七年间，爸爸的创作涉及四部作品：一部仅写了一幕、未完成的诗剧《三人行》，一部停留在收集素材阶段的诗剧《李白与杜甫》，一部写了两幕无奈搁笔的话剧《桥》，一部是完成了并已拍片上映的电影剧本《艳阳天》。

这四部作品完全脱离了以往批判旧家庭的旧题材，转向借古喻今的历史剧和与当时现实时局相关联的社会剧。从中我们可以看到这种创作变化与当时政治形势的变化、与爸爸本人社会思想的逐渐明晰发展有着明显的联系，他越来越清楚自己要走的路。

爸爸一直坚守着一个爱国、进步艺术家的社会良知。这种社会良知不仅表现在 1942 年之前，在之后的七年进程中，也始终是他的创作和思想向前发展的重要推动力。

爸爸曾两度经历举世震惊的重庆大轰炸，思想产生极大震动。

1938 年 2 月至 1944 年 12 月，日本侵略者对重庆实施了长达六年零十个月的大轰炸，惨烈程度超过伦敦轰炸。日本侵略者在重庆居民密集区分块进行大规模地毯式轰炸，这种军民无差别的毁灭式轰炸史无前例，一天派到重庆的飞机有时多至 200 架次，一年竟有 3000 架次之多，最多一天死亡 5000 人以上。骇人听闻的重庆大隧道惨案有 1000 多人因窒息而亡。刺耳的警报声每天响彻重庆上空。飞机一到，弹如雨下。投下的是 500 公斤的巨型炸弹，这种炸弹能分裂出上万弹片，杀伤力巨大。日本侵略者还针对木质房屋居多的重庆投掷温度高达 3000℃ 的燃烧弹，把整个重庆烧成一片火海，有一次大火连烧了三天三夜。大轰炸后，三分之二的建筑被火焰吞没，化为灰烬。

有人留下凄惨悲绝的记录：到处都是燃烧的火焰，火光冲天，连天空也烧得通红，星星和月亮也是血色；到处都是烧焦的尸体，血肉模糊的受难者倒挂在墙上，脚下大地在流血，头上天空在燃烧。女人的尖叫声、男人的怒吼声、婴儿的啼哭声，竹木在火中的爆裂声，一片喧嚣，这是血与火的"重庆之夜"。

日本侵略者为了动摇中国大后方人民的抗战意志，迫使中国在 1939 年底前投降，叫嚣着要"从地图上抹掉重庆"。但是重庆人民并没有被击倒，他们在残垣断壁上写下了"不怕你龟儿子炸""愈炸愈战""愈战越强"的不屈誓言。

遍体鳞伤的中国、哭泣哀号的城市、日本侵略者在重庆以及全中国的血腥暴行、英雄不败的中华民族都使爸爸懂得，一个对国家兴亡有责任感的艺术家在任何情况下都不能忘记自己的使命。1938年刚到重庆不久，爸爸在《省察自己》一文中严肃地发出"让我们老老实实地省察自己""对于抗战建国的工作，究竟做了多少"的自省。之后，在整个抗战时期，爸爸都老实严格地省察和做自己的工作。

1941—1942年，重庆掀起写历史剧的浪潮，借古喻今，批判不抵抗主义，激发民众的抗战热情。1943年2月19日，爸爸发表了题为《悲剧的精神》的讲演，表明了对历史剧悲剧精神的思考。他批判了只表现"个人的不幸"，"不想国家的灾难，不愿意看人间的悲剧"的"庸人的'悲剧'"，提出要写"有崇高的理想、宁死不屈的精神的人"。他说，这种人愿为理想的实现而抛弃"小我"和"猥琐个人利害关系"，去"承担真理的责任"。爸爸特别赞赏郭沫若历史剧《屈原》中屈原所体现的悲剧精神，认为像屈原、诸葛武侯、岳飞、文天祥这样的历史人物是真正的民族英雄。他们遭遇失败，虽败犹荣。在抗战时期的中国，爸爸时时感受到这种英雄悲剧精神和诗情。

诗体剧《三人行》《李白和杜甫》 抱着对英雄悲剧与诗情的向往和信念，1940年爸爸萌发写诗体剧《三人行》的想法，1943年夏开始创作，希望在剧中歌颂民族英雄岳飞，表现他与宋徽宗、秦桧之间的复杂斗争。

1943年8月，他又到西北为诗剧《李白和杜甫》搜集资料。爸爸怀着对诗和诗人的崇敬，想写出两位爱国诗人及诗作的伟大，写他们二人的友情，写他们生活的那个动荡的时代，写天宝之乱，表现他们激越的爱国忧思，借此寄托爸爸自己在抗战现实中的感情。

这两部作品，爸爸之所以选择诗剧体裁，与1942年他创作《家》的诗情和张俊祥邀他翻译莎士比亚的诗剧《柔密欧与幽丽叶》有关。他从创作和这次深入研读翻译经典的工作中，更加体味到诗剧的魅力和特殊震撼力，愿意在艺术上再做一次尝试和攀登。题材上选择岳飞，可能与爸爸20世纪30年代在南京期间接触过岳飞题材有关。至于写李白和杜甫，也许因为诗人和诗剧本身就有着密切的联系。

这两部作品虽然因为种种原因都没有完成，但是反映了爸爸创作的一次重大转折。抗战时期的现实生活对他的震动刺激使他觉得，到了紧跟时代、拓宽生活积累和扩大创作视野的时候了。以往，从《雷雨》《日出》经过《原野》《蜕变》又回到《北京人》《家》的六部剧作，虽然每一部新作他都从高起点进行了艰苦的新探索，努力超越自己，取得了新进步，但是不得不看到这些创作与现实生活的距离，他对作品旧有题材的热情开始减退，似乎一时也没有了这方面的创作灵感和冲动。这是爸爸创作变化觉悟的进程。

记得有人说过，古往今来，文化艺术的繁荣、经典作品的诞生，一般总是在相适应的经济政治变革之后，因为艺术家们对新的生活有一个认识、觉悟、积淀、熟悉的过程。爸爸创作进程的阻滞，可能与此有关。

创作《桥》 1944—1945年，爸爸创作了新剧本《桥》，是大家都没有想到的。一位擅长描写中国封建家庭女性悲情的作家，这次却在舞台上展现出中国钢铁大工业的事迹和厂景：高大触目的贝氏炼钢炉，气势宏伟的炼钢场面——炉口喷出巨柱黑烟，接着铁水亮出颜色不断变化的光和火焰，直至大火喧嚣如雷，像无数巨神被锁在炉里迸冲激发，咆哮泻出（以上引语均出自原剧本）。这部作品气魄宏大，不回避描写复杂的科学生产技术，巧妙地塑造人物，展开戏剧冲突，表现了民族资本家与官僚资本集团关于中国前途的大搏斗。

一个政治性和技术性这样强、与传统题材又相距如此遥远的主题，为什么会钻进爸爸的脑海里？这种创作变化是与当时中国政治形势的变化相联系的。

1944—1945年，敌后根据地共产党领导下的抗日军民和全国爱国群众进行了极其艰苦的反"扫荡"斗争，抗日战争的战略相持阶段（1938年底至1944年初）已近后期，渐入抗战最后的全面反攻阶段。

此阶段，国民党蒋介石集团对日基本上采取避战、观战政策。在经济上，以蒋宋孔陈四大家族为首的政经一体、官商勾结的买办官僚资本集团控制国家主要经济命脉，大发国难财。他们对民族工商业无情兼并，令其破产，濒临绝境。国统区经济崩溃，民生凋敝。

这样，迫使中国人民不得不在反帝反封建的基础上，将"打倒官僚资本主义"、推倒"三座大山"的任务，写在新民主主义革命的大旗上。

就在此时，爸爸到重庆的一家民营钢铁工厂调查，开始创作揭露官僚资本集团罪恶的话剧《桥》。这一主题的出炉，说明时代大形势之下国统区生活对爸爸的影响，以及他对社会的关注，更反映爸爸社会思想和认知生活能力的提升。

这种提升集中表现在爸爸对中国资产阶级的认识、对中国社会重大变化的把握上，尤其表现在对资产阶级内部各阶层清醒的分辨认识上。长期以来，由于爸爸鲜明的爱国和人文主义思想，他的反帝反封建的意识比较强烈，而对中国资产阶级，尤其是其中的买办官僚资产阶级，并不太清楚。

生活在动荡骚乱、危机四伏的国统区的爸爸，敏感地察觉到中国社会这个重大的变化，察觉到官僚资本与民族资本的尖锐矛盾，大胆触及中国重大的社会关系问题，将剧中的官僚资本家何湘如暗喻四大家族之孔祥熙，通过一个民营钢铁公司的遭遇，揭露民族工业与官僚资本的激烈斗争并遭受摧残并吞的残酷现实，抨击国民党权势当局的腐败和反动，用戏剧艺术驾驭了这个艰难的政治经济题材。

爸爸还在剧作中着重表现了一群以沈承灿为代表的爱国知识分子，以极大的热情歌颂他们的爱国主义精神，大力颂扬他们创建民族工业的献身精神和赤子情怀，抒发了他们徒怀一腔热血报国无门的悲愤心情。当时，毛泽东同志1942年《在延安文艺座谈会上的讲话》在重庆早已传播开了，所以爸爸在作品中特别写到沈承灿在生产中对工人的尊重，与工人打成一片，相互合作和学习。《桥》这部剧作中，爸爸的爱国、强国之心是强烈的，指向是清楚的。很可惜，他的这部转型剧作在1946年初只写了两幕，因赴美讲学而中断了。

创作《艳阳天》 1946年3月至1947年1月，爸爸与老舍应美国国务院邀请，赴美讲学。回国后，没有什么收入，生活困难，夏，经黄佐临介绍，到上海文华影业公司任编导，当年秋天，写就电影剧本《艳阳天》，1948年5月拍摄。

《艳阳天》这个剧本似乎是爸爸对文华公司的"回报"，亦为解决"剧本荒"的"眼前救急"之作，剧本的思想性和艺术性存在较大缺憾，如对当局法律公正抱有幻想等。但是应该说，这部电影和当时国统区的整个社会形势还是相呼应的。

1945年，抗日战争终于取得胜利，但是中国人民却陷入更大的灾难之中。国民党政府借着所谓"接收"工作，大肆掠夺资财。蒋宋孔陈四大家族更乘机膨胀官僚资本，并同美国垄断资本勾结，控制整个中国的经济命脉。1947—1948年，国民经济濒于崩溃，通货恶性膨胀，物价飞涨，导致工人、市民和知识分子在饥饿中挣扎，民怨沸腾。

同时，蒋介石集团撕毁重庆谈判协议，发动了全面内战，并杀害国统区的共产党和爱国民主人士，制造了枪杀民主知识分子李公朴、闻一多惨案。这种倒行逆施激发国统区人民掀起浩大的反饥饿、反内战的民主运动。

爸爸回国后的心情是抑郁的，所看到的国内乱象完全与他期望的"全国团结一致，共建新中国"的局面相反，相知的朋友闻一多惨遭杀害，美国之行见到的所谓民主社会更令他怀疑失望。爸爸不是政治家，不可能对国内外政治大局有明晰的认识，然而，他对眼前中国充满危机纷乱的社会氛围是敏感的。在《艳阳天》中，爸爸激愤地揭露了汉奸巨商仗势欺人、颠倒黑白、破坏民主、横行霸道的黑暗世道，反映了民不聊生、群起抗暴的危机局势，表达了人民对"大地洒满阳光"的"艳阳天"的渴望。

1947—1948年完成电影《艳阳天》的写作和拍摄之后的一段时间，爸爸没有从事什么戏剧创作。1949年2月8日，爸爸接受中华人民共和国新政协的邀请，离开上海北上解放区，3月18日到达北平，准备参加中国人民政治协商会议第一届全体会议和中华人民共和国开国大典。

社会道路的抉择

爸爸1910年出生，1949年奔向解放区，这四十年，苦难深重的中国人民渴望幸福生活，进行着一场要求从根本上彻底铲除剥削和压迫的"最后斗争"，无数革命者、仁人志士经历血与火的考验。每一个像爸爸这样的普通人，也面对一次抉择，是选择新中国，还是旧中国？是跟随共产党，还是国民党？

爸爸最后投奔了解放区、共产党和新中国，这是他一生的重大抉择。在中国革命斗争中，爸爸对代表广大人民利益的共产党、对统治压迫人民的国民党的认识，经历了一个由浅入深、由量到质的思想探究的长期过程。

爸爸从小就富于同情心和正义感。后来，看到更多的复杂的社会现象和罪恶、各种社会阶层的分化和斗争，接触了不少艺术作品，接受了新文化运动的民主思想，特别是其中人文主义精神的影响。

爸爸的戏剧里一直贯穿着这种民主、自由、爱国、进步的精神。年轻时代的爸爸真有那么一股周冲式的纯真和痴情，追求着光明；他有一腔要把"损不足以奉有余"的禽兽世界击个糜烂，哪怕自己因此被碾为齑粉的青春热血；他从《北京人》中腐朽的曾宅发出呐喊，急切地盼望人人享有自由、平等、幸福新生活的到来。

黑暗中的觉醒　爸爸对国民党的认识是逐步的。

在清华读书时，爸爸经历了驱逐校长吴南轩的运动，抗议国民党的党化教育，争取民主自由。他在《救亡日报》上表达了对政府当局的不满，他说："那时我就认为国民党不是个东西。""写《雷雨》时，知道这个社会绝对长不了，心中满腔愤恨。""写《日出》之前，觉得这个社会这样下去是不行的，从亲自经历的、看过的、听人说的，都觉得非改变不可"，"那时我不想写序，但有一个想法，就是对这个社会非起来造反，非把它推倒了算，非推倒了再重新来过"。爸爸清醒地认识到，社会黑暗，"症结还归在整个制度的窳败"，更明确地说，在于社会"损不足以奉有余"。"《原野》中我觉得非反抗不可，宁死也要反抗到底。"1939年，爸爸创作《蜕变》的时候，对"国民党腐朽看得太清楚了"："这个社会已是不可救药了，太混乱了，太腐败了，对国民党失望到极点。"（田本相《曹禺访谈录》17、19、46、47、86、136页）

爸爸之所以痛恨国民党、旧社会，是因为通过几十年的累积，他经历了很多很多现实生活中的苦难，也接受了各种新思想，看透了国民党的统治。

爸爸最切身的体会还在于国民党政府对艺术创作自由的压制和打击。

1927年《国民公敌》的演出被教育厅勒令停演，爸爸第一次尝到文化统治的滋味：仿佛人要自由地呼吸一次，都需用尽一生的气力。

处女剧作《雷雨》受到了长期的严厉打压，1933年创作，1934年7月发表，1935年10月才由中国最早的职业剧团中国旅行剧团正式在天津首演。同年2月和 8 月该团曾两次筹划在北平上演《雷雨》，都被北平当局以"乱伦"为由禁演。之后近十年，国民党中央宣传部、国民党中央图书杂志审查委员会、云南省政府等机构曾多次针对《雷雨》发布禁演令和刊发不准令。同时，国民党教育部还向全国学校发布《雷雨》禁演训令。

抗战时期爸爸创作的抗战戏《蜕变》在演出时也遭到国民党政府的无理刁难和篡改，蒋介石亲自发出更改指示。爸爸回应道，写戏还是我们内行，这样的事还是我们自己来搞吧。之后，此剧被禁演。

1940年延安成功上演《日出》，给爸爸发来贺电，江安宪兵队以此作为"通匪罪证"，搜查了我们的家并严密监视爸爸的行踪。随后，几个接近爸爸的学生被捕。如此对待这样一个自以为"不问政治，不惹是非"的人，让爸爸极为气闷。

爸爸在国民党统治时期虽有名气，但生活仍比较贫困。特别是1942年，因躲避国民党特务的骚扰等多种原因，我们全家从江安搬到重庆。爸爸只在复旦大学找到一周2~3节课的工作，微薄的收入养不起四口之家，穷得不得了，有时一天就啃两个烧饼，有时到热情接待他的巴金伯伯家蹭饭。妈妈曾带着我们在街上摆摊卖过旧衣服。从当时在重庆"宝节院"门口的一张留影中可以看到，我们小孩子穿的是扎人的糙纺破毛衣，真像"小叫花子"。

国民党当局也曾经拉拢利诱过爸爸。1938年，身为国民党政府教育部次长的清华老同学、剧作家顾毓琇到我们家，送来一份国民党入党申请表，动员爸爸加入国民党，爸爸当时就翻脸，严词质问：你拿这个干什么？以后这个老同学再没来我们家。

不论是国民党政府的禁演、跟踪、威逼和利诱，还是生活的艰难，都没有改变爸爸追求真理的初衷。

爸爸看透了国民党蒋介石集团的黑暗统治，但是，当时的爸爸并不知道中国下一步应该走向何方。他说，那时认为这个社会必须推倒了再重新来过，却不知道怎么重来。至于中国社会应变成什么样子，他也没想到。他只觉得起来反抗要有人，这批人就是劳动人民，但说不清楚是无产阶级。爸爸这时阶级和阶级斗争的观念比较模糊，他在《日出》中只能用背景后面传来劳作工人的洪壮夯歌"日出东来，满天大红"象征光明和新生。

爸爸当时的社会思想并没有理论支撑，谈不上政治见解。他说，当时不大注意那些研究马克思主义思想之类的东西，有时读了一点类似《工资、价格和利润》的马列小册子，也看不懂。他说他也没有专门学过哲学，确实没什么见解。

爸爸只是对眼前的社会印象太深刻了，对罪恶的旧社会深恶痛绝。人文主义精神引导他对帝国主义侵略、中国封建专制、官僚资本统治产生强烈不满和反抗，热烈向往社会的独立、民主和自由。

对中国共产党的认识　爸爸渐渐看到中国共产党与国民党的鲜明对比，对中国共产党的认识经历了一个长期、由浅入深、逐渐发展到真诚拥护的过程。最后，选择了中国共产党和新中国。

爸爸说，新中国成立前他始终没有接受过直接的系统的革命教育，开始，他对中国共产党的认识是零星、肤浅的。

童年时代，爸爸对美好事物充满幻想，设计快艇蓝图，期望乘风破浪驶向世界最幸福的地方。少年时，他曾像《雷雨》中的周冲憧憬扬帆飘向那个没有压迫、人人平等的理想世界，天真而浪漫。

之后，爸爸慢慢从幻想到现实，一步步跟随时代潮流，参加了1919年五四运动和反帝爱国宣传活动，接受了民主爱国的新思想。

在1921年5月的反日游行中，11岁的他第一次听到"打倒列强！除军阀！"的口号，跟着喊了起来。

1921年7月1日，中国共产党成立了，爸爸并不知晓。他对共产党的了解是从认识身边的共产党员开始的。

在南开中学初三和高一读书的阶段，同班同学中就有共产党员，爸爸第一次看到"共产党员"是什么样的人。管亚强同学（即后来中央调查部部长张致祥）在师生大会上站出来对抗校方对学生运动的压制，爸爸既钦佩又同情。共产党员郭中鉴同学品学兼优，为人正直中肯，透出"沉默中的英气"，后被捕，受尽酷刑仍英勇不屈。这个形象爸爸永远难忘，因此明白了，世界上还有一种不怕强权、不顾生死、决心要改变社会的人。

1927年四一二反革命政变，蒋介石破坏国共合作，背叛革命，大举屠杀共产党员。

1927年4月28日李大钊被杀害,《晨报》上的消息震撼了爸爸,他说,《晨报》第一页上印着特大的黑字标题,下面详细描写李大钊和他的同伴们从容就义的情景。那段新闻文章充满了崇高、哀痛的情感,使人感到一种不可抑制的悲愤。这件事给他的印象太深刻了。

就在这一年,爸爸在同学的引导下参加了一个业余讲习班,听到《大公报》编辑王芸生在讲课中大骂蒋介石叛变革命。王芸生名义上是国民党天津市宣传部部长,实为中共党员。在这个短期讲习班上,爸爸第一次听到《中国工人运动史》。

1930年爸爸进入清华大学。1931年九一八事变,日本侵略者侵占东北,中国共产党坚决主张抗日,迅速组织东北抗日联军顽强抵抗。爸爸一开始就积极参加了学校组织的各种抗日宣传、演讲、演出、办报、集会、军训、慰问前线将士等初期的救国运动。

1936年,爸爸受邀到国立剧专任教,认识了该校秘书长石蕴华。在剧专,石蕴华表面上是国民党宣传部部长张道藩的秘书,实际上是地下党员。他常抨击时政,成天骂张道藩,也常对爸爸的作品发表意见,说爸爸写了不少东西,应该分清不同的社会主义,分清阶级,如果阶级说不清,也要说明阶层。一次,在操场上,爸爸第一次听到他悄声地唱起《国际歌》。

1937年七七事变,日本侵略者发动全面侵华战争,半年内,天津、北平、上海、南京等大城市接连陷落,第二年年底,武汉、广州失守。日本侵略者叫嚣"速战速决","三个月灭亡全中国"。日寇的侵略受到国民党中的爱国将士和中国人民的顽强抵抗,正面战场展开了英勇的淞沪、台儿庄等战役,敌后共产党根据地进行着"扫荡"与反"扫荡"的浴血斗争。

"中华民族到了最危险的时候",局势迫使剧专从南京经长沙、重庆,迁到江安。

这时,爸爸正随剧专迁到长沙、重庆,与师生和当地的戏剧界人士一道,奋力投入全国的抗日洪流,在三省和迁址沿途开展街头抗战剧巡演,在重庆举行抗战大剧《全民总动员》的盛大演出,通过演讲、著文、授课、顾问等方式参与一系列抗战戏剧活动,表现出高涨的抗日热情。

特别是1937年12月在长沙,爸爸亲耳聆听中共中央宣传部副部长徐特立的长篇演说《抗战必胜，日本必败》，宣讲共产党抗日救国十大纲领，深受鼓舞，钦佩不已。爸爸赶到徐特立的住所，可惜主人不在，爸爸便和徐特立的小警卫员攀谈。听到徐特立生活简朴、平等待人，与小警卫员同住一室，教他读书识字，亲如父子，爸爸非常感动，触发了创作激情。共产党人的崇高品德与爸爸在国民党伤兵医院看到的腐败龌龊现象形成鲜明对比，推动爸爸在1939年写出抗战剧《蜕变》。

这一时期，爸爸没有接受过共产党的直接教育，但是早期这些与共产党人的接触经历，使爸爸对共产党产生好感。虽然这些接触是零星、肤浅的，但是，他的情感和追求与共产党的事业是相通、亲近的。

1939年4月，剧专为躲避轰炸，从重庆迁到江安。这时学校里有了地下党组织。党组织把爸爸当作团结对象，做他的工作，争取他。一些党员学生常围绕在他周围，一起上课、讨论剧本、排戏、谈心，甚至经常来家做客吃饭。爸爸与这些党员有较多的直接接触，感情也就加深了。

剧专里的学生共产党员、戏剧界中的地下党员朋友，使爸爸隐约感到身边周围共产党的力量，朦胧地知道革命在什么地方了，但严格地说，那时他仍不懂得革命。1940年秋，在《北京人》瑞贞与愫方出走的情节安排中，隐约有新生力量的召唤。

1938年中共中央派周恩来同志在重庆秘密组建并主持南方局，领导陪都和南方国统区的地下工作，全面开展统战事业，其中，团结文化界人士是重要方面。因此，1938年和1942年，爸爸多次受到周恩来同志的直接关怀和教导，爸爸说："从那时起，我靠近了党。"

1938年冬，周恩来同志邀请爸爸到八路军办事处交谈，遭遇了日本军机轰炸重庆的屠杀场面。后来爸爸深情地回忆道："我郁闷地说不出话，望着总理，总理的面容愤慨而严峻。他指着火光起处，痛斥日本帝国主义的凶残，告诉我中华儿女必须团结一心，奋起抗日。虽然在当时的重庆听不到反击的炮声，但是总理的话，使我坚强，给我力量，我相信共产党是坚决要抗战到底的！"（《曹禺年谱》70页）在周恩来同志那里，爸爸受到了爱国主义教育，增强了抗战胜利的信心，认识了中国共产党的抗战决心。

1942年冬，周恩来同志又多次约见爸爸。爸爸深深感动："一踏进曾家岩的小门，就觉得把国民党陪都的污浊都撇在了外面，在这里呼吸到新鲜的空气。一眼看到周总理亲切的微笑，阳光照进了心中。那时，像我这样的知识分子是很穷的。有时吃不饱肚子，周总理知道了，邀我们到曾家岩和他一起吃饭。重庆的冬天，十分阴冷，周总理看我穿着单薄，送给我一块延安的灰色粗呢，让我缝衣御寒。"（《曹禺年谱》90页）后又听说，1945年底周恩来同志接见吴祖光，用了一半时间详细询问爸爸的写作、家庭、婚姻情况。

周恩来同志的关怀让爸爸感到很温暖。最重要的是，他对爸爸的戏剧创作给予了理解和支持。20世纪40年代初，周恩来同志在重庆和延安观看了《日出》《雷雨》《北京人》的演出；1942年他倡议成立的中国艺术剧社演出了《家》《雷雨》《北京人》，仅《家》就上演了86场，产生了广泛影响。周恩来同志又让《新华日报》组织文章和专辑，并请张颖、茜萍等人对《北京人》《家》《蜕变》等剧发表评论，进行科学评价，排除异议，并报道爸爸的写作动态。这年冬天，周恩来同志写信给爸爸，谈起《雷雨》和《日出》，充满惜才之情。爸爸说，从这些地方，都能看到他的用心，他真正懂得戏，才会这么做。

后来，晚年的爸爸多次向我们谈起周恩来同志。爸爸说："只要是我的戏，他必看，而且不止一次地看。我觉得他是懂戏的，是懂知识分子的。"爸爸又说，糊涂的自己竟把周恩来同志的信弄丢了，感到无限懊悔和遗憾。

1939年冬，毛泽东同志提议延安应当上演一点国统区名作家的作品，《日出》就可以演，并说这个戏应当集中一些延安的好演员来演。1940年元旦和8月，《日出》在延安演出了，毛泽东、周恩来、胡耀邦等领导前往观看，演出引起轰动。2月，延安向远在江安的爸爸发去贺电。1940年冬，延安又演出了《雷雨》。1942年5月演出了《北京人》。

这次写回忆录，我们翻阅有关资料，没有想到的是，抗战期间，不仅国统区，包括贵阳等边远省市都演出了爸爸的剧作。如1942年报道，浙西剧团创造了在天目山山麓朱陀岭山顶上，出演《原野》的"奇迹"；在共产党领导的根据地，除延安以外的晋察冀边区、西北战区、冀中军区、山东鲁南、太行山地区等地的战士剧社、战地服务团、部队宣传队、文工团，都多次上演了《雷雨》《日出》

《原野》《蜕变》。

　　1945年8月15日，日本侵略者投降，抗日战争终于胜利了。

　　8月底，为了制止内战，建立和平、独立、民主、统一的新中国，毛泽东同志亲赴重庆参加国共谈判。9月会见国统区文艺界人士，周恩来同志有意安排爸爸坐在毛泽东同志身边。毛泽东同志微笑着对爸爸说："你就是曹禺呀！很年轻嘛！"接着又补上一句："足下春秋鼎盛，好自为之。"

　　共产党对艺术工作的理解、爱护和支持，使爸爸深受感动。想起国民党政府当局对《雷雨》《蜕变》《原野》《日出》的种种审查、刁难、篡改、禁演和训令，对自己的跟踪、搜家和打击，艺术家生活的窘迫，以至闻一多先生被害，爸爸百感交集："我和老舍都极为震惊，对国民党的残忍痛恨到极点了。"

　　1946年3月爸爸和老舍被邀赴美讲学之后，中国国内局势发展得很快：蒋介石撕毁了国共和平协议，6月26日大举进攻解放区，开始全面内战。

　　1947年1月爸爸因国内局势恶化、闻一多惨案等原因，提前回国。他说："1947年我从美国回来后，和共产党的接触多了，对党的信心加强了。"

　　这一年，爸爸参加了党组织的地下读书小组，学习马克思的《工资·价格·利润》和艾思奇的《大众哲学》等革命书籍。同时，有机会与张骏祥同去黄泛区调查，那里解放区的气象和共产党农村基层干部的一身正气和不俗谈吐，给爸爸留下很深很好的印象。

　　1947年7月之后，解放军转入全国性的反攻。1948年秋，解放战争进入夺取全国胜利的决定性阶段。1949年1月31日，北平和平解放。1949年4月23日，解放军攻下南京。随后，蒋介石被赶出大陆。

　　1948年白色恐怖笼罩上海，局势混乱，物价飞涨，民不聊生。每到深夜，爸爸就爬起来扭开收音机，偷听"邯郸人民广播电台"的广播，那亲切、有力的声音报道着人民解放军前进的步伐，爸爸的苦恼、疲劳顿时一扫而空，"所有的精神都被这美丽亲切的声音吸引住"。在敌人的不断干扰中，他仍像喝到甘露一样，几乎听进去每一个字，仿佛看到东北解放、北京解放，人民的军队就要打过长江了！在微弱的灯光下，那只破旧的收音机忽然变成霞光四射的宝箱，传播着人民的希望。长长的黑夜终于走到了尽头。

1948年底，爸爸接到地下党有关准备北上迎接全国解放的通知，感慨万分。他感到终于找到一条光明之路，有了一个民众能够过上好日子、作家可以充分发挥才能的新中国。临走之前，爸爸频频拜访朋友，倾吐心声，建议朋友们留下，一起为建设新中国贡献力量，有时甚至谈到深夜。

他对老友孙浩然说，"经过多年的探索，逐渐明确了一条道路，那就是共产党才真正是为人民的，我要走这样一条为人民的道路。"（《曹禺年谱》114页）

这是爸爸掏心窝子的话，"走一条为人民的道路"，"做一些对人民有用的事情"，是他长期社会探索最核心的结论和心愿。这时他明确了："恐怕唯一的出路就是共产党了。"（田本相《曹禺访谈录》46—47页）。

为此，爸爸劝告朋友们跟着共产党走。他对黄佐临说，不要离开上海，形势就要变化了，将来是大有作为的。他说，人活着是很不容易的事，活着就要做一些对人民有用的事情；劝告朋友们不要相信谣言，共产党是欢迎艺术人才的。

爸爸马上就要离开上海，到解放区去。应该如何评价当时的他呢？

他自己认为："我给自己作个估算的话，在那个时代，大约我是一般进步的，或者说是想进步的知识分子吧。……我是爱国主义者"，"我不过是个普通的、有正义感的知识分子"（《曹禺全集》七卷333页）。这是因为：第一，他希望人民过好生活，因而是爱国主义者；第二，他对黑暗的东西、一切坏事情深恶痛绝，因而是一个有正义感、进步的知识分子。在爸爸的思想观念中，"爱国"和"进步"是最核心的东西。

同时，爸爸对自己的评价也很清醒。他说："我这个人思想上是不大用功的啊！"知道旧社会长不了，这一点很清楚，但是，"那时，是否就明白共产主义的道理，也不是的……我老说我是一辈子相信共产主义，相信有多深，很难讲，共产主义遥远啊！遥远得不得了……至于中国社会应变成什么样子，我也没想到"。（田本相《曹禺访谈录》46—47页）

因此，爸爸想，当时共产党对他的评价，大概"觉得我应该是个团结的对象吧，是进步人士吧"。阳翰笙曾称爸爸为"一个有良心的艺术家"，大概也是这个意思。

1949年2月28日爸爸与一批民主人士离开上海，秘密绕道香港、烟台、莱阳、济南等地一路北上，应邀参加 9 月 21 日在北京召开的第一届中国人民政治协商会议。途中，爸爸在一次茶话会上无限感慨地讲："摸索一条道路，而尤其是摸索一条正确的道路，是不容易的。"（《曹禺年谱》115 页）

一路北上到达解放区，爸爸等一批民主人士受到热情真诚的欢迎和款待、共产党高层领导干部的迎接。他们参加隆重的欢迎大会，观看当地军民演出的京剧、评剧和花鼓戏。尤其到了济南，邓颖超同志从北京赶来，迎接他们并陪同进京。这一切，让爸爸异常感动，感到这里是那么新鲜、开朗、欢乐，有一种回到家里的感觉。

1949 年 3 月 18 日爸爸到达北京。

爸爸是一个爱国、进步的艺术家。他在旧中国至新中国成立前夕的全部经历和思想成长发展历程，决定了他的政治选择和对国共两党的态度，决定了之后他对新中国的态度。张开双臂拥抱新中国，为新中国努力工作，积极要求进步，这是他的心愿和志向，他的内心是极其真诚的。

5

拥抱新中国

1949年的春天，爸爸离开白色恐怖的上海，辗转香港，来到北京。

7月21日，在第一届中华全国文学艺术工作者代表大会上，爸爸满怀激情地朗诵了他的即兴诗作，向着新中国大声呼喊："我来了，我来了！"张瑞芳回忆当时的爸爸"热情得不得了"。

9月21日，爸爸作为全国青年联合会的代表出席第一届中国人民政治协商会议，那时，他只有39岁。

10月1日，中华人民共和国成立了。爸爸觉得，他痛恨的旧中国一去不复返，盼望已久的新世界已经到来，他为憧憬的光明社会而欢喜雀跃，兴奋无比，伸出双手迎接新中国的诞生。我们看到那个熟悉的年富力强、充满朝气和活力的爸爸。

新中国成立初期，爸爸革命热情高涨，工作特别努力，衷心地希望能为新中国的建设贡献自己的全部力量。他正处于艺术成熟、戏剧创作的高峰期，可是他一点也没有考虑自己已有的艺术成就和地位，全心全意地去做分配给他的任何工作，做那些他"不擅长""不会做的事情"。

满腔热情　任劳任怨　努力工作

开国庆典期间　爸爸特别忙。当时国家还没有礼宾司，爸爸说，根据周总理的安排，外交部以外的与外国人之间的来往，基本上是他来管。那时候政协里边搞外事活动的人比较少，因此他专事外事活动。那时候没有工夫写东西，因为外事任务一般都很急迫。

外事接待工作，从外宾的送往迎来、饮食起居、活动安排，到演出的每个细节，从准备宴会、会场布置，到排列桌序和位次，甚至选酒、品酒等许多烦琐的事务，事无巨细，爸爸都亲力亲为，每一件事都认认真真地去做好。这对平时连自己生活都管不好、从无行政管理经验的爸爸来说，真是极困难的事。爸爸没有推脱，也不嫌琐碎或抱怨"大材小用"，而是任劳任怨，不辞辛苦，满腔热情。

爸爸接待过以著名作家法捷耶夫、西蒙诺夫带领的庞大的苏联文化代表团，其中包括苏联红旗歌舞团。记得接待苏联最负盛名的芭蕾舞大师乌兰诺娃来华演出，爸爸非常紧张。当时的舞台条件很差，爸爸一遍又一遍地检查场地、灯光、音响效果、化妆室，以及极其琐碎但又可能造成安全隐患的细节。演出前一天，芭蕾舞团舞台监督指出舞台太滑，爸爸马上找来许多工人连夜用凿子把舞台上新打的蜡一点点凿掉。次日演出非常成功，但芭蕾舞大师谢幕后在边幕摔了一跤，把爸爸和后台人员都吓坏了，幸亏她没受伤。

国家为与爸爸同期受邀来京的民主人士和专家名流组织了许多活动，统一做了米黄色咔叽布中山装。听说爸爸担任文艺队伍的领队，手举着小旗走在前面，嘴里喊着"一二一"的口号，带领大家排队参加各种活动，特别认真、来劲。

庆典期间，爸爸一天常常工作十三四个小时，吃不上饭、没时间休息是常事。他的胃溃疡一次又一次复发，胃痛，甚至出血。但即便如此，不论干什么、不论多么累，他从来没有为做这些与写作无关的事情而抱怨。

新中国成立初期的工作　爸爸的职务很多，国庆之后，工作更是纷繁沉重。他是中国人民政治协商会议、全国人民代表大会、中华全国文学艺术工作者代表大会的代表（以下简称"全国政协""全国人大""文代会"），又是文代会下设常务机构文联、作协、剧协及其杂志社的重要成员，还被邀参与影协、对外友协、全国青联的工作，北京人民艺术剧院院长、中央戏剧学院副院长更是他的重要实职。国家正处在初期创建阶段，爸爸参与了这些部门的筹建和大量实际工作。

为繁荣戏剧和提高艺术水平，爸爸还要参加戏剧（包括话剧、戏曲、曲艺）和电影、歌剧、舞剧等的会演评选、座谈、发文评论、剧本创作选拔授奖、编辑出版等工作，同时应邀讲授戏剧创作、艺术修养的专题讲座并指导排演。

最为劳累的是爸爸案头的大量约稿，排着永远写不完的"题目"，它们来自各个方面，爸爸都不能拒绝。打开《曹禺全集》著文部分长长的目录，首先是有关话剧的题目，接着是对其他各种艺术及其艺术家的评论著文，艺术之外的文章也一大堆，五花八门，应有尽有。

我们看过他的记录和备忘工作本，大大小小繁复的事情塞满了他每天的日程，真够累人的。

新中国成立初期，爸爸作为文化代表团成员访问过许多国家，出席各种国际会议，回国后要写访问文章或接受外国记者采访。最花时间的是，在国内爸爸经常要接待国外客人，陪他们参观、看戏、座谈。因为有国际交往的对等规格要求。

以前爸爸是自由职业者，哪里做过这些事情。他不会做，不习惯。喜欢独处、不多说话的爸爸去做文艺团体的组织工作、在大会上发言，这给他很大的压力。出国访问有政治要求和严格纪律，平时自由惯了的爸爸生怕说错话，什么事都要再三斟酌。他告诉我们，晚上别人都睡觉了，他要把白天林林总总的事想一遍，任何琐碎的小事都不放过，看看有没有疏忽，还要准备第二天日程、讲话，一直忙到大半夜。

爸爸说自己有从未有过的火热的情感和信心。他就是这样，工作起来像不停旋转的陀螺，认认真真做好分配给他的任何工作，努力改变自己去适应工作的需要。

新中国成立初期，中苏友好，学习苏联正处于高潮。

对苏联，爸爸并不生疏。在清华时，爸爸不止一次告诉妈妈："世界的希望在苏联。"

记得爸爸第一次访问苏联回来告诉我们，在莫斯科剧院里看戏，使他震惊的是观众大多数是女人，许多男人不是牺牲了就是残废了，二战中苏联失去2700万人。爸爸说，在剧院里没有悲凉、凄冷的气氛，有的是妇女们的乐观、自信和坚定。爸爸深深感动，连说："苏联人民真了不起！"那种对苏联人民真挚的崇敬之情一直保持着，没有受到政治动荡的影响。

爸爸从苏联给我们带回的礼物是个儿童挂钟。这个猫头鹰造型的铁制钟摆挂钟看起来十分简单、粗糙，但我们姐妹喜欢得不得了。它非常结实耐用，正常运转了十几年，直到"文革"才停摆。另外的礼物是莫斯科大剧院演出的芭蕾舞、歌剧剧照画册，这些画册是当时我们的至宝。

在苏联，最让爸爸难以忘怀的是参观以演出话剧著称的莫斯科艺术剧院，它的建院思想、导演、表演的斯坦尼斯拉夫斯基体系、表演风格给了爸爸很深刻的影响。早在剧专教书期间，爸爸就与黄佐临、张骏祥热烈讨论过在中国建立一个作家和演出连为一体的话剧院的理想，莫斯科艺术剧院为他的理想树立了一个高度、一个榜样，他兴奋极了！

爸爸诚心诚意地学习苏俄的戏剧，他重拾大学时学过的俄文，买了许多俄文教科书，背单词，练发音，学文法，跟着电台上课，坐在汽车上也抱着俄文书本苦读。他尤其喜欢在艺术中学习语言，读契诃夫、托尔斯泰、高尔基的俄文原著，读得非常认真、专心。

在举国学习苏联、戏剧界学习斯坦尼斯拉夫斯基戏剧体系的热潮中，中央戏剧学院迎来了苏联专家——莫斯科艺术剧院导演列斯里。他就任中戏艺术顾问，筹建、任教导演干部训练班，协助建立学院的导演、表演教学体系，把斯坦尼斯拉夫斯基体系推进中国戏剧界的实践里。从他开始，"编演小品"成为教学实践的重要途径，后来，"编演小品"成了每个考生必做的试题。他对刚刚创建的中央戏剧学院的教学做出了一定的贡献。

对于这样一个"有底气"、作风严厉的专家、权威，爸爸坚持艺术标准，不回避说真话。他曾对我们说，列斯里"一流谈不上，也就二流，没什么特别了不起的地方"，"学问有一些，也不那么大"。尽管爸爸很向往莫斯科艺术剧院那样的高水准，但他并不止于学习，并不拘泥于苏联的模式，更不顶礼膜拜，而是想创造中国自己的东西。他的标准更高，他的理想更远大，那就是创立一流的中国自己的演剧学派——他与焦菊隐、赵起扬、欧阳山尊带领北京人艺为之奋斗几十年的目标和理想。

爸爸当时是中央戏剧学院副院长,为照顾列斯里夫妇的生活,遇到不少难题。列斯里自视很高,又带来漂亮的演员妻子格琳娜(在表演方面做点教学工作),以自己的特殊地位在生活上不时提出各种要求。爸爸为了讲"友好""虚心学习",处处小心翼翼,在物资匮乏的条件下多方设法尽力满足他的要求。

下厂下乡　改造思想　否定旧我旧作

新中国成立初期,爸爸不但工作十分努力,而且作为一个文艺工作者,积极真诚地践行新中国的文艺方向。

第一届中华全国文学艺术工作者代表大会明确了新中国的文艺方向:文艺必须遵照毛泽东思想,贯彻为工农兵服务、为政治服务的方向,文艺工作者必须深入工农兵生活,改造自己的思想。

1950—1952年,爸爸积极响应上级号召,多次下厂下乡。1950年,爸爸和广大农民一道参加了浩大的安徽治理淮河工程的劳动,主动搜集创作材料,同时率领皖水文工团在工地上为农民演出。1951年春,爸爸再次到安徽投入农村土地改革运动并大量收集写作素材。

文艺界在组织文艺工作者深入工农兵生活的同时,开展思想改造运动。1950年,这场运动先是从展开批评和自我批评开始的。

1950年5月,全国文联机关报《文艺报》编辑部组织了"关于批评和自我批评的工作"座谈会,爸爸被邀参加。不久,全国形成了不少文艺团体、刊物和文艺工作者个人检查缺点的局面。

10月,爸爸在《文艺报》(1950年第3卷第1期)上发表了《我对今后创作的初步认识》一文,进行了自我批判。这是来自国统区的作家中主动批判自己的第一篇文章。

文章中,爸爸的自我批评首先从自己的剧作下手。他勇敢地表示,要"在自己的作品上开刀","将自己的作品在文艺为工农兵的方向的X光线中照一照",

"把自己煮一遍",几乎全盘否定自己以往的著作。他以《雷雨》《日出》为重点,真诚地忏悔自己的一个个错误:比如,一,以主观的所谓"正义感"写作,以"个人好恶""个人的是非之感""人性论"和"宿命论"代替了阶级分析和阶级斗争理论;二,没有深挖社会罪恶的根源,放走了主要的敌人;三,看不见新兴的革命力量;四,没有指出革命的出路;五,没有认清中国当时的革命形势,没有反映社会历史真实,等等,以致所有这些错误毒害了广大观众,他说这是他最痛心的事。接着,爸爸又运用阶级分析的方法解剖自己错误的阶级、思想根源。

为了履行《我对今后创作的初步认识》一文中的表态和承诺,爸爸在参加治淮和土改之后,带着不断增强的改造决心,于1951年6月自编《曹禺选集》,开始对《雷雨》《日出》《北京人》真正下手。

爸爸很真诚,认为要走革命的路就要否定旧我、旧作,一点也不能吝惜。他用刚刚学到的阶级斗争和阶级分析的理论向旧作"开刀",以一知半解的历史唯物主义观点对它们严厉批判。他还以延安时期文艺理论权威、新中国成立后中宣部副部长周扬1937年发表的《论〈雷雨〉和〈日出〉》一文为经典,抓住自己已认识到的种种错误,对《雷雨》《日出》《北京人》三剧的思想内容、剧情、人物做了大刀阔斧的更改、增删、重新立意,可以说,进行了伤筋动骨的改写,"所用精神仅次于另写一个剧本"。最后,爸爸无奈地在《曹禺选集》的序言中表示,修改本"可能又露出补缀的痕迹"。

爸爸像小学生一样学习运用新学到的东西,做了不会做的事情。一部经典之作经作者之手,改得面目全非,牺牲了对人深刻探索的本真,失去了原著的艺术魅力和光彩。在以后的反思中,爸爸说,这是"我自己的痛苦教训"。

在开展"批评与自我批评"之后,1951年11月,北京文艺界开始了文艺整风学习,为期八个月。这次整风是贯彻毛主席在政协会议上提出的"思想改造,首先是各种知识分子的思想改造"的指示而开展的。

爸爸认真地参加了文联组织的北京文艺界的整风学习,一张旧照留下了当时他在会议上专注认真的神情。1952年3月,爸爸再次下厂锻炼。5月,在纪念毛主席《讲话》发表十周年时,爸爸撰写了文章《永远向前——一个在改造中的文艺工作者的话》。1953年9月第二届中华全国文学艺术工作者代表大会上,他又做了《要深入生活》的发言。

这两篇文稿中，爸爸检讨了自己的阶级出身和创作倾向，要求到工农兵的火热斗争中去。

动力之源

新中国成立初期的爸爸，工作如此努力，思想改造如此认真，他的动力来自何方？

真诚的爱国者 首先因为，他是一个真诚的爱国者。爸爸说，他之所以努力做好新中国成立后的任何工作，是因为"对祖国和人民的热爱"，这是他最朴素、最真诚的初衷，始终如一的信念。

这不由得使我们想起爸爸创作《明朗的天》期间的一件事。

我们曾到协和医院他体验生活的驻地看望，房间里，北京市委宣传部部长、驻协和医院工作组组长张大中同志在座，他和爸爸正在闲聊，聊到1946年美国国务院邀请爸爸和老舍赴美讲学的事。张大中同志问爸爸美国是如何接待他们的、提过什么要求没有。

爸爸谈了当时的经历。美国政府对他们的接待隆重而周到，横跨美国，安排会见、宴会、参观、访问、看戏、考察、演讲，去了许多地方。那时，爸爸的头脑还是挺清醒的。他说，美国政府不会那么蠢，当时就对你提什么要求或者给你施加什么压力，对待高级知识分子，尤其不会这样做。他们什么也不说，只是对你热情招待，让你们从心里觉得他们好、感激他们，收买你的心。他们希望在中国，特别是在高级知识分子中，培养一批喜欢他们的人，培植亲美势力作为美国在中国的社会基础，这就是美国政府文化侵略的高明、狡猾，也是恶毒的地方。爸爸第一次赴美，就看透了美国政府的把戏。他受不了美国人骨子里那种种族歧视和优越感，对美国没有眷恋、没有崇拜，找理由提前回国了，回到那时还是贫穷落后的祖国。

爸爸这一番话给我们留下很深很深的记忆，我们完全没有想到，国际的政治斗争竟是如此高深阴险而复杂。

爸爸的确是一个真诚的爱国者，爱国的道理在他身上，不是嘴上的漂亮话，也不是一知半解的盲从，而是刻在了骨子里，真正想透、想明白了。他炽烈的爱国之情、清醒的觉悟，令我们深深感动和折服。

爸爸就是这样，深深地爱着中华这片热土。20世纪五六十年代，作为文化使者，爸爸经常有机会出国，我们这些孩子们总用羡慕的口气对他说："爸爸，你多么美啊，能到外国！"可爸爸却说，一出国"心里就难受，天天盼着回国"。正因为爸爸走过的地方很多，他才更加热爱自己的祖国，好多次他都是被说服动员，才同意出国的。

爸爸很清楚，他的事业和感情都在新中国。当时，他才39岁，艺术上正处于成熟的高峰期，创作上还有很多很多想法，他跟我们说，新中国成立前写了六部戏，以后至少还应该再写二十部。

爸爸对祖国的感情是异乎寻常而又清醒的，他在新中国成立初期积极表现，内心极其真诚。

他说过，他对黑暗的旧中国深恶痛绝，人民过上好日子是他苦苦追寻了半辈子的愿望。中华人民共和国在共产党的领导下诞生了，他兴奋异常，拼命工作，决心"做一些对人民有用的事情"。他不去考虑自己以往的成就，接受党的安排，任劳任怨地承担那些与写作无关的、繁重的、没有做过的工作。

他无限感慨："解放了，政治上翻身了，一种翻身感油然而生，大家的看法也随之改变，我自己的思想也起了巨大的变化。似乎生命延长了似的，精神十分振奋。在刚刚解放，新中国成立的头几年，我自己觉得我真是生活在一个新的天地之中，应当努力为人民多做些事。"（田本相《曹禺访谈录》47页）

被新事物感动　爸爸热情工作、努力改造还有一种力量，就是被新事物感染、激发。

新中国成立前爸爸遵循的"文艺方向"可以说是在中国民主革命运动的推动和个人探索努力之下自发生成的。他是一个从事戏剧创作的自由职业者。他没有参加过任何政党，也没有受过有组织的、系统的政治教育、领导和约束，思想比较自由。新中国成立时，他是以进步人士、党的团结对象的身份被邀进京的。

对于新中国文艺的许多新现象和运动，来自国统区的爸爸感到新鲜和振奋。

尤其对比旧中国艺术家的地位,共产党对文艺工作和文艺工作者的重视和关怀使他百感交集,感动,惊叹,有一种百废待兴、刻不容缓的冲动和兴奋!回忆第一届中华全国文学艺术工作者代表大会,爸爸说:"我是生平第一次……当时我感到是一个新的开端,那种感情是难以描写的。我还没有经历过像共产党这样重视和关心文艺工作的,给文艺工作者以如此崇高的地位和荣誉。那时,可是千头万绪,百事待举啊!"他说:"新社会到来了,我居然成为千千万万革命文艺工作者中的一员,成为毛主席文艺队伍中的一员,我是多么感激和骄傲!"(《曹禺全集》五卷507页)

新中国成立后,生平第一次,爸爸走进工农生活,接触群众的革命热情和勤劳朴实的品格,他充满敬意和兴趣地去认识与自己过去见识的完全不同的新人物和新世界。

1949年起连续数年,新中国为《白毛女》《暴风骤雨》《李有才板话》等大量解放区优秀文艺作品举行出版、宣传和示范演出活动,组织文艺工作者观摩学习座谈。爸爸几乎场场演出都看,大开眼界,耳目一新。从艺术创作中他看到解放区的艺术作品在文艺方向、艺术特点和编剧、导演、演员对工农兵生活的体验上,都与国统区有很大不同。他不仅深感自己的差距,也受到启发,有一种"在中国整个大解放,一切要变成新的时候"需要改变自己、"重新学习"的紧迫感。

还有一件事使爸爸强烈地感受到新中国翻天覆地的新气象。他曾在《日出》第三幕里,以满腔的愤怒、深切的同情为底层的受苦人发出呐喊,呼唤光明。一夜间扫除全市所有妓院,是新中国成立初期轰动北京的新鲜事。爸爸参加了妓女的诉苦会,看到她们走出妓院,获得解放,看到政府组织她们学习、提高觉悟,并对她们以后的工作和生活做了恰当的安排,爸爸激动万分。会后演出了《日出》的片段,这些在旧社会受尽蹂躏的女人看得痛哭流涕,都说爸爸写得十分真、十分像,简直就是写她们过去的生活。能达到写作的初衷,爸爸感到安慰,更让爸爸欣喜无比的是,像翠喜一样压在社会最底层的妓女从此不再受压迫,也有了光明的前途。爸爸盼望已久的事情终于实现了,他由衷地赞美新社会。

总之,爸爸对于新中国的事物完全接受,以自己的"理想世界"和"光明彼岸"来看待和想象眼前的一切。即使有些事感到不太适应、不太理解,但是为了这个盼望已久的新世界，他也愿意放弃"过去"，付出一切，几近虔诚地学习和接受一切自己没有经历过的新事物。他的心非常真诚，他的情感非常炽热。

充满感性的性格　爸爸充满感性的性格，也决定他对新中国的鲜明态度。爸爸是一个非常感性的人，看问题、做事常常带有强烈的感情色彩，容易偏激、过头、夸张。他当时就是感性地否定自己和自己的剧作。在新生活面前，他觉得自己熟悉的东西已经没有用了，包括他的戏剧艺术，他以一种近乎孩童的天真来接受、赞美新事物，可以说是虔诚地崇拜新的生活。在爸爸写过的许多赞美新时代、新生活的文章中，在他努力投入的工作，特别是自己本职的戏剧工作中，都可以看到这种感性。

爸爸很谦卑，这加重了他对工作和改造的紧迫感。

他多次跟我们说过，自己没法和从解放区来的文艺工作者和领导相比，和白区的左联作家也不能比。在新生活面前，爸爸觉得自己是"从旧社会来的人"，因而思想特别需要改造，工作需要特别努力，需要向这些老干部学习，走他们的路。爸爸的谦卑是发自内心的。他曾说："看见了正路，为着这条正路，我还能改正自己。"

新中国成立后，爸爸接触了不少老干部，他们刚刚进城，一律实行供给制。爸爸敬佩他们，赞美他们"朴素、为人着想、有牺牲精神"。对他们这样那样的好评，我们不知听爸爸说过多少次。从新中国成立前看到的徐特立及同学、朋友中的共产党人，到新中国成立后接触的"老革命""老干部"，爸爸面前出现了人民官员、社会公仆的全新形象。

爸爸对老干部的子女也有很好的印象，特别希望我们有机会向他们学习。几经努力，为我们办好了到当时老干部子女较多的师大女附中和十一学校的入学手续。但是，黛黛希望就近上妈妈的母校——贝满中学，昭昭上了附近的树德小学，爸爸也没有勉强。

新中国成立初期，尽管工作劳累，在新的形势下面临种种挑战，但在我们记忆中，这是爸爸心情开阔振奋、较少苦恼的时期。他以当时流行的群众歌曲《解放区的天》中"明朗的天"题名新中国成立后他的第一部剧作，真实地表达了他心中的欢悦和阳光。

我们时时被爸爸对光明社会的满腔热情感染，他的快乐也影响了我们。那年黛黛11岁，准备了一个巴掌大的小本，封面贴上自己剪的红心，请爸爸收集文化名人的签名，心情特别好的爸爸欣然应允。于是，每当各种大会上见到文艺界的朋友时，爸爸就像"粉丝"一样拿出小本请他们签名，一次又一次，直到把小本签满。他郑重其事地交还小本时，黛黛兴奋得连声大叫："好爸爸！好爸爸！"爸爸开心地笑了。黛黛看到小本里"梅兰芳"三个大字，觉得透出了兰梅的芳香。这个小本给她带来无穷的快乐，她每天把小本珍藏在身边，常常拿出来翻阅，晚上和红领巾一起小心地收在枕下，共枕而眠。这是爸爸给她少年时代留下的快乐回忆。

1951年在先农坛举行中国共产党成立30周年庆祝大会，黛黛参加了少年儿童献花队。等待入场的时候，她突然看见滂沱大雨中爸爸正向她走来，虽然打着雨伞，但全身也几乎湿透。爸爸满脸喜庆，把几块纸包的糖放在女儿手上，说："和同学们分着吃吧。"黛黛一看，是当时难得的有巧克力外皮的"东方红"奶糖。原来爸爸为会场事宜已经连续工作了好多天，拿到这奶糖舍不得吃，留给了女儿。爸爸没有工夫跟女儿多说话，在大雨中匆匆离去。他与女儿共同度过了新中国这个令人振奋的节日之夜。

直到现在，我们还常常想起那时爸爸生龙活虎、容光焕发的样子，想起那个快乐的爸爸。

6

十七年的艰难历程　生命和北京人艺相连

自1949年10月中华人民共和国成立至1966年6月"文化大革命"开始,这个时段常被文艺界称为"十七年"。

这十七年,新中国的文化艺术在党的领导下,取得了巨大成就,文学、电影、戏剧、音乐、美术等各个领域都涌现出一批又一批优秀作品,留下了无数令人难忘的人物形象,它们不但成为教育、鼓舞人民的有力武器,而且受到广大群众的衷心喜爱和热烈欢迎。同时,新中国还培养了一批有生活、有思想、有才能的作家,以及立足于国内又走上世界的优秀艺术家,建立了一支强大的文艺队伍。

追赶时代　勤奋工作

在这样的革命形势下,爸爸也不甘落后,他努力地追赶时代,抱着"爱国""为人民做事情"的初心,始终保持十分积极努力的工作状态。

打开爸爸的工作日程,一件压着一件,忙忙碌碌,每天像跑马灯一样。他肩负繁多的社会职务,参加各种工作会议;接待国内外慕名而来的热情求见者;

出访、讲演、座谈，不断地被采访，以及回应同行们的专业性探讨需求，等等。特别是海量的演出观摩，这个一般人眼中的"美差"，对爸爸来说绝不是轻松、休闲的事情。演出后，等着他的是表态、谈意见、座谈、写文章。面对一些寻求支持的演出团体，他有时的确很为难。其中的苦衷，爸爸也是后来才向我们表露。

繁杂的艺术管理和行政组织工作、大量的社会活动，消耗了爸爸的宝贵时间、精力和身体。然而，这几十年最让爸爸累心的，还是写作——不是他的专业和最爱——写剧本，而是写文章。

爸爸后半生47年只写了三部戏，但是他并没放下手中的笔。这次写回忆录，我们通读了他1949年以后所写的文章，仅公开发表的就有近400篇。应约的报刊，粗粗统计，就有50多家。对于报刊的要求，爸爸想到自己的责任，总是有求必应。这对于一位话剧作家来说，是多么不容易的工作量啊！读完这些文章后，我们总的有这么一种感觉：认真、真诚、热情！爸爸是在诚心表达一种新的精神面貌、写作的新视角、新的文学和语言风格，他不愿意重复他人和以往的旧套子、旧路子，要展现新社会的新鲜变化。

这数百篇文章中包括一定数量的约稿，对国家大事、政治要事、世界动态和社会新貌的表态，大多写得与众不同。

爸爸写得最多最好的，还是剧评、艺评和读书、写戏心得。

我们知道爸爸从小热爱民族艺术，但是没想到他如此熟悉中国文化，懂得那么多，那么透彻！在文章中他不仅推崇国粹京剧、昆曲，还热情赞美秦腔、蒲州梆子、吉剧、花鼓戏、潮剧，特别是评弹、川剧演出中的剧作和表演精粹。在文章中还深入解析、高度评价中国伟大戏剧家汤显祖和中华梨园文化。

话剧是爸爸文艺评论的中心。

多年来，他不仅广泛关心广播剧、小剧本、校园戏剧、课本剧、滑稽剧和业余创作等多剧种的培植和提倡，更写了数十部新中国新剧作的推荐评论。有些剧目今天已经很少有人知道了，但在当时确是很受欢迎的。爸爸看了，认为还不错的剧本，他都给予真心实意、热情的肯定，有根有据地指出好在什么地方、什么地方写得还不行、为什么不行。这些文章爸爸写得中肯、实在而有激情，使人读后还真有要去看看戏的冲动。

新中国的话剧爸爸看得多，有许多体会，比如这些剧目有什么进步、存在什么问题、为什么会产生这些问题、如何解决、如何提高和发展中国的话剧艺术、话剧应该如何创作，等等。为此，爸爸留下了不少类似"和剧作家们谈写作"的有关"写戏心得"的文章。

这些文章生动、有趣，伴有实例、人物、情节、心得，具有说服力。这些文章或讲话、被采访录中更深入地谈到戏剧创作的核心问题——人物创造，人物的真实性、复杂性、多重性，人物创造如何从社会生活到戏剧形象，人物诞生的创作心理过程，剧作应该如何体现人物和剧作的"思想性"，等等。

爸爸还谈了读书问题。爸爸认为，要搞好创作，在深入生活、提高思想之外，就是要读书学习，要在读书中寻找老师，说"前人给我们留下了极其宝贵的精神财富"。因此，爸爸经常和剧作家，特别是青年剧作家们谈读书。爸爸像年轻时给剧专的学生讲课那样，陶醉在对莎士比亚、易卜生、契诃夫、曹雪芹、汤显祖等的经典剧作的解析和赞美中。

爸爸谈写作、读书心得的文章，是剧作之外曹禺戏剧中最有价值的部分。

其实，爸爸是个感性的人，不擅理论，形象思维超于理性逻辑思维。他坦言，创作对他来说，如果满脑袋都是理论概念，脑袋就转动不起来了；他怕读理论，望着密密麻麻的大块文章，脑子就发木。但是，为了向后人讲清楚戏剧创作、人物创造的道理，剖析前人艺术经典的精髓、人类艺术创作规律的真知，爸爸真是下了功夫，硬是写出了戏剧评论的好文章。可以说，爸爸不仅是编、演、导、教，还是理论方面的戏剧全才。

爸爸之所以对"谈写作、读书"如此用心，是因为他胸中跳动着一颗火热的爱国心。爸爸把戏剧称作"心爱的事业"，他真诚地希望、热切地期盼新中国戏剧的强大。

新中国成立之后，文化艺术事业取得了重大成就，爸爸积极努力地工作，取得了一些成绩。这些成绩包括有关艺术领导管理工作上的贡献，是他后半生真实的一个方面。

但是，我们更想重点谈谈他的另一面，即十七年里爸爸在思想、创作上的苦闷。

创作中的苦闷和困境

新中国成立初期爸爸开朗喜悦的心情渐渐消失了，虽然他在工作中始终积极努力，但是，苦闷、恐惧像一座大山，压在他的心头。

在爸爸这个时期所写的文章和旧作修改中，虽然表现了真诚的爱国热忱和进步思想，但还是蕴含着诸多的苦恼，只不过被他满腔的革命热情暂时遮掩过去了。这种改弦更张实际上是爸爸对自己以往已熟悉的创作生活、对已成就的艺术思想和创作方法的挑战和否定，同时也隐隐地透露了爸爸自我批判旧作后，在"破旧立新"准备创作新作时，特别是在践行文艺为工农兵服务、为政治服务的方向中，面临的新问题和困惑。

焦虑和困惑 新中国成立后，爸爸对新中国文艺、对许多新事物和作品，感到振奋、新鲜并努力地追赶新的时代。他认为："第一次读了《在延安文艺座谈会上的讲话》，我仿佛立刻就明白了文艺当然是为工农兵。这还有问题吗？但是读到什么是人民大众、文艺为什么人的时候，我发现也可以为小资产阶级写，便窃自心喜，觉得我所熟悉的那一类生活和人物还可以用得上去。只要能用马克思列宁主义的观点就成了。"（《曹禺全集》五卷509页）

因而初始，为践行文艺的工农兵方向，爸爸下乡下厂，积极投身治淮和土改运动，收集创作素材。但是，他什么反映工农兵作品也没有写出来。

为此，1952年爸爸在《永远向前》一文中痛苦地写道："我逐渐发觉自己的空虚，我不熟悉工人、不熟悉农民、不熟悉士兵，也不知道马克思列宁主义，我缺乏新的社会现实的体验，甚至连人民大众的语言也不大熟悉。古人有一句话，'贫无立锥之地'。我今天才明白一个人在精神领域中到了'贫无立锥之地'的当口是多么痛苦。"（《曹禺全集》五卷508页）

爸爸认识到，一开始对文艺工农兵方向振奋、热情和新鲜的感受，实际做起来并不那么容易、轻松。他觉出了陌生、懵懂、茫然、胆怯的滋味和距离感，在《永远向前》中，他真实准确地描绘出了自己当时的心理："新社会到来了……我是多么感激和骄傲！然而我又多么胆怯，仿佛刚刚睁开眼的盲人，初次接触了耀目的阳光,在不可抑止的兴奋里,又不知道如何迈第一步。多少年来,我脱离革命群众,脱离群众的实际生活,我猛地见了一直在渴望着的光明事物,反而觉得不能像亲人一般地立刻拥抱它。"(《曹禺全集》五卷 507-508 页)

爸爸对工农兵的形象和生活仍是那么陌生、模糊、遥远和短暂,怎么能够塑造出活生生、丰满的人物呢?而真正活着刻印在爸爸内心深处的,是那些他熟透了的旧人、旧事。在《永远向前》中,他老实地承认:"一个出身于小资产阶级,没有经过彻底改造的知识分子,很难忘怀自己多少年来眷恋的人物、思想和情感,像蚂蚁绕树,转来转去,总离不开那样一块黑乌乌的地方。"(《曹禺全集》五卷 509 页)

爸爸过去的实际生活与"工农兵"实在相距太远了,这种距离感他很难在短时间里填平。

不仅如此,爸爸内心深处还有着对旧作价值的困惑。他不止一次在文章中为自己的创作初衷、追求和旧作的意义,婉转地辩白;他说自己以往"一心追求着真理和光明","痛恨黑暗的旧社会,不满意人压榨人的血腥事实,也说必须推翻封建势力、官僚买办的万恶统治",他是"进步"的呀;受到批评和正面的冲击时,他虽没有真正想通,但也不能理直气壮,只得"无话可说,我沉默",更不可能冲锋在前。

令爸爸难堪的是,周围的形势不等人,社会在不断地前进。当时的文艺界上演了许多解放区作家的优秀作品。1950 年初,反映工人生活的话剧《红旗歌》《不是蝉》,受到文艺界的重视和赞扬。更令爸爸汗颜的是,和他一样的国统区老作家老舍,1950 年 9 月发表了《龙须沟》,1951 年 2 月上演。之后,老舍又写出不少反映新中国生活的话剧,如《春华秋实》《女店员》,等等。

对比之下,爸爸更是急得不得了。1953 年召开第二次文代会,周扬将他的军,点名让他发言。爸爸不得不走上讲台,羞愧难当,他说:"四年来,在创作上我没有写出一样东西……是多么不光彩。所以要我来讲话,我就迟迟不敢上来。"

为什么"没有写出一样东西"?在《要深入生活》(《曹禺全集》五卷)的发言中,爸爸努力地检查自己,寻找原因。他说,最初"有一段时期,翻报纸,访工会,读新闻报道,访问领导,为着多收集一些英雄模范的事迹",这种"不去亲身地进行生活体验"，"依靠借来的生活材料"，是写不好东西的。以后，有时"虽然上了路，却连生活的源泉都没有望见，就喜孜孜地以为是'满载而归'，回了家"；有时"望见了，并且走到了，却把生活的泉水喝得太少了，又急急忙忙回了家。总是牵肠挂肚地想回'家'"。

爸爸认为，重要的原因还在于自己只"着重于生活的观察和体验，而比较忽略对社会生活的研究和分析"，"脱离了政治"，"十分缺乏马克思列宁主义，我不能站在较高的角度来研究一个人或分析一件事物"。在发言中，根据周恩来总理"要先成为一个社会主义者，才能写社会主义的作品"的讲话精神，爸爸诚恳地检讨了自己的思想改造问题。

失败的创作尝试　以后的日子，爸爸为践行文艺的工农兵方向又做了十分积极的努力。但是，仍然陷于"写不出东西"的状况。

20世纪50年代，爸爸被新时代出现的新人物激励、感奋，曾经对两位领导干部的事迹动了心，想写他们。一是原机械工业部部长黄敬。黄敬部长为了熟悉业务，在人大会听报告时还偷偷读机械专业书，做数学习题，如此尽心于党交给他的任务，让爸爸很感动。二是原水利部部长钱正英。1950年爸爸参加治淮工程劳动时，看见这位工程总指挥的了不起，由衷地钦佩这位实至名归的巾帼英雄。但是，爸爸始终没有动笔。

昭昭曾问爸爸为什么没有写出来，爸爸只回答了一句："他们心里的想法，不会告诉我的。"后来，我们慢慢理解爸爸心愿未果的苦衷，这是因为爸爸觉得自己并不了解他们，只知道他们的事迹，不知道他们内心的想法、他们的性格，包括他们的矛盾和内心斗争，没有在自己脑子里形成一个多面、丰富的真实的人物。

1957年底，爸爸去京郊农村深入生活，参加一些劳动；1958年"大跃进"参加全民炼钢，依旧一无所获。

1965年，北京市副市长万里给人艺提出写副食零售业女劳模谢炳芹的课题，爸爸接下了这个任务。他满腔热情地和兰荫海等人去到那个只有两个门脸儿的小副食店，和谢炳芹"同吃同住同劳动"。据兰荫海回忆，他和爸爸住在小后院一间五六平方米的账房，晚上就睡在两块木板上。正值酷暑，爸爸吃了安眠药也睡不着，就和兰荫海到小院，坐在酱缸上聊天。第二天一早他们换上工作服在副食店站柜台。一个老太太把瓶瓶罐罐往柜台上一放,说:"给我来二分钱老陈醋,三分钱酱油,一两芝麻酱。"当时买芝麻酱要凭购物本,爸爸一听有点蒙,撕下一个小纸片,小心翼翼地做起算术题。还没等爸爸算出来,老太太说:"甭算了,一共一毛钱。"接着加了一句,"你是下放干部吧?"爸爸局促不安,脸一下子红了。

之后,爸爸和谢炳芹一起推着流动售货车到印刷厂家属区,边吆喝边卖油盐酱醋。兰荫海说他在街上张不开嘴、拉不下脸来吆喝,倒是爸爸走在他前面,不犹豫不扭捏,大声吆喝:"卖透明皂咯!又洗衣服又洗脸……"兰荫海听着、感动着:曹禺先生是什么人物呀!大师,大剧作家啊!爸爸经常与谢炳芹促膝谈心,反复采访她的家人和同事,力图走进她的生活。爸爸记录和即兴构思的笔记就有十几本。爸爸的心是真诚的,行动是积极、努力的。

但是最终剧本并没能完成。爸爸心里忐忑不安,他觉得光有"先进事迹"成不了剧作,他还没有走进主人公的心里,没有像以往那样找到"活的灵魂"。黛黛不明白,问爸爸:"这么感人的事迹本身不就是一部戏吗?"爸爸只是苦笑。

北京人艺艺术家蓝天野还讲过一段这样的故事。柯庆施提出文艺要写新中国成立以来"十三年"的号召后,1963年秋,爸爸正在创作的《王昭君》被叫停,他和蓝天野接到马上去体验生活写抗洪剧本的命令。

到了河北农村某地,上级安排采访,一天换一个地方,所到之处各级干部陪同坐在大队办公室,传唤一位位村支书或民兵大队长前来汇报。这些干部进门头一句都是"报告首长……",然后开始汇报,讲的一律是如何抢修大坝、炸堤、放水、淹自己村的房屋和土地,保城市、保别处,发扬共产主义风格,淹地的数字,村民伤亡的数字……天天如此"体验生活",爸爸兴致全无。一天"收工"后,爸爸提议去村口大堤上遛达遛达,可是后面跟着一群干部。蓝天野出来劝阻:"你们就别跟着了,让曹禺同志自己活动活动吧!"干部们也不敢说"不",只是拉开距离继续跟着,因为上级有指示,他们担着责任呢。接着,没走多远,蓝天野突然说:"别遛了,咱们回去吧。""怎么了?"爸爸还没明白。蓝天野提醒道:"您看看两边的房顶上……"一看,原来路边的房顶上隔几米就站着一个持枪的民兵"保卫首长"呢。爸爸心里特别不自在,马上转身回去了。后来,歌颂河北农民抗洪剧本的命运，可想而知了。

临时如此"体验生活"，去反映作家十分生疏的创作对象和生活的做法，令人啼笑皆非，让作家和百姓都受罪。

1977年，全国自然科学学科规划会议马上要召开，爸爸接到这个紧跟形势、反映新开局的集体创作新任务，经过反反复复的参会、采访、阅读资料，一次又一次地集体讨论，最后，爸爸还是无奈地提议放弃了。

创作《明朗的天》　新中国成立后，爸爸最重要的创作尝试，是写作《明朗的天》。1952年至1954年，经过两年蹉跎、无奈，爸爸认领了一个距离他相对近些的创作题目。

尽管题材生疏，爸爸还是以满腔热情投入新任务之中。他在以市委宣传部部长张大中为组长的工作组领导下，到协和医院体验生活，参加新中国成立初期知识分子思想改造运动，首先是清除崇美、亲美、恐美思想。几个月的时间，爸爸住在协和医院地下室，全身心投入工作，收集了大量素材，没有要紧事，连协和的大门都不出。

协和医院离黛黛住校的中学非常近，爸爸没有像往常一样每周看黛黛一两次，在这段时间，每个月见到爸爸一次已是很难得的事情了。黛黛想爸爸，心里不高兴：就十来分钟的路，怎么就没有时间呢？后来爸爸对黛黛说："你不知道，爸爸心里有多么紧张。"

这次，爸爸领了不熟悉的任务，带着一个从未经历过的题目，走进一个生疏的环境。他非常勤奋，利用一切机会接触各种人，了解人物的思想和性格，查阅材料；积极参加大大小小的各种会议，认真聆听领导的指示。在一天紧张的会议及工作之后，他继续思考、分析、记述，短短的半年里，爸爸收集的素材写满了20多个笔记本。爸爸真是努力了。

1954年4月开始动笔，北京人艺给爸爸请来秘书吴世良（英若诚夫人，毕业于上海圣约翰大学西洋文学系）。她从早到晚和爸爸一起工作，周末都很少休息，总是笑眯眯的，没有怨言。爸爸每天上午9时开始，从白天到夜晚，几乎不间断，有时到11时，爸爸口述，吴世良记录。吴世良回忆，口述时曹禺往往很激动，完全沉浸在剧中人物的情感之中。

爸爸用新路子写，但写得十分艰难、生涩，因为"脑子里远远没有真正想透彻，更没有真正想通畅"，没有"真知道"，人物没有"活"起来，没有像过去身边的那些"滚瓜烂熟"的人物，而是写着写着就"卡"住了，过去写作时那种酣畅的感觉没有了。后来爸爸回忆，"我写《明朗的天》时觉得很难写。尽管当时很吃力，但仍然很想适应社会主义现实主义创作方法，是硬着头皮去写的。现在看来，是相当被动的，我当时也说不清是怎样一种味道。"（梁秉堃《在曹禺身边》18页）

剧本基本写成后，爸爸的事更多了。过去爸爸创作时闭门谢客，一个人天马行空，自由挥洒，没有其他人涉入和干预，但这时他必须走出去征求各方意见。尽管时常感到无所适从，但他总是虚心地接受意见，不厌其烦地修改，他心里没有底，过去对自己的信心不知上哪里去了。

爸爸没有想到，作家个人的写作活动竟然要涉及这么多的人和事。直到排演，爸爸还在不停地改，辛苦英若诚两边跑，联络着作家和导演、演员。

不知多少次，爸爸对黛黛说，剧中的党委书记董观山"太难写了"，后来好像爸爸已经没有信心把"他"写出来，更别说写好。爸爸虽然接触过许多革命干部，但多是表面的一般来往，对他们的内心世界并不了解，更谈不上"呼之欲出"。如何在尖锐、复杂的矛盾冲突中体现党的知识分子方针、政策，表现主题，更是让爸爸苦不堪言。他不敢写两个对立人物的交锋，实在避不开时，只能照抄当时协和医院党委书记的原话。爸爸费尽心血，苦思冥想，改了不知多少遍。剧本写出来了，但爸爸下功夫最大的重要人物，却是他认为写得最不满意的。

其他剧中的知识分子人物，爸爸也写得很吃力。对于知识分子，应该说爸爸是比较熟悉的。但是写知识分子思想改造问题，爸爸却是头一遭。何况，"知识分子"不是一个概念，每个知识分子千差万别，涉及知识分子的问题也千变万化。虽是知识分子，不熟悉的人和事，爸爸同样也写不好。

这次写作任务，爸爸经历了说不清楚的苦楚。不了解的人物、陌生的事情一下子涌到面前，生疏、矛盾和困惑使手中的笔变得沉重起来，写作对他来说，突然变得力不从心。

还是老朋友张瑞芳了解爸爸，"文革"后她说出了创作问题的症结："《明朗的天》先有主题，而不是先有人物，意念超过了形象，不像从前的戏含蓄，能感觉出他有意识地在歌颂。"这个"主题先行"的创作方法，成为了爸爸"文革"后反思的重要命题。

从1949年到1954年，五年时间，爸爸写了《明朗的天》。之后，爸爸再没有写过现代题材的剧本，只写了两部历史剧。从《明朗的天》，相隔七年，1961年写了《胆剑篇》。直到1978年，相隔十七年，发表了《王昭君》。此后十八年，爸爸再也没有写成什么作品，直到1996年去世。

1949年以后的这三部剧作爸爸极不愿提及，只是在讨论题材问题时说过这样一句话："像我写《明朗的天》，单从题材上说，也不是艺术的大路。"外界提问和评论时，他沉默以对。田本相在《曹禺访谈录》中写道："每提到这三部戏时，他就摇头，同我摆手，似乎是不值得一谈的样子。"

爸爸在写作上历经困境和苦楚，从大删大改《雷雨》到几次按照新文艺方针尝试创作的失败，包括创作《明朗的天》，爸爸渐渐从解放初期的兴奋状态中落下来，矛盾和苦闷越来越多。

文艺界的批判运动

1942年，毛主席发表了《在延安文艺座谈会上的讲话》，明确指出了文艺为人民大众、首先为工农兵服务的方向，批评纠正了当时部分文艺工作者脱离工农兵群众的错误倾向，解放区文艺工作呈现出蓬勃发展的新局面，涌现出许多如《白毛女》《暴风骤雨》《李有才板话》等优秀的革命文艺作品。

新中国成立后，1949年第一次文代会确定了今后全国文艺工作的总方向。中国人民政治协商会议第一届全体会议更加明确指出了新中国文艺发展的方向，"文学艺术为人民服务，启发人民的政治觉悟，鼓励人民的劳动热情"，号召文艺工作者积极创作人民群众需要的文艺作品。

新问题的出现　文艺工作逐步开展起来后，在一系列具体问题上遇到了困难，各方面提出了许多不同看法和意见，产生了激烈的碰撞。

比如：第一次文代会上，有过"文艺为人民服务""文艺作品要反映工人、农民、革命知识分子三个力量"的不同提法。政协第一届全体会议通过的"共同纲领"中提出了"民族的、科学的、大众的文艺方针"。1952年5月《人民日报》发表了《为最广大的人民群众服务》的社论。

1950年8月,上海《文汇报》展开过"小资产阶级是否可以作文艺作品的主角"的讨论。1962年"大连会议"提出"写'中间人物'的问题",等等。

这些提法之后受到如下批判:企图用"修正主义全民文艺论"代替无产阶级文艺,用"中间人物"来与"工农兵英雄人物"争地盘,等等。

对此,1949年6月,爸爸在致黄佐临的信中谈到他的困惑。

比如文艺界普遍要求实行文艺的"双百"方针,要求创作自由,"破除清规戒律,扩大创作题材";提出作品应该从生活中的"各个角落""各个侧面""各阶层""更广阔地去表现时代";不要片面机械地要求直接对政治任务的"配合作用"和"教育作用",不要"局限在某种事件或观念"上,等等。

这些观点后来被批判为"全民文艺论""广阔题材论""鼓吹资产阶级自由化""阶级斗争熄灭论""反对文艺为政治服务"。

比如关于作家创作和题材问题,有人提出"不能要求作家写他不熟悉、不知道的事物"。1961年,有领导表示"作家、艺术家完全可以自由选择他所了解、擅长、喜爱的任何题材"。有领导指示文化部党组,改造文化不能勉强,不要"硬生孩子"。

有关创作自由、创作题材的基本问题,爸爸深有体会。但是这些问题很快就被批判为:"反对写工农兵""反对文艺为政治服务",是"自上而下全面复辟资本主义的逆流"。

一批作家、作品被批判 十七年中,中国文艺界出现过许多优秀的文艺作品,有现实题材,也有历史题材。也有一批作品被点名批判,被定为"毒草",作家被定为"反党分子""反革命"。一股强大的批判浪潮,殃及文学、电影、戏剧、音乐等各个领域。

这种批判方式,爸爸尤其不能适应。1952年,萧也牧的《我们夫妇之间》因为"以小资产阶级的观念观察生活,歪曲工农干部",成为新中国成立后最早几篇受到批判的小说之一。爸爸对其后《明朗的天》中党委书记董观山的塑造,踌躇不安,难以下笔。

文艺界批判运动的巨大冲击 1951年,对电影《武训传》的批判;1954年,对俞平伯、胡适资产阶级唯心派的批判;1955年,对胡风文艺思想的批判;1957年,反右派斗争;1959年,反对右倾机会主义;1960年,批判巴人"资产阶级人性论"。

这些批判混淆了不同性质的矛盾,把文艺思想、学术问题、艺术创作上的讨论演变为政治斗争,把人民内部矛盾演变为敌我矛盾,将阶级斗争扩大化,大大伤害了一批知识分子。

压力之下,爸爸当时就胡风涉及的《日出》修改问题,写了相关的批判文章。

1956年"双百"方针提出后,产生了一批为人民服务、为社会主义服务的作品,革命的作品,有的作品反映了人民内部矛盾,批评了社会生活中的问题、错误,如海默的《洞箫横吹》、王蒙的《组织部新来的年轻人》。一些作家因为作品在反右斗争中被打成了右派分子、反党作品。"右派"作家经历批斗后,被发配到边区劳动改造。

海默的遭遇让爸爸记忆深刻,难以忘怀。他说:写《洞箫横吹》的海默,他只是写了很小很小的小事情,就被审查,直到被迫害致死。

1960年初,张春桥、姚文元在文艺界掀起对巴人"人性论"的声讨浪潮。这次批判运动在文艺界全面铺开,各艺术院校组织了长时间的肃清运动。

爸爸旧作中崇尚的人文主义思想虽然与巴人观点的着眼点不太一样,但是,都是在探讨人性在艺术中反映,是作家在实际创作中随时面对、不能回避的命题。这个命题与当时人性论批判密切相关,敏感的爸爸不能不心存恐惧。

之后对人性论的批判不断衍生:工农兵英雄人物能不能有缺点错误?会不会产生思想矛盾和斗争?这种错误和矛盾的产生是不是人的共性?这些问题一个一个被提出来,其中的一些看法遭到严厉批判,被斥责为"资产阶级的内心分裂论"。而这种"内心分裂论"与爸爸关于人的复杂性、多重性的想法联系更为密切,因而令他更加紧张。

阶级斗争不断升级 1962年至1966年6月,关于阶级斗争和对文艺工作存在问题的批示,让全国性批判运动的形势越来越紧张,斗争越来越尖锐。

1962年，周恩来总理、陈毅副总理主持了纠正"左"倾思想、调整文艺政策的三个会议——"新桥会议""广州会议""大连会议"，努力为文艺工作者松绑，做了大量团结、肯定知识分子的工作。

爸爸对我们说过"广州会议"前后与陈毅在颐和园的巧遇。陈毅见到爸爸非常高兴，以平素的坦率热情，连称爸爸是"国宝"，说国家会好好保护，鼓励他大胆写作，多出好作品。在当时的环境下，陈毅的鼓励给爸爸紧张不安的心情很大的抚慰。"广州会议"让爸爸感到气氛的松动和希望，受到鼓舞和教育。

但不久后，这些会议被斥为"为右派翻案，攻击左派""打着'双百'方针的旗号，搞资产阶级自由化"。

周总理等一批领导干部的努力，未能阻止文艺界极左文艺思潮的泛滥。

过去一直被肯定的优秀革命题材作品被打为"反革命毒草"，创作人员遭受无妄之灾。

在不适、胆怯和恐惧中慎行

在文艺界的批判运动中，爸爸经历了从兴奋到苦闷到恐惧直至胆战心惊的过程。

爸爸痛恨旧社会，向往、热爱新中国，但是他这个人并不懂政治。在这方面，他无知幼稚，觉得自己只是一个小学生。他说过"我一向无思想"，大概指的是在政治上的低能。

爸爸从中学起接触了同学、同事中的地下党员，后来在社会上认识了更多的共产党人。上大学时，"接触过马克思主义的东西，知道马克思，但什么叫无产阶级，也不确切知道"；拿到《资本论》，读第一页，读不懂就放下了；读李大钊的《庶民的胜利》也不大懂；1947年参加过读书会小组，读《工资·价格·利润》，爸爸"抠不明白"。正如爸爸自己说，"我这个人，一沾上理论就头痛。"

吴祖光回忆，在剧专时爸爸与他"无话不谈"，曾说过"君子不党"，这话爸爸的确说过："旧社会嘛，国民党糟糕透了，君子真是不屑于党了。"

新中国成立后几十年，爸爸说，他没有研究过文艺理论，甚至怕读理论，望着密密麻麻的大块文章，脑子便要发木，有时似乎看懂了，过了一天，又把那些词句和思想全然忘记了。对文艺界的斗争，爸爸是否懂得了、懂多少，还真是个问题。

政治上的无知和自卑使他过分地否定自己，虔诚地轻信和服从。吴祖光说爸爸胆子很小，"太听话了"，这是实话。只要组织发话了，他便会尽力跟上，明白也好，不明白也好，他都遵从。在政治上，他不相信自己："不明白"的事，一定是自己错了。所以，即使不懂，他也要跟着走，他实在是怕"犯错误"。

爸爸尽力回避斗争，保自己；彷徨，恐惧，随大流，随风倒；重压之下，做了一些违心的，让自己痛苦、悔恨了后半辈子的事。

爸爸朋友很少，不喜欢社交，更不搞小圈子，所以"反革命集团"之类的事与他沾不上边。但斗争的范围越来越广，涉及的人越来越多，爸爸亲眼看到一个个同行、朋友在运动中被"揪"出来、"倒"下去，有的家庭遭受灭顶之灾，他精神上受到很大刺激。无形的阴影和压力让他喘不过气来，惶惶不可终日，担心不知什么时候斗争的对象会变成自己。

他十分恐惧，战战兢兢地过一道道关口。后来爸爸回忆说："总是搞运动，从批判《武训传》起，运动没有中断过。虽然，我没当上右派，但也是把我的心弄得都不敢跳动了。"（田本相《曹禺访谈录》序二2页）

有一天，他突然对黛黛说想到大学教书，看得出他很沉重。

"这件事我考虑很久了……"那个时候，黛黛和爸爸的思想相通。尽管黛黛只是个初中学生，爸爸常把黛黛当朋友看待。黛黛一听有点惊讶：爸爸那么喜欢写戏、喜欢舞台，怎么舍得离开？还没来得及想下去，爸爸又问："你说，好不好？"黛黛突然想起八九岁时一个早春的晚上，在南京听爸爸讲莎士比亚的生动场面，特别赞同，连声说："你当个大学教授多好呀！"黛黛觉得"大学教授"挺神圣的，没有深想爸爸到底为什么想离开。

接着，爸爸挺郑重地说："我想，北大，或者其他大学，都会要我的，我能做个好老师。"（经20世纪50年代初期的院系调整，清华大学已成理工院校，所以爸爸没有提到自己的母校）

爸爸说得很认真，黛黛想，可能是无尽的社会活动和各种头衔侵占了他的心血和精力，让他不胜其烦又摆脱不了，他太累了，想躲避离开，重返大学校园那个清静读书、做学问的地方。

爸爸沉默了，心事重重。黛黛似乎感觉到爸爸对当时地位的无奈，甚至是厌倦。尽管对大人的事、社会上的事不甚了然，黛黛想，爸爸心里一定是有"苦"。从这时开始，爸爸的"苦"走进黛黛的心里。

去大学教书，爸爸是经过深思熟虑的，是想认真办成的。以后他对黛黛说过多次。经过一件件事我们才知道，爸爸对文艺界残酷的、无休止的斗争已经承受不了了，从痛苦进而到恐惧，他想逃避，寻找与外界隔绝的世外桃源。

爸爸有话憋在心里，没处去说，没人能说，他好几次说："黛黛，我真希望你快快长大……我们可以讲很多话。"

中学时，也许是耳濡目染，黛黛曾经想过学文，平时对孩子很宽松、民主的爸爸出乎意料地表示坚决反对。黛黛凭直觉感到，爸爸主要说的不是学文的自身条件。他望着黛黛，叹了一口气，非常认真地说："写不出的苦你是不知道的，太苦，太苦了……" 他的话还没有说完就停下了。他几次重提这个话题，生怕黛黛走错了路。

中学毕业时，黛黛被保送留苏，必须选理工类。后来，由于中苏关系恶化，不再派留苏学生，黛黛在留苏预备部学完俄语后，选择了北京医学院医疗系，爸爸才不提这个他认为非常重要的话题。经过"文革"及反思文艺界的十七年，黛黛渐渐懂得了爸爸这个"苦"字的深意，父亲受过的苦，不愿意女儿再受。

在文艺界无休止的运动中，让我们惊异的是爸爸精神状态的变化。爸爸的神经衰弱是老毛病，这时他失眠越来越严重，有时几乎通宵不眠，白天精神恍惚。苦恼至极，他吃安眠药越来越多，渴望在睡眠中走出尘世，把一切暂时遗忘。

他挣扎在压力和苦闷之中，极度的恐惧让他出现了被害妄想和自残倾向。开始他怕黑，不敢一个人待在屋子里，什么都怕，总觉得有人在跟着他，有人要害他，有鬼魔阴影在他的周围。后来症状越来越重，有时竟想拿刀子砍自己，站在楼上想往下跳，有时眼前出现火海，要冲进去……

爸爸住进了协和医院，我们也生活在惶恐之中。初中的孩子哪里懂什么医学，爸爸的这些表现让黛黛害怕极了，担心会不会有一天爸爸没有了。凡是探视的日子，黛黛一放学就直奔医院，一边想着"这次还能看见爸爸吗"，一边飞跑进楼上的病房。看见爸爸表情沉重、呆滞，黛黛害怕、难过，反复问着："您怕什么？心里有什么事情想不开呀？为什么？爸爸！"爸爸无法回答，一个戴着红领巾、觉得到处都是光明的孩子，哪里懂得爸爸心里的苦。那时，有的老朋友（如黄佐临）了解他压力太大，都替他担心。

"文革"之后，我们才知道，在爸爸头衔无数、光环绕身的后面，是个多么苦闷的灵魂啊！

一半生命与北京人艺紧紧相连

"文革"前的十七年，爸爸只写了不到三部剧作，但是这段日子并没有虚度，从1952年起，他全力投身于一部戏剧的集体巨作——北京人民艺术剧院的创立和发展。为了这座艺术的殿堂、不倒的旗帜，爸爸付出了巨大的心血和努力，倾注了最深的感情，可以说这是他的心爱、他的骄傲，他苦闷中的快乐、安慰和精神支柱。

建院"四巨头" 爸爸像爱戏剧一样，爱北京人艺这个剧院。他说他"一半生命与这个剧院紧紧连在一起"。从这个意义上说，人艺就像一部大戏，爸爸就像写戏时那样，用自己满腔热血，与志同道合的伙伴、钟爱的朋友焦菊隐、赵起扬、欧阳山尊一起，带领全体员工，投入北京人艺这个集体中去，并一代代薪火相传。

北京人艺戏剧博物馆一进门挂着一幅油画——"四巨头"正聚精会神地讨论人艺建院蓝图。这个会议室爸爸曾带我们去过，我们见过他和焦菊隐、赵起扬、欧阳山尊三位伯伯倾心交谈的情景。1952年他们把自己对中国戏剧的理想全都寄托于人艺，想创建一个像莫斯科艺术剧院那样世界一流的中国自己的话剧院，建立具有中国气派又独具人艺风格的演剧学派。就是这个理想把来自不同领域、理念不尽相同的"四巨头"结合在一起，开始了团结一致、坚定不移的征程。

爸爸很喜欢赵起扬伯伯，他们在一起不只是党委书记和艺术家的工作关系，更像是朋友。我们曾经看见他们坐得很近讨论交谈，谈得特别投机、特别亲近。爸爸佩服、信任赵伯伯，说他是"北京人艺的丹钦科"（丹钦科与斯坦尼斯拉夫斯基同是莫斯科艺术剧院的创建人），作为人艺思想组织上的领头人，他"精明强干""有德行，有胸襟"，又是"真正的戏剧内行"。爸爸特别赞赏赵伯伯善于团结群众、统一群众意见的办事能力，说他常常休息时和演员们一起打牌、谈心，不经意中就把工作做了。遇到问题和指责时，爸爸说赵伯伯能耐下性子听取意见，说服群众，使人心服口服，把矛盾化解，是一个"顶得住"的人。爸爸深知赵伯伯举足轻重的工作作风，理解和支持他的工作，说"没有（赵伯伯）这样一个组织者，一个好剧院是办不成的"。爸爸与赵伯伯思想和艺术上相知相通，是默契的工作伙伴。这种真诚的合作和团结，是人艺领导班子的工作保证。

"没有焦菊隐，就没有北京人艺" 1952年建院起，人艺推行总导演制，焦菊隐伯伯担任总导演。

爸爸深知，对于一个刚创立的剧院，要达到"四巨头"制订的那样宏伟的目标，一个具备各种特质的艺术掌舵人是多么重要。在爸爸的心里，焦菊隐伯伯正是具备所有这些特质的人。

爸爸首先看重的是焦菊隐伯伯不但是"有大学问"的导演，而且是"真正了不起的"学者。焦伯伯酷爱读书，藏书极多，一间间屋里整整齐齐地码放着各种中外书籍，包括爸爸在内的许多人去请教他一些比较冷僻的问题，他总能给予令人满意的答复。爸爸佩服焦伯伯的博学多才和惊人的记忆力，时常称赞他"真是个问不倒、驳不倒的活百科全书"。

爸爸还赞美焦伯伯是学贯中西的大艺术家。焦伯伯年轻的时候正式学过京剧小生，担任过中华戏曲学校校长，寝馈于京剧艺术，是真正的戏曲行家。他曾留学法国巴黎，获得文学博士学位，精于法、英语，自学的俄语也达到能读原著的水平。焦伯伯主张"话剧和戏曲要互相借鉴"，把中西戏剧的精华融会贯通，满腔热情致力于话剧的民族化。

爸爸崇敬焦菊隐伯伯对艺术锲而不舍的钻研精神、献身精神，焦伯伯不拘一格，决不停留在已有的成就上，爸爸赞美他不断地探索、追求、创造，从不因袭自己，不抄走过的旧路，总在开拓新的天地。

对艺术执着、精益求精，焦伯伯身体力行，也以同样的标准要求演员。他严谨、缜密，甚至苛求，谁没有做好，他会发脾气，甚至发大脾气，有时近乎刻薄，以至得罪人。他是总导演，令人望而生畏，甚至生恨。

在一段时期的非议面前，爸爸深知焦伯伯独特的、不可替代的艺术风格和才能，没有一点含糊、坚决地说："没有焦菊隐，就没有北京人艺。"爸爸高度评价焦伯伯的作用，坚决支持总导演制，支持他在艺术上掌大权、把准舵。爸爸深知，像焦伯伯这样一个对话剧艺术充满理想和锲而不舍钻研精神的人，他的严苛正是对所有演员和艺术工作者的深情。在艺术实践中，爸爸深知焦伯伯对北京人艺的价值，他和焦伯伯心心相印，在总导演制及剧院艺术建设中，他是焦伯伯始终如一的支持者。

《茶馆》在舞台上的辉煌，证明了总导演焦菊隐在人艺地位的实至名归。

早在抗战时期，爸爸就和张骏祥畅谈过想建立一个与作家有密切联系的剧院的理想，十几年后这个理想在北京人艺实现了，老舍先生成为人艺最重要的编剧之一。《茶馆》的写作和演出，把老舍和焦菊隐这两位艺术巨匠联系在一起。焦伯伯为导演此戏殚精竭虑，施展出全部导演功力，成就了《茶馆》在舞台上的辉煌。

1957年爸爸初次倾听老舍先生朗读《茶馆》原本《秦氏三兄弟》时，第一时间就被第一幕的精彩震撼了。他这样回顾当时的心情："心怦怦然，几乎跳出来。我处在一种狂喜之中，这正是我一旦读到好作品时的心情。"他说，"写戏的人都知道，最难的是第一幕。《茶馆》的第一幕写到这样，是永传的文章！"（《老舍的话剧艺术》序）爸爸在这个基础上提出了创作的进一步建议。

焦伯伯为了渲染茶馆鼎盛时期红火、纷繁的场面，在第一幕一开场增加了二十多个茶客。第一幕场景恢宏，人物众多，要容纳的内容千头万绪，丰富深厚，如介绍背景、人物，为以后剧情做铺垫。老舍先生举重若轻，通过一个茶馆写出时代的变迁，可要把这一切展现在舞台上，给导演提出了非同一般的难题。焦伯伯为老舍先生整理剧本，对台词、动作、人物的心理进行了深入的钻研、再创造。

焦伯伯反复研究老舍先生这部巨著，思考如何在每个人物上下功夫，引领人艺卓越的演员如何一出场便演出个性、演出特色，在众多的人物中突出特点，使得形象鲜明，个个出彩，最后创造出高潮迭起、引人入胜的效果。连没有几句台词的松二爷（以演小角色著称的黄宗洛扮演）出场，也引得满场喝彩。

爸爸用深刻、生动的语言这样描写《茶馆》的舞台，赞誉焦伯伯的导演艺术：

"台上的人物，不像是在演，而使人感觉是在生活，在那些年代里闯荡、挣扎、作孽、腐烂下去。"（《曹禺全集》六卷）四十分钟的戏，把戊戌政变后整个中国的形象展现在观众面前。《茶馆》第一幕经焦伯伯之手成为全剧最光鲜璀璨、最生动出彩的一幕，成为戏剧经典。

对焦伯伯从剧作脚本到舞台呈现的再创造，爸爸不吝溢美之词，说焦菊隐伯伯"像一位卓越的书法家，有穿透纸背的笔力的功夫"，"在舞台上纵横挥洒，创造出既符合作家的意图，又丰富作家想象的意境"。

爸爸和赵起扬、欧阳山尊伯伯对焦伯伯理解、支持，保证了人艺艺术核心的稳定和发展，焦伯伯的才能得以充分发挥，这种稳定和团结对北京人艺的发展极其重要。

爸爸深知焦伯伯对北京人艺的价值，说："他创造了富有诗情画意、洋溢着中华民族情调的话剧"，"他是北京人艺风格的探索者，也是创造者"，"对北京人艺演剧学派的创立，作出了卓越的贡献"。（《曹禺全集》六卷）

爸爸认为焦伯伯的艺术风格和才能是独特的、不可替代的，北京人艺近半个世纪以及以后的岁月受益于此。爸爸在一些会议和文章里对焦伯伯贡献的深远、前瞻性的预言，被半个多世纪北京人艺的历史证实。

倡导为戏剧献身、读书、学习　爸爸把对戏剧事业的挚爱、对理想的中国话剧院的追求倾注在人艺的创建中，数十年如一日，付出了全部心血。人艺的事，他总是排在前头，从不怠慢，不论何时何地，他的心里总是装着人艺、想着人艺。

我们常看见爸爸在家中准备好各种讲话、意见和资料匆匆出门，去参与人艺的会议、活动，与各个部门的艺术家和员工交往谈话，有时人艺的干部、演员、导演到家里来与爸爸讨论工作。爸爸在人艺各级会议、剧组建组、排练演出以及演员培训班等活动中，经常发表有关艺术创造的谈话，从如何选择、认定一个好剧本，一直谈到如何写戏、演戏，谈他的创作经验、艺术体会，对艺术规律、精髓的探知与领悟。爸爸谈得最多的是关于艺术的完美和真知。追求完美和真知，是爸爸终生坚持的艺术标准和创作特点，他要把这一精髓传给自己心爱的剧院。

爸爸在人艺工作，有一点要特别提及，就是他对演员敬业精神和读书学习风气的倡导。

爸爸酷爱戏剧艺术，多次在剧院的讲话中强调"要办出高水平的剧院""重要的是艺术家们对戏剧艺术的痴迷热爱，对戏剧艺术锲而不舍、精益求精""终生为戏剧艺术效命"的高尚的艺术精神。因而，他特别赞赏那些"既有德行又有才能的好演员"，曾多次向我们流露对他们的喜爱。

记得一次《雷雨》演出之前，爸爸带我们到后台看望演员。一进门，我们就被那儿的气氛镇住了，整个后台静悄悄的，没有一点声音，演员们都在"进入角色"。看见爸爸，大家只与他点点头或简单寒暄。这时，扮演周朴园的郑榕从化妆室出来，他完全沉浸在角色中，一言不发，旁若无人地迎面走过，根本没有理睬身边的爸爸。爸爸不但没有生气，反而以称赞的口气低声对我们说："不论谁来，这个时候，他都这个劲儿，凡人不理。"爸爸真的为有这样优秀的艺术家、为有这样敬业严谨的创作态度而感到骄傲。

在电视上看北京人艺宋丹丹演的小品，常常让爸爸开怀大笑，说她演得好，能让人自然地笑出来是个真功夫。爸爸说过，"我认为悲剧是比较好演的……把一个喜剧演成一部高尚、含蓄、有内容、使人可以会心微笑的戏，是非常难的。"爸爸夸奖宋丹丹，一个年轻漂亮的女演员愿意扮成又丑又土的老太婆，把大家逗乐，给观众带来快乐，为了艺术不怕把自己变丑，"真难得"。爸爸赞扬这种为艺术"豁得出去"的献身精神。看宋丹丹演小品我们快活，我们大笑，想起她在电视剧《寻找回来的世界》中那个豆蔻年华的美丽形象，心中涌起莫名的感动和敬意。

早在20世纪50年代中期爸爸就明确提出"人艺的演员应该是学者型的演员"。在人艺的建设中，爸爸特别倡导演员读书学习，提高艺术修养，养成钻研艺术的学习氛围；强调学习读书与艺术家的认知力、判断力和创造力之间的密切关系。他指出，作品，尤其是好作品看多了，才可能眼界高，而只有眼界高，手才能高起来，才会去追求艺术的高标准和高境界。

爸爸爱才，敬佩有学问的人，更爱德才兼备的人。我们多次听到爸爸称赞于是之，说他为人忠厚、品德高尚，既有艺术才华，又酷爱读书，非常敬业，钻研角色特别用功，夸奖他是真正的学者型演员。

1959年老舍看完《茶馆》演出后，有感于于是之苦苦钻研、全身心投入的精湛表演，当即写下："努力如是之者，成功其庶几乎？"于是之六十寿辰的时候，爸爸这样赞美他："往复追寻，渐悟妙境。思虑通审，志气和平。风规自远，才见天心。求艺无垠，可胜言哉！"于是之就是这样一个有天心、风规、潜心追求艺术妙境的人。

于是之不喜欢"表演艺术家"等头衔，说自己只是一个演员。《茶馆》演出后，一位观众拿着几本有关人艺的书请于是之签名，于是之腿脚不便，就跪在台上一本一本地签，看到《于是之论表演艺术》一书时，他在签名之上写下"请指正"三个字。这种谦虚朴实、虚怀若谷的美德，让这位观众敬仰不已。编剧郭启宏以"一秉至公，光明磊落，大节不夺，襟怀坦荡，雅量高致，谦虚谨慎"来概括于是之的人品，最后由衷呼出："好人是之！"

人艺的艺术家们在话剧处于"低迷"状态时，不为金钱名利所动，甘于清贫，坚守阵地。濮存昕曾出演电视剧，声名鹊起，深得观众喜爱，但很快他便不再涉足影视，在话剧不景气的时候，潜心于舞台，苦苦钻研，创造了"李白"等一个又一个熠熠生辉的艺术形象，他谦虚平实，干干净净，从无绯闻，受到人们的称赞。大家都开玩笑：也不看看他老子是谁（濮存昕的父亲是人艺老艺术家苏民）。圈内人对他们父子都是赞赏有加的。人艺精神确实后继有人。

在一代代人艺演员的心里，"戏比天高"，为演好角色，读书、体验生活、写角色自传等，步步下苦功夫，不走捷径。他们把演出看得很重，总是提前到后台酝酿感情，做好准备（据说，梁冠华演《茶馆》中的王利发时，中午就到达化妆室）。他们很少接广告，也不喜欢到处留名。有人问何冰为什么总是拒绝广告商的邀请，他的回答很简单："我只想演好戏。"

人艺艺术家们读书成风，勤奋学习，向写作、绘画、书法、昆曲、京剧等多方面开拓，提高文化艺术水平，有的人（如郑天炜）写出剧作能上演，有的人（如蓝天野）开了个人书法、绘画展；为了演《蔡文姬》，朱琳勤学苦练昆曲，在台上不用假唱，自己演唱《胡笳十八拍》，得到满堂喝彩，以后还登台演过昆曲。在人艺，有的人唱京剧能达到专业水平，会表演曲艺的人更是不少。

他们在舞台上站得住、有魅力，越老越有光彩，一直演到八九十岁，如林连昆、朱旭就是这样"壮心不已"的老艺术家；有的大器晚成，演技炉火纯青，暮年获得艺术大奖，如金雅琴古稀之年在东京获得金奖。这些可敬的艺术家们走在老百姓中，看不出是"大腕"，他们脚踏实地，不浮躁，不张扬，以学无止境的精神努力做"学者型演员"，为艺术献身，为观众奉献佳作。

观众是圣人　爸爸写戏、演戏是为了观众，观众在他的心里是至高无上的。1939年8—9月《原野》在昆明演出，戏票一抢而空，九天每天两场，仍场场爆满，一票难求。一次，观众为购票与检票人员发生口角，检票人员打了观众。爸爸知道后，马上赶去调解，他含着泪水向观众赔礼道歉，并立即解决了座位问题。

在北京人艺的艺术建设中，爸爸心里时刻想着观众。他在20世纪30年代就说过"要让观众心甘情愿掏钱买票走进剧院里来"，又说"问题是看我们自己能不能拿出好的东西来"。

为了拿出"好东西"，爸爸一心关注舞台。担任北京人民艺术剧院院长的时候，只要晚上没有事，他就到首都剧场去查看演出情况，一部戏他不知看了多少遍。这是他喜欢做的事，从不嫌烦，有时也带我们去。

黛黛最怕爸爸进导演间（在剧场最后，是一个有隔音玻璃的小屋），因为在那里看戏不痛快。可爸爸喜欢那里，进去就不愿意出来，他总是兴致勃勃地盯着舞台上的一举一动，"挑毛病"，任何演出的细节都不放过。他和导演不时交谈、讨论，有时通过话筒向后台传递需要马上纠正的问题，有时又在小本子上写点什么。

他常常走到首都剧场最后一排的后面，体验在这里台词是否听得清、表演看得好不好；有时坐在观众席，有时走到边幕旁或侧面灯光下面，从不同角度检验戏演得好不好、观众能否看清楚、看得满意不满意；演出结束后，到后台向剧组谈意见。他实地把握人艺艺术创作大局，要求每一次演出不重复、一次比一次完美。

他说："观众是圣人。一个剧作家总要懂得舞台的限制，我觉得剧作家最大的限制是观众。"

他进一步说明，"要从观众中去学习技巧"，研究他们为什么哭、为什么笑，为什么鼓掌、为什么鸦雀无声。总之，"写戏的人要时刻想着观众"。爸爸特别重视观众对舞台上表演的情绪反应，任何细微反应也不放过。

爸爸把观众看作是剧作的裁判、审查官。时代不同了，旧作重演时，他常担心观众能不能通过。1954年夏《雷雨》发表二十年，在首都剧场举行新中国成立后首次公演，获得极大成功，有的观众带着铺盖卷连夜排队买票。

这次演出的火爆场面并没有减轻爸爸的担忧。20世纪70年代《雷雨》由年青演员挑大梁再次上演，彩排时，爸爸特地让黛黛请一些医院的同事来看，看戏之后，爸爸非常认真地向女儿发出了一连串问题："这些大夫、护士看不看得下去？喜不喜欢？……"黛黛说，他们看得聚精会神，有兴趣着呢，有的说"我怕落下点什么，连粗气都不敢出"，有的说意思很深要好好想想，有的还掉眼泪了……黛黛把听到的反映一点不落地告诉爸爸，爸爸听得很专心，脸终于舒展开了，看得出，这不是得意，而是放心，能得到现在观众的认可，爸爸心里的担忧放下了。黛黛想到年轻演员龚丽君在台上的惊艳表演，最后加了一句，龚丽君的小繁漪太可爱了。听了这话，爸爸笑了。

几年后黛黛又看了一次《雷雨》，爸爸听说周围的观众是二十几岁的小年轻，马上来了兴致，一再打听这些现代青年的反应。黛黛说，他们看得挺用心，反应还挺强烈，有哭，有笑，有叹气。爸爸想知道他们心里怎么想的，黛黛说这可真不知道了，让爸爸有点失望。

大约在20世纪90年代，昭昭的儿子唐迎告诉爸爸，郑榕到北京经济学院开了戏剧讲座，很受学生欢迎。这事一下提起了爸爸的兴趣。学生问郑榕，你演过那么多戏，最喜欢、最满意的角色是什么，郑榕不假思索地回答：周朴园。爸爸听到眼睛一亮，马上转过身来，面向唐迎问："他们还知道周朴园？"唐迎回答："当然知道。《雷雨》上过中学语文课本，很多学生看过《雷雨》演出，读过剧本，怎么不知道？"接着的问答是："爱看吗？""当然爱看。"爸爸还是有点不相信，加重语气又问了一次："真的喜欢吗？""当然是真喜欢！"

爸爸一辈子想得最多的就是"拿出好的东西来给观众"，为了观众要多写好作品，北京人艺要多演好戏。

巴金伯伯说爸爸有"心灵中的宝贝"，是啊，这些用心血凝聚成的艺术经验，正是他心灵中的宝贝。为了观众，爸爸把他的宝贝——肚子里的真东西、对艺术的真知灼见，毫无保留地献给了人艺。

爸爸在北京人艺这个天地里"翻滚"了四十四年，他是多么爱北京人艺啊！蓝天野的一篇回忆说爸爸曾恳请人艺的每一个成员在纪念册上为他留下几笔。爸爸从演员、导演、舞美到后台、剧场、票房的每位工作人员，从办公室、总务科到食堂、司机班、锅炉房的每位朋友，都一一点名，再三叮嘱"所有同志们""一位也不要漏""都不可不请"，为他写几个字，他说"我想在我更老时，能够看见北京人艺的老朋友们的笔迹"。我们完全能体会爸爸当时的感情，他是多么依恋北京人艺啊，他老了，不能工作了，但是他爱戏剧、爱人艺的心仍在怦怦跳动。在空寂和苦闷中，他是多么思念他心爱的但是已经远离他的沸腾的戏剧生活啊，是多么思念与他共同工作几十年的朋友啊！对于酷爱写作但后半生几乎没有写出什么好作品的爸爸来说，人艺的工作在他心中的地位和分量尤其贵重，人艺的每位朋友都更为亲近、可爱了。因为他说过，人艺"是和我的生命相连在一起的"，"我是永远怀着敬重，抱着深深的情感想念你们的啊"。

正当爸爸与北京人艺的全体成员全心全意努力工作的时候，1966年6月初，"文化大革命"将爸爸心中的圣殿连同他自己击倒、崩塌了！

7

十年磨砺

1966年上半年，一批重要文件和社论相继颁布和发表。1966年6月初，"文化大革命"爆发了。

当时，爸爸正在参加亚非作家北京紧急会议，7月陪同代表在外地参观。回到北京，看到贴到家门口（铁狮子胡同，中央戏剧学院宿舍，张自忠路3号）"打倒反动学术权威曹禺"的标语，爸爸才突然感到大风暴的来临，没有一点准备，他被迫离开了一生挚爱的戏剧，失去了工作，甚至被剥夺了做人的尊严和权利。

爸爸被打蒙了

1966年冬天的晚上，电话铃响了，爸爸战战兢兢地拿起话筒，震动耳鼓膜的吼声传来："叫曹禺过来接电话！""曹禺，你好好听着，你要是放下电话，就砸烂你的狗头！"接着是天津口音不停的粗野谩骂。爸爸拿着话筒，整整站了一个小时，不敢吭一声。连续数晚，电话准来，爸爸不敢不接，怕触犯那些无法无天的人或"鬼"，引来更大的灾难。爸爸呆呆地站着，听着肆无忌惮的训斥、恶骂和一群人得意的狂笑。爸爸第一次发现，不论是谁都可以任意侮辱他的人格和尊严,从中取乐。

不久,12月4日寒冷的深夜,一群红卫兵(后得知是包括中央戏剧学院在内的四大艺术院校的造反派)把爸爸从床上拖起来,塞进汽车,押进一间黑黢黢的大屋子(据说是中央乐团排练厅),给他发了一床毯子,勒令他和其他被抓来的四个"大人物"一样靠墙根躺下,不准互相看,更不准说话,在那里过了一夜。第二天早晨睁眼一看,爸爸真是吓坏了,心想"这次肯定完了"。

第二天一早两个小妹妹万方、万欢到医院找黛黛,她们哭着说不知道爸爸被抓到哪里了。看着尚未成年的小妹妹,黛黛的眼泪夺眶而出。姐妹仨在医院食堂吃了午饭,心才渐渐稳定下来,决定由黛黛和昭昭赶紧写信报告,将信件递到中南海北门。

由于周恩来总理的过问,爸爸很快被放回来了。他像变了一个人,表情木然,眼神呆滞,不说话。恐吓的电话和深夜的绑架,像两根大棒把爸爸打蒙了,他惊恐不安,怎么一下子变了。他整天拉上窗帘,把自己关在黑暗的小书房里。

接着,造反派冲进来抄了家。爸爸不敢迈出大门,怕被人认出,当街揪斗;他连理发店都不敢去,怕人问他是什么出身。

我们陪他聊天,安慰他,终于在一个晚上他同意出去看看。我们一起到附近看大字报,他没看多久便承受不住,要求回家。爸爸难得出来一趟,我们坚持要请他在胡同里的小铺吃馄饨,吃完,爸爸好像轻松了一些,说这是他有生以来吃过的"最好吃的馄饨"。1993年10月2日他给黛黛的信中,对这碗馄饨仍记忆犹新:"我思念过去。时常忆念你和昭昭来看我的情形,在那痛苦的'文化大革命'时期,我在铁狮子胡同躲着,你们姐妹俩来看我,硬拉我出门,看大字报,冬天的夜晚,走了半条街我就不想走了,在一个馄饨铺里,你们请我吃一碗热馄饨,还喝了一杯啤酒,那是最美的一顿饭。你们的笑声和高兴的神气,我记得清清楚楚。"

在造反派的喝令下,爸爸回到北京人艺。大字报、大标语门神般贴在首都剧场门口,院里的大字报更是铺天盖地,贴满三楼大排演厅,密密实实,一点缝隙都没有。爸爸看到自己的名字被打上大大的红叉。这不是旧时的"斩首"吗?爸爸出了一身冷汗。回到家里,一墙之隔的人民大学院里院外不绝于耳的人声、口号声,让他二十四小时心惊肉跳。

身处"牛棚"

以后的日子越来越难熬,他才知道:"过着人的生活"是件多么好的事。他说:"我羡慕街道上随意走路的人、一字不识的人、没有一点文化的人,他们真幸福,他们仍然能过着人的生活,没有被辱骂、被抄家、被夺去做人应有的自由和权利。"

新中国成立以前,爸爸对底层的人充满同情,为社会的不平愤懑呐喊,这时他自己体验了什么是最底层的生活、什么叫没有做人的权利。

爸爸非常自尊、自爱又十分敏感,脸皮很薄。大庭广众之下,造反派用肮脏的语言任意辱骂他,一个个莫须有的罪名强加在他身上,一浪超过一浪的吼声,只许回答"是",不许回答"不"。爸爸有生以来从未这样被羞辱,他像全身被剥得精光,赤条条地展示于人,没有半点做人的尊严,痛楚无比。

"文革"中,爸爸被街上的孩子用乱石砸、被外调的人抽打、被关进"牛棚"、被造反派通宵审讯。

起初一段时间,爸爸被单独关进首都剧场一间四壁无窗的小浴室里。渴的时候,他只能侧仰着脖子接着喝从水龙头里流出的凉水。方瑞阿姨每次探视,一是带大蒜,因为爸爸平时就常拉肚子,喝了浴室的凉水,拉得更厉害了;二是带理发工具,爸爸独居小小的囚室,头发、胡子也长得像囚犯了。

后来,爸爸和其他人被关进一间破旧、终日不见阳光的仓库,睡在一层潮湿的稻草上,每天只能放风十分钟。

不分昼夜的批斗,轮番逼供,接受全国各地接踵而至的外调,交代不完的"罪行",写不完的检查、外调材料,爸爸"如实地写出来"、说出来,造反派就骂"不老实""反动",逼他,打他。一个来外调的小红卫兵审问爸爸,让爸爸解释"为什么只有共产党才是铁打的江山",爸爸说是很巩固的意思,这个小造反派大骂爸爸"反动",居然整整折磨了他一个下午。后来爸爸回忆:"那个年月,连小孩子也像着了魔似的。"

一个造反派工人专喜欢在晚上整治爸爸。每每在爸爸吃过安眠药刚刚入睡的时候，把他从被窝里揪出来，滔滔不绝地训话。爸爸站不住，向墙边靠，这个造反派拍桌子大喊："曹禺，你还敢不老实！"臭骂乱吼，反反复复，一直搞到天亮，整得爸爸心力交瘁，濒临崩溃。这些人由着性子在爸爸身上"踏上一只脚"，任意摧残他年老体衰的肉体，蹂躏他已十分脆弱的神经。

爸爸度日如年。"四面是乌黑的海，黑浪滚荡着，时而飘浮起几个没有眼睛、没有面目的人头，发出声声惨叫……这大约是梦，我惊醒了。"（万方《灵魂的石头》）此时，爸爸产生错觉、精神混乱，对黑暗的现实和恐怖的噩梦已经分不清了。

那个年代，爸爸说自己是一条被人任意宰割的"虫"。他回忆："那些人你说是人也好，是鬼也好，是神也好，反正我惹不起。我就是孙子，也不是孙子，就是一条虫，随你们怎么碾。"（万方《灵魂的石头》）四周太黑暗，爸爸没有力量冲出一条路，觉得一切都完了。

造反派逼迫爸爸承认他们罗列的"罪行"，交代反党反革命的思想和活动。

爸爸写材料痛苦，写不出造反派想要得到的，更使他备受凌辱。他日夜煎熬，赶写的检查一次次被造反派以"认识不深刻""上纲上线不够"的理由驳回。爸爸还要应付从各地赶来的造反派，写了不知多少份外调材料。爸爸知道，他写出的一字一句都是"人命关天"的事，不愿自己过关而说假话伤及无辜，结果造反派大为恼火，审问、施压，不断加码。

爸爸回忆，"他们成天逼你念叨着，我是反动文人、反动学术权威……"他们要爸爸每天站在毛主席像前，一遍遍说"我有罪，我是罪人"，然后重复造反派强扣在他头上一顶顶帽子。但"反共"这项帽子爸爸始终拒绝承认。

爸爸原本就是一个容易怀疑自己、否定自己的人，在惊恐和高压下，他对自己的信心动摇了，对肯定的事实模糊了。后来爸爸回忆那个年代：当时觉得"我犯了罪，我说不清是什么罪，我却诚心诚意服了罪"。

爸爸常常发呆，原来灵动、丰富的灵魂消亡了，扭曲了。早已戒烟的爸爸又抽起烟来，而且抽得很凶。那是很次的烟，9分钱一盒的白盒烟。那时爸爸只有很少一点的生活费，他觉得自己不配要钱。一次吃饭时，爸爸拿起家人剥下的白薯皮就吃，这个怪异的动作让爸爸自己都怀疑"我也许是疯了"。爸爸无路可走，几次想到死，在空荡荡的屋里，他跪下求方瑞阿姨："你帮助我死了吧！用电电死我吧！"

在那段岁月中，他靠吃安眠药麻醉自己，求得暂时的解脱和宁静，靠它维持生息。爸爸越吃越多，有时达到失控的程度，"小药"（这是爸爸对安眠药的"爱称"）成了爸爸的"救命药"。从安定、水合氯醛到安眠酮，最重的安眠药如速可眠，他都用遍了。有时数都不数，抓起一撮安眠药就放到嘴里，清醒过来又接着吃。爸爸就怕睡不着觉，吃饭前先吃安眠药，饭没吃完便鼾声大作，一下子滑到饭桌下，家人只得把他抬上床。安眠药损伤了他的平衡能力，让他失去痛觉反应，摔倒、烫伤都发生过。一次，屋子里太冷，爸爸把暖水袋放进被窝取暖，第二天起床，脚上烫出了大水泡……

种种意外情况发生了，总是一个电话把住在远处的女儿兼医生黛黛叫来。经常，黛黛在北大医院值夜班回家，刚要躺下睡觉，院子里就来了传呼电话："万黛，你爸爸电话！"黛黛二话不说，立即穿上衣服赶过去。

一次，二女婿唐彦林陪爸爸到澡堂洗澡，刚入池，安眠药起作用了，爸爸一下滑进水里，几乎没了顶，幸被二女婿一把拖住。可爸爸越睡越沉，二女婿只得打电话叫来大女婿刘小达，两人连背带扛，艰难地把昏睡中的爸爸送回家。一次次意外让家人十分担忧，希望爸爸少用药，但这是爸爸最忌讳、最反感的话题。平时十分谦和的爸爸，一听家人说这个便上火，甚至怒气冲冲地举起拐杖要打人，像变了个人。

医生开的药到爸爸的手里，很快就被吃完，爸爸苦苦等着的就是药。那段时间，爸爸住的"牛棚"在灯市口北京人艺舞台美术工厂的仓库，黛黛定期去看他。他总穿着同样的破旧制服、一双球鞋，脖子上围着白毛巾，手上拿着扫帚或铁锹，脸上没有表情。

当他从黛黛手里接过药的时候，好像松了一口气，说："我不能没有它，你下次一定要给我再拿来，准时来啊！"他盼着、等着的就是这个"救命药"。黛黛十分矛盾，安眠药有副作用，易成瘾，造成重要脏器损害，过量甚至可致死亡，她的心里太清楚了，但爸爸忍受着屈辱和苦难，药是当时爸爸唯一的安慰和寄托。黛黛真是进退两难，眼泪在眼眶里转。后来，爸爸药量用得太大，医院难以弄到，只得请亲友帮忙。一个在书店工作的年轻朋友和在广州的亲家都曾设法给他买安眠药。

爸爸说话越来越少，总是呆滞的样子，好像思维也停止了。爸爸的身体很快衰老，高血压、冠心病、肾病急剧加重，1968年爸爸住进了医院。

1969年起，爸爸在南口农场劳动改造，1970年以后一度转到大兴县团河农场。

1972年回北京一段时间，被分配到首都剧场传达室看门，爸爸的心里燃起希望：做个普通人。他不止一次对我们说："有一天，我有资格做个革命群众，该多好！"他下决心放弃以前的一切，过完全不一样的生活，从此摆脱痛苦，做个不受凌辱、不任人摆布的"自由人"，做个有做人权利的普通人。

人艺演员李滨告诉爸爸，她的哥哥、中央乐团指挥李德伦重拾旧日爱好，修理起自行车，准备将来以此为生。爸爸听了羡慕极了，他想靠劳动养活自己，但又为自己没有李德伦的手艺而焦急。

爸爸干起活来笨手笨脚，但相当努力。在传达室看门，他认真负责地分发报纸、收发信件，为来访者办理登记手续，还打扫楼前的院子。面对来来往往的同事、观众和好奇的人，爸爸很坦然，不觉难堪。

记得那时他左额头长了个很大的脂肪瘤，但他怕到医院惹麻烦，大女婿外科医生刘小达买来简单的医疗器械，在家给他做了手术。术后头几天，爸爸额头和眼睛周围一片青紫、肿胀，我们劝他在家休息几天，他不同意，第二天就去传达室上班了。从"牛棚"到传达室，爸爸很知足，哪有不认真做事的道理。

后来，爸爸被调到史家胡同56号传达室，为宿舍楼的职工传呼电话、清理垃圾道、倒垃圾。秋天了，他穿着一件破背心忙前忙后，满头大汗。接到呼人的电话，他马上拿起铁皮喇叭筒跑到院子，向着宿舍楼大声呼喊，一天不知要喊多少次。

感觉生命随时可能走到尽头

1974年，爸爸从农场回到北京。家里冷清得很，在那段岁月中，陪着爸爸备受折磨、踩躏的方瑞阿姨身体越来越坏，精神已难以支持。白天，她和爸爸两人整天并排坐在小茶几旁的两个破沙发上相对无言，屋里没有一点生息。我们过去时，方瑞阿姨呆呆的，有时拿木棍敲打疼痛的手臂，总爱口齿不清地说一句话："唐彦林，你说方子（指万方）将来能当专家吗？"唐彦林安慰她说："能，一定能！"到晚上，她就靠安眠药度过长夜。

那年7月13日夜晚，方瑞阿姨在家去世了，床上散落着安眠药片。悲痛欲绝的爸爸瘫倒了，他说不出话，更不知道该做什么。

在城里上班的大女婿刘小达首先赶到，他把方瑞阿姨的遗体抱上汽车送到北大医院太平间。次日，单位把黛黛从远郊密云医疗队接回来，昭昭也由单位通讯员用摩托车从郊区农村送回北京。接着，万方从沈阳回来，万欢最后从山东赶回来。

遗体告别那一天，黛黛亲自到北医太平间把方瑞阿姨护送出来，和昭昭一起随灵车同行，方子、欢子等其他家人也乘车到达火化馆。方瑞阿姨的化妆程序由唐彦林在场负责照看。最后的告别仪式是黛黛、昭昭、小达、彦林，还有邓家的一位老人家以及史群吉叔叔等朋友绕遗体一周做最后告别。

在岁月中苦熬了八年的爸爸已身心耗竭，难以承受这样沉重的打击。陪伴和鼓励自己走过最艰难、最凶险日子的人走了，以后，他一个人怎么过？在空荡荡的屋子里，爸爸眼前一片空白，眼泪已经流干了，目光呆滞，脸上没有表情。这是一段凄惨、前面看不到光明的生活。爸爸精神十分脆弱，感觉生命随时可能走到尽头。

黛黛帮助处理完方瑞阿姨的丧事，一周后即赶回密云医疗队。她走后，爸爸留下一张便条：

小达：

如我有急病，请打552071（史家胡同宿舍）急找戴兰芬或孟运述二同志，找史群吉同志开车到朝阳医院。先要请戴、孟二同志电卫生局，托他们找个房间抢救。当然，这如果是危险的话，就这样办。

另外，还可以打革委会办公室电话550091，也许有人当夜班。最好，先找552071找戴、孟二同志。

我已吃了点安眠药镇静一下，如睡着了，你也检查血压与期前收缩每分钟跳多少下。以不送医院为上策。总之，你决定吧。我现在比以前好一些，你今天一定陪我一夜。看样子不会危险。

爸爸 即刻

小达陪伴爸爸度过了这难熬的一夜。后来，爸爸的身心仍极度衰弱，小达又去陪了爸爸一宿。

为了帮助爸爸度过方瑞阿姨去世后的艰难日子，昭昭和丈夫干脆搬到爸爸那儿陪住了一个多月。那时的当务之急是让爸爸转移注意力，把情绪缓和下来，二女婿唐彦林专门陪爸爸聊天，昭昭负责做饭做家务。翁婿二人也并排在小茶几两旁的破沙发上，一坐就是一天。刚开始爸爸一言不发，就靠唐彦林一个人"聊"。这个"聊天"任务还是挺艰巨的。幸亏唐彦林平日有"训练"，在他工作的北影，哥们儿都挺能"聊"、挺爱"聊"。这时，他就把之前的人和事，包括"陈谷子烂芝麻"都拿出来讲给爸爸听。半个月过去了，爸爸开始张口了，听到"难得"的事，爸爸会插一句："天下之大，无奇不有"；听到"蹊跷"的事，爸爸又会蹦出一句："奇怪，奇怪，真奇怪"。渐渐地，爸爸的情绪放松下来，昭昭给他放肖邦的钢琴曲。夜曲、波罗奈兹舞曲是他的最爱，但听得最多的是《升c小调即兴幻想曲》。最后，爸爸也给唐彦林讲点陈年旧事。给爸爸做饭比较简单，他不挑吃。我们记得，他爱吃昭昭做的青椒炒肉丝、唐彦林做的"唐氏炒面"。

爸爸的心情还是难以平复，1974年12月30日在给黛黛的信中写道："昨晚间小达提到你的梦，不知为什么，我也很难过。夜半兴起，就想给你写信，一则爸爸无论如何不会过早死去，要多活几年为党再做点工作，更怕使你们失了父亲，你们是我的四个好女儿，真是一个我也舍不得离开。"

一年之后，爸爸的心情仍难以平复。他在1975年7月12日的信中写道："7月13日是方瑞阿姨的周年忌日，我已叫了小车。明日到她骨灰堂去哀悼一次。想起来真没意思，她死去又过一年了！我不准备到不老屯，但或剧团是要去的。如他们有病，你一定去看。想起方瑞阿姨丧事，真得感谢你，真正忙了一星期，而爸爸那时简直不知身在何处。如今又是一年了！唉！"

二表哥徐思萱（我们习惯叫他"二哥"）为西安歌舞团筹备创作反映巴黎公社的舞剧来北京。他们一行三人到家里看爸爸，敲门没有回应，便小心地推开门。十几平方米陈旧的屋子空荡荡的，窄窄的单人床，床头有个木台，两张凳子，屋子中间一个蜂窝煤炉微火燃烧着，爸爸静静地仰卧在床上，双目闭合，白棉被覆盖着全身。

一股燃烧不全的煤气味扑面而来，二哥抬头一看，窗户只留下2厘米的缝隙，急忙推开窗户。爸爸依然没有反应。二哥俯身到耳边轻唤，爸爸的眼睑微微动了一下，二哥再次呼唤："曹大伯，我是思萱。"爸爸猛地睁开眼睛，伸出双臂，一把抓住二哥，喃喃自语："真是思萱，真是思萱！"爸爸执意要起身下床，手脚哆哆嗦嗦抓起外裤想穿，裤子却滑落到地上。二哥急忙上前帮忙，爸爸苦笑着对大家说："真不好意思，真不好意思！"

爸爸明白他们的来意后，连说："好事，好事！"提起他曾想写巴黎公社的话剧以及芭蕾舞团搞过巴黎公社舞剧的往事，决定把二哥他们介绍给芭蕾舞团编导蒋祖慧。爸爸立即写便笺给剧团办公室，托他们与蒋祖慧联系。

这次意外的访问让二哥感到震惊和凄凉，说此时的爸爸，已结束了"看管"，但有的只是愁苦与悲凉的"自由"。

痛悼周总理

1976年4月5日，天安门广场悼念周总理的花圈和挽联铺天盖地，我们一有空就往天安门跑。

之后的一天，我们和唐彦林陪着爸爸到天坛公园，分享难得的舒畅，痛痛快快地说说话。虽是春天，但仍寒气逼人，走进公园，爸爸深深吸了一口气，连说："空气真好！"的确，他已经很久没有呼吸到自由的空气了。

那天爸爸穿得暖暖和和，精神不错，不要人搀扶。我们和他坐在公园的长椅上畅快地聊了两个小时。我们把在天安门广场看到、听到的，向爸爸详细地讲述，把抄在小本上充满反抗激情的诗歌念给他听，把憋在心里的话都说出来。这是爸爸难得的舒心时刻。春天的太阳照着，爸爸笑了，有时开怀大笑，这笑声我们已经很久没听到了。

但是，晚上回家路过北京师范大学，听见校园大喇叭传出把这次纪念活动定性为"反革命政治事件"，我们的心又紧缩到一起，爸爸白天的舒畅转眼即逝。

1976年真是灾难的一年。1月8日清晨，总理逝世的消息从广播里传出的那个时刻，爸爸悲痛欲绝。我们赶去张自忠路看他，卧室被厚厚的窗帘遮挡着，床前灯光灰暗，卧病在床的爸爸勉强地撑起半个身子，只说了一句话："让我替他死吧！"

8

"文革"后的反思 天才未尽

1976年10月6日凌晨,二女婿唐彦林从好友那儿听到了振奋人心的特大喜讯:"'四人帮'被老帅们抓起来了!"这位好友还特别加上一句:"这是我哥们儿半夜特地打电话来说的,消息绝对没错!"兴奋的唐彦林马上蹬车进城,从张自忠路到东城再到西城,绕城一周,火速快报双方父母家人。回来后昭昭问:"我爸高兴极了吧?"唐彦林的回答让人愕然:"他没什么反应,好像稀里糊涂。"

当天小妹欢子回家很晚,径直走到爸爸床前说:"爸爸,咱们有救啦!"接着又说了粉碎"四人帮"的消息。那个夜晚爸爸久久地在街上踟蹰,陡然的变化和对比使他难以适应,仿佛仍在黑暗中:"我不信,不敢信。怕,怕不是真的……忽然感到难以支持,我觉得我的心脏的承受力已经到了极限!……那种深重的绝望,把人箍得有多么紧!"

又好像黑暗中突现光亮,他不敢睁开眼睛,怕光明仍是幻影。直到第三次听到"关着门,压低了声音"的同样消息,"我终于有了相信的勇气和力量。我相信,我已从大地狱里逃出来了。"(万方《灵魂的石头》)胜利的喜讯像暴风骤雨,终于把爸爸震醒,从麻木、绝望的灵魂里脱壳而出了!

许许多多小道消息后来被证实,"文革"中不敢想象的事发生了,不敢说的话可以说了。爸爸终于熬到了这一天，他感到从未有过的轻快，为重回有阳光的世界而庆幸，有时兴奋得不能自已。但酣畅的快感犹如昙花一现。

终于有勇气面对让自己羞愧的一段历史

1978年6月30日，爸爸得到平反。

他不再沉迷于"文革"中的痛苦经历，开始在社会大灾难的领悟中，从"文革"一直追溯到20世纪50年代，对自己重新审视、剖析，无情地揭露、批判，在情感的煎熬之中思考自己，陷入更大的痛苦。

他说："我一向无思想，随风倒，上面说什么，便说什么，而且顺着嘴乱讲。不知真理在何处。"如《没有说完的话》一书的整理者钱亦蕉此后所说："从'随波逐流'到逐渐丧失敏锐走向麻木，突然的清醒更令人异常刺痛，这就是那些毫不留情的自剖给人的震撼。"

爸爸领悟道："一定要独立思索，不能随风倒，那是卑鄙的、恶劣的行为。""要从自己心里想写的，写下去，不说违心话。写评论，不夸张；写散文，应说真话。自己真感到的再写，更不要，为了文字的漂亮，为表现虚伪的激情。那样写出以后，自己看了，就会觉得丑的灵魂在自己心目中，在众人的眼睛中，表现得更'丑'，自己会痛苦万状。"

爸爸痛悔道："为自己一生所犯的各种错误、缺点、失当的地方"，"反复思念、后悔、痛苦得没有止境"。（曹禺《没有说完的话》32—33页）他回顾："这段历史太痛苦了！吴祖光、孙家琇都是我的好朋友，当时非批判不可，不批判不行，违心地写了"。（田本相《曹禺访谈录》154页）同时，后悔在违心批判艺术评论家萧乾的文章中伤害了自己年轻时代的无私朋友。萧乾早在20世纪30年代就著文盛赞爸爸在《财狂》中的表演，在《大公报》上开辟三个整版，主持了对新作《日出》的笔谈专刊。

爸爸终于有勇气面对他最感羞愧、最不愿面对的一段历史——"反右倾"斗争时对几个朋友不公正的批判，直视从不敢涉及的题目，解剖自己。他说："不管这些客观原因吧，文章终究是我写的。一想起这些，我真是愧对老朋友了……

这是一个十分让人痛心的历史教训。……在'文革'中，我躺在牛棚里，才从自己被批判被打倒的经历中，深切体验到这些。"（田本相《曹禺访谈录》65页）

知道吴祖光在北大荒经受的非人待遇以及他的妻子被迫害致残，爸爸痛悔不已，内心备受煎熬。在"反右倾"运动前期写了批判文章的爸爸万万没有想到吴叔叔会这么惨！

"文革"结束，爸爸抱病前去请罪。

新中国成立初期，吴叔叔和新凤霞阿姨结婚时，爸爸曾带我们到他们的新房祝贺。当时他们的幸福神情、新房里一派红红火火的喜庆气氛，尤其是那盏绣花的粉缎子灯罩，给我们留下很深的印象。

1996年爸爸去世后，昭昭曾带着鲜花去看望吴叔叔。吴叔叔和夫人新凤霞阿姨非常热情。

一见面，吴祖光叔叔就和昭昭大谈国家大事，毫无顾忌，率真爽朗。当时，已致残不方便走动的新凤霞阿姨正在隔壁写作，也不时搭话。她仍然那么亲热，大声地告诉昭昭她与妈妈郑秀相遇的往事。那时，她为演出《刘巧儿》到全国妇联了解妇女生活状况，而妈妈为离婚之事向妇联求助。

吴叔叔非常豁达、开朗，他大声谈笑，轻松地谈起了爸爸真诚向他请罪的情景。

爸爸拄着拐棍，一进门没站稳就大声地喊道："祖光，我对不起你！"跌跌撞撞地走过去，拉起吴叔叔的手，往自己脸上打，颤抖地说："你打我吧，打我吧！"吴叔叔热情地迎上去，只对爸爸说"你就是太听话了"，把这个历史悲剧一笑带过。这是老朋友对爸爸的深知和宽宏大量。相见中两人重温几十年的友情，饱含苦涩、痛悔和眼泪。爸爸说，吴祖光"一辈子受了不少苦，我是欠他的。但是，他这个人不记仇"。

越是明白，越是痛苦，爸爸的心事重极了，为自己一生做过的错事、对不起的人深深自责，这种痛悔折磨他直至生命的终结。他说："我是欠着这些朋友的。我这个人胆子很小，怕事，连我自己都不满意自己。可是，我就做不来一些事情，也许在别人看来是很容易的事情。"沉默良久，他又痛心地说："中国知识分子可悲，可怜，有时也是可耻的！"（田本相《曹禺访谈录》69、140、154页）

为什么自己愿为工农兵服务，却写不出工农兵

"文革"后，压在爸爸身上最沉重的心事还是对一生的创作道路，特别是对"文革"前十七年自己的戏剧创作、对当时的文艺方针政策进行反思。

"四人帮"倒台了，冲破思想的牢笼，爸爸有可能坐下来思考，有勇气去寻求心头问题的答案：自己为什么十七年写不出东西？问题出在哪儿了？是自己以往熟悉的艺术思想、创作方法全错了？还是一些做法出了问题，违背了艺术创作的基本规律？……

他把自己一生的创作思想、创作方法及作品，把对十七年的一些困惑和质疑都拿出来回顾对照，坦诚地指出其中的错误，也大胆亮出自己的主张见解和经验教训，以期明确是非高下，迈开今后创作的步伐。

新中国实行为工农兵服务的文艺方针，爸爸由于自幼对底层民众的苦难抱有深切同情，对黑暗的旧社会深恶痛绝，他对工农兵群众始终心存亲近感。新中国成立初期以至后来的日子里，他抱着为工农兵服务的真诚愿望，响应号召，积极下厂下乡，在治淮劳动、土改运动、抗洪一线、冬耕生产等农业战线，与农民和干部一块生活，努力收集创作素材，做了许多艰难的创作尝试。1950年，爸爸曾写过一部我们之前没听说过的电影剧本《工人田小富》……应该说，爸爸从心底里想为工农兵服务，很愿意写出反映工农兵的好作品。

然而，爸爸始终没有写出一部表现工农兵的剧本。为什么？早在1952年《永远向前》一文中，他就说出了产生问题的原因："我不熟悉工人，不熟悉农民，不熟悉士兵。"为此他虽然争取各种机会下乡下厂，拉近距离，但是，反思中爸爸坦言，即使这样下去生活了，"能否写出来，就能写好？我很怀疑。"（田本相《曹禺访谈录》25页）

那么，为什么"这样下去生活了"之后，仍然不能写出、写好作品呢？文艺作品与生活、与生活中的人和事，到底是什么关系？怎样才能写出好戏？新旧戏剧创作存不存在普遍相通的艺术规律？创作的必备条件是什么？

回顾过去的创作之路，特别是巅峰时期的创作体会，前后对照，爸爸明确而

大胆地指出，不同时代的戏剧创作是存在普遍相通的艺术规律的，一个作品的成败取决于对这个规律的向背。他自己创作的成败也取决于此。现在，他愿意为工农兵服务，却写不出工农兵，就是因为背离了，或者更准确地说，"被"背离了戏剧创作的艺术规律。

爸爸着重总结出几条创作真谛。

对于自己要表现的生活和人物，首先必须熟悉　爸爸说："我对自己作品里所写的人和事，是非常熟悉的。我出生在一个官僚家庭里，看到过许多高级恶棍、高级流氓；《雷雨》《日出》《北京人》里出现的那些人物，我看得太多了，有一段时期甚至可以说是和他们朝夕相处，因此，我所写的就是他们所说的话、所做的事。"（《曹禺全集》七卷 325 页）

他说，每个人在写作时，自觉或不自觉地总要写出与他朝夕相处的人们，"因为他耳濡目染，太熟悉他们了。也许在写前没有想到他们，一提笔，他们就自然而然地出现了。"（《曹禺全集》七卷 284 页）

爸爸写出陈白露、瑞珏等妇女形象，源于在生活中"看到许多不幸的女人"。他说："我写陈白露自然有各种生活的影子"，又经过王又佳这个人"一下子把各种生活影子点燃起来，这样就开始升华、想象，于是逐渐形成艺术形象"。（田本相《曹禺访谈录》108 页）

不仅要熟悉，还要真正懂得自己的人物，对他们做到真知道、真感受　对于生活，对于生活中的人和事，爸爸说，不仅要非常熟悉，而且还"应该对生活真知道，真正有所感才能写"，"真正把人物看得很透才写"。（《曹禺全集》七卷 279 页）

比如《日出》中陈白露为什么要自杀，是许多评论家和导演、演员们经常探讨的问题。1980 年 10 月 17 日爸爸写给昭昭信中有这样一段话："此剧本应以陈白露为主角。她不只是贯穿事件的引线者，也是旧社会的见证者，她又是人海浮沉中的旧社会人物。她是有良心的，软弱而又倔强，她的死，不是为钱逼的。是个年轻的女人还不大懂旧社会，怀着一腔热情，尚未看明白旧社会，便由于各种个人、历史与周围环境的原因，以为自己不能改变旧社会为她定下的桎梏，不如在最美、最年轻的茂盛时期死去。这是幼稚的想法，但也是一个罕见的勇敢的女子的念头。不想在枯萎时期，为人轻蔑地死去，愿在人生的高潮中离弃人间，不忍继续受各种难堪的侮辱和损害。她已看见旧社会中，地狱之下还有地狱。她看不见任何希望和理想，她不是前进的青年，她是堕落的，但她明确地知道自己不能再长此生于混沌世界里。她的'死'是消极的，但她仍是经过一番折磨、痛苦、灾难，终为社会逼得看不见生路。即便有达生或比达生有魄力的朋友，也是救不活的。她在短短的二十三岁，已经沉溺得够深的了，是当时社会残酷的现实使她陷入泥坑，思想境界愈过愈趋绝望。然而，有一点，她不是苟且偷生的，在这一点，她与那些得过且过的人大不相同。因此，我十分赞同你们把方达生与她最后的对话放在最后，放在她死前一刻。那是十分有力的改动……她这个人物应写得有发展、有层次、有变化，要演得深刻一些。她对一切人都有估价的。"

读了这段话，我们赞叹，爸爸对人物有多么深邃透彻的理解把握，才能够写出这样一个"陈白露"啊！

要写出真实、复杂、多重、具有活的灵魂的人物　这是爸爸"对生活和人物，要真知道，真感受，真正看透，看懂"这一创作体验的重要内涵。这一点，他在反思中谈得很多，也很动情，谈出了对人物、人性的深刻理解。他始终认为，创作的中心是写人，人具有活的灵魂，是真实、复杂、多重的。这是爸爸重要的创作思想。

爸爸编创《家》第一幕觉新的新婚之夜，原著中这个场面的描写只有不到100个字，爸爸却写了整整一幕戏。爸爸是这样构思的：旧式的新婚之夜，一定是很有意思的。那天晚上，两个陌生人要聚在一起，他们互不认识，却要成为夫妻。在这种时刻，人的感情一定是复杂的，思想活动想必很多。有人说，旧式结婚的第一夜总有些神秘感，大概是指这种最生疏而又最亲密的关系吧。对于觉新来说，他不能和他所爱的梅小姐结合，却要和一个陌生人结婚，他一定想得非常多。瑞珏也是如此，她嫁到一个陌生的地方，不知道丈夫是什么样的人，这正是决定她一生命运的时刻，她一定也会有很多想法。梅小姐这时已经走了，她不能和觉新结婚，她的情感是观众容易了解的。爸爸抓住这个最能尖锐地表现人物关系和内在社会悲剧的场面，充分深刻地挖掘了人物和人性。觉新、瑞珏、梅小姐这三个对不幸婚姻都没有责任的善良青年，他们的不幸不是比聪明美丽的女人嫁给愚蠢丑陋的男人、年轻女人嫁给老头子更加悲惨吗？

爸爸重点剖析了觉新这个人物，他说："觉新处在那样的大家庭里是痛苦的，但不一定时时刻刻都是痛苦不堪的样子。他爱的梅没有得到，反倒和一个陌生的女人结了婚，似乎是痛苦的。但是，真的觉新未必时时刻刻，总是那样痛苦。真的觉新对梅的爱情不一定那样专一不变；他对梅的爱情不专一，也不一定说这个人就坏了。他见到瑞珏，觉得也被吸引，这不一定就是不好。在洞房里，他想看瑞珏，内心又觉得对不起梅，又不去看。我们才感到他矛盾、可笑。"爸爸说：要知道，觉新"还是一个二十岁的在恋爱中追求幸福，要尽量领略'愁滋味'的少年"。（《曹禺全集》七卷 276、290-291 页）

爸爸对觉新新婚之夜各个人物丰富复杂心理的挖掘表达和发挥创造，不是非常精彩有趣、合情合理、真实可信的吗？

爸爸总说，"人性很复杂"，"人性这个东西不是一下就能说清楚的"。他举出许多例子。

如《原野》曾长期遭受争议和禁演，被斥为宣扬"男盗女娼"。爸爸举出这类题材的流行写法：一对贫农情侣，男的被逼出走，女的非常坚贞，一直等着未婚夫归来，最后男的当上八路军，终于回来与她幸福地结了婚。对此，爸爸尖锐地指出，这个结局纵然很圆满，但是，"这是一种套子！"《原野》的故事发生在民国初年，当时共产党还没有诞生，军阀混战，谁有了枪，谁便能坐地为王，胡作非为。剧中的贫苦农民仇虎和金子虽然两小无猜，但是后来，像金子这样的贫苦农女没饭吃的时候，也并非都那么"贞洁"，实在没饭吃，明明不愿意，还是被逼着卖了；仇虎为铲除冤家恶霸返乡复仇，是当时常有的选择，发生了与金子这样错综复杂的故事，也是不奇怪的。

如《雷雨》中残酷虚伪的周朴园对突然出现的鲁妈冷酷无情，对三十年前的侍萍念念不忘，确是真的。爸爸认为，人性是复杂的：周朴园自和侍萍分别后，结过两次婚……两次婚姻都不如意，他从来没尝到什么家庭幸福。回想起来，当初的侍萍是那么可爱的一个女孩子，和侍萍相处的日子多少给他留下了些美好的记忆。这种思恋和怀念，成了他后半生用来填补空虚的心灵经常萦绕的情感，应该说，是可以理解的。

依据上述种种认识，爸爸说："不要把人性看得那么窄小，不要用政治把人性扣住。"

剧作情节、冲突、巧合等结构的构思，人物的细节描写，都要有生活依据 爸爸说，剧本的情节、冲突、巧合等结构的构思，"要写出生活逻辑的依据和人物性格、人与人之间关系的必然性来。拿周朴园与鲁妈相见一场说，他们的语言、行动、反应，要有必然性"。（《曹禺全集》七卷329页）爸爸对生活中各种人物的特点，包括语言举止等细节的捕捉采撷十分真切，他说："我懂得自己的人物，哪种人物该说什么话，他的口吻、语气、用语"，"一手一足，一笑一颦"，"音容笑貌"，"都要认真推敲，都不是随意的"。（田本相《曹禺访谈录》102页）

从表现人的内心世界、活的灵魂到外部细节的点点滴滴，爸爸的要求都极为严谨，处处可以显示剧作与生活的紧密关系，看到他对剧作家熟悉生活的极端重视。他认为，真正熟悉才有感情，真正熟悉的人物才能写得真实。

要把自己受到强烈震撼、真正感动过、真正感情充沛的东西拿来写　在戏剧创作中，爸爸尤其重视情感的作用。爸爸认为，这一点在创作上非常重要。有时候，被一个人或一件事所震动，在心里激起一种想写的欲望。由此他谈起《日出》中的翠喜："翠喜只不过见到几次，但她所代表的痛苦悲哀却使你无法忘记，使你非写出来不可。"他感慨："翠喜是确有其人的"，"这个善良的女人，恐怕被糟蹋到连骨头也找不到了"。他说，一个人"只要他给你很深的印象，使你想表现他，使你能串连出一大堆旧时的回忆，你就可以得到的启发创造出人物来"。（《曹禺全集》七卷295、298页）

爸爸多次说"写《雷雨》是一种情感的迫切的需要"。《日出》等剧本也是如此，感情的激发始终是他剧作的初衷，因此也形成他独特的创作习性。他说，他写剧本常常不是从头写到尾的，哪一个地方感受最深、觉得最有兴趣，就从哪个地方开始写。比如《雷雨》全剧，他最先写的是第三幕周萍和四凤推窗户的一段戏，再就是第一幕吃药的那一段，而不是按顺序写的。

他特别有感触地说："要写作必须先有浓厚的兴趣，作者必须感到写作的愉快和乐趣。感到有兴趣的东西才能写得好，不能硬着头皮写，应该陶醉在自己的劳动中……这样才越写越有信心，越写越有趣，越写越愿意写。"（《曹禺全集》七卷280页）这是"情感艺术"一个很有意思的经验。

1985年8月24日，年老的爸爸回到他难忘的母校——清华大学。他一进图书馆外文阅览大厅，不用人引导，就直奔他写过《雷雨》的长桌和座位，兴奋地向周围的人不停指点："就是这里，还是当年那个老样子。""对，我就坐在这个地方。""就坐在这个位子上。"他模仿当年的样子，坐到座位上"写"起来，激动地对大家说："一到这里，就想起许多往事来了。"他回忆起当年的自己如何奋笔疾书，陶醉在酣畅淋漓的写作中；如何写累了跑到图书馆外，躺在草地上，望着蓝天白云遐想；如何意犹未尽回宿舍挑灯夜战，又把一摞摞人物小传的草稿堆到床下；无论是奇思妙想的"天堂"，还冥思苦战的"地狱"，青春焕发的他如何在天地间畅游，度过写作的极乐时光。他说，当时，他就是想写出来，从未想到要发表，也没有想到过演出。当年爸爸的写作真是激情迸发、快乐无比啊！

　　强调深入生活的长期性　　爸爸认为，对生活、人物的非常熟悉、真知道、真有所感，建立在对生活素材的长期积累、酝酿的基础上，因而，作者必须在生活中长期地深入进去，与描写的对象"朝夕相处""耳濡目染"。

　　爸爸说，他十八九岁时就开始酝酿《雷雨》，历时五年，费了好大的劲，"是很苦很苦的啊！"如果再加上他从童年起对旧家庭生活体验的积淀，那么，《雷雨》写作孕育的时间就更长了。

　　《日出》是1936年动笔完成的，杂志《文季月刊》连期刊载，边写边载，爸爸不得不日夜兼程，写得很快。而实际上，从1934年回到天津教书，1935年在惠中饭店参与中旅剧团排练《雷雨》的指导活动起始，爸爸就开始积累素材、酝酿创作。为了写好"宝和下处"妓院的第三幕，他在1935年整整搞了一个暑假，又在岁末寒冬，反复去妓院现场调查妓女生活。他说，他认真地采访这些人，只有这样，与翠喜搞熟了，才肯对他说些心窝子里的话。爸爸感叹，妓院、鸡毛店等底层社会的调查，"那一番酸甜苦辣是谁也想象不到的"。

　　《原野》酝酿的时间不是很长，但是仇虎这个人物是写作前就有的印象，许多年后才化成了《原野》中的人物。爸爸童年与段妈的相处、在宣化的种种经历，都是他创作仇虎这个形象及其社会背景的基础。

　　1939年爸爸动笔写《蜕变》只花了四个星期，时间最短，但它是1937年以来抗战生活积累的结果。当时辗转在湖南、四川的小县（在街头巡回演出），住在相当偏僻的地方,和各色各样的人物,如秘书、公务员、官太太之类在一起;后来到江安,包括在剧专,搜集了许多腐败现象的素材;另外,也看到战士和真正的革命工作者,揉在一起,酝酿很久,后来才写成剧本。

爸爸体会到:"作者应该长期积累生活、长期酝酿创作素材,让生活素材在脑中起了变化,粗糙的东西慢慢消失了,有内容东西保存下来,最后剩下最精练的东西……使剧本有时间慢慢地成长。"(《曹禺全集》七卷280页)

真正写工农兵,那是很难很难的啊 上述创作体验和艺术见解不是爸爸独有的,许多作家都是这样走过来的。这些体验和见解反映了戏剧创作的普遍规律,写旧生活、旧人物如此,写新生活、新人物亦如此。

工农兵文艺的优秀作品都是植根于生活的硕果;成功的作家都长期生活在工农兵之中,熟知工农兵,深入了解工农兵的生活,甚至本人就是工农兵,或者在当地蹲点数十年。

依据自己熟谙的艺术规律和几十年创作走过来的路,爸爸非常明白:"真正写工农兵,写深一点那是很难很难的啊!"(田本相《曹禺访谈录》48页)

爸爸对自己也很清楚,他说,以往"我的生活面很窄,和别人相比差得很远。少爷出身,没有受过穷,没有穷得没有饭吃,更没有做过苦工。生活中真正深刻的东西找不到"。(田本相《曹禺访谈录》148页)新中国成立前,爸爸所写的多是他经历的、看到的、听到的旧生活、旧人物,作品里鞭笞的多是腐败专制的人物和寄生虫们,对正面人物的确接触很少,对现代的人也了解得少。他真诚表示:他愿意写工人,但不会写,《六号门》中工人写得好,但他不熟悉。

新中国成立后,摆在爸爸面前的实际问题是:文艺的创作方向和表现对象变了,创作方式也变了。一个剧作的经历往往是这样:上级安排"深入生活",带着题目,组织班子,集体采访、讨论,数周数月,走马观花,蜻蜓点水,按照预定的主题进行创作。对此,爸爸很无奈。他说:"写剧本需要有长期的酝酿,不是看到一点就写。现买现卖,是不行的。""临时性地下去看看,就写不出好作品来。"(《曹禺全集》七卷280、435页)

在当时的客观局势和自身条件下,如果爸爸真要从写旧生活、旧人物改变为写新生活、新人物,真要写好工农兵,他就需要彻底地改变自己,就需要像赵树理他们那样，需要像熟知自己以往描写对象那样，去熟悉工农兵，去做一个农民、工人或战士，长期和他们一块"过日子"，打成一片，真正成为他们中的一员，对工农兵做到"真知道"。

这对于爸爸这样一个剧作家，依据他的人生经历、资历地位、工作承担、家庭年龄等方面，实事求是地讲，是不可能办到的。当时，也因此有的国统区来的老作家改行不再写作或者只写些回忆录了。

当然，如果要想投机取巧、凑凑合合写出一个"工农兵作品"，对于创作处于高峰期的爸爸来说不是没有能力，而是"做不来"。他说："现在一些作品是写问题，如果硬写，我东拼西凑也能搞出个戏来。""写一般的还可以。"（田本相《曹禺访谈录》26、48页）

但是，爸爸在创作上追求完美、坚持艺术真谛的治艺精神，使他不能、不情愿、不甘心，也不会为此改变他前半辈子长期形成并成就了的艺术思想和创作方法改变自己的艺术天性，在对工农兵人物还没有做到长期真正熟悉、真感受、真知道的情况下去"凑合"写作连自己都通不过的作品。爸爸严肃、执着的艺术精神和创作态度已形成一种执拗的创作心理，他已经真的"做不来""写不出来"这类作品了。

渴望歌颂新社会　但不会"写政治"

这样，作为一个职业作家，从新中国成立到1954年《明朗的天》出炉，长达五年，爸爸没有交出一部作品。当时的他真是心急如焚，羞愧难言，在第二次全国文代会上，他公开称自己是一个"不光彩"的"没有完成任务的人"。

爸爸说，新中国成立后看到全国热火朝天的形势，他"经常处于一种强烈的激动中，非常希望自己能用创作歌颂今天的新社会，歌颂领导这个社会向前发展的共产党"。（《曹禺全集》七卷26页）但是，写什么？他挖空了心思。他写不出工农兵，同时他不能、也不想再写旧生活、旧人物。那么，写什么？怎么写？怎样去写新生活、新人物？

《明朗的天》"主题先行"创作方法的痛苦尝试　多位党的领导同志与爸爸

谈话，帮助他，在政治思想和艺术表现上提出了不少建议。根据文艺为政治服务的方针，根据当时正在知识分子中开展"思想改造运动"的政治形势，爸爸"在被动之主动"中，选择了自己接触相对多一些又在范围之内的知识分子题材，最后，决定以协和医院为背景，"写一个以知识分子思想改造为主题的剧本"。

很快，经安排，爸爸随北京市委工作组参加了协和医院知识分子的思想改造运动。他跟随工作组去采访谈话、听会、讨论、看资料……搜集了不少创作素材。

爸爸清楚地看到，选择这样一个连他自己也是个"未改造好的知识分子"，也要思想改造，也没有体验过这样一个思想转变过程的剧本主题，依旧很艰难。

他说，这样的写作过程自己很生疏，这种尝试出现不少问题。他没有能力处理题材本身包含的非常尖锐的矛盾斗争；他对令人信服地写好人物的思想转变感到非常棘手；他不知道也不能体会党委书记董观山认识处理问题的思想态度和内心情感活动，从而写不好思想改造运动；当然更大的顾虑是，他"不敢放手地让人物生活在自己的生活里，让他们按照自己的发展规律去思想、行动"。（《曹禺全集》七卷271页）

回想以往的创作，爸爸都是一个人沉浸在熟悉的生活中，自然而然地涌流出来的。他说："那时没有任何人要我写什么，但我感到非写不可，……非这样写不可。写时，我只是恨那个社会，只是用戏剧发出我内心的呼唤。"（《曹禺全集》七卷433页）他只是想写他想写同时又是他经过亲身的观察和独立的思考得出来的东西。

这次《明朗的天》的创作却不同，写作之前首先确定了剧本的主题思想，明确了剧作的任务和目标。

接着，整个创作过程要在这个总的主题之下去设计人物，比如设计思想转变中的主要人物，设计反面人物、中间人物等。

再据此安排情节，对这些人物、情节进行分析和指导，最后得出主题所需要的结果："思想改造"任务顺利完成。

这种"预先规定主题"的创作方式，十七年中在文艺界普遍存在。《明朗的天》的创作是爸爸一次痛苦的尝试，也是他后来特别避讳的话题。

反思"主题先行" 在反思中，爸爸反复谈到这种"预先规定主题"的创作思想方法。他说，写戏要有思想性，思想性他不反对，但是一些戏，纵然故事情节有一些曲折，有一些道理，却无论如何逃脱不了这么一个套子——两种思想成了两种人物，形成两种对立思想的斗争，两个人上台辩论一番，写成一部剧；或者，一方代表真理，一方代表邪恶的、不对的，甚至反动的那一面，最后代表正确的一方压服了邪恶的一方，这样成了一部戏；又或者，写一个先进工人的事迹，总是写他在劳动中负了伤，被送进医院，当他在医院身体稍好后，便偷偷地跑回工厂干活了，怎样劝说也不肯回院治疗，或者写他患了癌症不讲，坚持工作……出现了不少千篇一律的内容。

正因为这种写戏套子，20世纪50年代在北京举办的一个国际戏剧节上演出了50多部中国戏，外宾说这些戏就像一个人写的。

对此，爸爸说："创作不能搞什么'主题先行'，那样容易使创作概念化。"（《曹禺全集》七卷419页）"真正深刻的作品，不一定有什么预先规定的主题。""这样写，是不是就能写出真正有价值的好戏呢？我是怀疑的。"（田本相《曹禺访谈录》29、33页）

爸爸说，十七年间给艺术家的创作"出题目，画框框，定调子"，创作的主题常常预先规定，特别是限制在某一项很具体的题目上。他说，"看到什么就写什么，思想不沉实，抓住一个问题就死抠……这样写是太狭窄了啊！……好像政治性很强，实际并不见得如此。"（田本相《曹禺访谈录》33页）

爸爸痛心地指出："如果一个国家把文学看成仅仅是表现政治，政治需要什么就表现什么，需要解决什么问题就写什么问题"，这是"一个极可怕的现象，我说这是一条很狭窄的路"，"这样一种创作倾向，我是不敢苟同的"。他诚恳地表示："我不是故意在反对什么，但是看到大家都拼命这样写，都以为那些就是好戏了，我总觉得有些悲哀。"（田本相《曹禺访谈录》29-31页）

就此，爸爸批评了创作上的实用主义，他说："我不大赞成戏剧的实用主义，我看毛病就出在我们根深蒂固的实用主义上。总是引导剧作家盯在一些具体的问题上、具体的目标上。这样，叫许多有生活的人、有才能的人，不能从高处看，从整个的人类、从文明的历史、从人的自身去思考问题、去反映社会、去反映生活。我们太讲究'用'了，这个路子太狭窄。对于文学艺术来说，实用主义是害

死人的。"（田本相《曹禺访谈录》32页）

这里，爸爸列举了自己创作的一些教训，他说：《蜕变》"这个戏当时演得十分红火，但是，随着抗战的胜利、岁月的流逝，它却被人遗忘了……视野太狭小，写得不深，不叫人思，不叫人想，更不叫人想到戏外的问题"。（田本相《曹禺访谈录》39页）

他又说，《全民总动员》这个戏是为统一战线、为当时局势服务的，宣传大团结。这个戏演一时很热闹，后来就很少演了。（田本相《曹禺访谈录》163页）

关于"主题先行"，爸爸坦言："由于'左'的思想影响和无休止的政治运动，片面强调为政治服务，话剧往往成了某项中心任务的政治图解，使得话剧创作变成了一个模式。公式化、概念化、人物脸谱化，严重地阻碍了戏剧创作。"（《曹禺全集》七卷432页）

爸爸谈的另一个问题是，他认为对艺术家"限制太多""管得太严"，动不动就"打棍子"，这不仅阻碍了文艺创作，而且严重地打击了艺术家的创作心理，批判海默的《洞箫横吹》、萧也牧的《我们夫妇之间》，是爸爸经常提到的例子。

老前辈巴金横遭批判，令爸爸气愤："'文革'前，研究巴金的人，不是被批得屁滚尿流吗？"那时，爸爸的《原野》被禁演，爸爸无奈地感叹禁演的种种说辞："如果这样看，还怎么得了！"他还说，话剧《家》受到批判，真有点"秀才遇到兵，有理说不清"的味道。（田本相《曹禺访谈录》42、54页）

爸爸说："'文革'十年，'四人帮'搞法西斯统治，使我们的文艺一片空白；十七年，特别是后九年，由于'左'的干扰，致使文艺园地禁区遍布。"（《曹禺全集》七卷351页）他说："我认为心中不能有禁区，心中有禁区怎么能写戏呢？创作上，不能有任何禁区，害怕这不能写、那不能写。害怕，怎么能写好呢？"（田本相《曹禺访谈录》42页）

亮出主见

对于上述问题，在"四人帮"倒台不久的20世纪80年代初，爸爸大胆地谈出自己的见解主张，他说"话剧的出路在于少干涉"，"解决创作问题的关键，就是要进一步解放思想"。他希望"真正贯彻'双百'方针、艺术民主,按照艺术规律办事,不要太多清规戒律"。(《曹禺全集》七卷354、431、435页)

主张艺术民主,"在范围之内"自由创作 爸爸主张自由创作,当然这种自由不是没有限制的,而是"在范围之内",有前提的。他说:"从创作道路上看,应该爱写什么就写什么,在范围之内,应当有广阔的天地,否则就很难写了。"同时,他又说:"我不主张无限制的自由,不能没有限制。……不赞成这样一种写法,似乎把社会主义社会的什么问题都拿出来展览,才叫真实。"(田本相《曹禺访谈录》33、42页)

很清楚,爸爸的主张是"在范围之内"、一定前提之下的自由创作。根据爸爸爱国、爱民、爱社会主义和民主进步的一贯表现和创作倾向,他的想法是与毛主席提出的看作家作品"对待人民的态度如何""在历史上有无进步意义"的要求、与今天提出的"为人民服务""为社会主义服务"的根本方向,是一致的。

根据文艺界的现实状况,爸爸特别强调,"在范围之内",一定要有"广阔的天地",要有充分的自由。他说,"不要对文艺创作干预太多,要放手让文艺家去自由探讨和争鸣,作家写什么、怎么写,由他们自己去选择,不要给他们出题目、画框框、定调子,更不要动不动就给他们打棍子",让作家有一个宽松的环境自由创作。作家也要"敢讲真话,不要给自己念'紧箍咒'"。(《曹禺全集》七卷431页)

爸爸的这些想法与多数文艺工作者的主张是一致的:"不能要求作家写他不熟悉、不知道的事物","作家、艺术家完全可以自由选择他所了解、擅长、喜爱、有兴趣的任何题材"。

相信艺术家 爸爸说:作家是好的,但不都是好的,也有伤天害理的,有君子,也有小人。但是,爸爸坚信:"要相信绝大多数作家和艺术家是爱国的,是拥护党的领导和走社会主义道路的。"(《曹禺全集》七卷431页)"我们应相信中国的知识分子是爱国的,对祖国的前途是非常关心的。即使他们写生活中的'黑暗'面,也是为了改变这种状况,而不是给祖国抹黑。有了这种思想基础,我们就不要什么都去管、什么都去干涉了。让作家在一个宽松的环境下创作,优秀的作品就能脱颖而出","要使话剧振兴起来,就要让作家有宽松的创作环境"。

（《曹禺全集》七卷 435 页）

他爱说"条条大路通罗马"，他表示："现在是束缚太多了，也许领导的意思倒不一定是那样，但是不知怎么搞的，就使作家陷入圈圈里边。我写《雷雨》时，也不怕人说，也不怕人批评，现在是多方面的顾虑。……不能勉强要表现这个，要表现那个；一个作家要有艺术良心，要有责任感，要对人民有贡献。相信他们会这样的，条条大路通罗马。"（田本相《曹禺访谈录》25 页）

这就是说，只要作家具有爱国、拥护中国共产党和社会主义的基本思想基础，创作时他们写什么、怎么写，就不应该成为问题了，就没有必要在具体的创作问题上过多干涉。他说，作家平时有了好的思想，创作就会有思想性，"反映现实时，他的世界观、人生观自然也在里边。……思想是融于形象的"。（田本相《曹禺访谈录》36 页）

作家的好思想和好作品是相联系的，爸爸多次表示："政治是灌不进去的，十七年来的反面的教训要汲取啊！不是箍住人的头脑，而是如何让人们自然而然地写出社会主义的作品来。"（田本相《曹禺访谈录》34 页）"创作是不能勉强的，是自然涌流出来的。"（田本相《曹禺访谈录》25 页）

遵循艺术自身的规律 这是爸爸在反思中谈得比较多的。文艺与政治的密切联系和一致性，过去谈得很多，但是两者之间的区别，比如政治经常运用的概念、逻辑、抽象、理性的思维方式，是不能直接演化为情感、形象、具体的艺术形象的，两者之间存在中间环节和距离，存在一个复杂艰难曲折的演化创造过程，这一点，往往被人们忽略。

关于这个问题，爸爸谈了许多自己的体会，他说："用马列主义观察生活是对的，我不反对，……我自己是信仰的。但这些理性的东西，必须是化为自己的血肉，化为自己的想法，而不是外加的，这样对创作才有所助益。"（田本相《曹禺访谈录》36—37 页）他说："写剧本不应该老是被政治概念拖着走，……写作应该对生活真知道，真正有所感才能写。"（《曹禺全集》七卷 275 页）

他说："对政治思想理论，服了，是一回事；写，又是一回事；服了，也不一定就能写出作品来；写出来了，也不一定完全相符；也许相符，又不见得写出了真正的好东西……有时结果是，英雄人物、正面人物，都写得更简单化，思想

的路子反而窄了。这是这些年我自己的痛苦的教训。"（田本相《曹禺访谈录》37页）

爸爸说："其实，作品里的生活要比实际生活简单得多，本来我们就已经把生活简单化了。但是，在有些人看来，还是不顺眼，东指责，西指责，总是要管，三管两管，就越写越简单化了。生活毕竟是生活，如果书里写得比生活还简单，那还需要创作吗？！"（田本相《曹禺访谈录》42页）

爸爸特别动情地说："写作这东西，可是心血，是心血啊！心血这东西，是从多少年的经验、多少年的思想感情里渗透出来的。"（田本相《曹禺访谈录》37页）"搞文艺创作不是一件容易的事，一部小说、一出好戏，要有长期的生活积累，经过丰富的酝酿思考，'一窝蜂'似的写改革题材是很难出好东西的。"（《曹禺全集》七卷435页）

也正因为艺术是感性、形象的，艺术创作又是一种充沛的情感活动，因而，爸爸说："如果一个作家不是高高兴兴地、自由自在地愿意写出他喜欢的东西，那又怎么能创作？"（田本相《曹禺访谈录》40页）"要写作必须先有浓厚的兴趣，作者必须感到写作的愉快和乐趣。硬着头皮写是不行的。"（《曹禺全集》七卷282页）

反思中，爸爸坦诚地说出自己在艺术创作中的毛病个性："我这个人，一沾上理论就头痛。"（田本相《曹禺访谈录》63页）"我也很想再写出一些剧作来，但是就是写不出。我真不好意思再说三道四。创作对我来说很怪，满脑袋都是马列主义概念，怎么脑袋就是转动不起来呢？"（田本相《曹禺访谈录》25页）他说，喊口号写出来的作品，"我却做不来，一直想适应，十几二十年了，到现在也适应不了"。（田本相《曹禺访谈录》45页）

我们想，爸爸的这个"毛病"，大概不是他个人独有的。感性、形象、具体的艺术思维活动，应该是多数艺术家创作的特点和规律吧。

爸爸这样说，并不是有意贬低所有"喊口号"式的、直接迅速配合眼前政治任务的"社会问题剧"。他说，喊口号写出来的作品也有好的，这种戏也需要，有的戏演出效果还很强烈。的确，这种配合政治需要的戏剧，过去有，现在有，将来也要有，比如抗战时的街头戏、学生运动时的活报剧、群众运动中的宣传鼓动活动、配合某个政治运动和社会活动的演出，等等。

但是，爸爸认为，这只是文艺百花园地中一朵花，而不是唯一和全部，而且这种戏也存在某种局限性。爸爸举例说起一部描写优秀教师的戏，当时就有一些观众感动得跑上台去，拥抱了这位老师。爸爸说，许多戏是针对当前社会上许多问题现象写出来的，他看了，当时是非常感动，觉得非常有道理，但是，这样一种写法，是不是就等于写出了好戏呢？这是很值得研究的。

爸爸说，"我要说的不是这种'一刹那'的东西"，"现在戏剧老这么搞……早晚成为陈言，没有生命力，甚至没人看了，开始看很有意思，慢慢成了老套子了。路子这么窄，昨天是新的，半年、一年、两年就是陈言"。他说，我们所需要的"是经过两三年后，甚至再长一点时间看它，还可以让人想一想，其中蕴含着某种哲学的内涵"，而现在的"这种路子，并不是具有前途的路子，也许过三五年就看出问题来了"，"这样很难感动人，即使可以感动一时，也不能感动永久"。（田本相《曹禺访谈录》32、43页）

爸爸认为，经过十七年的锻炼，又经过"文革"十年的磨砺，如果还只是这样一种思维，眼光短浅、窄小，指到哪里大家就拼命到哪里，这样对待创作，那路是很窄很窄的。

爸爸感慨世界艺术大家们的创作，指出所有大作家的作品，都不是被一个社会问题限制、箍住的。他说，像《红楼梦》《水浒》《战争与和平》《约翰·克利斯朵夫》这样伟大的作品，没有提到什么具体的社会问题，但把整个社会反映出来了。评论家不是说《红楼梦》是封建社会的一面镜子吗？这些著作流传至今，人们反复咀嚼，依然回味无穷。

满怀真诚热切的希望　反思中的爸爸几乎不再提"文革"中受到的迫害和委屈，而是满怀真诚热切的希望。为了文艺繁荣有好的政策，为了艺术创作能出现无愧于伟大时代的作品，他说了以前不敢说的话，尖锐地批评过去的失误。

但是，他不是发出指责和怨恨，而是从自己的创作道路和经历娓娓道来：过去为什么错了？怎样限制了创作？怎样的政策、环境才能把艺术家的才能、创造性充分发挥出来？爸爸冥思苦想，恨不得把自己所有的知识和经验都掏出来，说真话，说心里话，期望在我们伟大的中国，产生一批经得起"时间磨砺""叫人思，叫人想""叫人纵横自由地、广阔地去想，去思索，去思索整个社会主义社会，思索人生，甚至思索人类"（田本相《曹禺访谈录》31页），长久让人感动的伟大作品。

爸爸的话含义很深，用心良苦，这是他对自己国家的真诚。

对新创作的渴望

爸爸的渴望、困境和悲哀　爸爸急于马上踏上创作新征程，1978年底完成剧作《王昭君》。其实，这部戏算不上"文革"后的新作，因为这是1960年以来爸爸早就应该回报周总理的一项创作"旧账"。历经十七年的蹉跎、十年浩劫，重新拿起笔，他百感交集："记得最后一次交样后，我伏案大哭了一场。这是周总理生前交给我的任务，我虽然完成了，但是周总理再也见不着了，我再也听不见周总理的意见了。"（《曹禺全集》七卷323页）

爸爸渴望写下去。

"文革"中，爸爸被踏上一只脚，遭人唾弃，没人埋睬。平反后，像"文革"前那样，又被卷入缠绕到那些他"极无兴趣的"的社会工作和活动之中。

他说："我很痛苦，我没有时间……几乎是每天都沉沦在种种会议、会见，以及必须去看戏的混沌之中。"（田本相《曹禺访谈录》48页）他有开不完的会、接待不完的外宾、写不完的文章，包括那些与他没有多大直接关系的表态文章；有看不完的需要他当场表态的各种演出；有参加不完的各样需要他讲话的座谈会，会见各方认识或从未相识的朋友来访、题字……

加上爸爸向来不擅科学理性地安排生活，年纪也大了，所以他感觉"杂事很多，一天心中总是乱糟糟的"（田本相《曹禺访谈录》104页），经常非常疲倦。人来了，说个没完，等人走了，他像一摊泥一样。

这种"乱糟糟的"日子，让爸爸无法写作，很焦心，但又十分无奈，他说："我自己做不了自己的主人。"（田本相《曹禺访谈录》48页）爸爸担任许多社会职务，理解他的亲朋都知道，他对此"极无兴趣"（1985年8月5日写给黛黛的信）。"文革"前爸爸也曾表示，在社会职位上，我就是个木鱼。

然而，派下来的工作，他不能不干；对于曾经在国外热情接待过他的外国朋友，他觉得人家点名要见，不见当然不好。

至于观看必须当场表态的各种演出，爸爸更是无奈。一些演出看得出来水平较差，但是爸爸总说"好""不容易"，因此有人骂他"滑头""世故"。他诚恳地告诉我们，这些演员是地方小剧团的，很不容易，非常穷，如果我的话说重了，他们回去，剧团就可能散摊，没饭吃。

末了，爸爸谈到各种社会应酬时说："我推不开、摆不脱，我不好意思，我怕叫人误会，我还担心得罪朋友，我已经得罪了不少朋友，我不想再得罪朋友了。另外，我的身体也不行了，我毕竟是七十高龄了，我再怎么逞强，还能怎样？"
（田本相《曹禺访谈录》48页）

创作的客观条件不如所愿，但是爸爸写作的愿望极其强烈，总是在与人的交谈中表达这种意愿。他焦虑，把"杂事"缠身"乱糟糟"的日子称作"懒散与胡混"。他说，看到"一些熟悉的朋友，一个又一个走了，这太残酷了"（田本相《曹禺访谈录》165页），感到"时不我待"的忧思。爸爸生病住院时，常常让人用轮椅把他推到大门口，目不转睛地看着路过的年轻人直至远方，他感慨："我老了，日暮了……我真羡慕年轻人。我很愿意自己年轻，我还很想干点事。"

他在信中和我们谈心里话："我目前是不安的，我回想一生，懒散与胡混，加上我那些极无兴趣的工作，使我浪费几十年，悔恨莫及。然而想来想去，来日无多，也只有在夕阳西落的年岁中，还是尽把力，写点东西，才能说稍稍对得起国家和孩子们。然经常写不出，其痛苦，难于形容。我只有下决心再干几年，即便无所成，也没白度这即将逝去的晚年。"（1984年10月3日写给黛黛的信）一直到生命最后，爸爸始终没有放下创作的强烈渴望。

创作具体落实到写什么、能写什么的时候，爸爸一再表示"我要写点新的"，"我想写我想写的东西，真正代表时代的东西"，但是"这太难了，时代精神写不出来"，"我老是开头，开了几次头，都放下了"。（田本相《曹禺访谈录》26、165页）想来想去，他甚至考虑写一部描写孙悟空的、寓意深刻的神话剧。无奈之下，他重拾过去写过的旧作《桥》。

《桥》这部只写了两幕的剧本，数十年后重写，爸爸说，这并不容易，也需要重新回忆、积累过去的生活。要把许多往事回忆起来，就要到原来的地方走走，还要访问一些人，把过去的地方、人物、事物，重新熟悉起来。因为当年的人物已经模糊，细节、语言已经淡忘。当时的时代、社会情绪氛围，包括自己当时的思考、感触已经疏远了。1983年，爸爸最后还是决定放弃此剧，他这样说："《桥》不想写了，不想美化工业资本家，要写也得重选角度，写知识分子的题材。但是，这对我来说，是太难了！"（田本相《曹禺访谈录》149页）

工农兵爸爸写不了，新的时代精神他同样写不出。爸爸的创作面临尴尬的境遇，他曾十分痛苦地表白："我不愿意写旧的东西，写新的又写不出来。"（田本相《曹禺访谈录》25页）1994年9月3日，他在给李玉茹阿姨的信中无奈地表示："我就是愁，一病几年，与社会、与人群隔离，不知现在人的生活，能写出什么呢？这使我很苦闷。我多年如此，一提写作，但无勇气，不知写什么，觉得肚里空空、脑子里空空，能写出什么东西来呀？"同样一种意思，1952年他也曾说过："一个人在精神领域中到了'贫无立锥之地'的当口是多么痛苦！"

不知怎的，这时的爸爸令我们悲哀痛惜，不由得想起《日出》中的那句话："太阳升起来了，黑暗留在后面。但是太阳不是我们的，我们要睡了。"在艺术的天空下，爸爸的处境是不是也落到这个地步？工农兵文艺新天地的阳光升起来了，黑暗的旧生活、旧人物，包括鞭笞他们的人已留在了后面，这是爸爸的悲哀！

内心深处的疑虑　在反思中，爸爸谈出的意见和主张，虽然比较大胆，心情也舒畅许多，但是，看得出他内心深处仍然存有疑虑，这是爸爸挥之不去的心结。

我们在他的谈话中看到这样一些内容："生活里的事实是怎样、作家感觉是怎样和应该是怎样，这三者在创作中，一般是统一的……有些作者常常在生活中感受到了某些东西，也激起了强烈的写作欲望，但是一考虑到有些读者提出的'应该是怎样'的问题，往往就写不畅了。"（《曹禺全集》七卷282页）爸爸还说："有时自己对某个问题很有感触，动笔写起来，写着写着，却又觉得恐怕不太妥当，就停了笔，自己给自己念'紧箍咒'。"（《曹禺全集》七卷434页）

爸爸希望："批评的关口可以把得松一点，出些坏作品不要紧，将来它自然而然会被淘汰的；但是，如果把得太严，把可能写的作品也堵回去了，那就得不偿失了。"（《曹禺全集》七卷287页）

我们总觉得，在爸爸因"不想美化工业资本家"而放弃写作《桥》背后，还隐藏一个深层的原因，就是担心受到"应该是怎样"的批判。

比如，《桥》中的工业民族资产阶级在新中国成立前夕受到官僚资本"四大家族"的欺压而起来抗争，是进步的。但是到了新中国成立后，尤其"文革"后，还写这一段，害怕"美化资本家"的罪名扣下来，早晚要挨批，还是少找麻烦。

爸爸仍心有余悸，"不妥"是他常说的话。他表示，写作起来总觉得有一只无形的手在把着他，令他觉得"不妥"而不敢落笔。

戏剧是爸爸的生命，十七年的政治运动、极左思潮和"文革"对爸爸创作心理的摧残是可怕的，在他心灵深处留下了无法治愈的创伤，令他心惊肉跳，万念俱灰。

他说，"文革"中被关进牛棚，每天挨批挨斗，被逼招供，一直搞得他神志不清，最后，"不但别人相信，甚至连你自己也相信，觉得自己是大坏蛋，不能生存于这个社会……不要写戏了，情愿去扫大街，这种思想上的折磨比打死人还厉害"。（《曹禺全集》七卷 310-311 页）当时爸爸的思想混乱极了，真的认为他的作品全错了，都是毒草。他说："我曾经下决心从此不写任何东西。如果有一天我能够活着出去，就去扫地，天天扫，直到抱着扫帚离开人世。"（《曹禺全集》七卷 323 页）他说，令人恐惧的是，那时候，连不看、不演样板戏都是政治错误。

"四人帮"倒台很久，爸爸仍常在梦中，在种种心境下的随笔里，回忆起那段难以抹去的日子。1986年爸爸写了一首名为《魔》的诗（《没有说完的话》417页），重现了创作上恐怖的梦魇，濒临灭顶之灾的挣扎与苦难。

诗中有猛压头顶的风吼，滚响的雷、暴雨横扫着哆嗦的莽原草。地上喷出火，洪水泛滥。大地在颤抖，高楼、石头塌下来，掩埋了全身，泥水塞住了喉咙。忽然，云里垂下龙的黏糊糊的长舌和尾巴，像无数的钩，钩住眼睛、心、耳和手……这就是爸爸心中将创作捆绑、钳制、上了镣铐的"魔"！

在《如果——病中偶作》（《曹禺全集》七卷415页）一诗中，爸爸写了禁锢思想的"盔甲"，传出令人窒息的压抑和愤懑："如果大家戴着盔甲说话，我怎能亮出我的心，如果我的心也戴着盔甲，火热的心怎敢与我接近。"接着诗作突然转折，发出真情的抗争，燃烧起火焰般的热望："可以放下一切戒心，再不要有什么怕，让炽热的真情把我燃烧，情愿被火焰烧化。我愿死一万次，再不愿终身这样担心害怕，存有戒心。"

热爱自由、厌恶束缚是爸爸自幼的艺术天性，他只求一片辽阔的天空、心无羁绊的创作天地任他自由飞翔、挥洒。艺术创造被束缚的他是多么痛苦，他多么渴望自由、热盼自由地创作啊，多么想在生命日暮时再畅快、淋漓尽致地写一场，享受一次创作的极乐时光啊！于是，在诗作《魔》的最后，爸爸再也忍不住，向"魔"高喊："来吧，我不怕，你压不倒我！"他面向地平线上升起的太阳，发出心中的呼声："我是人，不死的人。""我是阳光照着的自由人！"

黄永玉的信　不可数量的珍宝　1983年3月，爸爸收到画家黄永玉的一封长信，这是他漫长反思中最珍视的一封信。黄永玉在信中开门见山地说："你是我极尊敬的前辈，所以我对你要严！我不喜欢你新中国成立后的戏，一个也不喜欢。你的心不在戏里，你失去伟大的通灵宝玉，你为势位所误！从一个海洋萎缩为一条小溪流，你泥淖在不情愿的艺术创作中，像晚上喝了浓茶，清醒与混沌之中。"

写到这里，黄永玉引用了莎士比亚《马克白》中的一句话："醒来啊马克白，把沉睡赶走！""你知道，我爱祖国，所以爱你。你是我那一时代现实极了的高山，我不对你说老实话，就不配你给予我的友谊。"

13天后，爸爸回了信：

收到你的信，好像一个一无所有的穷人，突然从神女手里，得到不可数量的珍宝。

……你指责我三十余年的空洞，'泥淖在不情愿的艺术创作中'，这句话射中了要害，我浪费了成熟的中年，到了今日这个年纪，才开始明白。

……但我仍在朦胧半醒中，心里又很清楚我迷了路。但愿迷途未远，我还有时间能追回已逝的光阴。天下没有比到了暮年才发现走了太多的弯道更痛心的了。

……我时常觉得我顾虑太多，又难以抛去，这已成了痼习。但是如果不下决心改变，所谓小溪再汇为沧海是不可能的。

你像个火山，正在突突喷出白热的火岩。我在你身边，是不会变冷的。

……但真使我惊服的，是你经过多少年来的磨难与世俗的试探，你保持下你的纯朴与直率。

　　……在我疲乏时,在我偶尔失去信心时,我在你的信里看见了火辣辣的词句,它将促我拿起笔再写下去。在我想入歪道,又进入魔道,'为势位所误'时,我将清醒再写下去!

　　黄永玉深刻尖锐、直言不讳的批评,肝胆相照、淋漓尽致的语言,像重鞭,像烈酒,又像一股清泉、一夜知己的长谈,虽令人感到疼痛、火辣,但它知人之明的通透洞察、体念苦衷的理解领会,透入了爸爸的心坎,拨动了心弦的共鸣,射中了心病的要害,回应了他痛彻的反思,传递给爸爸的是温暖、清醒和力量,使他感到前所未有的痛快。他把这封信视若珍宝,一页一页端正地放在照相簿,随时翻阅,剖析自己,敦促自己,也坦然地与亲人朋友分享、交流,甚至在会见美国戏剧家米勒的时候,念了这封信。

痛切的历程

　　"失去的",有的永远失去了　　久久地反思,心中的谜团得到了解答,但是,爸爸感到,这种解答并没有给他带来什么快活,没有,一点都没有。相反,却带来了沉重,因为它是多么的悲凉,多么的苦涩,多么的迷惘,多么的无奈,又是多么的痛惜!

　　从虔诚走回求实,从盲目崇拜、重复别人到独立思索,从条条框框的牢笼返回广阔的自由世界,他找回了自己,发现过去和现在的自己确实不同了。在1981年5月31日给李致的信中有这样的话:"《原野》重读,使我惊异昔日胆子确大,今日都大不如从前了。"

　　爸爸突然醒悟,自己失掉的是过去写东西时那种无与伦比的自信,他说:"那股自信早已不知去向,不知为何物了。"他不再有畅快地想、无拘无束地写的勇气,被捆绑、被束缚下的自己,如黄永玉所说:"从一个海洋萎缩为一条小溪流。"他为没有说、不能说、不敢说的真话而痛苦,他为做了不愿意做又不敢不做的违心事而沉重、自责,更为未能写出自己满意、足够数量的作品而痛心疾首。

爸爸23岁到39岁的16年里写了6部作品。新中国成立后，以爸爸比较保守的估计，应该写出20部。黄永玉在1983年信中向爸爸提出，以后再写20个剧本，如果"需要出点力气的话，你差遣就是"。实际上，在后面的47年里，他只写了3部，还是他不愿提及的。这是爸爸一生最大的悲剧！

爸爸对事物敏锐的洞察力，对人物和人生的激情，对不平、不公正发出呼喊的渴望，被抹平了，被磨光了，被麻醉了；他最年富力强的一段生命，在无休止的社会活动中消磨荒废掉了，"大棒"和"紧箍咒"禁锢着爸爸的才思，他不敢写，写不出。正如他自己所说："我就总是有东西坠在心里，心里坠着东西就写不出来。"（田本相《曹禺访谈录》序二2页）爸爸的创作心理被摧毁，是他最大的悲哀。

更大的灾难是"文化大革命"，爸爸在磨难中生活了十年。他目睹各种人物的表演，看到人性丑恶和残忍的一面，也经历了当人们不再受法律和人性、良知约束时的愚蠢和疯狂，体验了黑暗中走投无路的绝望，精神上留下了致命的创伤，"人好像被抽空了似的"。从心惊肉跳、战栗到麻木，爸爸被绝望和恐惧压垮，留下枯槁的身心。他甚至分不清自己是"好人"还是"坏人"，是处于"白天"还是"梦境"，丧失了起码的自我认知。

经过长期的疗伤，有的"被抽空"的东西回来了，有的却永远失去了。爸爸对比写《日出》"确实有一种锐气，年轻气盛"的"那时"，感到"失去"的痛苦。无比的自信、才思和激情，已磨损掉了。在以后慢慢衰老的过程中，无论爸爸如何努力，再找不回年轻时写作的感觉和极乐时光，他再也写不出好东西了。

最后的努力，"失去的"仍没有回来　回顾一生，越是明白就越是痛苦，他有太多的苦楚、太多的遗憾。他说他对不起这个人、对不起那个人，然而，他心里觉得最对不起的还是他的读者、他的观众，他觉得自己写得太少了。"写得少"成为晚年困扰他的最大痛苦。他就是在逐渐明白的痛苦中，带着"来不及挽回的痛悔"走过人生的最后阶段。

从给我们的信里，隐约可见爸爸这段心路历程。

爸爸心里始终燃烧着写作的欲望，"老之将至"（以后是"死"）像咒符一样伴随他、驱赶他。1981年9月6日爸爸给黛黛的信中说："今年秋末冬初要坚决辞却这一切琐事，专门写戏……不能再荒废时间。我到八十几岁，这十年间，定要写出一点像样的剧本……我的心思是急如星火的。"1981年底爸爸又写道："还是忙，但，孩子，我将在最近三月内停止这些活动。我要写戏！已经七十一岁了！"

1982年7月26日的来信中，看出爸爸仍在自责和决心之中挣扎："我现在定下心，专力写作。过去三十余年多浪费过去，今日定将有生之年，做自己力所能及的创作……希望再能活十年，若能写一二好东西"，为的是"我深深爱着的国家和人民"。

当然这种时候也曾昙花一现，热情回来了，灵气出现了，爸爸珍惜万分，马上拿起笔。他在信中说："我多年没有这种感觉，没有这种创作的欲望了，难得能写、想写，这对我来说是一刻千金的时候。"但爸爸重新开始的努力，还是渐渐消失在岁月的磨损和衰老中了。

如前所述，爸爸构思新作时想到过孙悟空，这个机敏、幽默、无所不能的民间形象为什么挑起了他创作的欲望呢？爸爸回忆年轻时说过："我最感兴趣的第一本书是《西游记》。《西游记》教给我会幻想。我喜欢孙悟空。他本领很多，既大闹天宫，又能战胜妖魔鬼怪，谁也不在他的眼下，我对这个人物最感兴趣。"但是，"大慈大悲的观音菩萨把紧箍咒（应为金箍，编者注）戴到孙悟空头上之后，把他降伏住了"，"这个有无限神通、了不起的孙悟空就显得非常可怜了"。

"文革"后写孙悟空，爸爸想要新意，放开写。一次，爸爸给人艺艺术家苏民打电话说有急事请他来家里一趟。苏民到后，爸爸急不可耐地向他讲了自己欲写孙悟空的想法，神聊了孙大圣的无拘无束、为所欲为和胆大包天，还兴致勃勃地向苏民透露了自己构想的一个小小细节：孙悟空不仅大闹天宫，敢"在太岁头上动土"，临走时还放肆地就地撒了泡尿。讲完，爸爸得意地大笑起来。孙悟空神通广大、勇敢智慧的风采和上了金箍后一筹莫展、无计可施的困窘，与爸爸的反思、亲身经历碰撞着产生灵感，他要大胆地想象这个多彩、多面的人物，写出深刻的共鸣和思考。

1982年至1984年，爸爸到上海收集材料，重新拾起后又放弃《桥》的创作，他抱怨自己说："我总有一种感觉，我走得太累了，我有些走不动了！"（田本相《曹禺访谈录》149页）

笔在手中，可写不出字。他说，"不是害怕，就是不对头"，"昔日那种信心充足、脚步踏实"难以恢复了，"不知什么时候再出来那个劲头，可是像是不大行了"。多年的磨难，特别是"文革"无情的精神摧残，使爸爸真的"走不动了"。

在1984年10月3日给黛黛的信中，爸爸没有将之推诿于时代的灾难，而是陷入自责的深深痛苦："我目前是不安的，回想一生……浪费几十年，悔恨莫及……然经常写不出，其痛苦，难以形容……我只有下决心再干几年，即使无所成，也没白度过即将逝去的晚年。"

1985年5月28日给黛黛的信中又写："我一生所写不多，到了晚年，才明白不只学识不足、修养不够，连笔都拿不动了。当然，还是想有所作为，不甘于赖在人民与国家身上，成为累赘。但努力情况，大不如前，心有余，力不足，事倍功半。"此时爸爸"心绪不太好"，他说，"究竟能否在生前写点什么，都不得而知了。"

可爸爸并不情愿，心情很矛盾。一年之后，他还在信中写道："我老一点，但是不甘心就匆匆地死去，希望能写一点东西，哪怕非常不像样，也没有关系。人不是为'名'活着，而是为做一个真正的人活着。"（1986年1月23日写给黛黛的信）

在以后的信里，爸爸心中的火并没有熄灭。

> 我七十七了，但仍想找个清净的地方，"做自己愿意做的事"，我的时间大约不多，颇有点紧迫感，我已经浪费几十年的光阴，很想补补失去的好时光。
>
> 我最近写了两句话来促迫自己：
> "知过犹未晚，求实正中天。"
> 只是精神与体力差，但最后如能拼搏一下，也许还能做点实在的事。
>
> （1987年1月5日写给黛黛的信）

正是在1987年，爸爸按照自己的意思重新编排《离骚》中的几句诗，写成条幅挂在墙上警示自己："日月忽其不掩兮春与秋其代序。惟草木其零落兮恐美人之迟暮。泪余若将不及兮恐年岁之不吾与。"爸爸不无感慨地解释道:"屈原为自己没能来得及为国家做些什么,可时间却飞快流逝而悲哀。"我们知道,爸爸这不仅是在讲屈原,更是在讲自己。多少次,他对我们说:"真没想到,我都八十多岁了。"话里包含着无奈,更多的还是惊回首,看到生命即逝的恐慌。

这种心情贯穿爸爸最后的时光。1995年春节,全家在木樨地家里团聚,爸爸看着围绕在身边年轻的孙辈,情之所至,又讲起《离骚》的这几句诗。昭昭的儿子唐迎坐在地上听得入神,后来腿麻了,一看表才发现,这堂课一下讲了一个多钟头。爸爸讲完问唐迎有什么感受,唐迎回答,屈原吃喝不愁,是士大夫的拈花弄草、无病呻吟,也算是"少年维特之烦恼"。爸爸马上反驳说"不是",并再次强调说,这不是"少年维特之烦恼"。他说,屈原当时身体不好,精力也不行了,看到山河破碎,前面的时间不多,自己无能为力,感到无尽的悲哀。爸爸像是在说自己,感叹道:"你们年轻,不能理解老年人的心情,自己想做的事情很多,可没有时间了……"

爸爸又问"恐美人之迟暮"中的"美人"指的是什么,仿佛猜到年轻人的回答,他说,这里指的不是漂亮的姑娘,而是世上所有美好的事物。他进一步说,对于人生,真正的"美人"是青春。这时,一种青春不再、时光流逝的"恐慌"出现在爸爸的眼神里。他边想边说:要做的事很多,"心"还在,只是留下的时间太少了,太少了。不甘、不舍、悔恨,又绝不放弃,爸爸的心在挣扎着。爸爸解释的这个"恐"字,包含着多么复杂的情感、多么深刻的内涵啊。

王佐断臂,悔恨悲哀 黛黛记得最后一次看见爸爸,分别时,他坚持拄着拐杖送到电梯,最后提出一个难解的问题:"黛黛,你说我还能写东西吗?"他的眼神里充满期待。这些年,爸爸多么想重新拿起笔,写出那些在他脑子里积累、活跃了很多年的人物。"再写"的强烈愿望,支持着他多病、衰老的身体继续活下去。看着爸爸,黛黛心里难过极了,这时绝不能伤爸爸的心,她憋住了快流出的眼泪,说:"爸爸,你能,一定能的!"

可爸爸不能了,像王佐断臂,再也写不出来了。他说:"明白了,人也残废了,大好的光阴也浪费了。让人明白是很难很难的啊!明白了,你却残废了,这也是悲剧,很不是滋味的悲剧。我们付出的代价太多太大了。"(田本相《曹禺访谈录》

序二2–3页）爸爸痛彻心扉。

情况越来越不好，爸爸写道："我连信都写不出，写文章更难了。"他发现自己"怎么越来越没有力气，连手都抬不起来了"。

1993年1月28日的信中说，他"终日疲乏，总需要吸氧气"，信中有的字迹已不大清楚，难以辨认。

以后，爸爸的病更重了，无力提笔写字。玉茹阿姨代笔给黛黛写过六七封信，还附了照片，亲切、实在，传递着爸爸的温暖和生的信息，一切如在眼前。爸爸有时在信中附笔几句或在信封上写地址。从潦草，甚至是扭曲的字迹，看得出爸爸的手在发抖，活得十分艰难。

1996年12月13日，爸爸走了，我们赶回北京，见到的是冷气弥漫中的爸爸，看着他的生命最后努力化作缕缕青烟，在晴空中升起。后来，收到玉茹阿姨寄来的病理诊断书，以及爸爸在万安公墓长眠的照片。

爸爸走了，他终于可以放下晚年"写不出"的折磨和痛苦，带走无数未能燃烧发光的"心中的宝贝"。天才未尽，爸爸走得悔恨、悲哀。

9

爸爸和我们

我们的奶奶

在家庭里，除了爷爷，奶奶薛咏南可以说是对爸爸有十分重要影响的人。妈妈说过，爸爸和她约会，第一个说到的人就是奶奶。他们相爱之后，爸爸立即带妈妈回天津见奶奶，奶奶喜欢得不得了。

初见奶奶　骨肉情深　1950年8月，黛黛从福州到北京找爸爸的旅程突然在天津结束了，爸爸在天津站接女儿，说到北京前一定要先见奶奶。

还没来得及和两年没见的爸爸相处就要去见未曾谋面的奶奶，黛黛有点局促不安。那是天津文兴里13号，过了狭窄、陈旧的楼梯，走进光线不足的两间小房。临街的一间，一张老式的大床占据了主要空间，屋子更显狭小，破旧的家具拥挤着，空气好像停滞，有点陈腐的味道。

瘦小的奶奶满脸笑容地迎接第一个孙女。在爸爸示意下，黛黛恭恭敬敬地向奶奶问候、行礼。奶奶拉起孙女的手，从上到下打量着，看得出她是相当高兴的。妈妈多次说，奶奶是个有气度的女人。上了年纪的奶奶依然有一种说不出的吸引力，加上她有神的眼睛与爸爸有几分相似，黛黛一下子觉得亲近了。

这时，奶奶叫着"世慧"，黛黛惊愕地看着爸爸，爸爸不作声，奶奶连忙解释："你这一辈，中间以'世'字排行。你的堂哥叫'世雄'，我给你取名叫'世慧'。"可爸爸从来没告诉过黛黛这件事，也没做什么解释，只是对奶奶说："叫她黛黛吧。" 爸爸未遵从母命按家庭传袭的"世"字给女儿取名，奶奶对此没显露出一点不高兴。早就听妈妈说过，奶奶对爸爸十分溺爱，也特别宽容，从来不说爸爸，由着他的性子来。

奶奶早已从过去的小洋楼里搬出来。但即使在这败落的小户里，仍能隐约感受到爸爸童年时代家庭沉闷的气氛，他不喜欢，他不快活，躲开吸着烟枪的父母、哥哥和令他厌恶的官宦、客商，在自己的小屋里读书。

黛黛的目光停在墙上一个长方形的镜框上，里面有十几张发黄的特写照片。原来是爸爸！他快乐，痛苦，兴奋，沮丧，羡慕，渴望，献媚，震怒，大哭，大笑，轻蔑，甜蜜，烦躁，沉思……凡是你能想到的表情，都在上面了。每张照片上都有那双传神的大眼睛，像一道道奇光异彩，把这阴暗小屋照亮了。

黛黛惊呆了，奶奶得意地说："这是你爸爸十一二岁时拍的照片，那时候他常对着镜子一会儿哭，一会儿笑，什么样子他都能表演，什么'丑'他都敢出，就是入迷了。"照片久久地吸引着黛黛的目光，她突然明白，就在这个家里，在这个白皙、清秀的老太太不经意的引导下，爸爸对戏剧的喜爱和才能萌发了。

以后，奶奶让伯母刘志贞（万家修的遗孀）包饺子，做天津菜。好几天旅途的疲劳加上肚子里空空的，黛黛一上桌光顾着吃饭，什么都没注意，吃饱就躺下，一觉睡到大天亮。又是奶奶的安排，由伯母带着黛黛出去买早点。在熙熙攘攘的斜街上，蒸腾着热气的小摊目不暇接，伯母买了天津的肉饼和大麻花。

黛黛狼吞虎咽地吃起来，奶奶不吃，一直看着孙女，看得黛黛都不好意思了。最后，奶奶满意了，连说："黛黛像添甲（爸爸的小名），像着呢。"黛黛吃着美味的天津肉饼，听着奶奶的话，心里暖洋洋的，第一天的生疏感消失了。她想，走了那么远的路，终于回到家了，这个家里有奶奶，第一次见面就疼爱自己的奶奶。

1954年爸爸带黛黛再次看奶奶的时候，奶奶的子宫颈癌已到晚期，身形枯槁，不时痛苦地呻吟。视奶奶如母、一辈子尽忠尽孝的伯母刘志贞侍奉于病榻边，屋里的气氛沉闷、压抑，空气好像凝固了一样。

妈妈曾经告诉我们，万家人说这对孪生姐妹个性迥然不同，亲生奶奶敦厚、实在、言语不多，而奶奶薛咏南十分聪慧、乖巧、伶俐，方方面面都应付自如。

抗战后爸爸到了重庆，再没有见过奶奶，现在看到奶奶病入膏肓，忍受着癌症侵蚀肌肤的巨大痛苦，爸爸沉浸在负疚之中。多少往事沉甸甸地压在爸爸的心上，他更加沉默寡言，一直呆呆地站着，表达对母亲的尊敬，木讷地做任何他能想得到的事情。据奶奶的干女儿邹淑英说，之前爸爸听到奶奶病重，虽在赶写剧本，仍马上回天津，铺上一张席子睡在母亲的床前，尽心服侍，空闲时继续写作。

那年12月，奶奶去世。安葬之后早春的一天，爸爸向黛黛的学校请了假，带着她赶到火车站。爸爸的脸色很不好看，不说话，不像平时对女儿温和、体贴的样子。黛黛知道，爸爸真的是太难受了。想到奶奶的好，黛黛哭了，爸爸轻轻擦去她的眼泪，只说了一句话："孩子，不哭，不哭。"

那是个大风天，黄沙弥漫，下了火车，爸爸领着黛黛深一脚浅一脚地走在天津郊区的荒野中。几次女儿累得走不动了，爸爸不说话，拉着她的手继续走下去，走了很长很长的路，才到达墓地。

疾风劲草中，一个普通的墓碑上刻着"万薛咏南"几个字。爸爸"扑通"一声跪下了，双手支撑着全身匍匐下去，恭恭敬敬地连磕了三个头，每次前额直叩土地，当他站起的时候，双手和额头沾满黄土，眼里充满泪水。在这三个磕头里，爸爸似乎把自己对母亲的全部感情宣泄出来。原来一路沉默无语，就是等待着这个时刻向一直疼爱自己的母亲，向在童年时把自己领进戏剧大门的人，虔诚地拜跪、深深地感恩。女儿被爸爸惊呆了、感动了，赶紧学着爸爸的样子，也向奶奶的墓连磕了三个头。

回去的路上风更大了，爸爸仍然不说话，沉浸在与母亲死别的悲痛中。以往家庭带给他的苦恼和不快淡去了，留下的是三岁起母子的戏剧渊源和母亲对他视如珍宝的疼爱，这可能是他的名字"家宝"（万家之宝）的来由。爸爸早年丧父，母亲靠不厚的家产孤身一人把他养育成人。这份恩情他没有报答，就眼睁睁地看着母亲这么痛苦地离去，爸爸的心揉搓碎了！

温暖的奶奶家 1953—1959 年,昭昭是在当时设在天津的中央音乐学院少年班、附中度过的。同学们都知道,每到周末万昭要回奶奶家。来天津就读前,妈妈嘱咐昭昭周末要常到奶奶家看看。妈妈说,爷爷去世后,奶奶一个女人仅靠一点积蓄,与伯母刘志贞相伴,维持一个破败的家几十年。周末为了昭昭回家,奶奶和伯母准备了很多好吃的,印象最深的就是美味的天津肉饼,不知道放了什么东西,有一种很诱人的特别的味道,和北京的馅饼完全不同。那时天津常停水,伯母用大澡盆存水,小小的厕所闷气昏暗,澡盆也已锈黄,但里面却养着活蹦乱跳的鱼。昭昭一来,伯母就烧一大条鱼,鲜美非常。晚上,伯母为昭昭铺上浆过的干净床单。

奶奶那时已患癌症,昭昭清楚地记得奶奶在围着蚊帐的旧床上发出的痛苦呻吟。剧痛难以忍受的时候,奶奶可怜地呼唤:"妈妈耶!妈妈耶!"

伯母刘志贞总在奶奶床前伺候抚慰,不诉苦,不叫累。当时没有现在女人用的卫生巾,甚至连卫生纸都没有,伯母用旧布做的尿垫浸透了子宫癌的恶露,都是亲手清洗。和奶奶共同生活几十年,伯母是奶奶最孝顺贤惠的儿媳妇,奶奶很少叫她的名字,总是唤她:"我的儿!我的儿!"

奶奶病逝后,伯母拖着照顾婆婆累垮的身体给昭昭做新大衣的情景,至今历历在目。儿时我们生活在南方,没有棉大衣,到京后一直穿的是之前美国救济总署发的救济品——一件灰布、铁扣子、领子一窄条的所谓棉大衣。提起它来,光下一照,棉花一坨一坨,到处漏光,只是两层布。穿这样的大衣过冬当然很冷,昭昭的手脚每年都长露出骨头的冻疮,总是缠着厚厚的纱布。伯母见状,给昭昭做了一件当时很正规、很像样的棉大衣,藏蓝色,双排扣。伯母手艺很高,做的像买的一样,昭昭特别喜欢,非常爱穿。

堂哥万世雄当时是天津大学电机系学生。他有一副好嗓子,抒情男高音,是天津大学生合唱团的成员。这个合唱团的水平很高,一直由中央音乐学院指挥系的老师指导。堂哥不但爱唱歌,而且唱得很好。他周末回家,还没进门,就从楼下传来了优美的歌声。这时伯母就会说:"你哥哥回来了!"

堂哥对昭昭非常疼爱,经常陪她聊天,还给她讲了许多科学知识,比如原子弹爆炸的原理和威力,让昭昭知道了有一种叫"中子"的东西在原子弹爆炸中的作用。昭昭这个学艺术的科学盲，最早的"尖端"知识都是堂哥教的。他还辅导昭昭做功课。在音乐学院附中学音乐，所有普通中学的课程都要学，加上音乐专业课，足有十几门，学习生活非常紧张。周末回奶奶家，昭昭总要带一大堆作业去做，碰到不懂的几何、物理题，就请堂哥讲解。

与天津万家的亲情纽带，紧紧联系着我们下一代，我们永远不会忘记。

爸爸的爱

初到北京，也许因为一次次分离，爸爸尽量弥补、表达对我们的爱。

1950年8月，黛黛为了考中学，从福州先来北京。爸爸总是想方设法抽出时间，哪怕只有一两个小时，也要陪女儿。考取贝满女中住校后，黛黛每周两三次听到校工王奶奶隔着大院向学生宿舍喊："万黛，你爸爸的电话。"黛黛飞跑到仅能容下一个人的电话间，听到爸爸温和的声音。周末，爸爸带着黛黛玩景山、北海、琉璃厂、颐和园……当然去得最多的是东安市场（现在的东风市场）。

那时的东安市场一进北口就是各种小工艺品，比如一群群料器小动物、骨制的茉莉花项链……黛黛看呆了。爸爸一下看透了女儿的心思："是喜欢吧？"那时黛黛和爸爸还有点生疏，她挺懂事的，连说："不要，不要。"爸爸是个敏感又细腻的人，他拉起黛黛的手，眼神里充满着对女儿才有的慈爱："黛黛，你喜欢，爸爸给你买。"爸爸的手柔软又温暖，黛黛突然感觉：我有爸爸了！我可以撒娇，我可以要喜欢的东西！黛黛挑了两群小动物（鸭妈妈和四个小鸭子、猪妈妈和小猪仔），一把攥在手里，连售货员打包时都不撒手，爸爸看着笑了。

走到冰棍铺门口，黛黛"走不动"了。爸爸知道黛黛一定是想吃草莓、奶油冰棍了，问她想要几根，黛黛算了算，一根一毛钱，便吞吞吐吐地说："两根吧？"爸爸左掏右掏才找到钱，一下买了五根。这一次黛黛可把冰棍吃足够了，高兴得不得了。爸爸不知道对孩子的吃要做什么限制，他就是这样宽松。

1951年爸爸妈妈离婚，爸爸对我们说："我对不起你们。"我们能感觉出他的加倍呵护。他尤其关注我们的感情变化，想着办法让我们高兴，经常带我们出去玩，到东安市场里的五芳斋吃蟹黄包子，到市场外的森隆餐馆吃炸春卷、宵肉。爸爸从不讲究吃，这完全是为了我们。

一天中午刚下课，校工王奶奶来找黛黛："你爸爸在门口等你。"一出门口，看见爸爸站在雨雪的泥泞里，打着雨伞，眼镜上流着雨滴。爸爸有点着急地说："快走，我带你出去吃顿饭，在你下午两点上课以前赶回来。"原来爸爸约了青年艺术剧院院长吴雪吃午饭谈事，特地选了个离学校近的饭馆，为的是看看黛黛。

生怕黛黛被雨雪淋着，爸爸给黛黛打着伞，一路问着学校老师同学的情况，突然，黛黛觉得雨雪打在脸上，一看，雨伞几乎从爸爸的手中滑落下来，他双眼凝神沉思，脚步拖沓，泥浆溅在裤脚上、鞋上——爸爸又走神了，他在想什么呢？

爸爸工作太忙了，但他总是抽出时间陪我们，常常把我们从家中约走。"万黛，你爸爸让你回电话。"胡同里公共电话站的大娘站在门口，向着四合院大声喊，这是左邻右舍听惯了的传呼。黛黛急忙走到电话站，爸爸在电话的那一端约好时间，带我们出去或者让我们去拿票看节目。

爸爸喜爱运动，在会议或工作的间隙打网球、游泳。他把我们约到有运动场的地方，给我们买点三明治或其他简单的食物，边吃边看他打球，有时也让我们和他一起游泳。

爸爸也很喜欢带我们去吃"大锅饭"。一次，带昭昭去东来顺吃涮羊肉，还是那种大锅涮，一桌十几个人，什么人都有，互不相识，围在中央一个特大型的火锅四周，在铜片分开的隔断里，大家一起涮，一通涮。刚开始昭昭有点发怵，爸爸一边招呼她："吃吧！吃吧！"一边大口大口地吃起来，他不嫌脏，吃得满头大汗。和老百姓一起吃喝，爸爸很顺心、习惯。

每次饭后，爸爸总要问我们还想吃什么，我们姐妹也总是异口同声地喊："糖葫芦！"当时东安市场里有一处特别棒的糖葫芦摊。走进市场北门不远，东西南北四条商店通道的交集点留出一块地面，四面设有摊架，摆着琳琅满目、水灵新鲜的各式糖葫芦，用山里红、葡萄、橘瓣、荸荠、山药或山里红夹豆沙瓜子仁做成。摊上还有用蓝花大瓷坛子和盘子装的榅桲、红果汤、山楂糕、豌豆黄、酸枣糊、艾窝窝等。我们不但买了当时就吃，爸爸还让伙计用木皮（当时全用木皮包装）再包几串给我们带家。我们也会为妈妈挑一串她爱吃的山药糖葫芦。爸爸说，看着我们吃得高兴,他心安了许多。有时,爸爸还要买上刚炸好的奶油炸糕,说:"带回家和妈妈一起吃。"热乎乎、又甜又香的奶油炸糕对我们的诱惑力太大了,我们拿起就吃,爸爸笑着说:"吃吧,趁热吃吧。"

和爸爸分手的时候到了,我们心里难过,又不愿表现出来,可爸爸能看得出,轻声说:"回去吧,不要让妈妈等着急了。"我们说:"妈妈不着急,她愿意我们和爸爸多待一会。每次出门,妈妈比我们还高兴,总催我们赶快走,别耽误。"听到此,爸爸的眼神里有忧郁,还有什么说不出、让我们感动的东西。爸爸没说话,最后叫了一声:"我的好女儿。"还是爸爸那双柔软又温暖的手拉着我们,把我们一直送到金鱼胡同口。

我们爱糖葫芦,无论走到世界任何地方,我们都没有忘记它,它里面有北京,有爸爸,那个还很年轻、充满情感的爸爸。

黛黛十二三岁的时候,妈妈到四川参加土改了。一个星期天清晨,才七点多钟,爸爸突然来了,把黛黛从被窝里拉出来,匆匆赶到儿童剧场,看一个艺术团出国前的审查演出。爸爸为此工作了好多天,那天早上还在忙。民族舞蹈、民歌、杂技、红绸舞,看得人眼花缭乱,竹片放在嘴里"说话"的口技更是令人称奇。它以一种拟人的声音吟唱着:"打花巴掌得三月三,小赵他参加志愿军……"新鲜、神奇、魔术世界般的舞台让黛黛看入神了。

女儿一面看一面想:爸爸怎么改行干这些事了?她不懂。爸爸全神贯注,看得出他很紧张,直到演出成功谢幕才放松下来。后来我们慢慢知道,那时爸爸要做很多杂事,工作特别辛苦。他那么忙,可有什么好玩的、好看的,有什么好事、机会,总是想着我们。

爸爸带我们去看外国艺术团体的演出,看内部电影,或者把票让给我们去看。爸爸没有什么清规戒律,从不对我们做什么限制,什么电影、什么书我们都可以看,让我们多见识,开眼界,自己去思考、分辨。比如《红与黑》《巴黎圣母院》等内部电影都是我们初中时看的,因为爸爸自己就是自童年起就随意看书、看戏,不受约束。

尽管爸爸不喜欢应酬,也不主动与人交往,但对我们的要求总是欣然应允,他喜欢和孩子们在一起。20世纪50年代初期,读语文课本里高尔基的《海燕之歌》，我们这群初中学生对这个满篇暴风雨和小动物的作品不能理解，请爸爸讲一讲。记得爸爸讲得很认真，他先介绍了1905年俄国革命前夜各种人的表现，特别说到革命者的英勇、乐观，使我们这些小孩子知道诗一般的散文里竟包含着这样伟大的东西。那个傍晚我们坐在后海湖边，爸爸有声有色地给我们朗读了《海燕之歌》。当时大风骤起，黑压压的云层翻滚而来，平静的湖面上高高地掀起浪花，我们仿佛感受到暴风雨即将来临的震撼和海燕的豪情。

爸爸有一套介绍莫扎特的唱片，里面有音乐，有解说。昭昭想把同学带到家里听爸爸讲讲，爸爸高兴地答应了。那天，爸爸一边听一边翻译唱片中的英文解说，他用丰富的知识把莫扎特的一生和音乐讲得生动感人。讲完之后，爸爸还请孩子们吃了馄饨。

20世纪50年代初，爸爸到过昭昭就读的驻地天津的中央音乐学院附中。同学们离家住校，一听说有父母来探视，都高兴得不得了，大家在宿舍里双架床上上下下、盘着腿、耷拉着腿，坐得满满当当。爸爸带来了刚出锅的糖炒栗子，孩子们边吃边说边吵闹，更是兴奋。突然，一个愣丫头喊道："曹伯伯，您和我们说说《雷雨》是怎么写出来的？"这个"傻帽儿"问题，把爸爸和大家逗得哄堂大笑。

有一次黛黛一个多星期没有爸爸的消息，打电话去，说是出国了。爸爸很爱黛黛，为什么离开北京也不说一声，黛黛很窝心。几天后爸爸来电话，黛黛生气不理他。善于体会、了解人的爸爸对此很敏感，他匆匆从城里赶到那时还是郊区的北京医学院看黛黛，和颜悦色地解释："爸爸这次走得太急，也粗心了，没告诉你，你是懂事的大女儿，千万别生爸爸的气。"声音里既有父亲的慈爱，又有朋友的平等、真诚。黛黛为自己的小气、狭隘害羞了。

爸爸从不说教，更没有训斥，他民主、宽容，给我们最大的自由，不勉强我们做什么，有点"无为而治"。记得中学时，有一天黛黛和几个同学玩到午夜以后才回家，妈妈非常生气，说她一个女孩子"没规矩"，"我管不了你，你去找你爸爸"。黛黛找到爸爸，哭哭啼啼地从头到尾说了一遍，爸爸很耐心地听完后，说："你不是已经知道错了吗？"女儿觉得委屈："我说我错了，妈妈还骂我。"爸爸边想边说："你下次改就行了，嗯，告诉妈妈，这是爸爸说的。"

读书是幸福

在我们的记忆里,爸爸总在读书,在家里,在汽车上,坐着,躺下,不分时间、地点,即便上厕所也带着书,常常读得忘记了时间,久久不出来。

看书对他不是负担,而是乐趣。他说,知识中有无限的幸福,到了一定年龄便知这是真理。我们常看爸爸读书,也聆听过他朗读,体验到他读书时的幸福感,真正懂得这句话的含义。

一次,爸爸阅读印度大文豪泰戈尔的《新月集》,翻看着小诗《花的学校》《恶邮差》……突然,他情不自禁地给昭昭念了起来。那是一首极为短小的儿童诗,名叫《金色花》。诗中描写了一个把自己比作金色花的小姑娘:"假如我变了一朵金色花,为了好玩,长在树的高枝上,妈妈,你会认识我吗?当你沐浴后,湿发披在两肩,穿过金色花的林荫,走到祷告的小庭院,读《罗摩衍那》,那棵树的阴影落在你的头发与膝上时,我便要投我的小小的影子在你的书页上,正投在你读的地方。"最后一句爸爸念得特别甜蜜亲昵,而后他放下书本赞叹,这是多么可爱的小孩、多么好的诗啊!爸爸完全沉醉在泰戈尔的艺术创造中,享受着人间纯真的情感和幸福。

爸爸以他高深的艺术鉴赏力使昭昭豁然领悟了这首诗对孩子恋母的娇态和稚嫩的童心描写得多么精彩,这一页小诗正是艺术中的好东西。由此,我们钦佩泰戈尔写人和驾驭文字的能力,感受到他艺术的魅力。爸爸念得实在太好听了,我们永远都念不出他那样,爸爸不是在念书,他用声音传达出了艺术的旋律、色彩和芳香,我们仿佛看见了那个天使般纯洁、可爱的小人儿,感受到母性的美和南国的芬芳,陶醉在他用声音展现的美好中。

爸爸看书很专心,很入神,环境的打扰、家人的呼唤,都难以把他从书的世界里拉出来。读到精彩之处,爸爸摘下眼镜,把书拿得更近,一字字细读;有时停下来,睁着炯炯有神的眼睛,一动不动,陷入沉思和遐想。

最难忘的是,七八十岁高龄的爸爸经受着严重的肾功能不全、重度贫血,以及冠心病等多种疾病的折磨,经常气短,极度乏力,长年吃着一般人难以忍受的低盐、低蛋白饮食,靠腹腔透析、吸氧维持生活。他的一只手已无力拿起书,只得双手捧着书,躺在病床上不倦地学习。看着爸爸专注读书的样子,看着爸爸实在没力气支撑而放下书本时不舍的眼神,我们感受到爸爸对书的渴望。

爸爸最忌浅尝辄止,对我们说,人的学识就像一个盛水的杯子,真正有学问的人是谦虚的,他学识的杯子很大,盛水很多,装多少水都不会自满溢出;有的人,肚里没装多少东西就漫出来了,说明他知识的容量很小,就像一个很小的杯子。

"文革"前相当长一段时间,爸爸几乎每个月都到内部书店看书、买书,他说,这是他繁忙工作之余的休息。公家借来的小书架装不下了,就请家具厂做了六个书柜,把小书房填得满满的,爸爸经常一个人在里面静静地读书,想看的书随手拈来,他很满足。

书是爸爸一辈子的伴侣,是他心中的阳光!"文革"中,书房被造反派封了,爸爸没有行动自由,忍受了长时间不能读书的痛苦和无聊。

"文革"后期,一个在新华书店工作的年轻朋友察世玺不时给爸爸买些新书送来。看到新书,爸爸对书的渴求终于得到满足。他抱着新书那个兴奋的样子,我们至今都记得清楚。察世玺成了那时最受他欢迎的客人。

被造反派贴上封条的书房打开时,从书柜里、堆积在地上和犄角旮旯里找出的各种文字的字典有20多本,很多字典、书籍已发霉腐烂,拿不起来了,爸爸的珍宝竟然成了一堆被霉菌侵蚀的粉末!黛黛去美国的时候,爸爸把幸存的外文字典都送给了黛黛,要她开阔眼界,学习外国语文。

喜欢查字典是爸爸一生的习惯。读外文书喜欢查字典,读到或说到不认识或发音不清楚的中文字,他更是一刻也不等,马上放下手中的事走到书柜前找字典,翻辞典,读《辞源》,非弄个水落石出不可。当查出字的发音和解释时,爸爸虔诚得像小学生一样,抱着字典连读好几遍。爸爸对未知事物的渴求感动着我们,字典放在信手拈来的地方随时查阅也成了我们的习惯。

爸爸自己喜欢书,也喜欢给我们买书。从我们童年、上学(小学、中学、大学),直到工作,他给我们买的各种书籍不计其数。

1947—1948年在南京,爸爸从上海给我们带来了很多小孩看的书,几乎每页都有插图,其中印象最深的是《儿童文库》系列。我们一下子掉进书堆里,看得入了迷。爸爸看我们这样喜欢，以后给我们订了《小朋友》等几种儿童刊物，并陆续寄来《儿童文库》新出的系列。孟母三迁、岳母刺字"精忠报国"、司马光砸缸救幼童、王充牛背读书，还有头悬梁锥刺股、凿洞取光、萤火虫照明等勤奋读书的故事，都是在书上看到的，是我们喜欢书的开始。

听到我们想要买书，爸爸总是非常高兴，有求必应，不吝惜时间和金钱为我们找到、买到。黛黛上学甚至工作以后，爸爸给她买过很多工具书、专业书，特别是在纸张、书籍匮乏的年代，爸爸总是想方设法买到。

家里书架上有本透明塑料书皮已老化、破损的《英汉医学词汇》。打开有点发黄、毛边的首页，上面写着："给黛黛　爸爸　七九、六、二十七"。记得当时为了这本急需的书，黛黛到处奔波，毫无结果，爸爸各方打听，又特地跑到内部书店，也没有买到。可他一直记住这件事，等到人大开会，在专为代表们开设的书店里，爸爸终于买到了。这本书整整陪伴了黛黛四十年。

爸爸有个内部购书证，可以到北京市的内部书店看书、买书，这是爸爸最有用的特权。在那里爸爸买到在市面上不发行的 *Cecil Textbook of Medicine*（《希氏内科学》）影印版，黛黛如获至宝，天天晚上读，画下不知多少红杠杠，也借给同事读。在英文专业书奇缺的年代，这书非常珍贵。

年复一年，爸爸爱读书、对书本的敬畏之心，深深地影响着我们，让我们懂得书能给人带来知识、带来快乐。

清华老同学深知爸爸的读书之道，知道他下大工夫的要点是研读剧本。孙浩然说爸爸外语学了好几种，又看好多书，顾不上其他功课，课内功课不是很好。爸爸两次留美没考上，估计与这样读书有关系。

中学时黛黛多次得到学习优良奖章和三好学生奖章，爸爸当然高兴，但看得并不那么重。他从不要求我们门门功课都得五分，他说一个人的能力有限，不可能样样都好，在一点上做好就很不错。

着迷是最好的朋友

爸爸推崇爱因斯坦的话：热爱是最好的老师。他也说过，着迷是最好的朋友。

让爸爸一辈子热爱、着迷的是书，是戏剧。这是我们很小的时候就知道的事。

那时黛黛八九岁，在南京，抗战胜利后一个初春的晚上，爸爸去讲学，把黛黛带去了。妈妈怕黛黛冷，临走前给她穿上一件夹大衣。

明亮的灯光照着讲台，大教室里挤满了人，打开的窗户边也人头攒动。学生们的目光都投向讲台，凝神倾听爸爸讲莎士比亚的戏。他讲得忘情、投入，有时一个人扮演剧中不同的角色，大家都看呆了。

黛黛也目不转睛地看着爸爸，她不明白，平时言语不多的爸爸怎么一下子说了这么多话，爸爸怎么这样好耍（那时黛黛满口四川话）。她虽然听不懂，却完全被那种说不出的气氛和光彩吸引住了，一个晚上静静地坐着、听着，没有闹，也没有睡觉，爸爸的学生们轮流照顾她。突然间，热烈的掌声响起，人们涌向讲台，原来是爸爸讲完了。

回家的路上，夜晚的春寒把黛黛冷得瑟瑟缩缩，爸爸没有注意，直到黛黛说"爸爸，我冷"，爸爸才想起要给她加衣服，可夹大衣怎么也找不到了。怕她冻着，爸爸一路把女儿紧紧地抱在怀里。回到家里，妈妈一眼看出夹大衣没有了，抱怨爸爸，问他夹大衣丢到哪里了，爸爸想了半天，一点也记不得。

后来，黛黛才明白，那是因为爸爸对艺术太着迷了。她知道，爸爸不只是女儿的，他还属于学生，属于她小小年纪还不太懂得的艺术世界。

以炽热的心投入戏剧，探索人性　　爸爸说他走上戏剧的道路，是情不自禁地投入戏剧中去，不是出于谋生需要，与金钱、名利没有干系，也不是受命于父母或者为了自娱，而是因为他爱戏剧，爱得入了迷，不论是从小看戏、演戏、阅读剧本、导戏、给学生讲戏还是写戏，都充满了激情和真诚。

爸爸没有投机、敷衍和冷漠，他要表达的都是真正感动自己、燃烧自己心灵的东西。他与戏剧合为一体，他的快乐、欢愉、狂喜来源于此，他的苦闷、困惑、痛苦、绝望也来自于此。当写不出或无法写时，他非常痛苦。他把是否写得出自己能通过的作品，比作天堂、地狱两重天。

爸爸以一生的心血探索人、研究人，以不变的热情来了解未知的人和事，对外面的世界始终保持童真的好奇。

不论什么时候，不论在哪里，爸爸都在观察、体验：一句有趣的话，一个特别的动作，一个人物特征性的表现，一件值得记忆的事；记录下瞬息即逝的灵感、一句诗、一个想法，甚至是只有他自己认识的符号所代表的闪念，还有许多用文字无法定义的东西。他把所有这些随时写在小笔记本、简便的小纸本，甚至不起眼的便笺上。这一辈子，不知多少个本子上留下了爸爸即时的领悟！

黛黛的中学时代过得非常快乐。爸爸一见黛黛就要问学校里发生了什么事、常来往的同学有什么特点、最喜欢的老师是谁、为什么喜欢，等等，他听得很专心，但有时也走神，不知什么事突然跳进了他的世界，把他带走了。过一阵，他回过神来，有点茫然地问："黛黛，你刚才说什么来着？"这样的事发生得太多，我们都习惯了。无论如何，黛黛讲的话爸爸大部分听进去了，他说得出黛黛好朋友的名字，知道她们的特点和家庭，也知道我们最喜欢的老师是谁。听到我们这群女孩在下面怎样偷偷议论老师、给老师取外号，他大笑起来。

我们"红领巾剧团"一群十二三岁的孩子自导自演，自己制作布景、设计灯光，在大操场砖头砌成的看台上演出了苏联卫国战争时期的多幕儿童剧《铁木耳及其伙伴》。爸爸来了，还请来了诗人艾青。在这样简陋的地方和条件下看戏对爸爸来说可能是第一次，可他看得兴致勃勃。也许是想起自己少年时代在"南开新剧团"的经历，他分外珍视我们这群孩子的努力和快乐。他和每个同学握手，连说：新中国的孩子们真能干！看完戏，他和艾青请我们几个小孩到附近馄饨铺吃馄饨。

黛黛上医学院时，班上文艺宣传队演出快板《战斗在密云山上》，爸爸应邀赶去观看演出。看得出，年轻人感染了他，他连连称赞说：一股青春的气息迎面扑来，太好了。

黛黛当医生以后，爸爸常常要求给他讲点什么，他喜欢听黛黛讲医院里的事，病房里的病人、医生、护士之间如何相处的故事。

记得黛黛给爸爸讲过一个急性白血病人的故事。病人和丈夫青梅竹马，新婚燕尔时得了这种当时的不治之症，丈夫日夜守候于病榻，寸步不离。八月十五那天，妻子特别想看看月亮，从病房看不到，丈夫把妻子小心扶上平台，小夫妻一起看了最后一次中秋圆月，丈夫把每种月饼掰一小块喂到妻子的嘴里。那天夜里查房时，黛黛看见病房窗外投进的月光下，熟睡的妻子惨白的脸庞上有一丝笑容，丈夫在床边紧紧地握着她的手。几天之后病人走了。爸爸听得入神，被人间的真实故事感动了。

1974年黛黛在密云医疗队度过一年多，和爸爸常常通信往来（可惜相当一部分遗失了）。那时，爸爸很孤独，黛黛只要有空就写信给他，让他知道北京以外的人怎样生活、医疗队在做什么。爸爸的来信里总是表达着对贫困农民的同情和关切、对农村生活的好奇。黛黛回北京休假看望爸爸时，爸爸很仔细地问黛黛怎么培训赤脚医生、如何到深山去救治病人、住在老乡家怎么和他们相处，什么都问。爸爸喜欢黛黛给他带去的密云黄土坎鸭梨、水库的胖头鱼，更喜欢农村清新的气息。

晚年他走不动了，可还是想看"人"，便要求把他推到医院门口，看来来往往的行人，听他们说话，看他们走路、骑车，碰到年轻人，他的目光便一直跟着他们到路的尽头。他对青年演员郑天玮说：年轻真好。他是多么羡慕这一个个年轻的生命！看着在小车里啼哭的婴儿、搀着母亲的手初学走路的孩童，爸爸的脸舒展开了，目光里满是欢愉。他看着，也在想着：这个人为什么舒心、快乐，那个人为什么愁容满面……到生命的尽头，爸爸还在观察、探索。

爸爸希望女儿全心投入工作，热爱自己做的事情。黛黛当了医生是爸爸高兴的事，他自嘲说自己是考不上医学院才学了戏剧。爷爷希望爸爸从医，爸爸也曾投考过协和医学院。他一生创作的九个剧本中，有两个是讲医生的，看得出他对医生职业的好感和兴趣。黛黛过着白天忙、晚上要读书或值班、节假日还要上班查房的紧张生活。爸爸非常满意，说过得有意义。

黛黛喜欢看病人，对爸爸说，一上班，什么烦恼的事都忘了。没想到，这句简单的话让爸爸特别高兴，大概是因为黛黛真的喜欢上了自己做的事。

看爸爸写出"好的、美的、真实的语言"　　我们没有看到巅峰时期的爸爸如何写出他的经典之作，但有幸看到爸爸的文章是怎样写成的。

20世纪50年代后期一个暑假，黛黛做了一段时间爸爸的秘书，爸爸写文章（散文、发言），黛黛记录。

只要一开始写东西，爸爸的痴劲上来，是不分白天黑夜的，脑子再也装不下文章以外的其他东西。动笔的时候想，不动笔的时候也想。吃饭的时候，会突然冒出一两句和文章有关的事，有时马上离开饭桌或匆匆吃完饭马上回到书桌旁。清晨一起来，就开始一遍接着一遍地修改，这都是躺下睡觉后琢磨的。他用心之专、用情之痴，非同寻常。

爸爸的目标是写出好的、美的、真实的语言，他强调，这首先要能够对好的、美的、真实的语言看得出、体会得到，一个字的妙处，便看得出作者对语言的感觉如何。爸爸对语言、文字有很敏锐的感觉，一看就能发现好不好。很多同义词，爸爸总是仔细推敲，直到选出一个最恰当、最能表现自己思想精髓和写作风格的词。他说，要不断磨砺对语言的敏锐感觉，才能够比较完美地传达心中的意、眼中的物。大概因为爸爸是搞话剧的，很讲究听的感觉，写出文章之后，他一定要念，念出声来，用自己的听觉来判断好听不好听、听着顺不顺。爸爸写文章，用脑，用手，用眼，也用耳朵。

爸爸写东西一字一句斟酌，修改起来整段、几段完全推翻重来也不可惜。他不愿意文章一写完就拿出去，他要搁一搁，很不喜欢别人催稿。往往经过一夜或一天的思考，他会再修改，不厌其烦。有时候，改得黛黛嫌烦了，嘟哝几句，爸爸要么没注意，要么听到也不在意，平心静气地说："我这个人就是慢。"

在动笔之前，爸爸想清楚说什么、怎么说，动笔时，哪怕是小文章，在结构、文字上也要有自己的风格，不讲空话。有的专家在研究爸爸的一些短小文章时，发现爸爸有与众不同的用词和风格。

爸爸最怕文章落入俗套，最看不上平庸。首先要立意新，写出有自己个性的文字。于是之曾回忆，1962年10月参与《胆剑篇》创作时，他的一些自以为有新意的想法常常被爸爸批评：普通，普通！现成，现成！这是因为爸爸一下子就能分辨出哪些是陈词滥调，哪些是早被人沿用过的小噱头、老套子。在他看来，没有自己个性和创造的东西是不可取的。

分辨美与丑

爸爸从小在戏园子里看戏、听戏，也希望我们喜欢民族文化艺术。

新中国成立初期，他带黛黛看京剧。黛黛除了觉得青衣的唱腔好听之外，什么也看不懂，到了后台，走近扮演花脸的演员，竟然吓得快哭了。爸爸并不埋怨，平和地说，你看着有点吓人、有点丑，是因为你不懂，这吓人和丑中是美，很美啊。爸爸没有放弃让我们懂得民族艺术的初衷，以后带黛黛看过《秋江》《红娘》等。黛黛慢慢看懂了，喜欢上了京剧脸谱，尤其是写意式的表演艺术、各种唱腔的美感。

爸爸由衷地推崇梅兰芳先生的京剧艺术和高尚品德，在梅兰芳先生告别舞台前有限的演出中，爸爸给黛黛找到机会看了梅兰芳的折子戏《穆柯寨》。年近六旬的大师把这出短戏演得那么认真、细腻，丝丝扣人心弦，给人回味无穷的美感，黛黛彻底折服了。

在看演出或参观的时候，我们发现爸爸对艺术非常敏感，有很高的鉴赏能力，他深入浅出地评说，告诉我们什么是好、什么是美。

爸爸从年轻时开始听评弹，喜欢了一辈子，除了评弹艺术的五项手法（说、噱、弹、唱、演）之外，他以为，评弹的"评"，是有别于其他艺术的。评弹画龙点睛，情理融合，细致婉转地评出了真善美与假恶丑，台上台下交融谈心，有一种难以形容的亲切感。也许是因为评弹表演的细腻、委婉、抒情更符合爸爸的天性，一段时间，他常在书房听评弹唱片，《夜雨闻铃》不知听了多少遍。

有一次，黛黛和他一起欣赏，随着唱词中唐明皇和杨贵妃难舍难分的诀别，到赐死杨贵妃，以及唐明皇不绝的思念，爸爸凝神静听，已完全置身其中，结束时，爸爸的眼睛湿润了，所思所想在凄凉、哀怨的弹唱中得到共鸣、抒发。

记得他曾带昭昭看晋剧《窦娥冤》，对哀婉、动听的晋剧唱腔赞不绝口，称赞女主角唱得好、演得投入，同时也针对"六月雪"中泪流满面、不能自已的窦娥的表演谈道：她不能这种哭法，影响了演戏和对观众的感染，也不美了。爸爸的话使昭昭一下子明白了表演中演员自我与角色、情与理的关系，生活美与艺术美的关系。

同样的道理，在一次看齐白石的画展时爸爸也讲过。当时昭昭问他：怎么齐白石画的萝卜和樱桃都不像啊？爸爸对着一幅《荷花》说，你这孩子不懂，它比真的还像，还美。爸爸又说，齐白石原来是个木匠，他画的黄瓜和螳螂透出劳动者的质朴和老人的童趣。艺术中"神似"和"形似"的道理、艺术家的作用，让爸爸讲得浅显而清楚。后来，爸爸从荣宝斋给我们买回来一套齐白石扇面的复印品，从那以后我们才慢慢懂得点齐白石，越来越喜欢他的画了。

除了戏剧文学，爸爸也熟悉其他文化艺术。他从年轻时开始对西洋音乐产生兴趣。俄国著名男低音歌唱家夏里亚宾曾到天津开独唱音乐会，那时爸爸大约上高中，一个穷学生，仍然凑了五块钱买票去听。一首《伏尔加船夫曲》让爸爸神往，说自己从没有听过这么美妙绝顶的歌唱。

晚年他清晰地记得年少时听意大利花腔女高音葛里多兹的演唱时是多么喜爱。在清华读书时，他特地从郊区赶到北京饭店，欣赏法国作曲家古诺的歌剧《浮士德》。

爸爸说，在清华，他不知怎的就喜欢起音乐来，在清华大礼堂正式接触交响乐，西洋音乐给了他很好的影响。

他喜欢莫扎特的乐观明朗，对巴赫的宗教音乐入迷，也很喜欢听贝多芬的交响乐。晚年，他常一人静静地听肖邦的钢琴曲，尤其是夜曲、即兴曲和波兰舞曲。肖邦音乐中的浪漫气质、诗意和激情深深地打动他，使他对艺术的渴望得到满足。在与世界告别的时刻，是肖邦的《葬礼进行曲》为爸爸送上最后一程。

1957年9月的一天，爸爸来电话，让我们穿着整齐，晚上去听苏联人民演员、钢琴家李赫特尔的独奏音乐会。五块钱一张票，在当时来说是很奢侈的享受，我们有点吃惊。那个晚上，平时衣着十分随便甚至是不修边幅的爸爸穿上西装，打上领带，刮了胡子，头发梳理得整整齐齐，这对爸爸来说很不寻常，他要表达对世界级艺术家的尊敬和自幼对音乐的喜爱。

演出前，爸爸轻声说："李赫特尔是世界一流钢琴家，你们好好听，什么是世界上最好的。"我们记着爸爸的话，听得特别专心，思量着爸爸话里的含义。爸爸如此破费，主要为了让学音乐的昭昭知道，在音乐领域里，世界的高峰是什么样子。

追求真善美　引向一个高度

我们看北京人艺的戏长大　爸爸给我们很多、很好的机会和条件去接触、去体验，独立思考，自然熏陶。

爸爸爱人艺，他把这种感情也传给了我们。平日，不管他多忙、多累，从不拒绝给我们买票看人艺的戏。

我们是看人艺的戏长大的。从在大华电影院（当时首都剧场还没有建）演出的《赵小兰》《夫妻之间》等建院初期的四个小戏及《龙须沟》开始，到"文革"前后人艺演出的主要剧目，我们几乎都看过。

每次看戏，我们早早就到首都剧场，静候低回、悠远的钟声响起，紫红色丝绒帷幕启开的一刻。那钟声是那样独特、那样温暖地轻敲着人们的心扉。

看人艺的戏如同过节，那么多的好戏影响了我们的一生。人艺是我们的精神家园。

爸爸从年轻的时候就很喜爱希腊的戏剧，对希腊神话如数家珍，有的学者认为《雷雨》的创作受到希腊悲剧的影响。话剧《伊索》展现了简约、文明、诗一般的古希腊场景，长相丑陋的奴隶伊索以他智慧的语言、尖刻的讽刺、幽默又富哲理的寓言使那些奴隶主、神权圣人全败下阵来。他放弃苟且偷生的机会，拒绝女主人的倾慕，义无反顾地追求自由。最后伊索选择了死亡，他一边走向高高的山峦，一边慷慨陈词，无情地抨击残酷、黑暗的奴隶制度。他不是走向阴森的地狱，而是走向太阳，走向光明，走向解放。《伊索》把卑微和高尚、丑陋和美丽的对比和真谛诠释得淋漓尽致。

面对"美女文化"和"物欲横流"的现象，我们常常想到伊索，这个让全剧大放光彩、最有魅力的人物是长相丑陋、地位卑微的奴隶，我们心里自然有了一把丑和美、卑贱和高尚的尺子。

见到最值得赞美的艺术家　爸爸不但给我们机会去了解世上最美的艺术，还让我们认识了最值得赞美的艺术家。

在人艺众多优秀的艺术家中，我们第一个想到的是焦菊隐伯伯。

20世纪50年代的一个夏季，爸爸和焦菊隐伯伯同在北海公园罗锅桥边的小平房休假，爸爸带着我们去住了几天。焦伯伯看见我们在院子里玩，走了过来。个子高高的焦伯伯衣着整洁，一身蓝制服，黑色圆口布鞋，头发梳理得整整齐齐，无边的高度近视眼镜下一双犀利、似乎总在思考的眼睛。常听爸爸说他如何了不起、多么有学问,也曾听剧院的人说他很厉害,我们叫了一声"焦伯伯",紧张得有点不知所措。

焦伯伯点点头,没有寒暄,让我们蹲下,指着旁边的蚂蚁洞,脸上露出了笑容:"我小时候在外面玩,看着蚂蚁那么有秩序地忙忙碌碌,我想知道它们忙什么。"接着,他讲怎样把蚂蚁洞一点点、小心地凿开、"解剖",发现了蚂蚁王国的秘密。他讲王蚁如何统治、管理下面的工蚁,如何建设、囤粮、储备,繁衍后代。蚂蚁的生存和循环,他讲解得既科学严谨,又兴味盎然,我们听得入神了,原来蚂蚁是这样一个有组织、有纪律、有严格科学管理的群体。

这时我们不紧张了,这个长辈有我们小孩一样的好奇心,可比我们爱动手、动脑,他和蔼可亲,一点也不厉害呀。后来听说,他在艺术上非常严谨,对演员近乎苛求;为排练剧作,他立下"意根",苦想无数昼夜,把导演工作做得精细、科学、完美,这和他幼时对蚂蚁王国的探索精神和缜密思维是一脉相承的。他是凡人,也是个非凡的人。

爸爸曾带黛黛到首都剧场三楼排演厅看过一次焦伯伯导演《蔡文姬》。一个不知导演为何物的中学生屏住呼吸,全神贯注一连看了两个多小时,可以想见这个导演有何等的魅力!

某演员一段台词的念法、台步的节奏,无论怎样,焦伯伯都觉得没有发自内心的真情实感,只有虚假、表面的形体动作。他一次次启发,演员的表演仍然不能令他满意,最后,他打破了很少自己示范的常规,亲自上前表演。焦伯伯真是把这个人物琢磨透了,他念的台词那么有味道,台步的走法、节奏(包括始止的地方都有讲究)与台词配合得那么契合,给了对手演员充分的施展空间和情感酝酿。有了他画龙点睛,矛盾顿时尖锐了,冲突激发了,一下子,戏出来了!真是神来一笔呀!

昭昭也在排演厅观摩过焦伯伯导演《茶馆》第二幕的精彩场面。

爸爸深知焦伯伯能挖掘出导演艺术最美、超乎他人的地方。爸爸道出了焦伯伯导演的神功:"北京人艺的演员们在他想象联翩的导演过程中,得到耐人寻味、生动的启发。有时,如急风骤雨,掀动起排练场上的创作激流;有时,在寂静如空的沉默中,冒出两三句精到入微的妥帖言语,挑起演员的创造心情。他的话如春雨落花，自自然然飘落在演员的颖悟中。"北京人艺的许多演员、舞台美术工作者"从焦先生那里得到的启发，得到的教益与灵感，就像火种被点燃，一星星、一点点，已经燃成了美丽的火焰"。（《曹禺全集》六卷431页）

爸爸深刻地指出焦菊隐在戏剧导演中的"桥梁"与"河流"作用，说，焦菊隐深入的挖掘和独到的导演构思，成为剧本与演员之间"一座美轮美奂、精心建造的大桥"，"又是一条天然与清新的河流"，"舞台仿佛是一汪水塘，剧本仿佛是水，而演员又像水中的鱼，焦菊隐的劳动使这一切交融在一起"。（田本相《曹禺传》）

晚年，爸爸曾惋惜地说："有时想起来就感到后悔，没有好好地、细心地看他（指焦伯伯）排戏。我相信，那是一种艺术、修养与作风的陶冶，人们可以从中体会到再创造的艰辛与享受。"爸爸对焦伯伯难以忘却，由衷地钦佩。

爸爸说焦伯伯是他真正感受到心灵相通的戏剧艺术家，他们在艺术问题的讨论中常常不谋而合，是真正的艺术知音。焦伯伯说过：写戏，就是写人。写人，就是写性格。而表现性格，就是表现思想。爸爸认为这两句话道透了戏剧艺术的精髓和他们二人的共同心声。

焦伯伯被"四人帮"残酷折磨致死，爸爸悲痛万分。他常常凝神追思从北京人艺创建几十年来与焦伯伯一起度过的风风雨雨、坎坷曲折，他"总觉得焦菊隐的灵魂仍在北京人艺的舞台上"。（《曹禺全集》六卷）每逢我们走进首都剧场或读到有关北京人艺，特别是有关焦伯伯的文章时，都想起爸爸的这段话，感受到爸爸对焦伯伯的深情。

我们回顾了爸爸对焦伯伯的高度赞誉，领教到爸爸对艺术和艺术家的鉴赏能力、准确传神的表达能力，这是他深厚的中外文化根基和艺术才能的表现。我们渐渐领悟到什么是艺术和艺术家的高境界。

我们成长的时候，爸爸在他的工作和生活中并没有刻意教育我们什么，就是这些点点滴滴，让我们走进广阔的艺术世界，接触到一流的艺术、一流的艺术家，引导我们如何辨别美丑、怎么分出高低、怎样衡量人和事的价值、追求世间的真善美，在潜移默化之中学到许多在书本上、学校里学不到的知识和道理，得到许多孩子得不到的宝贝。

爸爸的所思所为和他从事的事业为我们打开一扇通向祖国、通向世界的大门，把我们的精神引向一个境界、树起一个高度。他表达着对女儿的关爱，我们对爸爸充满感激。

心有专注　活得简单

爸爸常常沉醉在自己的世界里，对外界视而不见，听而不闻。

他的这个毛病朋友们都清楚。吴祖光叔叔曾说，曹禺在平地上走路会摔跤，是因为自己的左脚绊了右脚；同曹禺谈话，他时常出神，心不在焉，你问他，他说没听见，让你再说一遍；他根本没听你讲话，他是在想他个人的心事，也可能想着戏里的情节。吴祖光叔叔深知爸爸心有专注，说他的无所谓可能是太专心的缘故吧。这真是说到点子上了。

爸爸觉得吴祖光说他心不在焉不是没有根据，人家说什么，有时听了，也记住了，有时就没有听进去，当然也就记不住了。他说自己本来记忆力就坏，再加上不往心里去，所以事后人家问时就回答不出来，只好顾左右而言他了。爸爸承认跟人说话有时走神是自己的一种病态。

同家人在一起，大概是因为他很放松，更容易跑神，漫不经心。

因为专注和独来独往，爸爸往往忽略了许多人情世故，比如把老同学、老朋友、老同事的名字忘了，甚至刚见过面的人也会忘得干干净净，常常造成尴尬、不快，甚至误会、反感："地位高了，万家宝不认老同学了"。爸爸很无奈，也很无助。

20世纪80年代，一位领导特地到医院看望爸爸，爸爸很感谢，与领导客客气气地交谈了一段时间。把领导送走以后，他一脸茫然，连连发问："他是谁呀？"家人哭笑不得。没有办法，爸爸就是这样一个人。

清寒中的简单生活　爸爸一辈子活得简单，不图享乐。这一点，应该说也与他专注于戏剧有关系。

晚年，爸爸搬进木樨地的一套单元房，这处组织分配的自购福利房是爸爸生平第一次拥有的自己的房产，他非常高兴，也很满足。可惜没待多久，数次住进医院，以后再也没能回家。听说1980年爸爸赴美访问，应邀去大剧作家阿塞·米勒家做客。米勒亲自开车带他前往，开了半晌，目的地还没有到。爸爸忍不住问道："您的家快到了吗？"米勒望着大片的土地和树林，爽朗地回答："早就进入我的家了。"这是爸爸没有想到的。

爸爸多次对黛黛说，鲁迅主张生活要简单，他很赞同，生活一复杂就会成负担。活得简单是爸爸选择的一种生活方式，是他心之所安、心之所想，同时也是一种品德。他不愿把自己束缚在琐事里，喜欢身体和思想自由解放，把精力和时间用在读书和戏剧上。

爸爸不在乎生活琐事，这一点南开和清华的同学都知道。年轻时与爸爸相交甚密的老同学孙浩然说万家宝是一个很有个性的人，首先提到的就是"钻"和"晕"，说他博闻强记，用心钻研，因为专注，所以晕、马大哈、丢三落四，生活小事都不在乎。孙浩然说这两点在万家宝身上是分不开的，很贴切地把两个看似极端、对立的东西——"钻"和"晕"统一起来了，那就是因为对有些事太专注、太痴迷了，对其他事才满不在乎。他说得真是既简明又透彻。

新中国成立前爸爸是个穷作家。抗战时期在四川，我们家的日子过得很苦。抗战胜利后在上海，爸爸给我们写信用的是很粗糙的、厚厚的毛边纸。他用毛笔蘸着浓浓的墨汁给我们画了一幅自画像，那是戴着黑边大眼镜、穿着长衫、打着破雨伞、脚上蹬着一双过长的雨鞋的穷爸爸。

新中国成立后爸爸靠工资过日子，版权税和演出税没成制度，后来才有了些所得（我们不详）。上演他的戏或人艺其他戏的时候，跟他要票的亲友很多，都以为爸爸是院长，戏票不要钱。其实，他都是自己花钱买票记账，每月从工资里扣除，有时竟占到工资的三分之一。爸爸一清二白，从不占公家的便宜。

田本相说爸爸在当今活着的老一辈作家中，大概是清贫者之一。他说得非常好，耐得清贫绝对是创造精品的精神境界；清贫对作家来说绝不是物资短缺的含义，而是意味着一种投入创造的精神状态和意境操守。

曾任人艺院长的刘锦云称赞爸爸于清寒和寂寞中奉献自己，并说这种风范是每一个真正从艺者必备的品格。

爸爸把身外之物看得很轻。晚年他有了分配的单元房（先是三里屯，后来住进木樨地），房子没有大装修，添置的也是简单、实用的家具，没有皮沙发，没有红木家具，没有摆设艺术品的玻璃橱、多宝阁。田本相在木樨地住处访问过爸爸，他看到的客厅里没有任何讲究的家具，也没有多余的摆设……整个房间显得空荡荡的，朴素是给他的深刻印象。

爸爸不讲究吃穿。

在饭桌上，爸爸有什么吃什么，什么都说好吃，从不挑食，问起他喜欢吃什么，他想了半晌，说："肉皮冻，豆腐，豆芽……"他说不出什么名菜，家人都说他真的不馋，一点也不好吃，我们也想不出有什么菜他特别喜欢。爸爸吃饭很快，常常食而不知其味，囫囵吞枣地吃完一顿饭，边吃边想，听不见我们在饭桌上说了些什么。

爸爸穿着随便是出了名的，有时可以说是邋遢。

他确实小事马虎，把袜子里外穿反，衣服扣子扣错，穿上鞋走路觉得不对劲才发现左右穿反；在家里，穿裤子经常把皮带眼儿穿进去就不管了，肚前耷拉着一大截皮带到处走……这些事，我们都不足为怪了。

20世纪五六十年代，爸爸一直穿着一件又旧又薄的大衣，出席宴会、参加重要国际交往也是这一件。黛黛、昭昭开始拿工资以后，给爸爸做了一件较厚的呢大衣。收到女儿的礼物，爸爸自然很高兴，连说"太讲究了，太讲究了"，平时还是舍不得穿。80年代黛黛从美国进修回来，送给他一块西铁城手表，为了让女儿高兴，爸爸戴了几天后，指着他的旧表说，这表走得很好，还能用，让女儿把新表送给有需要的朋友。

为工作、办事、锻炼身体，50年代中期爸爸买了一辆浅绿色的德国女式自行车，我们见过他骑着这辆车在马路上穿行，这是我们记忆中他为自己购置的奢侈品。爸爸骑了几年后，把车给了黛黛，在以后的十几年里，这辆车成了每天伴随黛黛的好伙伴，一起度过了高中、医学院，以及工作之初的岁月。车好骑又耐用，是她心爱的小马驹。半个多世纪后，医学院的一个老同学还记得万黛骑着这"小马驹"在校园里飞奔的情景，更没有忘记那年暑假借用过她的"小马驹"救了一时之急。

1976年唐山大地震时，爸爸住在三里屯单元楼的三层，他年老体衰，上下楼十分不便。起先，我们把他安置到黛黛医院宿舍的平房避震。这是一间潮湿、不足10平方米的房间，只有极简单的旧家具，门口走廊上有个小蜂窝煤炉做饭，接水要到公用水管。

平时爸爸只吃得到面条和粥。一次我们在附近小馆买了炒饼和一点小菜，又带回一瓶生啤酒，爸爸特别高兴，连说菜好吃，吃得昏天黑地。那晚爸爸竟然没吃安眠药，呼呼大睡。

最让爸爸受委屈的是解手，小便在屋里用尿盆，大便要到胡同口的公厕。一次解完手，爸爸站不起来了。在外等候的昭昭急得不得了，大声叫唤，请公厕里的男士出来，她走进去，让爸爸拽着拐杖的一头，另一头钩住水管，她使出全身力气，才把爸爸从蹲坑扶起来。

爸爸住在那里，平心静气，随遇而安，没有说过一句抱怨、不满的话，总说照顾他太多了。

由大款、大腕引起的困惑　　爸爸的晚年，大款、大腕已经出现。有一天，二女婿唐彦林到医院探视，临走时刚要出门，爸爸突然从床上坐起，叫住他："我问你一个问题，现在那些演员要那么多钱，干吗？""买房子。"他又问："买了房子，还干吗？""买汽车。"他还是不明白："买了汽车呢？""过好日子。"他仍然不解："好日子怎么好法？"唐彦林最后回答他："搞不清楚，钱越多越好呗。"爸爸愣了片刻，"哦"了一声，"扑通"躺下，再也不问了。

与大款、大腕们相比，爸爸过着完全不同的生活，这时他真的感到困惑了，他的确弄不明白赚大钱、奢侈享乐为什么会是那么有意思的事。

爸爸走了以后，我们常常想爸爸教育了我们什么、留下了什么。他生活简单，甚至可以说是清贫，可他精神富有。爸爸没有给我们姐妹俩留下什么版权、房产等物质之类的东西，但他给我们留下了让我们受用一生的珍贵的精神财富。他对戏剧艺术的挚爱，对书的着迷，对真善美的追求，对人性、人生的深刻探索，一直在指导着我们，分得清美和丑、好和坏、是和非、高与低。他不在意物质，他简朴的生活方式在不知不觉之中被我们学到了，我们不贪心，不虚荣。这种看不见的精神力量，如春雨润物无声，点点进入我们的心田，成为我们生命的一部分。

丰富、矛盾的人性

爸爸说他一生都有这样的感觉，人这个东西，是非常复杂的，又是非常宝贵的，他感到人是多么需要理解，要学习如何懂得人、如何做一个好人。

人是非常宝贵的 爸爸喜欢读高尔基的散文《人》："人啊！我胸中仿佛升起一轮太阳，人就在耀眼的阳光中从容不迫地迈步向前！不断向上！悲剧般完美的人啊！"它让爸爸看见"人"在一个伟大的文学家的心中怎样站起来了，那个高踞于生活之上、置身在生活之谜当中、陷入不可胜数的谬误之间，有思想力量、自由而高傲的人。

"人是一件多么了不起的杰作！"莎士比亚对人的赞颂让爸爸震撼不已。他说，文学巨人教人认识自己，开阔人的眼界，懂得人的价值、尊严和力量。

宽厚、仁爱、包容 爸爸聆听着文学巨匠的心声，怀着一颗宽厚、仁爱、包容之心，尊重人，懂得人的价值，爱那些"可喜"的人。

自幼见到种种惨景，爸爸深深地同情下层人民，在他的心里、作品里涌动着对这些"可怜的人们"火一般的情感。

爸爸说他在北京人艺的天地里翻滚了四十年（到爸爸逝世是四十四年），"说起北京人艺，我像是从山谷涌出的清泉，沿着溪涧，潺潺浪花，有说不完的话要讲。"他爱人艺，熟悉每一个"人艺人"，从导演、演员到舞台工作者、工人，和他们说笑、谈天、诉苦恼，也不知有多少回了。一位拉大幕的老工人退休时，他写上字幅相送："广沛老友身体健康，感谢你多年的劳绩。"

"文革"开始到打倒"四人帮"前后十年，爸爸的精神和身体受到无可挽回的摧残，他以大度和仁爱之心，放下了恩怨，宽容了许多，不抱怨，不诉苦，从不提及被批斗的事。他像过去一样爱北京人艺，爱人艺的每一个人。直到他年老病重，回不了人艺的时候，爸爸的心一天也没有离开过北京人艺和"人艺人"。

一个造反派在批判、审查爸爸的时候向爸爸借了一笔钱，到"文革"结束也没有还，爸爸不但不去要，还为他保密。究竟是谁、借了多少钱，爸爸对家人都不肯透露。我们说这个人仗"造反派"之势搞个人勾当，做事不地道，爸爸挺平和地说："他借钱，肯定是有需要，算了吧。"

黛黛上北京医学院的时候，有个同组好友张之生的母亲得了严重的眼疾，需要立即手术，否则会双目失明，这个十三陵农村孤儿寡母的六口之家陷入了困境。手术费是笔不小的款项，黛黛小心翼翼地问爸爸能不能借钱给这个他从未谋面的同学。当时，爸爸靠工资收入养三代人，兼顾两边的孩子，经济并不宽裕。

爸爸一听，没有一点犹豫，马上说：明天来拿钱吧。第二天，爸爸把准备好的钱交给女儿。有了这份能掐着一家人脖子的钱，张之生母亲的眼睛得救了。张之生从北医毕业开始工作，就还清借款。他关注爸爸的事业生涯，收集了很多有关爸爸的资料。爸爸去世后，他多次到万安公墓为爸爸扫墓、照相留念。他说："恩公之义，牢记终身。"

在密云医疗队黛黛得了气管炎，两三个月咳嗽不止，晚上睡不好，爸爸知道了很心疼，前后两次到药房买了名中医施今墨的气管炎丸，邮寄到密云。黛黛很感动，不知道平时不大会做事的爸爸是怎么独自办完了这么多事。但爸爸在信中从来不提让女儿回家休息，而是说农民看病不容易，要在那里好好为农民服务。爸爸没有刻意要求，但我们知道，他希望自己的女儿像平民百姓一样，在生活、工作和劳动上，皮皮实实，吃苦耐劳，给看病难的农民认真治病。

与人为善　不求全责备　在艺术实践中，爸爸与人为善，大度包容，特别爱护年轻人。他思想开放，不保守，不赞成求全责备，对不同艺术家的创作思想和艺术风格总是抱着兼容并蓄、鼓励创新的态度，因为他自己就是在学习不同艺术观点、流派、风格的戏剧中成长起来。

一些影视编剧、地方剧种、姐妹艺术改编了他的原著，爸爸不指手画脚，让年轻作者自由发挥。有的导演把他的剧作搞得面目全非，一些剧种和演出在《雷雨》《原野》中加进一些不伦不类的东西，有的竟然把抽水马桶搬上了舞台中央，并不断发出"几点了"的怪异台词。我们很生气，向爸爸大发牢骚，没想到他不理不睬，一言未发就过去了。类似种种情况，爸爸没有生气，总是淡然处之，他说甭管怎么改都没关系，他的剧本在那里摆着哩。

鼓励创造，喜爱进取的精神　20世纪80年代，《绝对信号》在小剧场的演出引起文艺界一场对现代派的争议。据作者高行健回忆，彩排时，剧院党委和艺委到场不多，剧演完长时间静场，没有人说话，临了，只有于是之表示"可以"。以后演出时，观众反应却非常热烈，一部分观众很欢迎这个戏，但也有不同意见，认为这个戏背离了北京人艺的风格和传统。感到困惑的导演林兆华、作者高行健给爸爸写了一封信。

爸爸很快给他们复了信，毫不犹豫地站在年轻的艺术家一边，说《绝对信号》剧组的优异成绩是北京人艺艺术传统的继续和发展。

爸爸一针见血地指出，"人老，常易看不得新事物；机构老，就容不得新事物。我们需要不同艺术风格来丰富这个剧院的艺术。不同剧本，使得剧院不致陷于死水一潭。这个剧院当然不抛弃自己通过艰难困苦、奋发创造才获得的所谓'北京人艺风格'，但我们决不拒绝新的创造来发展、滋养我们的传统。"

他表示赞同林兆华、高行健提出的"充分承认舞台的假设性，又令人信服地展示不同的时间、空间和人物的心境"的创作方法、演出方法。最后，73岁高龄的爸爸满怀热情地说："我十分喜爱你们勇于进取的精神。"（曹禺写给兆华、行健同志与参与《绝对信号》同志们的复信，1983年3月15日）

在国外，黛黛曾有机会读过高行健2000年出版的《没有主义》一书，其中"隔日黄花"中有一段对爸爸的回忆：

> 1983年四五月间，林兆华和我又开始策划排《车站》，应该说人艺剧院党委并未通过这个戏。院长曹禺生病住院，我们去看望他，谈到这戏，他说："世界性主题，为什么不能演？"……七月盛夏，戏排出来了，彩排前我去曹禺家，喝酒吃饭到很晚，他同我这小辈居然无话不谈，还拿出黄永玉批评他1949年之后没好戏的信给我看。我由衷喜爱这老头，并不觉得同他有什么隔阂。他从来不参与剧院的剧目审查（注：建院以来，爸爸是参加审查的，此处高行健可能是指爸爸晚年生病后的事），可他竟由小女儿陪同拄着拐杖来了。戏完了自然无人讲话，再说剧院也没几个人肯充当审查官的角色，只有他举起拐杖鼓掌，大声说："好戏！"
>
> 《野人》四月底彩排……这回在首都剧场的大剧场，曹禺看了彩排，对我说："小高，你搞了另一种戏。"我非常感动。

爸爸说写戏没有别的路子，更没有捷径，必须认认真真地反复地读剧本，读各种剧本，国外的、国内的，从关汉卿到京剧，加上外国的许多流派，都要读，要广泛涉猎。他说自己学过文学、戏剧各种流派，提到阿瑟·米勒的写实主义，说他赞成都试一试。从提倡广泛涉猎，到他常说的"条条道路通罗马"，各种手法、各条路子都可以试验，这是爸爸对艺术发展、对试图创新的年轻戏剧家的一贯态度。

平等待人 谦和倾听 黛黛喜欢朋友，乐于与人交往，爸爸并不因为和他不同而不快，相反，爱听黛黛讲和朋友相聚的趣事，爸爸会羡慕地感叹：有朋友多好。他觉得，这对做医生来说很重要，是个长处。

有一次，我们带着小达（大女婿刘小达）的好友小徐来看爸爸。爸爸对这个出身贫农的首钢八级钳工非常欢迎，从他的家庭问起，直到他现在的工作，每天的日子怎么过的、工厂的情况，一一问到。爸爸真心地想扩大自己视野，对于这个走上门的"工农兵"抱着求教的态度，聊得随意自然，又善于倾听。开始有点腼腆的小徐越来越放松，谈起自己熟悉、有兴趣的东西，话也多起来。

爸爸如果想谈，他有这样一种本事，以对方的长处、专业为话题让人感觉舒服、自信，把谈话自然地进行下去。

与人交往，爸爸一律平等。对来访者，不论职位高低，不论是年纪大的还是年轻的，临走时，只要身体情况允许，他都要亲自送到电梯前，直到电梯门关上，挥手告别，哪一步也不少。这种有礼貌的告别绝不是客套，他心里有个不变的认识：人是非常宝贵的。

人是非常复杂的 "人是多么需要理解又是多么难以理解。"爸爸感叹说。他深知人性很复杂，认为不要把人性的东西解释得很狭窄，不要用政治把人性扣住。

爸爸熟谙经典著作中对人性的深刻表达，用精辟的、诗一般的语言描述莎士比亚剧作中的台词是宇宙与人性的歌颂，是用利刃解剖人性的奥秘，是寻常却永恒的哲理的珠玉，是阳光灿烂的人道主义精华。

爸爸赞美阿瑟·米勒的《推销员之死》是一块光辉四射的宝石。善良的推销员威利·洛曼生活在成功的梦想中，可却成了美国梦成功者不可缺少的陪衬，他失败了，心爱的大儿子带着他给的梦要走了，在痛苦、绝望、犹豫中，威利找到实现他梦想的道路：以死来得到人寿保险公司两万块钱的赔偿。在他撞车自杀后，这笔钱付清了房子最后一期款项。对他一生温存体贴的妻子在墓前哀诉，家里没有人了……悲痛地喊：我们自由了，自由了。

爸爸问道：该用什么字眼来形容威利呢？弱者？可悲？崇高？他引用了作者自己的话，人是复杂的，世界也是复杂的。爸爸连连感叹：人哪，是多么难以理解，真是不可思议。

在给黛黛的信中，爸爸说过："人是复杂的，但人也有一点人性，大约这就是作为人可贵的地方。"爸爸说，不能把人性看得那么狭小，它的内容很广阔、丰富。这是他一辈子研究人的感悟。

爸爸的好朋友　爸爸一生中有为数不多的好朋友，我们能说得出来的有巴金和章靳以。

章靳以和爸爸相识于少年时代，课后常到万家去玩，后来两人都走上文学艺术的道路，友谊保持了一生。

在北京时，爸爸和巴金、章靳以常去看戏，有时陆以循也同去。在广和楼看富连成戏班子，还有小翠花。除了京戏，还看昆曲，韩世昌、候永奎的戏。

20世纪30年代章靳以与巴金创办了《文学季刊》，设在北京三座门一个四合院里，中间是堂屋，两边各有一间房子，他们两个编委分住。逢星期六，爸爸常带着妈妈去看望章靳以、巴金，有时孙浩然也同去。

《雷雨》写成后，爸爸把稿子交给了章靳以。爸爸说："章靳以也许觉得我和他太接近了，为了避嫌，把我的这个剧本暂时放在抽屉里。"一年后，巴金从上海来，章靳以对巴金谈起，从抽屉里翻出这个剧本，巴金看完后主张马上发表，章靳以欣然同意。经巴金的力荐，在病中亲自修改、校对，《雷雨》发表了，一个名不见经传的大学生从此走上文坛。对于稿子搁置一事，爸爸觉得很自然，没有一点不满，他说："我们（指他和章靳以）太熟了。"

在《雷雨》问世后以及《日出》创作中，章靳以给了爸爸许多支持和帮助。爸爸去天津三等妓院、土药店那些社会最下层的地方，是需要很大胆量的，章靳以陪他同去，一起在最黑暗的角落调查底层人的生活。爸爸说，章靳以就是那么呆头呆脑的，像方达生。章靳以书生气十足，像个傻瓜，真像个傻瓜样子，方达生不懂世故的那个劲，太像章靳以了。以后，《日出》《原野》的刊载都与章靳以的促进、实施有关。对于这位挚友，爸爸由衷喜爱、感激，《日出》跋中这样写道："最后，我愿意把这个戏献给我的朋友巴金，章靳以，孝曾。"

爸爸说章靳以为人十分憨厚，是自己的好朋友。说他失恋时非常之可怕，他把自己的全部都寄托给女朋友了，一旦失恋，精神几乎失常，甚至要自杀。爸爸立即乘火车赶到上海去安慰、挽救章靳以，还去找他的女朋友谈。这个女朋友把爸爸拒之门外，对章靳以也没有任何表示，爸爸毫无办法，只好看着他痛苦，自己也跟着痛苦。批评过爸爸对老同学冷淡的孙浩然提起这件事，也说爸爸很讲义气。

1959年11月7日章靳以逝世，年仅50岁。爸爸恸哭，简直不能想象人间的死别会这样痛彻肺腑！稍平静之后，爸爸把章伯伯在清华大学读书的儿子章纯思请来，带着黛黛，在外面吃了顿饭。记得那顿饭爸爸几乎没吃什么，也说不出太多安慰的话，只是不停地给章纯思夹菜，连连说："孩子，吃吧！"黛黛不敢多看爸爸，因为爸爸眼神里的哀伤太深重了。他和章伯伯初中二年级相识，很快成了好朋友，还抢帖拜了把兄弟，深厚的友谊延续了一生。突然，世界上相交、相知时间最长的挚友走了，爸爸不能承受，悲痛难以估量。

三个人静静地吃饭，爸爸希望在下一代的身上留下对好友的思念，表达一点父辈的温暖，但思绪太多，能表达的太少了。分别时，黛黛记得爸爸只对章纯思说，有事一定来找他，更多的话，爸爸已说不出来了。

孤独、忧郁，伤了朋友的心　在家庭令人窒息和苦闷的空气里，爸爸说自己素来有些忧郁而暗涩，躲在屋子里与书为伍。以后的一生，爸爸对戏剧专注入迷，独来独往。他不喜欢交际应酬，与有限的亲戚交往不多，和老同学、老朋友也联系很少。爸爸说自己有孤独的毛病，朋友多，但大多交往不密切，好一个人转转走走。爸爸话不多，很少说自己，很少说自己的作品。

孙浩然曾批评他伤了朋友的心，得罪了朋友，爸爸也很自责："我就是这样，连我自己都厌烦我自己了。"爸爸为自己记性不好、不会应酬，十分苦恼，也很无奈。

爸爸"爱"人，也"恨"人 爸爸在亲人和好朋友面前，有放开、倾情表现的一面，也有冷淡的一面，甚至冷到冰点，让人迷茫不解。

爱和恨是两个极端。爸爸恨卑微琐碎的小人。对于不那么可喜的人物，爸爸沉默、少言，有礼貌地匆匆结束谈话，以后也许会骂两句，但有时也会找出理由解释或原谅他的可悲之处。

"我这个人说内在吧，也很内在，说外在，也外在极了，有点事痛苦极了。"爸爸这样说自己。他的内在是丰富的，如天马行空，思想灵动、跳跃，让人难以追赶上。访问过爸爸无数次的田本相说，他的谈话，好像是意识流，可以随机地由此及彼。一次，谈电视剧《四世同堂》，爸爸在那里口若悬河地讲起来。他文思如涌，我听着，几乎不用大改，就是一篇文章。说着戛然而止，突然转向别的话题。这种描述让我们感到真实、亲切，因为在与爸爸相处的时候，我们的感觉就是这样。

爸爸做人、待人、思维、写戏的中心都是一个"情"字，他有丰富的世间各种感情，敏感、细腻、脆弱、强烈、炽热，有时有些神经质，有时漠然、冰冷；由情及理、寓意深刻，也荒诞、极致。所有这些交织着、矛盾着，一生腾挪跌宕，从未停息。

爸爸是个充满情感、内心丰富的人，也是个矛盾的人，他的思维永远在进行时。早在1936年1月《〈雷雨〉序》中，爸爸对自己复杂的情绪有贴切的素描："纵然在人前我有时也显露着欢娱；在孤独时，却如许多精神不甘于凝固的人，自己不断地苦恼着自己。这些年我不晓得'宁静'是什么。……除了心里永感着乱云似的匆促，迫切，我从不能在我的生活里找出个头绪。"

在生活中，我们能感觉出他的矛盾，对人、对事的矛盾，但又猜不着、说不清。这是一种心灵的感觉，模模糊糊，隐隐约约，要想准确地说出来，不容易。用"懂得人"的标准来衡量，作为女儿，我们远远没能懂得爸爸，他的心里有永远不被人知晓和理解的东西和秘密。

爸爸赞美传说中天堂永远的和谐和宁静，但他更爱戏剧的天堂，因为它永不宁静，有矛盾、冲突，才有火花，才惊心动魄，才能在舞台上得到千变万化的永生。爸爸向往、追求着他认为更高、更幸福的戏剧天堂，因为它是滔滔的海浪，是熊熊的火焰，是不停地孕育万物的土地，是乱云堆起、变幻莫测的天空。

这正是爸爸一生的痴迷和挚爱。

祖国永远是最好的

挺直中国人的脊梁骨　爸爸从3岁起就瞪着大眼睛在戏园子看戏，看得发呆。童年时代饱读了中华文化经典。也许就是从看戏、读书开始了他一生对祖国的挚爱。从家庭涉入社会，在黑暗和不平中同情受难的民众，他要在这片土地上开拓事业，寻找光明。

1946年应美国国务院的邀请，爸爸和老舍到美国讲学访问，为期一年，爸爸只待了十个月。

爸爸提前回国了，给我们带回来毛线和小玩具，后来妈妈给我们各织了一件又轻又暖和的毛衣，我们高兴得不得了。

爸爸为什么提前回国、在美国他究竟经历了什么，等我们长大以后才渐渐知道。

1946年3月爸爸和老舍登上美国海军史格脱将军号运输舰，经过半个月的航行抵达美国。

从西雅图到纽约，他们走遍美国东西海岸，努力把中国的实际情形告诉给美国人，热情地介绍中国的文化。爸爸自豪地说，把鲁迅、茅盾、老舍放在外国第一流作家的行列也毫不逊色。还讲文学不只是娱乐，是有社会意义的。他们的讲学和访问受到美国文化界人士的热烈欢迎和接待。

二战后美国经济繁荣，国力增强，但贫富不均，还有种族歧视，令爸爸反感厌恶。华盛顿郊区住着大批贫困的黑人，新墨西哥州印第安人的保留地一片荒芜凄凉。更让爸爸愤慨不已的是，他们请黑人作家吃饭的饭店门口，挂着"黑人不得入内"的牌子，主人的尴尬可想而知。不论他们说了多少好话，白人经理就是不让黑人作家进门，气得爸爸用中国话直骂混蛋。这一切，使他感到美国的资本主义民主文明不是那么回事情。

爸爸从大学起就阅读各种美国戏剧杂志，如《剧场》月刊、《剧场艺术》月刊，阅读奥尼尔的剧本，也知道很多百老汇戏剧，对百老汇十分向往。

但这次访问时，不少百老汇演出令爸爸失望，与当年《剧场艺术》月刊介绍的充满朝气、为人民说话的美国戏剧大不相同，演出只是为了盈利，弥漫着商业气息，没有上乘作品。爸爸没想到美国文艺作品商品化搞得这么厉害，演出被公司的老板控制着，为金钱所操纵，使那些从事严肃戏剧的剧作家、导演和演员逐渐失去信心和力量。

奥尼尔《送冰的人》中有这样一段话："因为这是人生最后的一个码头，在这儿没有人会担心下一步该怎么走，因为他们无路可走了。"爸爸体验了这种绝境。在好莱坞，爸爸也感受到同样的失望。

爸爸在美国过得并不快乐，只有周六可以和老舍脱下西装，讲中国话，在小馆吃饺子，在旅馆喝酒，唱京戏，不时痛骂美国社会的不平等、自由民主的虚伪，他们心里想的都是中国的事，思乡之情与日俱增。

听到闻一多被国民党特务枪杀的消息，爸爸和老舍极为震惊。1939年7月闻一多等三人邀爸爸到昆明，为国防剧社导演《原野》和《全民总动员》。曾在美国学过舞台美术的闻一多亲自为《原野》做舞台设计。爸爸和他一见如故，在共同的艺术追求中，惺惺相惜。闻一多的舞台设计虚实结合，运用了某些抽象画法，构思新颖，增强了剧本的表现力，更好地表达人物的潜意识，爸爸赞赏不已。《原野》演出轰动昆明，两次加演，场场爆满，是云南话剧史上第一次，也是三大里程碑之一。回顾这段与闻一多的情谊，爸爸更是悲愤难平，萌生提前回国的想法。

以后的日子，爸爸觉得在美国已无事可做，实在待不下去，一天也不愿意多待了，他想尽快回到故土。终于他假借母病，1947年1月提前返回祖国。

爸爸和老舍受邀访美虽然受到美国政府的隆重接待，但是，正如爸爸所说，美国国务院请名人赴美讲学访问，是为了给美国做宣传。爸爸让他们失望了，对所谓的美国的自由民主、物质文明、生活方式，爸爸看得更清楚了。吴祖光说爸爸访美回来，把美国骂得很厉害。

对1946年美国之行的深刻思考 1981年9月6日爸爸给正在美国进修的黛黛写了一封的长信：

我想象得出，一个有色人，在美国这个地方不能完全享受平等的待遇。只有祖国的强盛才能使一个中国人少受人的白眼。我很明白在国外求学之艰苦，远不在于学习语言之困难与技术的高深，而在于异国人（尤其是美国人，他们受了两百年歧视有色人种的教育）的白种优越感，以及所谓知识较深、聪明自负的优越感。满脸和蔼可亲的样子，心中经常蓄着一种多年不自觉的傲慢之气，轻视有色人种的腐朽心态。

杜甫老年有一句诗："当面伤心背面笑"，这是比较准确画出一般自满、自足的中等经济的美国人对有色人种（包括中国人）的态度。这种"窝囊"气，只有半夜扪心想想，才会察觉出来，因为他们现在学得更虚伪了（他们的祖先虽然看不起有色人种，但还是粗犷、自然，他们的轻视情绪是露在脸面上的），更狡猾了。

除非你是包玉刚（那个世界轮船大王！中国人！最有钱的中国人！当然脱不了他的"黄脸皮"！），他们（这些不高明，少教养的一般美国人！）会拜倒，甚至做出卑贱的媚相取他的欢心，或者盗贼一般在背后计算如何夺去他的惊人的盈利与财产。

除非你是爱因斯坦，他是犹太人！美国人中那最骄倨的又具极狭隘心肠的美国人，也是十分鄙视或嫉恨的！我不是说这种美国人就是纳粹党，他们从祖先的教义起，就养成他们嫉视、鄙视犹太人的心理。至于帮助"以色列"，那是政策，抵制苏联的。他们会把你（如你已是爱因斯坦）当个平等人，因为他们没有爱因斯坦那种高深的学问，他们要利用他，要拉他入美籍，引以为荣。

所以你信中说："我到底是个土生土长的中国人，说句实话，对于美国的生活方式及一些思想、感情，我仍接受不了，我没有真正感到十分的高兴。"我觉你稍微懂得美国社会，也懂在这种社会中培养出来什么心理、什么感情、什么思想、什么人与人之间的关系。"人情薄如纸""世事冷若冰"，不要看美国社会中表面的繁荣和美国人间的亲热的拥抱与甜如蜜的言语。

他们，一般地说，是翻脸不认人的。如果继续保持友谊，一般地说，是只为礼貌或保持将来的有利条件。这种情形，将来你会认识。当然，也许在科学界的知识分子间，比较好些。然而科学家也多少难以超脱美国社会与美国人情世故。

我不是教你用我对美国社会的看法来看一切美国人。美国人有好的，有爱中国的，如 Edgar Snow（埃德加·斯诺）、Smedley（史沫特莱）、Strong（斯特朗）同志，又如马海德，还有许多真懂中华民族、中国文化、中国人的高贵品格（我指的是中国的好人！）的美国人。

此外，还有美国的许多伟人，如 Lincoln（林肯），如 Mrs. Stone（斯托夫人），即写 Uncle Tom's Cabin（《汤姆叔叔的小屋》）的作家，如写《草叶集》的惠特曼（Whitman），如马克·吐温（Mark Twain），那是美国人的精华、尖子，我们也引这些人为朋友，为有灵魂的人。

即使谈到现在专门研究中国文学与中国当今社会情况的美国人，这些人中很少一部分是真正研究中国的学者，更真实地说，是为某种地方提供各种材料的人。

我觉得那些诚实、真正可爱可亲的美国人也是有的，那要你碰运气遇见他们。这些人是比较无偏见、比较正直，是乐于帮助异国人的。那是美国的上等人，是用 cut-throat（砍脖子）的手段争取金钱与地位的一帮美国人、拼命向上爬的美国人认为的"傻瓜"，是被瞧不起的"笨蛋"。

说来说去，我希望你永远保持中国人的民族自尊心、中国人的"脊梁骨"！对一切异国人的来往，不卑不亢，有礼有节，充分表现中国人的高尚品格与文化修养，这就是祖国的好女儿，也是爸爸的好女儿！

这封信，可以说是爸爸对半个多世纪前美国之行的深刻思考、对当时美国社会自由民主、种族歧视的真实揭露。那里不仅有显而易见的对有色人种的歧视，更有隐藏得很深的不平等，特别是对中国人的不平等，让他非常反感、愤慨，半夜扪心细想，感到一股窝囊气。后来，他贴心地和我们说，他不爱那种美国风气、生活方式、人与人的关系……作为一个有尊严的中国人，爸爸没有顶礼膜拜外国和外国人，没有一点奴相，也要求我们挺直中国人的脊梁骨。

哪里也不如祖国　新中国成立初期文化交流和民间友好活动频繁，爸爸屡屡出国。在所有工作中，出国是他最不喜欢做的事情，短暂的访问也让他不安。爸爸多次访问苏联，告诉我们，每当火车一出满洲里，他心里就难受，天天盼着回国。他总嫌访问的时间太长了，说，要不是有任务，多一天也不愿意待。直到回国，火车进了满洲里，爸爸的心才踏实。当时我们这帮孩子相信苏联的今天就是我们的明天，简直不能理解为什么爸爸那么急于回国，对爸爸说："我要是你，一定多待几天，把苏联看个够。"爸爸没有反驳我们，笑了笑："你长大，看多了，就会明白，哪里也不如祖国。"

爸爸去过许多国家，见过大世面，接触过不同的文化艺术，体验过现代化的物质文明。但是在爸爸的心中，不论外国多么繁荣、多么富强，他从不羡慕，从不盲目崇拜；无论祖国苦难深重，还是贫穷落后，他从不嫌弃。爸爸说，无论走到哪里，心仍要想着故土，如连祖国都忘了，这并不是光荣的事。在他的心里，有一个从未动摇的信念，那就是：祖国是独一无二的，祖国永远是最好的。

爸爸喜欢普通老百姓。20 世纪 50 年代初期，黛黛的中学附近有几个卖馄饨、烧饼、烤白薯的小摊，爸爸有时带黛黛到那里吃饭。他总是大口大口地吃着，饶有兴味地和同桌的三轮车工人、小工、小贩攀谈。他说，这些普通人靠劳动吃饭，很淳朴，很可爱。有一次，黛黛对爸爸说："劳动人民也不一定都好。"爸爸愣了一下，用商量的口气说：靠劳动吃饭，不怕吃苦，是不是好呀？

我们至今记得爸爸从治淮工程回来时那个兴奋的样子，他讲述了数十万民工夜以继日在风雨和泥泞中，硬是靠人拉肩扛，建造伟大的水利工程。爸爸第一次看到这样热火朝天的建设场面，被劳动群众吃苦耐劳的精神深深感动了。他参加劳动并率领皖水文工团奔走在工地上为民工演出。工程总指挥钱正英更是爸爸心目中的女英雄，她坚韧干练，身先士卒，指挥若定，成为燃烧在爸爸脑子里的火种，一度点燃他创作的激情。新中国成立初期涌现的新人新事，使爸爸自幼对祖国的热爱更加炽烈了。

1976 年唐山大地震波及北京时，我们先把爸爸从单元楼房接到黛黛医院宿舍的平房住，但那里条件太差，照顾不便，也不太安全，就想把爸爸送到广州大女婿刘小达的老家。再三劝说，爸爸勉强同意。刚到广州，从 8 月 10 日到 16 日他连发四封信，要立即回北京。

8月10日的信中写道：

……只晚上很热，出了一夜的汗。我一点不是因为怕热，而是觉得没有与北京的同志们和你们姐妹共同防震、抗震，偏一个人跑到广州，使我十分难过。我急于想回家，即使在北京使你们为我麻烦受累，但大家都在上班抗震，我何忍独自跑出，真是越想越不是滋味！！！……我愿与北京的同志们一道在地震中过日子，留在北京中工作的人是十分勇敢的。我认为在地震中离开北京仅为了保命，这是我的终身的耻辱！我感觉到在患难中离开了人民，离开了党，这是不能忍受的。

……我何忍一个人离开北京的同志们、北京的群众。真是心中说不出的难受！你们照顾了我，因我有病，而且岁数大一点。但群众绝不会原谅一个胆小的人的。想想沙博里，大家动员他到南方去，他都不去！再看爸爸，自己偏到广州来。领导上虽同意，但是很勉强的。请欢子和大姐、刘大哥、二姐、唐二哥再商量一下，我想及早回京，不然我无面目见北京的朋友们。

我还是想在群众正在困难时回北京。这固然有许多麻烦，然而只有这样，我才觉得我是个中国人！一定要得到你们的同意，你们也一定要理解我的心情。

……但我还是想立即返北京，我的心情已如上述。我之所以想回北京，是你们一时不能理解的心情。黛黛，这次你非常累，我知道，我如回家，又要增加你的负担，但我只有如此！离开北京，离开在困难中的北京，离开了你们，真感到度日如年。我觉得我离开北京会有一些影响。回北京后，就会比较好一些。

我反复无常，这也使我十分惭愧。但返回北京，我才感到是对的。望速决定，我好归来。

在以后的信里，爸爸还是说："我住广州真是不安极了"，"虽然你们与刘伯伯（黛黛的公公）全家待我如骨肉，坚决不许我返京，我还是十分想我的北京"，"黛黛，如有功夫，要常和北京话剧团（当时北京人艺更为此名）组织上联系，说我时时刻刻想念剧团的同志们"。

改革开放以后,出现一些问题和困难,爸爸很宽容,以不变的爱国心,总是看到光明。1988年6月给黛黛的信里说了"再冒一次险"的道理:"物价飞涨,日子不若以前,但总能过得去。一切大改革,因此大家都在冒险,但如果中国人不再冒一次风险,闯过关去,将来会更穷,更落后,我们子孙永成世界上最劣的民族。幸而,在一切贪污、腐化、堕落、罪恶当中,还有些人正经干。看着我们正坐在大风大浪中的船里,只有拼命划,才能脱胎换骨,成为新中国人。"

爸爸最后那些年,年老体衰,又忍受着多种重病的折磨。由于肾功能不全,他吃的都是低盐无味的食物,严格禁止蛋白质的摄入。我们尝过他的饭菜,涩涩的,淡而无味,难以入口,可爸爸就这样天天吃下去。爸爸腹腔插着管子做透析,几千毫升的液体经常留在腹腔里。血浆蛋白低,有时胸腔积液,再加上肾性贫血(最低时5g/dl)等,爸爸常常气憋,躺不下,需要吸氧,几乎走不出病房。可他的心一直向着自己的国家,向着文明,向着富强,向着光明。在1993年10月写给黛黛的信里说:

我病卧五年,外边的事可以说一点不知道,希望我们的中国,摆脱过去的黑暗、种种丑恶,能逐渐变为一个光明的国家。现在改革开放,是有进步的,人富起来,生活好起来,但一种只是爱钱的社会风气,使人感到气闷。

我总希望,我能活到看国家富强起来,人们相互之间文明起来。我一生经过的古老的中国,使我更渴望,我们的愿望早些实现。

对祖国的情感才是最高、最深的情感　20世纪七八十年代出国留学热时,黛黛到美国进修,爸爸赞成,并给了很多帮助。在美国,收到爸爸的书信中写得最多的是他想创作的强烈愿望,另一个就是爱自己的国家,为自己的国家服务。"祖国是自己的,真是暖水热土啊,养育我们不容易啊!"(1983年1月22日)

在密歇根州进修三年多以后,黛黛决定回国,她的丈夫反对,夫妻间有激烈的争论,但她还是回到朝思暮想的北京,回到妈妈、儿子,还有爸爸的身边。

决定回国时,爸爸以最大的热情伸出双手欢迎,远远超过女儿出国时。这不是因为爸爸狭隘，绝对不是。爸爸思想自由开放，对人对事有很大的包容度，比一般人更容易接受外面新的、好的东西，同时，他也是个有很强烈民族自尊心、热爱祖国的人。在《日出》里，他对镀金回国、以"高等华人"自居的留学生张乔治无情地嘲讽和鞭挞，反映出爸爸一贯的想法。

1984年1月爸爸写给黛黛的信：

读了你的信，我异常高兴！你毕竟是爱祖国的中国人！

……孩子，我常常担心你会长期留在异国。我不能设想一个受祖国人民哺育、培养的知识分子，尤其是高级知识分子，会为美国的种种物质上的成就，学术上、技术上、研究上的成就，变成一个盲目崇拜美国文化的人，竟然忘记自己对祖国的责任，不肯回国，早一点做自己应该做的事。

……人民需要你回国。你在祖国的老、小都想你回来，不只是感情上想念你，更是想你要为祖国，如你往日一样在北大（医院）当大夫的时候，那样热情，老老实实，诚诚恳恳，为祖国医学干活儿。

你决定回国是完全对的！你这样的决心是应该的，在目前盲目崇拜国外的世界的空气中，你表现了一个中国人，真正中国人的精神。你挑选了一个崇高的、有良心的中国人的道路！回来吧，我的孩子！我为你有这样的决心与爱国的精神而自豪。我想，你的母亲和孩子也为你这样的决心自豪。

……但你依然会遇到困难、矛盾。如果一个人只是为自己想的名誉、地位或者个人的研究趣味而留在外国，不回祖国，不想祖国现在很困难、落后，需要有学问的知识分子回来，帮助她，向她报恩，这是使人失望，使人十分难过，甚至是痛苦的事！

人各有志，不能强制某种心情的人回祖国。

当然，也不能强制有爱国心、爱祖国的人不回祖国，不为祖国服务。

孩子，你遇见一个很大的困难，在一个人生道路中很难遇见的困难。问题，是大问题，是需要下大决心，勇敢地面对现实，来决定这个问题。

孩子，回国，你会遇见困难，但是你为了解决困难而回祖国的，不是为了享受各种美国式的生活方式、研究的方便而回祖国。

孩子，我不爱那种美国风气、生活方式、人与人的关系。我跟你一样！当然，并不是说美国科学技术不高明。我们当中有一种殖民地半殖民地的思想、习惯作祟，这在某种有半殖民地的思想、习惯的人，不稀奇。

有人很会用各种理由，甚至拿出爱国主义的理由来掩饰自己常住美国。这也无可奈何。

我最近身体渐弱，但亦不致危在旦夕，只是十分想念你。尽管我不给你写信，你的种种情形总在我心中萦绕不已。见了你的照片，我看你的衣着朴素，不染美国人气息。你有一位好友、张同志（北京医学院女同学）曾到美看望你，说你还是那样热诚朴实，十分怀念故土，我听了，真是高兴万分。

黛儿，你决心回来，小达决心留美，各走自己的道路，究竟谁是对的，早晚会有分晓。当然，有个家庭问题，一个可能，他可能暂来华探亲，你也可以赴美深造，另一个可能，二人从此异地相处，很难见面。我想了许久，还是不敢为你下一断语。

黛黛回国后，把学到的一点本事在医疗、科研工作中派上了用场，得到在美国没有的快乐和满足，在工作中渐渐有了得心应手、如鱼得水的感觉，这是一种在自己的土地上自由开拓、随意施展的快乐。她当时没有太多的家庭负担，尽力做现有条件下允许做的事情，度过了一段全心放在工作上的幸福、满足的时光。

爸爸总不忘记提醒女儿为祖国出力。

你青年、中年都过得奋发有为，到今天为了成就，在国内多跑跑，多望几眼祖国的山河，祖国今日的成就（当然，也看出今天改革中许多不足，有待于改善的缺点），将会激发你更大的爱祖国的心胸，对祖国的情感才是最高、最深的情感。人生如梦，为祖国献出自己的一点滴心血，这样的人才是可敬的人。我是不大赞成把祖国忘在脑后的人物，即便他是爱因斯坦。

（1986年1月23日）

爸爸最后这句振聋发聩的话，让我们终生难忘。

在爸爸生日的那天，黛黛把自己在《中华内科杂志》和《中华呼吸疾病杂志》上发表的文章作为礼物送给爸爸，爸爸急切地翻阅着杂志，脸上放着光彩，说这是"最珍贵的礼物"！没想到这没花一分钱的礼物让爸爸这样高兴！

黛黛又写信给爸爸继续报告工作的情况。那时爸爸在上海，很快回信：

> 读了1986年末的信，我十分高兴，也很激动。反复读几遍，我确实觉得你的生活过得充实，有意义。在你艰难、复杂、辛苦却又充满了人生乐意的工作中，你体会到相当深刻的人生的道理。譬如你把学问用在实践中，悟到融会贯通，把学到的东西变为自己的东西，而且在业务、学术中有一定"得心应手"的感觉；譬如"只做自己愿意做的事情，不勉强自己做自己不愿意做的事情"；又譬如"我更体会到一个人在工作，在学术中的地位只有通过自己奋斗来获得"。
>
> （1987年1月5日）

深沉的父爱和女儿的悔恨　黛黛回国半年多后，接到公安局通知儿子刘迈去办护照的公函。两三年前小达给儿子申请了赴美探亲，一直渺无音讯，公函令人意外，基于种种情况，不得不就此办理，而且办得出乎意料的顺利。

小迈到美国后，小达对他的教育做了很好的安排，在医生训练的超负荷工作中为辅导儿子的学业付出了极大的心血。小迈半年多后英文基本过关，学习成绩优秀，获得奖学金。儿子走时黛黛并没有想得很多，后来才发现这给了她最大的困惑和抉择的艰难。

父子可以说没有家，日子过得很糟糕。他们不断来信催她赴美，特别是儿子的信让母亲十分挂心。黛黛已经近四年没有尽到做母亲的责任，很内疚。小达对儿子的尽心和双重压力，也让黛黛于心不忍。夫妻仍然在争论，更多地谈到家庭的前景。黛黛一面紧张地工作，一面反复地考虑，一个人做痛苦的抉择。

人是复杂的，情况和思考也是复杂的。她不想在北京的家人面前摊开这一难题，不想与他们直接交锋，怕引出更多的矛盾和困境；是自我剖析，也是对另一方的剖析。想到年老多病的父母,她决定不让他们卷进小家庭的纷争而担忧受惊,也不想自己再经历一次抉择的痛苦。以后的日子还得过,她得对自己的决定负责。

人性真复杂,好的、坏的,还有不好不坏的(所谓"灰色的"、中间的),都有,多方面在矛盾、斗争、反复,不论哪一面都能找到不同的理由。

爸爸跟黛黛做了一次长谈。1986年1月23日爸爸给黛黛写信:

黛儿,我的长女:

从你生下来到今天,这几十年的经历确给人以足够的深深的想念、深深的思索。也许这封信你收不到,你已离开中国探亲去了,我希望你仍旧能读这几个字。我很思念你,七十六岁的父亲,想起头生子,总免不了有各种的感情,当然我很爱你。你也应当把你的感情分给许多与你有密切关系的人。我们分别很久了。你我都是比较成熟的人。我记得最近有一次送给我北京大鸭儿梨的时候,我给你谈了很长的话,几乎不允许你有一刻插嘴的功夫,然而我是发自内心说给你听的话,你未置可否。我猜不出你究竟如何想法,但这也不关重要。"心"愿意关着,任何钥匙也是打不开的。

也许有一天,我们真能谈谈心。但是机会恐怕不多,我一则老一些,二则你很少敞开你的心,我大约也如此,所以,不能责怪任何人。只是我很感谢你,你始终关心我,虽然不可能太多。

父亲毕竟是父亲,这句话的含义很多,只有你这样敏感的孩子会充分理解这句话。

人是复杂的。但人也有一点人性,大约这就是作为人可贵的地方。

还是那句话,很想念你,遗憾是不能都敞开"父"与"女"的心长谈,这不责怪你,似乎也不能完全责怪我。

(节录)

以后每每读这封信,黛黛总是深深刺痛,对自己内心的隐晦和阴暗而自责,为不可追回的、原可敞开"父"与"女"的心的长谈而痛惜万分。

1987年10月，回国三年多后，黛黛第二次去到美国。爸爸对长女从期望很高到失望，觉得这个在国内还是个"有用之才"的女儿到美国，真是"太可惜了，太可惜了"。他沉默不语，不多说话（爸爸就是这样一个人，他能"容忍"，闷在心里），但无声和沉默也无法掩藏年老体衰的爸爸心里的痛苦和失落。

尽管有种种纠结和没有完成的"长谈"，在以后的日子里，爸爸以博大的胸怀包容了、消化了，表达了无法割舍的深沉的父爱。

1993年10月2日爸爸写道：

阳光洒满一地，窗外树叶微微地抖动，秋风起了，北京的天蓝得透明，如果你们在北京，我们一同到香山走走多好。

可惜，我走不动了，还是坐轮椅，但也可以推出去，享受明媚秋光，可能纽约的秋天与北京差不多，我就更怀念你们。

写了几句，就乏力写下去……

不行，还是用力写，写信，好比见着你一样。

爸爸要黛黛多写信，"使老父亲少一点悬念"，再就是"记住自己是中国人"，"我们中国孩子，要知道自己是中国人，有我们传统文化"。

1994年10月20日又写：

黛黛，我的爱女：

你从瑞士回来了，真是到了仙境，一定有不少美妙的回忆。可惜我不在你身旁，听你亲口叙述。我真是想念你，我的长女，时常望你来到北京来看我。我经常回忆你年轻时、年幼时的种种可爱的情景，觉到自己真是老了，只有忆旧是个安慰。我八十五岁了，不知何时能见着你，再见你？想起来心酸。

随着时间的推移，黛黛内心一直潜藏的痛苦、负疚和悔恨愈发深沉、强烈，不得安宁，有时梦中还在北大医院看病人、值夜班，醒来心里空空荡荡。黛黛心里有好多话要说：爸爸，女儿让你失望了！你给过我那么多的爱，那种只有父母才能给予的无条件的爱，对我那么高的期望，我辜负了你，直到你去世都不知道我内心的纠结、矛盾、内疚和追悔，不知道对你的辜负让我多么难受。一切闷在我心里，难以启齿，难以说清。你走了，一切过去了，追悔莫及！只有在心里默默地记住。我们父女还会见面的，那是到天堂的时候。我会敞开心的大门，把一切告诉你，像十几岁时，和你无所顾忌地谈话那样。

第二部分

亲爱的妈妈

我们的爸爸曹禺
和妈妈郑秀

爸爸曹禺是著名的剧作家,而我们的妈妈郑秀,是一位可能不值一提的小人物,知道并真正懂得她的人很少。但是,他们两个人,还有我们,曾是一个不可分割的家庭整体;妈妈不仅对于我们意义重大,对爸爸来说,也是一段充满人性的生活真实,一种深入研究他这个人及其创作的不可或缺的历史佐证。

妈妈和爸爸婚恋共同生活的时候,正值爸爸戏剧创作的巅峰期,他的三部代表作《雷雨》《日出》《原野》以及《蜕变》相继发表。正如话剧史论大家田本相所说,曹禺和郑秀的婚恋经历"对研究曹禺的创作是十分重要的",在曹禺的创作中留下不可磨灭的印记;他明确地指出,"不懂得曹禺的婚恋,就很难深入曹禺的戏剧世界"。

妈妈和爸爸在清华园相识、相知、相爱及结合,后生情变、离婚,这段刻骨铭心的历史改变了妈妈的一生。离婚时妈妈说:"当初为了爱,我与曹禺结婚。现在也是为了爱,让曹禺安心创作,我同意离婚。"她得到过幸福,也付出了一生惨痛的代价。离婚后,妈妈坚守初衷,没有再爱再婚,一个人含辛茹苦把我们抚养成人,她是怎样的不容易!妈妈对我们恩重如山。她一个人坚守家庭,坚守职业,又是多么坚强!

妈妈是源于传统又与现代融合的新女性。她出生、成长于书香门第,受过良好的中西合璧教育。从清华大学毕业到71岁完全退休,她一辈子在职工作。她"敬业乐群",独立、自强、自爱,审时度势,努力赶上时代;她善良、仁爱,胸怀宽阔;把那些帮助过她的贵人、好人铭记于心,并以感恩之心回馈于周围的人;生活中的妈妈,也有缺点、弱点和不足之处。

1

中西合璧的严格教育

寄养在姨父母家　承教传统文化

1912年12月11日，我们的妈妈郑秀（字颖如）出生于福州城内黄巷父系郑氏的大家庭。

妈妈不及半岁，她的生母林佩英（连续生育子女11人，仅存6人）怀第二胎。那时妈妈瘦弱多病，常服中药，须专人看护，于是林佩英的大姐林耦庚（比林佩英年长19岁）把她接走抚养。

妈妈在其姨母林耦庚、姨父沈璿庆家前后寄养了十五六年。

头六年，妈妈住在沈璿庆家族福州乌石山上的沈氏宗祠园林里，过年、节庆则进城入住其外曾祖父林鸿年的家园华林坊。林鸿年是清道光年间状元，华林坊门口挂着"状元及第"的牌匾。在华林坊三进院落里，林氏大家族和睦相处，感情融洽，回娘家的女儿备受家人优待。

在乌石山和华林坊，童年时代的妈妈深受大家庭亲密和仁爱气氛的熏陶、感染，对此深深眷恋，结下不解的亲缘。以后妈妈重返福州，必徜徉于乌石山和华林坊，重温大家庭的温馨和亲情。

沈瑾庆是两江巡抚沈葆桢之子，湖广总督、民族英雄林则徐的外孙，本人无显赫官职，在北平曾任北洋政府海军部秘书。他一生勤于学习，生活极有规律，凌晨四时必起床读书习字，终生不辍。他是民国初年驰名京师的书法家和诗文作家，书法融颜、柳、欧于一体，自成风格。老人家自奉甚俭，布衣布履，三餐十分简单，不尚奢侈作风。年近古稀时，亲友、同事要为其做寿庆祝，他"逃"到天津"避寿"。

他待人谦和，思想开明，富有正义感，主张平等博爱，富有仁爱之心，乐善好施，慷慨资助青年求学成才、追求自由民主。辛亥革命时期，冒谋反之嫌，暗地每年资助妻弟林文（后为黄花岗七十二烈士之一）白银四百两，在东京日本大学攻读哲学、法律，并在孙中山先生的领导下从事革命活动。还将妻妹林佩英送到上海务本女校习医，接受新学和进步思想。沈瑾庆乐于帮助贫寒的亲友子弟求学，曾在家设私塾教授儿女、婢童，被亲友称为"圣人"。

沈瑾庆是妈妈终生敬仰、学习的榜样，是影响了妈妈一生品行的人。妈妈有正义感，对贫苦和受欺侮的人非常同情，能仗义执言，都是她的姨父沈瑾庆给她留下的品格印记。老人家从《三字经》起向妈妈教授传统文化的时候，"人之初，性本善"所代表的仁爱思想就在妈妈心里扎根，后来她遵从、信仰了一辈子。

林耦庚识文断字，喜欢读古书；针线活不离手，能把碎布缝成"百家被"，做绣花鞋面，绣端午节的荔枝、小虫造型的香包，也会做裙子等洋服。她是个有胆识、豁达大气的女人，和丈夫一起资助多位亲人求学成才，支持他们投身革命。

民国初期沈瑾庆到北平任职，林耦庚一人带着外甥女（我们的妈妈）和女佣在福州乌石山的深宅大院里居住，不知惧怕。家中大量衣物被盗，她从不向警局报案，认为小偷因穷才偷，少用些衣物也不影响生活，显示了她的宽容大度。新中国成立初期，国民党的飞机天天来轰炸，家里独有林耦庚不怕，她从来不肯下楼躲避。她说，躲了也没用，该死也得死。妈妈倔强、独立的性格与她姨母林耦庚的影响很有关系。

妈妈成长于沈瑾庆、林耦庚家这样一个书香门第，自幼接受严格的家教，学习、玩耍、饮食、生活习惯都有严格的规定。

1918年妈妈随沈家迁居北平，就读于培元小学。从10岁起，妈妈每日上学前妈妈由沈璿庆教授古文和书法。清晨四时半起床，漱洗毕，妈妈开始大约一个半小时的晨读，听老人家讲授《诗经》《左传》《四书》《古文观止》等古书经典。妈妈最初接触古文诗书，觉得确实比白话文赅简含蓄，读之有韵味，十分喜欢。到六时左右，老人家教妈妈大、小楷书法，临摹他写的方格楷书，以及颜真卿和王羲之的字帖，约一小时。之后妈妈吃完早点，提起前一天晚上收拾好的书包，匆匆步行上学去。承教约六年，妈妈养成了一生的学风和传统思想。妈妈从小念书勤奋、刻苦、循规蹈矩，有时甚至是刻板，生活规律，节俭。严格的国学教育，让妈妈打下了扎实的文学基础，练就了一手好字。妈妈的毛笔字刚劲有力、雄健大气，看她字的人都会连夸"好字"，以为是男人的墨迹。

小婢女悦侬六七岁时被林耦庚买来，在沈璿庆的力主下，每天在沈家私塾跟着家中子女读书识字，学《百家姓》《千字文》。悦侬比妈妈大十岁，与女佣六六嫂一起照顾妈妈，给了童年时代的妈妈很多温暖。识方字片时，悦侬是妈妈的辅导老师。悦侬十五六岁时常和妈妈一起玩耍，能背出几句《诗经》。

妈妈和悦侬在乌石山建立的友情日益深厚，亲如姐妹。妈妈备受长辈宠爱，特别娇气，长辈亲昵地叫她"咪仔"。开始，悦侬叫妈妈"咪小姐"，妈妈不喜欢，她改口叫妈妈"妹哥"，妈妈接受了这个亲昵、平等的称呼。

悦侬给妈妈穿上花布衫裤、绣花鞋，扎上乌黑光亮的辫髻，牵着她的手在乌石山采花、摘果。平时文静寡言的妈妈和悦侬总有说不完的话，到华林坊过节时长辈给的甜饼糖果，妈妈也要带回给悦侬吃。

1928年妈妈回到福州，历经人世凄苦、沧桑的悦侬特地从老家赶来看望。悦侬已是地道的农家人打扮，伸出长满老茧的手拉着妈妈不放，连声叫着"妹哥"。妈妈激动万分，从左手中指摘下金戒指戴在悦侬的小手指上。悦侬两眼充满泪水，哽咽着。幼时的伙伴跨越了主仆的鸿沟，身处不同社会阶层的两颗纯洁的心里，依然燃烧着人间的真情。

这次相见成了她们的永别。1931年生母林佩英逝世，妈妈回福州料理后事，

接受西学教育

进入北京培元小学后，妈妈又接受了基督教教会学校的教育。

培元小学是北京基督教公理会创办的私立小学，学校按美国系统教学，三年级后增添了《圣经》课，由班主任亲自任教。

一天，班主任先生叫妈妈背《圣经》，她背不下来，被先生严厉斥责，受罚下跪。妈妈的愤怒与委屈油然而生，但她没有哭。这大概是她在教会学校念书十一年却始终没有信教的原因。

升入四年级后开始学英文，学了《初级英文读本》《英文津梁》（Master of English）等。妈妈学习非常用功，小学毕业考试英文100分，国文成绩为全班之首，其他各门成绩均达优秀，被保送入同教会的贝满女中就读。

从贝满女中至清华大学毕业，妈妈一直住校生活，养成独立、规律的生活习惯、倔强又喜爱交友的性格。

贝满女中（Bridgman Academy）于1864年由美国基督教会教友贝满夫人（Mrs. Bridgman）捐建，隶属基督教公理会。

贝满有严格的学风、严谨的考试制度，坚持课堂、课后的反复教授及师生交流，注重英文实践，崇尚体育，进行素质、人文知识和修养的全面教育。

贝满考试、测验频繁，讲新课前必先测验。英语教学极其严格，课堂注重练习会话，执教高中英文的几位美国教士与学生接触颇多，给学生许多课外练习口语的机会。高三毕业时，学校会要求学生交一篇简单的英文论文。

尽管英语教材并不深，但学到的知识很实用，能用英语日常会话，入大学后能听懂教师用英语讲的课并记下笔记。妈妈说这是从贝满环境中"熏"出来的，应归功于贝满传统的英语教学方法。

在贝满，妈妈遇到很多好老师，他们诲人不倦，一丝不苟，教授学习方法，使妈妈受用终身。

贝满有严苛的校规和良好的校风。比如要求学生每晚到课堂上自习,其间不时有老师在课堂内外巡视。为帮助学生养成良好的卫生和生活习惯,学校设有饮水、洗手室,四壁学生的名牌下挂着水杯和小毛巾,规定饮水前需先洗手、洗杯,小毛巾每周带回家清洗一次;还要求每人自带擦布一块,每日拭擦自己的课桌椅。

学校每日朝会对学生进行品德修养教育,注重体育、音乐课和课余文化社会活动,组织学生参与各种音乐会、歌咏团表演,培养了妈妈的文艺欣赏能力和对文艺的爱好,给以后坎坷的人生带来安慰和快乐。参与学校的演讲、演戏等各种活动,使妈妈变得乐于交友,开朗起来,改变了她自幼沉默内向的性格。

传统好校风的创始人是管叶羽老校长。他长期受基督教学校的教育,但身上毫无洋气,是一位不务虚名、一丝不苟、脚踏实地的教育家。他勤于思考,语言平和,与人为善,尊重学生的自尊心。他身体力行,也是个优秀的教师,他代课教授的物质三态变化的条件和规律,妈妈至今不忘。

管校长任职二十余年,勤勉工作,忠于职守,令妈妈十分敬仰。贝满女中训怀堂正中横匾上有"敬业乐群"四个大字,这是管校长标树的贝满校训,人人会唱的校歌也以"敬业乐群"为主题。校训、校歌妈妈铭刻于心,"敬业乐群"成了她一生的追求和实践。

1932年夏,妈妈以优异成绩从贝满高中毕业,被保送燕京大学。回到南京家中的第二天,外公把妈妈叫到跟前,抬出外婆的训迪,要求她考清华大学。妈妈拗不过外公的热望,只好遵命,在离截止日期还有三天时报名,用了两周多时间仓促备考。一个月后,妈妈接到了清华大学法学院法律系的录取通知书。

到此时,妈妈小、中学的毕业考试以及大学的入学考试成绩,均是国文和英文独占鳌头,这是妈妈幼年时代受到扎实的国学教育以及教会学校严格的英文教育的结果,也是她自幼勤奋学习的明证。

考上清华，外公自然非常高兴，逢人便夸奖长女。在亲友中，妈妈得到"金榜题名"等一片钦羡和赞扬，她在众多子女中的地位一下提升了。其实妈妈心里很矛盾，还是倾向于上燕京大学。即将走完人生道路时，妈妈在《烟云录》中，以"错误的选择"作为清华大学时代一章的标题，好似与她对清华的美好回忆相悖，但细细咀嚼，便能尝到其中永远无法改变的苦涩和痛悔。

2

清华园里的金色年华

清华是妈妈心中的圣地,她不知多少次告诉我们,在清华,她度过了一生的黄金时代。

1989年8月30日,亲爱的妈妈在走完充满荆棘和泥泞的人生旅途之后,离我们而去。我们在她度过人生最后日子的北大医院举行了遗体告别。

妈妈一生酷爱鲜花,在她的周围摆满了从医院花房运来的各色鲜花和绿草,二女儿昭昭守护在亲爱的妈妈身旁,大女儿黛黛陪伴了妈妈一个月刚走,她的好友陈增辉代她守护着妈妈。仪式简朴、庄重。

北京医学院和北大医院是黛黛学习和工作了三十年的地方,在妈妈与死亡做最后抗争的时候,黛黛的那些充满爱心的老师、同学,以及其他一起工作的医生、护士、工人,给了妈妈最好的治疗、护理和服务。这时,他们都赶来了。正是上午上班时间,多数人来不及脱下白大褂,长长的白衣送行队伍默默缓步走来。这是昭昭从未见过的场面,昭昭没有想到老师们、朋友们代替黛黛目送了妈妈最后的一程,有的人流下眼泪。

大家抬眼望着悬挂在告别室正中的妈妈在清华大学的毕业照。后来,一直照顾妈妈的护士长要去了这张照片,留作永久纪念。那是妈妈一生最珍爱,而且是

"文革"中唯一残存的妈妈年轻时代的个人照。我们要让妈妈富有生命力又端庄秀美的形象永远留在爱她的亲人和朋友们的记忆里，也让她带着青年时代美好的回忆返回大地母亲的怀抱。

融入清华 1932年秋进入清华大学法律系学习（两年后法律系取消，妈妈转入政治系），妈妈面前展开了一个崭新、广阔的世界。

当妈妈第一次走进图书馆西文阅览室时，座无虚席，鸦雀无声，应届毕业同学撰写毕业论文，整天埋头图书馆，中午也不离开。图书馆里每个人都专心致志、埋头苦读的情景，给妈妈极大的震撼。

妈妈更敬仰云集在清华的全国知名学者、栋梁之材，其中有梅贻琦校长和陈岱孙、钱端升等名教授。对福州同乡、物理系萨本栋教授，妈妈念念不忘。萨教授学识渊博，治学严谨，当时清华文理合科，文科班学生上他的课，有一半考试不及格。妈妈清晰地记得有个叫张宗燧的学生每次考试都得100分，附加试题也是满分，被同学们誉为"鬼才"。这样杰出的师生，妈妈总是津津乐道，满脸骄傲。

大学一年级妈妈有文理科必修课及文科课程，共计十一门，学习负担极重。同系中，女同学人数很少。妈妈原来就是个用功的学生，到了清华，不甘落后于男同学，更加努力好学。

上课她认真做笔记，字迹娟秀，内容完整，课余都待在图书馆，读书、翻字典及做习题。夜晚，图书馆里灯火辉煌，座位挤得满满的，和那么多同学一起在书的海洋里遨游，妈妈觉得很快乐，总是读到图书馆关门才离开。她偶尔周末进城购物、看电影，与系外或不同年级同学很少来往。

妈妈自幼养成勤奋学习的习惯，死扣书本，十分认真，加上很强的记忆力，在清华学习成绩一直不错。她最怕的是物理课。第一次考试不及格，妈妈不甘心，不服气，死记硬背，加倍努力，终于及格了。妈妈晚年时，还曾在梦中因为答不出萨教授的试题而惊醒。

妈妈体质纤弱，不善运动，很怕游泳。在崇尚体育的清华园里，马约翰教授亲自主持游泳课的教学，规定游泳课不及格不能升班，不能毕业。一年四季穿着白衫、白短裤，秃头、精神矍铄的马教授总是亲力亲为，为体育课吃力的女生开课，循循善诱，严格要求。妈妈加紧课外练习，后来又得到喜爱运动的爸爸的帮助和辅导，游泳课终于通过了。

在清华体育新风的影响下，妈妈渐渐习惯经常运动，还学会了打清华园里很风行的网球，在运动场上留下了一张手持网球拍，身着短衫、短裤的照片。

收获爱情　在清华，她收获了爱情，尽管后来经历婚姻破裂的剧痛和之后三十九年的孤寂生活，妈妈仍珍惜终生。

爸爸的中学好友陆以循在清华军乐队当助教，爸爸曾短暂在那里学习吹奏巴松管。妈妈每周两次到军乐队练钢琴，碰上过爸爸，但两人并无交集。妈妈是法律系学生，比西洋文学系的爸爸低三班。当时清华大学里女生很少，秀丽、端庄、具有大家闺秀气质的妈妈吸引了爸爸的注意，燃烧起对妈妈的爱慕。

校园戏剧给了他们相识、相交的机缘，爸爸开始了对妈妈执着的追求。

1933年早春，为迎接校庆，爸爸翻译了英国作家高尔斯华绥（Galsworth）的独幕三场话剧《最前的与最后的》（*The First and The Last*，又名《罪》），准备自己出任导演和男主角拉里。

他请南开中学的好友、清华五级经济系的孙浩然（该剧的舞台美术）到女生宿舍静斋邀请妈妈出演该剧的女主角汪达，一次未成，第二天孙浩然又来，妈妈都以"不会演戏"拒绝。当天下午课后，爸爸在孙浩然的陪伴下自己来了。妈妈对这个个子不高、身穿长衫、戴着一副黑边眼镜、抱着一大堆书本的老学究并不以为意。可爸爸痴痴地盯着妈妈，最后进出一句话："你必须演，你一定要演。"妈妈有点反感，心想：他怎敢在一个素不相识的女同学面前发号施令？

妈妈这样想，是因为她的内心是骄傲的。能进入清华园的知性女生本来就凤毛麟角，正值青春年华、秀美又会打扮的妈妈自然吸引了许多男生的注意。

爸爸穷追不舍，妈妈终于被推搡着进了二院91号男生宿舍的排演场。为了指导妈妈演戏、了解剧情和人物关系，爸爸给妈妈朗读剧本，一人扮演剧中的三个角色——他自己出演的弟弟拉里、孙毓棠扮演的哥哥吉斯律师、妈妈扮演的女主角汪达。他以有声有色的语调、栩栩如生的表演，把三个角色不同的性别和年龄、不同的生活背景、不同的性格和思想感情，展示得恰如其分，令人信服。

指导妈妈演汪达时，他自己示范。后来妈妈回忆："他声调提高八度，把一个情窦初开少女的优美和纯真表现得惟妙惟肖。难得的是，他的音调非常自然，一点没有矫揉造作男扮女腔的感觉。"提起这段往事，妈妈总禁不住夸奖，"你爸爸扮演女角，一点也不肉麻，十分可爱、真诚，台词念得诗意而有韵味，非常好听、抓人。"

第一次对台词，妈妈就发现爸爸在导演、表演上不寻常的才能。他在戏剧世界里表现得那样得心应手、游刃有余，妈妈惊异不已。

当晚回到宿舍，妈妈已经不能从戏剧中走出来，一遍又一遍地朗读着对话，剧中三个人物之间爱与恨、生与死的矛盾冲突，尔后情侣双双服毒的悲剧，震撼着她年轻的心。读完最后一遍对白，妈妈已泪浸衣襟，她被戏剧的魅力彻底征服了。妈妈后来回忆说："我二十岁了，上了十三年学，从来没有这样的感觉。"那个夜晚，妈妈失眠了，她开始走进爸爸一生挚爱的戏剧世界。

这个戏在清华同方部（清华学堂和大礼堂之间的房子，可说是小礼堂）上演了七八场，是清华大学历史上第一次男女同台演戏，引起轰动。

清华女生宿舍平时不对外开放，这时正值校庆，男生可以自由出入。妈妈放在宿舍里的几张照片不翼而飞，接着收到十几封求爱的信。

妈妈回忆当时的爸爸："从演戏之后，他就抓住我不放了。"从最初妈妈拒绝参加演出到演出后仍然不冷不热，爸爸都不在乎，锲而不舍地继续追求妈妈。

因戏和爸爸相交后，妈妈观察着这个突然闯入自己生活、令人迷惑不解的人。

妈妈注意到，爸爸说话时目光凝重，专注倾听，有时狠狠地把对方盯得发毛，进退不得，有时坠入深思而突然停步不前。

好友孙浩然说爸爸整天泡在图书馆里，从图书馆出来总是抱着一摞书，在路上也边走边读。见了熟人、同学，他总是深深一鞠躬，重复同样的话"我住在二院91号，请光临"来代替打招呼，让人觉得他心不在焉，莫名其妙。孙浩然说，那是因为他的脑子里在想着自己的事。

清华校刊登载过一幅爸爸的漫画：戴着黑玳瑁镜框眼镜，身着肥大长衫，腋下夹着厚厚的书本、笔记和字典，脚上穿着鞋头向上翘的布鞋，匆匆走在校园的小路上。漫画描绘得惟妙惟肖，滑稽有趣。好朋友说他是"神人"，不熟悉的同学叫他"怪人"。

话剧演出后不到一个星期的晚自习时，爸爸以送剧照为名邀妈妈到小河边散步。他发狂地紧紧抓起妈妈的手不放,倾诉着火山爆发般的爱情,不容分说地要妈妈接受。

爸爸的爱强烈冲击着妈妈的平静,那时,她还不能给爸爸等量的爱,被万端迷惘困扰的妈妈决定在未抉择之前,躲避追求。妈妈选择了远一些的女生宿舍,先在校外的新南园18号,后来又搬到古月堂,为的是躲开爸爸。可爸爸心灵迸发的火焰已经猛烈地燃烧,他一宿一宿守在妈妈的女生宿舍院外不走,不时传来校工小刘妈的喊声:"郑小姐,万先生找!"又送进一封封令人动心的书信。

爸爸失魂落魄,一夜一夜失眠,不久,病倒了。好心的室友不得不托人传话:"你们赶快让郑秀和万家宝好了吧,不然怎么得了!这几天万家宝整宿不睡,喊着郑秀的名字,又哭又叹气,非疯了不可,我们也被他闹得不得安宁。"看到爸爸的痛苦和迷恋,老同学和好朋友都站出来为他说话,南开来的女同学也特地找妈妈说万家宝如何好。

爸爸发现自己与妈妈讲究衣着打扮的作风不协调,也尽量改变不注意仪表、不修边幅的习惯,开始改穿西装、皮鞋,换上无边金丝眼镜。

这些往事是我们长大以后爸妈的同学告诉我们的,他们说:"你们都不知道,当初,你爸爸像发疯一样追你妈妈啊!"

老朋友吴祖光也说,在清华时曹禺追郑秀追得都要发疯了,一次他们到树林里散步,回到宿舍才发现眼镜丢了,怎么丢的都不知道。吴祖光说,真是热恋,忘乎所以了,沉浸在爱情之中了,他们曾经有过一段甜蜜的恋爱史。

接着,爸爸一次又一次邀妈妈一起散步。平时说话不多的爸爸在妈妈面前总有说不完的话。一开始,爸爸就毫无顾忌地介绍他的家庭、身世,特别是他的母亲。更多的是,他向妈妈讲述他看过的许多中外书籍中的精彩篇章,在妈妈面前展现了一个五彩缤纷的世界、丰富动人的人物画廊,让妈妈听得入了迷。

莎士比亚戏剧是爸爸到清华以后才熟悉的,一开始便像磁石一样把爸爸吸引住了、迷倒了,成为爸爸一生仰望、追求的高峰。给妈妈讲莎士比亚,爸爸更是全心投入。很多次,妈妈向我们回忆当年爸爸讲《哈姆雷特》的情景,轻声重复着剧中的名句:"To be or not to be."爸爸说过,"生"与"死"是莎士比亚说了又说的话题,是他心中想了又想的道理。哈姆雷特说过,是忍受残暴的命运的折磨与痛苦而活下去，还是一剑把自己刺死，因而反抗了这说不完的苦难的一生，究竟哪一种行为更高贵？莎士比亚的台词代表了人类永恒的思索。

爸爸想说的话太多了，而且有些是无法当面用语言表达、说不清的那种火山喷岩般的情感和思考，所以尽管几乎天天见面，爸爸还是不断给妈妈写情书。这一封封信里不只情爱，更充满着人生的思考、渊博的学识、对光明世界的追求、天马行空的自由奇想。

倾诉中，爸爸思想的深邃、成熟和丰富，才识的广博，使妈妈简直不相信站在自己面前的是一个二十岁出头的年轻人。

在这沟通心灵的谈话中，妈妈特别注意到爸爸的眼睛。有一天，他们坐在草地上休憩，爸爸摘下眼镜凝神注视的时候，妈妈突然发现，原来在老气的大黑边眼镜后面，是这样一双炯炯有神的眼睛，有水般的清澈、应变的灵气、闪烁的智慧，有一眼能把人看透的犀利，这双眼睛里含蓄着无底的洞察和思考、丰富的情感。这心灵的窗户在妈妈面前完全敞开了，妈妈从外表看到了爸爸的内心。爸爸真挚、热烈的追求终于温暖了妈妈的冷漠，融化了妈妈的心。这时爸爸动情地对妈妈说："你唤回了我早逝的青春，让我品尝了人生最醇厚的美酒，和你在一起，我感到最幸福。"

爸爸把妈妈视为最亲密的伴侣和知音，他悄悄地把心里的秘密告诉了她：他要写一部从19岁就开始构思叫作《雷雨》的剧本！

《雷雨》的诞生　1933年榆关事变，中日战火重开，平津局势危急，校方决定提前放暑假，毕业班除交论文外，一律免试，其余各年级的期末考试延至开学时进行。

爸爸暑期毕业，他恳求妈妈不要回南京家里，留下来陪伴他写《雷雨》，他深情地对妈妈说："身边没有你，我将一事无成。"妈妈征得父亲同意后，留在清华。就这样，爸爸在亲爱的人的陪伴下，完成了自己的处女剧作《雷雨》。

妈妈回忆，6月初暑期开始，来馆学生不多，馆内外十分安静。他们二人每天上午8时至12时、下午2时至6时、晚上7时30分至10时，准时坐在图书馆西文阅览室大厅东北面靠近借书台长桌一端面对面的两个固定座位上，做各自的事，从不缺席。爸爸静心思索，埋头写作，妈妈阅读教科书、课堂笔记和教师指定的参考书，准备开学后的考试。

有妈妈从早到晚在身边陪伴，爸爸安心、快乐。他专心致志地写作，翻阅自己思考总结出来的人物小传、性格描绘、写作提纲、剧情结构、分幕表，甚至舞台设计草图，以及各种创作素材、草稿。他时而用手轻轻地敲自己的脑袋，时而不由自主地揉搓着右耳前棕褐色的"拴马桩"（一个小肉疣，后来被朋友们戏称为"灵感球"）。

夜晚，爸爸和妈妈一块走出图书馆，在夏日的校园里漫步畅谈，他给妈妈讲全剧的内容，讲为什么要写这个剧。他不但向妈妈讲述自己的创作构思、剧本结构，更多的是向妈妈讲述自己的生活感受，讲对各种社会现象的理解，讲他看到的各色各样的社会人物。

他常怀着一种周冲式的纯真和热情，发出对社会黑暗的愤懑和不平，他要用自己的笔揭露这个吃人的罪恶社会造成的人间悲剧！

有时讲着讲着，爸爸又把妈妈带进另外一个世界，一个充满阳光、自由、平等的新世界。这时的爸爸简直像孩子一样天真、快乐。

爸爸还有声有色地给妈妈描述剧中各个人物。

他说，童年时代家里的来客中有一个自命不凡的留德大企业董事长，自诩有"日耳曼民族优秀的潜质"。以后在不断积累、揣摩、灵感的触发中，周朴园这个人物渐渐在爸爸的脑子里活跃起来。

谈得最多的还是繁漪，说给她起这样一个名字，是要体现她火炽的情感、强悍的心、复杂的性格、深邃美好的灵魂。爸爸告诉妈妈，写着写着，不觉迷上了这个最"雷雨的"人物。他打趣地问妈妈："怕不怕？"

热恋中，爸爸心中汹涌着激情，散发出无穷的才思和活力，更深邃，也更自信。

一天下午，爸爸妈妈走出图书馆，落日的余晖映照红墙上，他们在一株大柳树下蜷膝而坐，相望无语，两旁是盛开的玫瑰。蓦然间，爸爸用右手指着自己的头对妈妈说："颖，中国的头脑在这里！"妈妈马上领悟到这是指中国话剧的头脑，她惊呆了，一个23岁的普通大学生居然说出这样的"狂言"！当时，中国话剧事业刚刚起步，一个无人知晓的年轻人胸中有如此的雄心大志，有这样坚定的自信，让妈妈心动不已。

作为一个普通的大学生第一次创作话剧，爸爸充满激情，也忐忑不安，脑子里既有经过几年揣摩的构思，也有汹涌而来的新灵感。他想倾诉，他要有人听，有人理解。在钟爱的人面前，爸爸敞开胸怀，兴之所至，无所不谈，妈妈聆听着、理解着这些过去从未听过的人和事，陶醉在爸爸的才思里，分享着爸爸进入创作状态的激情，妈妈是他身旁忠实的倾听者和热情的知音。

妈妈像风在吹拂，把爸爸心中的灵性之火越吹越旺。爸爸谈着繁漪，再一次向妈妈倾诉了深深的爱恋："Dora（妈妈的英文名字，爸爸喜欢这样叫她），如果将来有一天我能写出像样的东西，你的爱就是我创作无可比拟的动力。我的小人儿，我不能没有你！"爸爸颤抖的嘴唇、闪光的双眼、醇美的语言，让妈妈感动不已，她依偎在爸爸的肩上，忍不住抽泣。越来越多的心灵交流和理解，爸爸和妈妈深深相爱了。

这时，妈妈不但与爸爸的生命，也和他的戏剧事业紧紧联结在一起了。

随着暑期的推移，爸爸不时进入美妙酣畅的创作状态，奋笔疾书，一写十几个小时。有时，他又突然沉思不语，陷入紧张艰难的构思之中。妈妈清晰地记得爸爸对着镜子模仿每个人物的口吻和表情把剧中的对话有声有色一遍遍朗读的情景。每天早晨，妈妈看见稿纸上画满了红、蓝道道杠杠，写满了修改的字句。爸爸说，有的地方已经改了七八遍，可自己还是不满意。他的眼里布满了血丝，妈妈知道，头天晚上回宿舍后，爸爸又度过了一个不眠之夜。

妈妈告诉过我们，那时大家都说爸爸"神"，是个"天才"。但是爸爸总说："我很笨，写东西很慢，很费劲，算什么天才？"

亲眼看到《雷雨》的创作过程，妈妈折服了，从心底里赞美爸爸："你可以算得上才子，不过，只是个'笨才子'。"爸爸笑了，很赞同妈妈的说法："我顶多是个'笨才子'。"妈妈由衷的欣赏增添了爸爸的信心，他满怀激情地说："颖，我要写下去，我一定能写出比较满意的作品。"

不可遏制的创作欲望和冲动常常使爸爸忘记自己，忘记周围的一切，甚至忘记妈妈。当坐在对面陪伴他的妈妈发现问话得不到爸爸的回应，而后又"什么，什么"连连发问时，妈妈知道，他又"跑神"了。

在一段段剧情构思好、一页页手稿写出来的时候，爸爸总是急切地讲给妈妈听，先给妈妈看，妈妈也不时说出自己的意见。妈妈是爸爸处女作每一段落、每一新意第一个也是最忠实的读者和无可比拟的创作动力。

自幼习得一手好字的妈妈为手稿校阅、誊写、整理，竭尽其能。对于爸爸不断地修改，有时甚至整个推倒重来，妈妈也不嫌烦。

那时，爸爸送给妈妈一对德国出产的钢笔和铅笔，外壳翠绿闪光的底色上飘浮着缕缕黑纹，十分讲究、雅致，妈妈就用它誊写《雷雨》的草稿。后来，妈妈把这对笔转送给了黛黛。这对笔陪伴黛黛度过了中学时代。最后，这对历经沧桑的笔仅留下钢笔，我们把它送给了现代文学馆珍藏。

当时爸爸23岁，风华正茂，又处于热恋中，他蓬勃的青春生命力、能拥抱整个世界的火一般的热情使他的智慧才华像雷雨闪电一样迸发出来。终于，在欢乐与苦闷、兴奋与煎熬中，1933年8月底爸爸完成了初稿，深秋，《雷雨》在清华园诞生了。

3 相伴相随至战乱中结合

1933年春，妈妈和爸爸在清华园因戏结缘，形影不离地陪伴爸爸创作《雷雨》，之后，她又和爸爸一起面临《雷雨》多舛的命运，他们的结合与戏剧有关。这时，他们的共同愿望是"永远在一起从事话剧运动"。此后，话剧成了妈妈一生的挚爱。

与《雷雨》共命运 妈妈无比珍爱初生的婴儿——《雷雨》。

星期六爸爸常带妈妈去北海三座门《文学季刊》的编辑部看望章靳以和巴金，妈妈因此与郑振铎、谢冰心、沈从文、卞之琳、姚蓬子等人相识、交往。

妈妈目睹《雷雨》如何被巴金发现、赏识，推上文坛，牢记终生。她一次又一次对我们说："如不是巴金，你爸爸只是个热爱戏剧的无名小卒、普通的大学生。"巴金对爸爸是有"大恩"的。

那时，巴金从上海来，章靳以拿出放在抽屉里的《雷雨》交给巴金。巴金"感动地一口气读完它，而且为它掉了泪"，他"死命推荐"，亲自对《雷雨》做了细心的校对和修正，病中仍不停息。爸爸说："对一个不知名的人，他那么热心，在世界上都是很少见的。"在巴金的力荐下，《雷雨》全文在1934年7月《文学季刊》第一卷第三期发表，爸爸的处女作被推向文坛。

回顾这段历史，爸爸说："巴金，对我的生活和创作道路来说，可以说是一个决定我的命运的人。"那时，爸爸和巴金还没有认识，巴金完全凭着无私的识见发现《雷雨》。是巴金使爸爸第一次感到了自身的价值，下定决心去搞戏剧创作。

巴金对爸爸说，《雷雨》是一部不但可以演也可以读的作品。这句话说中了爸爸的本意："我写这个戏确实不但想着看戏的观众，也是想着看不到演出的读者的。"他们的心是相惜、相通的。

《雷雨》发表后在社会上得到赞美，同时，这个微弱的生命也遭受种种的苛待，它被人无理地胡乱涂改着、监视着，又忽然遭到禁演……爸爸愤慨地说，这样一个"无辜"的剧本，为一群"无辜"的人们来演，都会惹起一些风波。

在困难的时刻，挚友章靳以和陆孝曾给了爸爸莫大的安慰和鼓励，妈妈至今难忘。

妈妈自己根本不理社会上的苛待、诋毁、禁令，她更加珍爱《雷雨》，与《雷雨》共命运。她从各报刊、杂志上找到有关《雷雨》演出的消息、剧照、评论，精心剪贴下来，编成手册，保留下很多珍贵的资料。

1935年2月，留法剧人唐槐秋领导的中国旅行剧团开始排演《雷雨》，北平当局以"乱伦"为由禁止演出，中国旅行剧团失去了首演机会。

4月，由杜宣等人导演、留日学生戏剧团体中华话剧同好会在东京神田一桥讲堂首演《雷雨》，赢得不少观众。妈妈很兴奋，多方设法找到演出的剧照和报道，加进《雷雨》的手册里。爸爸后来说："我没有想到我的剧本这么快就上演，而且是在日本。"这次演出激励了国内各话剧团起来反抗当局禁令。

8月，作为国内第一个职业话剧演出团体，中国旅行剧团排除种种阻挠，在北平再排《雷雨》。10月，《雷雨》在天津法租界新新剧院公演，获得极大成功。以后继续在五大城市及中小城市巡回演出，越演越红，成为该团常演不衰的剧目。

直到晚年病重时，妈妈还能一一列举当时中旅剧团导演、所有演员和舞台监督的名字。妈妈最欣赏的是出演繁漪的赵慧琛，认为她把繁漪这个敢爱敢恨、不甘旧礼教束缚、具有强烈反抗精神的不平凡的女人表演得栩栩如生，令人信服，特别是把繁漪内心世界挖掘得很深。

与《日出》同生 1933年暑期，爸爸从清华大学西洋文学系毕业，留校当助教，后到保定育德中学教英文三个月，得痢疾回了北京。而回京的真正原因，爸爸多次写信给老同学孙浩然，一是抱怨那里太荒凉，二是离不开妈妈。

以后爸爸进了清华研究院，妈妈说："因为我当时还没有毕业，他是在等我。这是别人不知道的。"爸爸每周上不及十堂课，有很多时间自由读书、创作。

1934年9月，爸爸接受天津河北女子师范学院的邀请，出任外文系教职。在津期间继续受教于恩师、南开大学教授张彭春先生。1935年11月至12月，爸爸与张先生合作把莫里哀的《悭吝人》改编为中国化的《财狂》并推上舞台，张先生导演，爸爸出演主角韩伯康，获得极大成功。同时，爸爸也在构思《日出》，张先生深为赞许，对布局、结构给予指点。

爸爸每周回清华看妈妈，寒暑假则一起到天津奶奶家或南京郑家度过。每次相见，爸爸都急切地和妈妈讲述《日出》的构思、人物，讲他如何在天津社会底层体验生活的方方面面。妈妈非常关切他的写作，熟悉他的家庭、世交，对爸爸自幼生长的天津也耳熟能详，因而对爸爸的讲述，妈妈不但听得兴趣盎然，也很容易产生共鸣同感。

妈妈记得，1935年春假爸爸回清华时已完全沉浸在《日出》的创作激情之中。当他们一同从静斋向图书馆走去时，爸爸反复念诵着《老子》里的一段："天之道，损有余而补不足。人之道则不然，损不足以奉有余……"爸爸不想用与《雷雨》同样的结构和写法，而想用片段的方法，用一些人生的零碎来阐明这个基本概念，以达到结构的统一。他要用一个鲜血淋淋的印象，把这句话深深刻在人的心里，发出对旧世界的控诉。

在清华读书时，爸爸偷偷浏览过一点马列理论书籍，他不止一次对妈妈说：人类的希望在苏联。他向往苏联，希望在中国出现一个新天地。写《日出》时，他的这个愿望更强烈了，相信太阳终究要升起，把黑暗留在后面。那个时候，爸爸总是怀着满腔热情向妈妈倾诉对光明的憧憬，鼓励妈妈一同追求光明。

爸爸也谈到《日出》中的人物。在这些来源于生活的艺术形象里，妈妈可以从爸爸的几个家庭世交、朋友身上找到原型的影子，是他们触发了爸爸的灵感，像火种一样埋在爸爸的心里，这时在爸爸的脑子里渐渐融化、活跃、重塑，成为全新的艺术形象。

妈妈听说，爷爷从北洋政府高官的位置退下来在天津做寓公时结交了当地企业家兼银行家邹某，拜为金兰之好，并将自己积蓄的资财交邹某操作理财。后来邹某的纱厂倒闭、破产，股票崩盘，爷爷交予的资金丧失殆尽。年仅55岁的爷爷为此着急生气，第二次中风，1928年猝死于除夕夜。从《日出》中潘经理身上隐约可见邹某的影响和烙印。而黄省三的悲惨遭遇则是爸爸亲眼所见的一个国民党某机关最底层小书记员生活的艺术写照。

妈妈多次谈到女主人公陈白露身上有家庭世交王又佳的倩影。这位美貌、聪慧的留美女学生深谙古今中外文化艺术，对世界历史、时事也通晓，并参与评论。她广交社会名流，成为津门极为罕见的留学生交际花。这位家庭世交成了爸爸创作陈白露的火种、原型。

王又佳是爸爸的好友章靳以的初恋情人，章靳以对她一往情深。后来她习惯了在社交圈里被人吹捧、追求的放纵生活，决然离章靳以而去，章靳以几近崩溃。爸爸赶到上海，两人倾心长谈。这段经历点燃了爸爸的创作激情，塑造了方达生这个艺术形象。

妈妈曾为剧中顾八奶奶的创作提供了一些感性素材。被学生们称作"幺娘"的清华图书馆馆长刘某某的夫人，是妈妈贝满女中同学的姨母，因此与她屡屡相交。幺娘能说一口流利的英语，是校园里的风流人物。妈妈提供了此人的几句口头禅，经过爸爸的艺术加工，成为剧中的经典台词，这位被妈妈形容为"挂半疯"的徐娘半老的原型经过爸爸的千锤百炼，成为寓意深刻、令人难忘的喜剧人物。

1936年5月，爸爸正式开始动笔写作《日出》，他白天为女师学生上课，晚上埋头写作，非常紧张，晚年想起多少天寝食不安的情景，感慨地说："《日出》写得非常之快，我一幕幕地写，刊物一幕幕地登，很像写章回小说的连载。"

《日出》6月在《文学季刊》第一期开始连载，9月第四期载毕。

这段时间除了见面交谈，爸爸还写了很多封信给妈妈。两地书里，他们的交流更加及时、深入了。从构思《日出》开始，妈妈时时关注着爸爸创作的发展，知道爸爸如何从生活原型塑造出全新的艺术形象，剧作中较少刻意的戏剧雕琢。妈妈觉得《日出》对社会各层面罪恶横断面的描写更贴近生活，更有气势。亲眼看见"十月怀胎，一朝分娩"的全过程，妈妈对《日出》付出了更多的感情和更大的期望。她多次说过，与《雷雨》相比，她对《日出》更为偏爱。

爸爸也觉得《雷雨》有些"太像戏"了，在回答《雷雨》和《日出》哪一本比较好的提问时，爸爸答不出。他又说："比较说，我是喜欢《日出》的，因为它最令我痛苦……全部《日出》材料的收集，都令我受了相当的苦难。"

妈妈记得爸爸说过，《雷雨》能站得住。《雷雨》问世已87年，虽历经历史的冲刷和时间的淡化仍然在舞台上经久不衰，这也许是爸爸说的"站得住"的意思。

1936年1月，巴金委托文化生活出版社出版《雷雨》首版精装本，黑漆皮书面上烫金刻制着爸爸亲自签署的"给颖如　家宝"。在《雷雨》序的后面，爸爸写道："这个本子已和原来的不同，许多小地方都有些改动。这些地方我应该感谢颖如，和我的友人巴金。"妈妈形影相随的陪伴、贴心的倾听、督促和帮助，在爸爸的处女剧作中留下了永远的印记。同年11月《日出》首版精装本出版时，正值爸妈订婚，爸爸再次在书面烫金刻制"给颖如　家宝"，这是送给妈妈最珍贵的订婚礼物。妈妈对这两部书珍爱无比，在战乱、社会变故和数次搬迁时，特别是"文革"中，都精心保护，随身携带，才得以保存到今天。

我们第一次知道张彭春，就是在看到妈妈珍藏的这本烫金版《雷雨》序的最后："末了，我将这本戏献给我的导师张彭春先生，他是第一个启发我接近戏剧的人。"妈妈给我们讲了许多张彭春先生指导爸爸演戏、翻译欧洲经典剧作的故事，给我们看她保存的南开新剧团的资料、照片和评论，我们才渐渐知道张彭春先生是发现爸爸艺术才能的伯乐。晚年，爸爸仍时常怀念在南开中学礼堂后台和校长会议室排戏时的情景。在那几间宽大、亮堂的房间里，张彭春老师以自己深厚的中外戏剧的根基不断地说戏、指导，爸爸感到排练场充满战斗气息，犹如面对人生战场。

1936年是妈妈生命中十分重要的一年。

《原野》，大胆的探索　1935年爸爸妈妈商量出国留学，因为到美国学戏剧费用太高，爸爸准备先去德国，妈妈毕业后再去，他们开始筹划积攒费用。这时，剧专校长余上沅多次恳请爸爸出任该校教导主任，并应允以后公费派遣爸爸留学德国。1936年春爸爸又接余上沅急电，请他火速赴南京就职。爸爸终于放弃了到德国自费留学的计划，8月到南京薛家巷国立剧专任教。

同年暑假妈妈从清华大学政治系毕业，获得法学学士学位。因爸爸就职南京，她放弃留校当助教的机会，也到南京，找到审计部佐理员的职位。

爸爸住在四牌楼18号，请了一位安徽老佣工张妈料理生活，中午妈妈到那里与他共进午餐，有时在附近大学读书的三舅也去吃饭，晚上则到外公家与郑家人共餐，或两人到外面用餐。这段时间章靳以多次从上海来看爸爸，萧乾、马彦祥等文人墨客也与爸爸有来往。也是1936年在南京，爸爸认识了戏剧界老前辈田汉，美国耶鲁大学戏剧教授迪安来访时，爸爸担任田汉的英语翻译。

爸爸所住的两层小楼面对南京第一模范监狱，不时感受着大牢的森严气氛，经常听到监狱里铁镣的声响，看到犯人做苦工时被折磨的惨状。每天清晨和傍晚，看见政治犯戴着沉重的手铐脚镣从狱旁的河里挑水，浇灌菜园。爸爸说，有一天他从楼上的窗口望见四名荷枪士兵尾随一个犯人，严密监视。听左邻右舍说，他就是共产党人陈独秀，被囚禁于此已三四年了，始终未提审。

这年8月，爸爸开始构思《原野》。最早出现的人物是仇虎，关于这个名字的来由，爸爸给妈妈讲述了一个贫苦农民家破人亡的悲惨故事。这个性格刚烈的汉子决心复仇，历经艰难曲折，最后走投无路，以死告终。爸爸想写出一个农民的一生和逐渐觉醒，想写民国初年农民的复仇，特别是他复杂的复仇心理。

《原野》中仇虎脚上拖着叮当作响的锁链，双手被铁铐紧锁出场，全剧沉重、阴森、黑暗的背景和令人极度压抑、窒息的气氛，让人感受到第一模范监狱留下的阴影。

对于爸爸来说，《原野》表现的是不同于《雷雨》和《日出》的新的主题内容，同时又是表现主义艺术手法的大胆探索。半年时间里，他深入地思考、酝酿，妈妈一直从旁催促着。1937年3月，应章靳以约稿，爸爸开始动笔写作《原野》。三大火炉之一的南京，夏天热得不得了，爸爸光着脊梁，汗流浃背，拼命赶稿。《原野》从4月开始在章靳以主编、广州出版的《文丛》第一卷第二期上连载，直至8月第一卷第五期。

至此，爸爸的三部代表作（有人称为"三部曲"）——《雷雨》《日出》《原野》——问世了。

妈妈说过，爸爸是不爱保存东西的。在三部代表作相继发表之后，妈妈密切关注爸爸剧作的社会反映、演出情况、各方评论，到处搜集有关报纸、杂志等，把包括天津《大公报》大规模集体评论《日出》的剪报在内的文章、照片一一剪贴下来，保存下《〈原野〉昆明演出剧照集》《〈日出〉在日演出剧照集》等七八本爸爸戏剧生涯的真实记录、珍贵的资料，也珍藏了爸爸的部分手稿，倾注了大量的感情和心血。

在战乱中结合　在清华园里相识、相知、相爱，历经《雷雨》《日出》艺术生活的磨砺和战乱的艰辛，爸爸和妈妈终于在1936年11月26日订婚了。

爸爸妈妈在南京德奥瑞同学会的订婚式非常隆重，发出200多份请帖，收到十几份贺电。奶奶从天津先期到达南京，巴金、章靳以专程坐飞机（当时宁沪航线刚开）从上海赶来，送给妈妈一个非常漂亮、眼睛会动、会叫人的美国洋娃娃。田汉以及剧专的同事、朋友也参加了订婚仪式。晚上设了家宴。

1937年7月爸爸接奶奶急电，立即赶赴天津为哥哥万家修奔丧。到达次日，即1937年7月7日，七七事变爆发，继东北六年抗战后，全面抗日战争开始了。

当时爸爸的家已搬到离老龙头火车站很近的地方，夜晚枪炮声不断，他跑到楼顶，目睹日寇暴行，看到19路军士兵保卫火车站的顽强战斗，被深深震撼。待爸爸处理完丧事，津浦铁路已被日寇破坏，老同学陆孝曾设法为他重金购得英商怡和公司天津—香港直航客轮票，直赴香港。

日寇侵华烧杀抢掠，南京告急。外公把家人安置在上海，南京只剩下妈妈和外公。妈妈与爸爸一度失去联系，万分担忧爸爸的安危。此时，日寇对南京经常轰炸，情况十分危急。南京政府忙于撤离，百姓紧急逃难，南京外撤的交通混乱紧张。为了等待爸爸的消息，妈妈不肯离开南京，最后还是外公责令后，妈妈才带着放置爸爸百余封信件的小皮箱、照片簿和少许衣物到芜湖避难。

9月初，接到爸爸的电报，嘱赴武昌相会，妈妈喜出望外。一周后，他们终于在汉口长江码头重逢。在武汉爸爸的舅舅薛延年家，他们度过了大难后两周快乐相聚的日子。

8月剧专已迁往长沙，急待开学。余上沅校长来电催促，爸妈即赴长沙。爸爸就任后，两人准备择日结婚，电告家长，征求同意。

在日寇不断的轰炸中，1937年10月5日爸爸妈妈在长沙青年会结婚。余上沅是证婚人，有吴祖光等二十多人参加婚礼，吃的是西餐。战乱中，一切从简，在租来的两间民房里，两把藤椅，两张行军床，一个书桌，就结婚了。那时妈妈想，等到抗战胜利，回南京再补办一次热热闹闹的婚礼。

在长沙，有一件事妈妈记忆犹新。爸爸听了徐特立长达五六小时的演讲《抗战必胜，日本必败》后，感奋不已，不时和妈妈谈起对徐特立抗战思想和人品的钦佩。在爸爸的影响下，徐特立也成了妈妈心目中了不起的人物。

12月13日日寇侵占南京后，制造了南京大屠杀的暴行。长沙形势十分紧急。1938年1月1日剧专启程西迁重庆，包乘五只帆船沿江而行，宣传抗日救亡。

2月中旬爸爸随剧专抵达重庆，先期抵渝的妈妈到码头迎接。爸妈在枣子南垭安了家。从1938年到1946年，我们家在四川一住就是八年，度过了艰苦的抗战时期。

小生命的诞生——幸福的家　抵重庆一年多时间内，妈妈热情地接待从北京迁移到当地做事的清华同学、老师如蒋廷黻等人在家吃饭，教授陈之迈更是常客。

清华同学、剧作家顾毓琇曾来家动员爸爸加入国民党，遭到了爸爸的严拒。以后，这个当了国民党政府教育部次长的老同学再没来过我们家。妈妈深知爸爸痛恨腐败、独裁的国民党政府。"文革"时造反派命妈妈写"国民党反动文人曹禺"的材料时，妈妈没有写，给我们说了上面的故事。

1939年2月5日长女万黛出生（有的曹禺评著中误写为1938年）。

尽管抗日战争烽火连天，第一个小生命的诞生还是给爸爸妈妈带来无穷的快乐和希望。

听妈妈和亲朋回忆，黛黛是在重庆枣子南垭家里出生的。那一天，请来了李士伟医院的妇科医生，外婆（外公的续弦翁德敏）和二姑婆也在楼上忙碌，爸爸在楼下焦急地等待着，不停地从屋这头走到那一头。

"家宝,生了!"接着一阵婴儿的啼哭,爸爸飞也似的奔到楼上。他看着女儿,激动地对妈妈说:"这是我们家的小客人,第一个小客人!"他看得入了神,在生命的长河里浮想联翩。妈妈有点伤感地对爸爸说:"我们的青春一去再也不回来了。"爸爸安慰她说:"不,你看,我们的青春传给了她!"

爸爸喜欢趴在小床边看女儿,一看就一二十分钟,总是看不够。他仔细地观察:圆圆的脸庞,柔软、稀疏的头发,端正的、大小高低恰到好处的鼻子,丰满红润的嘴唇,亮晶晶的黑眼睛总在不停地东看看西望望,真是有意思极了,越看爸爸越觉得像他自己。有人说,黛黛和爸爸简直就是一个模子刻出来的。爸爸以艺术家的眼光诠释生命的美好和生生不息的前景,惊奇和欢喜于在小生命里好像看到了自己。

黛黛长得并不漂亮,也不白,但健康活泼,特别爱笑,笑的时候有个小酒窝,很招人喜欢。躺在婴儿床里,两个胖乎乎的小脚总在不停地蹬动。她急不可耐地吃妈妈的奶,咕咚咕咚地,有时她看着妈妈出神,放松了奶头,喷出的奶水溅满了红扑扑的小脸。后来喂饭,她从不挑食,吃得口口香,食物沾得满脸都是。

爸爸很爱黛黛的这个小样儿,还因为她生动精灵。有一次,爸爸弄来了施特劳斯《蓝色多瑙河》的唱片,奇怪,音乐竟然让好动的黛黛安静了下来,她睁大了亮亮的眼睛正凝神倾听呢。爸爸兴奋地叫来妈妈:"你快来看看这孩子,也许将来能成为音乐家呢!"

1939年4月,黛黛出生的两个多月后,由于日寇对重庆狂轰滥炸,爸爸带着家人随剧专疏散到重庆附近的江安。两张江安时期的老照片引出许多温暖的回忆。

一张是爸爸妈妈坐在江安住房门前的台阶上,黛黛在他们中间。爸爸穿着长衫,戴着眼镜,笑着;妈妈穿着旗袍,向后梳着发髻,低头凝视;黛黛是个牙牙学语的"川娃子",手里抱着一根比她高得多的拐杖。老照片里的人仿佛活动起来:黛黛拖着拐杖,摇摇晃晃地跑着,追着,满口川音喊着:"拿棍棍打日本人!打!打!打!"爸爸妈妈怕她摔倒,紧跟在后面。

爸爸笑着问黛黛:"你是日本人,还是中国人?"黛黛马上回答:"我是中国人。"接着,爸爸有意逗她,反着问:"你是中国人,还是日本人?"爸爸知道,黛黛总是挑后面的说，果然，黛黛回答："我是日本人。"爸爸立刻假装板起面孔，凶凶地对黛黛说："日本人？打日本人！打，打，打！"吓得黛黛"哇"的一声大哭起来。爸爸笑了，一把抱起黛黛，拿着拐杖哄她："我们一道打日本人！打，打，打！打日本人去！"从此，黛黛喜欢拖着拐棍到处跑，嘴里不住喊道："打日本人！打日本人！"在那个艰苦抗战、物资匮乏的年代，拐棍成为她最喜欢的玩具，因此留下了这张珍贵的家庭合影，也留下当年同仇敌忾抗日的难忘记忆。

爸爸休息的时候常和黛黛一起玩，喜欢让她坐在自己的腿上，教她说四川童谣。于是，黛黛用一口稚嫩的川音学着说起来："三岁小孩穿红鞋（川音读'孩'），摇摇摆摆上学来，先生说我年纪小，回家吃口咪咪来。"黛黛说罢，爸爸一边用手指划着她的小脸蛋，一边以川音逗她："羞啊，羞啊，还吃咪咪哟！"黛黛羞得一头扎进爸爸的怀里。

记得有首童谣比较难，要配合双手多个手指动作，边动边唱："王婆婆在烧茶，三个官亲来吃茶。后花园三匹马，两个童儿打一打，王婆婆骂一骂，隔壁子幺乖儿说闲话。"爸爸看着黛黛两只小手翻来翻去地表演，觉得好玩极了。

另一张照片是爸爸和黛黛的合影。在爸爸温和有神的眼睛里，装满对长女的疼爱和关注。黛黛大约两岁，梳着小分头，一脸天真和无虑，笑得惬意，一个被爸爸疼爱的孩子大概就是这个样子。

爸爸经常抱着黛黛到剧专去玩。妈妈说黛黛皮肤黑黑的，特别爱笑，很有人缘，剧专的学生们抢着抱她。黛黛成人以后，江安的故人仍然提起当年她被爸爸妈妈宠爱的逸事。家庭的温暖、父母的关爱都凝聚在这两张老照片和四川童谣里了。

从小，我们一点也不怕爸爸。爸爸右耳前有个棕色的"拴马桩"，想事的时候，他喜欢摸这个"拴马桩"。小时候黛黛觉得好玩，常爬到爸爸身上把"拴马桩"揉来搓去，爸爸一点也不嫌烦，总是笑着逗女儿玩。可妈妈不让乱摸，说那是"灵感球"，爸爸一摸，灵感就来了。后来我们发现，爸爸摸"灵感球"的时候，眼神直愣愣，叫他，他好像没听见，半天回不过神来。好像是50岁左右，爸爸的"灵感球"脱掉，没有了。

爸爸从不训斥、责骂孩子，当然更不会打人，向来很宽松，可以说不怎么管。爸爸只罚过黛黛一次，那是她三岁的时候，家里来了客人，她悄悄躲在一边玩客人的礼帽，爸爸发现客人的帽子弄脏弄皱了，和颜悦色地管女儿，并把帽子收起来。黛黛不怕爸爸，趁着他回去和客人说话的时候，又玩起帽子，最后干脆坐上去。爸爸看见，气得脸色都变了，一再向客人道歉。

客人一走，他把黛黛叫到跟前，摞起两个大饼干桶，抱起女儿坐在上面。黛黛的两只小脚够不着地，人直摇晃，动也不敢动，哭也不敢哭。平时好脾气的爸爸一脸怒色，黛黛害怕了。这时，爸爸盯着女儿，发话了："你改不改？"女儿点点头。爸爸怕她摔倒，没过多久，就把她抱下来了。

在抗日战争的烽火中，我们有过温暖、完整的家，享受过父母共同的抚爱，那是一段至今令我们难忘的幸福生活。尽管童年的记忆模糊了，但影响却很久远，有些片段永远流淌在人生的长河里。

从1939年4月至1942年初，我们在江安生活了三年。

江安当时是个不足五千人口的三等县城，很小，全城只有一个十字街道，从十字街的中央街口，道路直通东南西北的城郊。一条小河绕过江安城，春天城外一片金黄的油菜花，南崖矗立在城南，山上竹林茂密，盛产楠竹、毛竹。

学校与教工、学生的住处相距很近，学生与老师的关系很亲密。我们家住在县城东街迺庐。房主张迺赓是当地的名士、江安县参议会议长，儿子张安国是中共江安县委代理书记。他们对爸爸十分尊重，把好房子让出来给我们一家住，生活上也很照顾我们。住房是两层楼，楼下是卧室，爸爸的书房是楼上阳光充足的一间小屋，在这里，爸爸创作了《蜕变》《北京人》，酝酿《家》的改编，楼上另一间是大厅。

妈妈一生好客，学生常到家里吃泡菜、腊肠、糖果，调皮的学生还偷吃家里的零食，爸爸妈妈从不介意。妈妈还招待他们在家吃饭，听爸爸谈文学、讲戏剧。1976年唐山大地震时，妈妈随昭昭一家在北影避震，陈怀恺导演特地来看望妈妈，一走进防震棚就叫"万师母"（沿用当年的称呼），饶有兴味地提到他在剧专读书时和戴涯一起到万先生家"打牙祭"的往事。

《蜕变》 在大后方四川，妈妈看见爸爸积极参与《全民总动员》的部分编剧、导演并上台扮演角色。为了赶时间，爸爸写得很累很累。以后的日子，白天工作，晚上演出，他真是倾其所能，全力以赴。演出盛况空前，大大激励了民众的抗战热情，也感动了妈妈。这个戏她看了很多遍，演出结束还到后台去看望。

卢沟桥事变后，爸爸心里激荡着抗日救亡的满腔热情和对大后方贪污腐败的深恶痛绝，开始构思《蜕变》。1939年冬在江安家里，爸爸以抗战的精神，抱病三十多天完成《蜕变》的创作，这是他写得最快的一个戏。

当时生活条件艰苦，爸爸胃病又犯得很厉害，疼痛难以忍受的时候，他用手按着胃部伏案工作。学舞台设计的李恩杰专门为他做了一把可以倚在躺椅上写字的写字台，这样，他可以一边靠写字台按着胃部，一边写作了。绵绵的细雨，凄厉的阴风，屋子里潮湿、发霉，他的胃痛时时加重，有时连饭都吃不下，只得靠打葡萄糖挨着，打完葡萄糖接着写。

当时，剧专学生季紫钏住在我们家里，和爸爸同吃同工作，从早干到深夜，爸爸决心要写出我们民族在抗战中一种"蜕"旧"变"新的气象。他写得很艰苦，比如丁大夫对伤兵的讲话，他反复琢磨，修改了七八遍。爸爸写一部分，季紫钏马上用蜡版刻写一部分，完成一幕立即油印出来交演出队排一幕。爸爸与剧专师生就这样边写、边印、边排、边改，日夜兼程，像急行军一样，约半年时间完成从创作到演出的全过程。

值得一提的是，爸爸请来了刚从美国留学回来的清华学长张骏祥出任《蜕变》的导演，张骏祥回忆说："我从美国回来，在江安这一段……几乎整天待在他的家里。……我回国后排的第一个戏《蜕变》，就是他赶写出来的。"张骏祥以科学的组织才能和十足的干劲，带领剧专师生日夜赶排，爸爸写完他也排完了。

对《蜕变》，当局态度十分冷淡，实行双重检查，并提出四点修改意见来刁难，爸爸一一予以驳斥。经学校交涉，爸爸只做了两处小改动。审查时，出于义愤，演员不化妆，不穿戏服，不搭布景，在空地上摆弄一些道具，做了简单的演出。1940年4月，剧专在重庆国泰大戏院正式首演四幕话剧《蜕变》，其他专业和业余剧团也纷纷接踵出演，抗日热情日益高涨的观众争相观看。

巴金在《蜕变》后记中写道："现在读《蜕变》，我也禁不住泪水浮出眼眶。但我可以说这泪水里面已没有悲哀的成分了。这剧本抓住了我的灵魂。我是被感动，我惭愧，我感激，我看到大的希望，我得着大的勇气。"

1940年11月初，江安已经很冷，巴金从重庆来我们家中住了六天。他每天和爸爸亲热地畅谈到深夜，兴奋地决定将旧作《家》改编成话剧，这是他们艺术根本志趣交流的结果。

爸爸后来谈及这次会面说："……不能说是他请我来改编（巴金小说《家》），我也意识到这是朋友间油然而生的责任，我说我试试看，巴金是支持我的。……我们谈得太投机了。每天都谈到很晚很晚，虽然是冬天，小屋只有清油灯的微光，但是每次想起来，总觉得那小屋很暖很暖，也很光亮。"巴金给爸爸带来了友谊和创作的新课题，爸爸开始考虑改编的新领域。

4

情变与妈妈的呵护

情　变

1939年4月，爸爸带着我们全家随国立剧专从重庆迁到江安。妈妈是职业妇女，一生都在工作。因日寇入侵，1937年离开南京时，她不得已办理停薪留职，但总想出去工作。1940年3月到9月间，黛黛一岁刚断奶，妈妈独自离开就业困难的江安，赴重庆谋职，在行政院任职不足半年，后因工作乏味、酬低，返回江安。

江安情变　就在这不足半年内，家里发生了变故。

1940年夏，一位叫邓译生（后改名为方瑞）的女子来江安看望在剧专读书的亲妹邓宛生和表弟方琯德，下榻在方家。方琯德（当年名为沈崧）和邓宛生（当年名为邓葳）均为剧专地下党员，经常来我家做爸爸的统战工作。方家的前门，正对着我家的后门。

邓译生当时是未婚女人，有人把她介绍给导演张骏祥，因张的异议未果。后邓宛生和方琯德在家设宴，安排邓译生与吴祖光相亲，请爸爸作陪，并且力促邓译生请求爸爸教其英语。席间，邓译生却把目光投向爸爸。后来，在英语教学中，邓译生与爸爸结识相恋。

这段往事是昭昭拜访吴祖光叔叔时听他讲述的。豁达、爽朗的吴叔叔不仅将"文革"后爸爸向他真诚道歉的历史悲剧轻松地一笔带过，还主动、饶有兴致地向昭昭回忆了他和爸爸与邓译生初见的情景。

吴祖光叔叔与我们家住里外院，他应表姑父余上沅校长之邀，兼任校长秘书及讲师二职，生活上与爸爸来往较多。

爸爸的婚外恋很快在剧专传开，周围几乎所有的人都知道了，只有妈妈从重庆归来一无所知。此后很长时间，邓译生经常与万家来往。她的针线活极好，说喜欢黛黛，不时送来自己亲手制作的小衣服、小被褥。妈妈让黛黛着装照了相，称赞邓译生的手工做得好，作为珍品保留了一生（这些手工实物，万昭已交人艺博物馆保存）。

邓译生与爸爸的婚外恋，最终还是由房东太太告诉了妈妈。

一天，方家的保姆杨嫂给爸爸送来一本书，妈妈注意到她向爸爸使眼神。爸爸拿书很快出了门，妈妈紧紧地跟了出去。爸爸赶到江安十字街头的茶馆坐下，从书中拿出邓译生的信专心地看了起来，根本就没有发现身后追来的妈妈。妈妈当时正怀着昭昭，挺着大肚子，还抱着黛黛。她追到茶馆，把黛黛放在柜台上，从身后一把就把信夺了过来，一眼看到信中的内容，信里说爸爸从邓译生那里走后，她如何把被子拿出来晒，如何从被里感受到爸爸身上的气息和温暖。顿时，愤怒的妈妈和爸爸大吵起来。爸爸把手中剩余的信咽到了肚子里，要抢回妈妈手中的另一部分，妈妈不肯给。

此后他们争吵得很激烈，有一次爸爸急得说不出话，把头撞在墙上流了血，妈妈心软了，把自己手中那部分邓译生的信还给了他。据妈妈说，她一度生气不理爸爸，后来他们谈过一次，爸爸说妈妈对他不好，还说堡垒最容易从内部攻破。

事后，激动的妈妈向挚友张允和二姐（文字学家周有光的夫人，我们称为"周妈妈"）哭诉了事情的经过。这段往事，妈妈去世后，周妈妈告诉了昭昭，我们也零零星星地听过妈妈向挚友谈及。吴祖光回忆说，爸爸妈妈在茶馆大吵的事，轰动了小小的江安县城。

创作《北京人》 多年的生活积累、孕育以及与邓译生的恋情，促使1940年秋爸爸开始《北京人》的创作。

爸爸说："《北京人》中，我寄予最深情感的是愫方"，"愫方在剧中是一个重要人物，我是用了极大的精力写她的。可以说是根据我的爱人方瑞的个性写的"，"我确实是想着她而写'愫方'的"。

爸爸也谈到曾浩、曾文清、江泰、瑞贞、曾霆、思懿……他说，这个戏中的人物在生活中都有影子，这些人物都像真人似的存在他的心里。

关于思懿的生活原型，之后人们有种种传言，而爸爸说："这种人我见得很多，印象最深的是某个学校校长的夫人，嘴上很刻薄，但不是那么凶残。"有与爸爸在江安的共同生活经历，妈妈心里当然很清楚爸爸所指的思懿的原型是谁，多次向我们谈到这位夫人的一些轶事。

爸爸深刻地指出："生活的感受终于化为舞台形象，或者写到剧本里，是要经过许许多多的过滤、透视，经过蒸腾，或是说是发酵才能实现的。这里，既有思想的，也有感情的、心理的因素。"

《北京人》的出世，让爸爸再次攀登了创作生涯的高峰。1941年10月《北京人》公开演出。

昭昭的诞生　爸爸情变后对妈妈十分冷淡，妈妈非常伤心、痛苦，决定打掉肚子里的第二个孩子（昭昭）。意外的是，妈妈被房东的狗咬伤，需在家疗养，无法及时就医打胎，不得不放弃原来的决定。狗救了昭昭一命，后来妈妈常对昭昭说，你是狗命。

1941年10月4日，二女儿万昭出生。

昭昭小时候，因为妈妈的心情不好，很少像抱黛黛那样去抱她，爸爸更不去抱她，她成天睡在小床里，后脑勺睡成一个平平的片头，不像姐姐那个皮球般的圆脑袋。周妈妈说，昭昭出生时个头特别小，一点点，哭起来声音又弱又细，像小猫一样。

昭昭体弱，爱哭，经常小嘴一撇一撇地就哭了，这时妈妈心疼地抱起昭昭，用浓重的川音对她唱起那首四川童谣："铃格，铃格，到哪儿去？进洞去。洞有好深？千丈万丈深，一匹骡子一匹马，请你铃格铃格过来耍！"当年，大女儿黛黛学唱这首童谣时，清脆的童音合着稚气十足的憨态，把爸爸妈妈都逗笑了，一家人其乐融融。而现在，一切都变了，妈妈眼泪流下来，轻轻地问昭昭："妹儿，要不要啊？"没等妹儿回答，妈妈就抱着她，使劲在脸上亲一口，泪水沾在妹儿的小脸上。

妈妈爱叫昭昭"妹儿"，有时叫"妹乖儿"。她说，"妹乖儿"小时候像个"小可怜"，特别听话。以后，经过久远的年代，昭昭仍然能够依稀听到妈妈那时的川音，感受到妈妈怀中的温暖。

关心"妹儿"昭昭的，还有小姐姐黛黛，只要妹妹哭了，她马上就会过来亲哄、搂抱。从那时起，照顾爱护妹妹成了黛黛一生的品德和天职。一次，妈妈给昭昭耳边的疖子上药，昭昭哭了，小姐姐立刻过来哄，这一刻留在了照片上。

1940年2月，延安演出《日出》成功，给爸爸发来贺电。江安宪兵队截获此电，作为"通匪罪证"，搜查了我们家，每天总有一个干瘦的穿中山服的人骚扰、跟踪盯梢爸爸。之后，又有学生被捕。爸爸很难在江安待下去了。

爸爸妈妈毕竟是真心相爱而结合的，他们为了恢复夫妻感情，共同决定开始新的生活。1942年春爸爸辞去剧专的教职，与妈妈返回重庆，两人曾有一段时间和好。

据说，邓译生在其父和一些朋友的规劝下离开江安，回到在重庆附近白城的家中。后来，邓译生追到了重庆，与爸爸常常在南岸幽会同居，爸妈恢复夫妻感情的想法成为泡影。

1942年酷暑，爸爸在重庆唐家沱码头的一艘火轮上，以三个月的时间，把巴金的小说《家》改编创作成四幕话剧。

妈妈的呵护

在重庆 到渝后，爸爸没有找到正式工作，仅每周在复旦大学西洋文学系兼课两三小时，收入微薄，无法维持四口之家的生活。1938年初到重庆时奶奶汇来的爸爸应分的遗产，这时只得拿来补贴家用。后来积蓄花光了，不得已，妈妈曾代销过西北毛线，摆过地摊卖旧衣服，我们穿的也是西北毛线编织的、糙得扎人的毛衣裤，1945年妈妈还设法到国民政府财政部任职半年。

模糊不清的回忆里，山城"雾重庆"被浓重的迷雾笼罩；又是"火炉重庆"，蒸腾的热气烤人，连席子都是滚烫的。

清晰得多的记忆是跑防空洞，躲轰炸。日本鬼子对重庆实行"疲劳轰炸""精神轰炸"，只要不是雾天，直戳人们神经的空袭警报一天数次，有一天竟达八次。一听见尖锐增强的警报声，妈妈马上一手抱着昭昭，一手拉着黛黛，背上随身用品往防空洞跑。防空洞又矮又小，人挤人，透不过气来。有时一待四五个小时，我们忍不住吵闹起来，妈妈总是轻声安慰我们，不让我们出声。一出防空洞，能呼吸新鲜空气，我们又活蹦乱跳了。但是往周围一看，有的地方一片片大火、浓烟，烧焦的味道阵阵传来，吓得我们大哭起来。

"日本鬼子完蛋了！""我们胜利了！" 1945 年 8 月 15 日，日本鬼子终于无条件投降，火炉重庆真正沸腾了！全城欢跃，大家纵情高呼，街上水泄不通，天空上升起信号弹、烟火，传递胜利的喜讯，人们像疯了一样，跳呀、叫呀、笑呀、哭呀，鞭炮声、锣鼓声连绵不断，人们通宵不眠。之后再也没有日本飞机轰炸，我们也再不用躲防空洞，再也没有大火了。

当时的我们尚年幼，跟随爸爸妈妈，与江安、重庆人民一起走过了那段艰苦、贫困而难忘的抗战岁月。当年的江安、重庆、四川对于我们来说，既艰苦又温暖，是那么遥远，又是那么亲近！

抗战胜利后，1946 年春，爸爸和老舍应美国国务院邀请，一同赴美讲学；妈妈带我们姐妹俩回南京外公家，一安顿好就到国民政府中央银行南京分行上班。

离开重庆时，妈妈忙于收拾行李，把我们放到保姆的住房，我们生了虱子。妈妈用了很多办法为我们除虱，药水洗，篦子篦，往头上打灭蚊的 DDT，都没用，最后只好一推了之。两个女孩子被剃了光头，大哭不干。妈妈哄我们，光头怎么凉快，怎么好看，她指着满院子跑着的光头小子对我们说，你们看，他们多漂亮啊。于是，傻乎乎的黛黛很快高兴起来，跑过去摸着自己的光头，向小伙伴们得意地炫耀："真凉快！真凉快！"

在南京 从 1946 年初至 1948 年底，我们在南京住了三年，后又迁福州，1950 年秋赴北京，1951 年爸妈离婚。妈妈一直是我们姐妹主要的供养者和唯一的抚育人，生活依靠妈妈一人在银行的薪水维持，月薪法币 75 元。在南京外公家，好强的妈妈坚持自立，按月向外公交纳房租和伙食费，约是薪金的一半。

爸爸1947年初从美回国，到文华影业公司任编导，与邓译生在上海同居，他没有负担我们姐妹二人的生活费。

妈妈带着我们住到外公家，是希望能够给我们维持和享受有精神支柱和依靠的家庭氛围，让我们姐妹俩保持童真，生活得无忧无虑，健康快乐。

从四川初回南京的日子，妈妈遇到的难处很多。外公家被日本鬼子糟践得一塌糊涂，四处散落着日本木制大浴桶等军用品，住宅一派晦气。家人都还未归来，妈妈一个女人硬是带着两个幼女，不信鬼不怕邪，住进了这个阴森森的空楼。

1946年到1950年在南京和福州的生活，是远离爸爸的日子。与爸爸一样，我们的童年是不幸的。但是幸运的是，因为有了妈妈，我们并不像童年的爸爸那样"苦闷"。情变的痛苦，妈妈总是一人承受，什么也不向我们透露。她希望我们能像别的孩子一样天真欢乐，尽力保护着我们纯净的心灵，甚至保存那么一点小孩子的调皮弄怪。因而，我们的童年过得还算幸福有趣，回忆起来还很甜蜜。

一到南京，妈妈立即为我们办好了在离家不远的琅琊路小学上学的手续，这是妈妈几经打听认准了的学校。半个多世纪以后我们重返南京，寻到故地，看到一片现代化楼房和穿着整齐校服的孩子们，校名没改。热心的路人说，这里一直是南京最好的重点小学。妈妈早已去世，我们心里默念着妈妈一生坚持让我们受到良好教育的苦心。

外公家是大家庭，外公有五个儿子、三个女儿。四舅郑还投身革命，去了解放区；二舅不在南京；读书最好的三舅英年早逝；大舅、五舅、二姨、三姨未婚，都住在家里。妈妈是老大，我们姐妹是家中最早的第三代，成了家人的宠儿和"小玩意儿"。晚饭后，大家经常在客厅里看我们跳舞。外公最爱看昭昭穿着凉鞋露出红指甲的两个小脚丫在地毯上跳来跳去，然后把她叫过来，拍拍外孙女滑溜溜的小屁股，认为这是他一天最好的休息。而每晚七点半，昭昭像闹钟一样准时，在单人沙发扶手两头一翘便睡着了，然后被妈妈抱走。

我们小孩也爱和外公逗趣。夏天，中午很热，外公喜欢在藤椅上赤膊午睡。他很胖，肉经常从藤椅编织的洞眼里挤出来，我们就用牙签杵他的大胖肉，闹得他乱动，我们觉得好玩极了。

外婆翁德敏原是家庭教师，外公在前妻去世后娶了她。她为人十分善良，对前房子女非常精心，也很爱我们，我们出生时她都亲临照料护理。这时在南京，晚上妈妈出门应酬，我们找妈妈，外婆一手牵着黛黛，另一手抱着昭昭，在大门口等候。我们最喜欢的是三姨，因她是这个外婆生的，年龄小，比我们大不了几岁，很玩得来。

给我们留下深刻印象的，还有外公的宅院。外公的宅院在南京天竺路17号，是他借款自建的三层小楼。小楼左面的路径种有冬季散发清香的蜡梅、夏季我们玩耍躲雨的大叶芭蕉。右边路径，樱桃树春天长满鲜红的樱桃。后院竹林中有一口井，夏天，我们经常用桶在井中凉镇西瓜，晚上把西瓜拎到凉台上吃。记得吃瓜之前，我们姐妹总爱把双脚伸到水桶里，使劲蹬转那个西瓜，弄得水花四溅，没人管。

在外公家我们小孩生活得很自在，但是一年半后，妈妈突然带着我们搬到南京门楼上银行分配的宿舍。在狭小的新环境里，我们感到生疏。妈妈为了让我们高兴，买了画有米老鼠的小椅子和小三轮车。黛黛经常在车前面蹬，昭昭站在车后的横梁上，搂着姐姐的脖子，绕着宿舍楼外的池塘，一圈一圈飞快地骑行。姐妹俩又快活起来了。那个时候，我们哪里想过从外公家搬出的缘由。妈妈去世后，我们看到她1956年写的自传，才知道其中的底细和辛酸、爸爸情变后妈妈遭遇的痛苦和困境。

我们搬到银行宿舍后，爸爸已从美国讲学回国，在上海与方瑞同居，几乎整年都不来看我们，偶尔从上海来，都让我们高兴非常。

他带来许多前面提到的好书，还给我们买了很多维生素、钙片。最快乐的是，爸爸从上海回来，我们总算看到爸妈在一起和我们团聚。尤其昭昭，因为她还没出生爸妈就不好了，从小到老，她几乎没有什么爸妈同在的印象。

1948年底，腐败的国民党南京政府节节败退，准备撤离到台湾，政府官员和一些职员纷纷携家属离开南京，外公辞职携全家迁往台湾。

外公的决定事先并没有向妈妈谈及，临行前几天，让五舅来问妈妈是否同去。妈妈不愿意与爸爸分离，更是为了我们，怕我们没有爸爸，坚决表示要留下。对于这个决定，尽管以后遇到种种艰难和不幸，妈妈从不后悔。

当时，社会上盛传"南京一定要大打"，为避免战乱，妈妈决定申请调职，

我们的爸爸曹禺和妈妈郑秀

带我经上海乘轮船回她的老家福州。因办理搬家、工作调动等繁多事务，妈妈必须在南京留一阵子，便让我们姐妹自己乘火车先去上海找爸爸。

记得那一天，南京火车站乱极了，人山人海，车厢已经塞得满满的，车门外仍涌动着一群群乘客拎着大箱小包，叫嚷着拼命往上挤，更有一些人从车窗往里爬。

妈妈和她的同事只能把我们俩硬塞进车窗。车厢里连走道上都挤满了人，我们只有一个座位。9岁的黛黛把妹妹放在自己的腿上，紧紧地抱着，一直坚持了七个小时到达上海。后来听说，那天是南京火车站最混乱的一天，下午蒋介石亲自到车站训话。

到上海，爸爸没有安置我们，是妈妈的好友胡子婴（章乃器的原配夫人，我们叫她章妈妈）热情地伸出双手，把我们接到她家里住了一个月。后来，妈妈来了，我们和爸爸分别的时候也到了。

我们永远不会忘记在上海港的那个冬日，爸爸送我们到港口。离开爸爸，我们和妈妈都很伤感，站在轮船的围栏旁，向岸上的爸爸招手告别。轮船驶入大海，渐渐离去，爸爸已经看不见了。望着盈盈的海水，我们打开自己的小小皮箱，把积攒好几年、心爱的各色糖纸撒向大海。离开爸爸，我们再也不想留着它们了，看着它们在海面上一摇一摇地向远方飘去。

1949年，爸爸携方瑞从上海飞往香港，而后北上解放区，3月18日抵达北京，参加第一次中华全国文学艺术工作者代表大会、第一届中国人民政治协商会议。

在福州 1948年12月，我们坐海轮先到福建马尾港，再乘小火轮驳船到达福州大桥附近一个很小的码头。夜，灯火点点，码头很暗，表舅庄唯重前来迎接，把我们送到安排的新住处。新家什么样，外面黑咕隆咚，什么也没看见。

第二天天亮，打开窗户一看：啊！这里好漂亮啊。新家地处福州仓前山，这里与闽江对岸福州城里大片大片的木板房完全不同，错落有致的各色小洋楼点缀在绿树丛中，简直就是一个大公园。

我们住在仓前山公墓横路11号。听表舅介绍，这是福州一个林姓木材商的三层楼房，每层四大间，其中隔有一个可供五十人跳舞的大厅。表舅代我们租下了二层两间相连的住房，每月房租大米一石。

到达福州当月，妈妈就到中央银行福州分行报到上班，给我们找到附近山坡上的独青小学上课。福州经常有台风、暴雨，之后积水成灾，我们上学的路上水深及膝是常事。妈妈不愿我们缺课，让照顾家务的南珍背着妹妹、带着姐姐上学去。有时来上课的学生寥寥无几，老师只好让我们回家。时间长了，我们也懂得了一个道理，上课就跟妈妈上班一样，一天也不能缺。

最引起我们兴趣的是学校的劳作课，老师带着学生在山坡上种菜、浇水、除草，看着鲜嫩的青菜长大、收获，我们第一次体验到劳动的快乐。

课外，在妈妈的呵护下，我们在新家的生活过得充满童趣，令人难忘。

福州的新家有一个非常精彩的院子。房东老太是个土财主，院子的四周都能生财，种植着柚子、金橘、广柑、枇杷等各类果树。财迷的房东在院子深处还建了个猪圈和厕所，自制粪肥，这使得整个院子里的水果生长得茂盛高产。

最使我们难忘的是，我们二楼窗外有一棵高大的荔枝树，常常把枝头伸到窗前，把满树的鲜美荔枝让我们品尝。妈妈介绍年轻的同事孙叔叔夫妇与我们同住一层，他经常不嫌其臭，特地去后院的粪坑方便，回来时给我们带回一个用砖头打下来的柚子。

猪圈里的枇杷树更是诱人，可惜我们无法进去，熟透了的金黄枇杷落到猪粪上，让猪踩得稀巴烂。

在丰收季节，院里的广柑被房东一筐一筐地收藏到地下室，但是总免不了被房客扒开果筐掏出来吃，鸡窝里的鸡蛋也经常丢失。这时候就会听见房东老太大喊大叫的骂声。

林姓商人子弟偶尔在大厅里开舞会，我们小孩总到舞群中穿来穿去，和他们捣乱，有时偷偷从舞会准备的滑石粉中抓一把撒在他们脚下，希望他们摔个大跟斗。

那时候的福州还比较闭塞，好玩的东西不多。妈妈给我们买了许多手工剪纸娃娃和各式衣帽，还有小小的锅碗瓢盆，下课后我们姐妹在楼梯口风凉的地方给纸娃娃换不同的衣帽，过"小家家"，或者"欻"（chuā）石子儿。我们还给不同的楼梯取上名字，什么葡萄牙路、西班牙路，跑上跑下，做世界旅行。

节假日，妈妈带着我们到城里华林坊、宫巷会亲访友，妈妈在那里有众多近亲、远亲，不论到哪家，我们都能感受大家庭的乡土亲情。妈妈带我们到她童年时代小住、玩耍的华林坊，走遍了古朴素雅、空灵凝重的三进大院落，又领着我们参观历史文化街市，看三坊七巷，恢宏、精巧的明清古建筑让我们小小年纪就感受到福州历史和文化的气息。

互相走动得最多的还是同处仓前山的庄唯重表舅一家，表舅是妈妈二姑的儿子，和妈妈自幼相交。对妈妈十分敬重的庄表舅一生对妈妈非常好，有了他们一家，这座城市对我们来说不再陌生。

周末，妈妈往往带我们就近休憩玩耍，去得最多的地方是仓前山的林森公园，还有植物园。四季免费开放的植物园常年绿荫如盖，有不计其数的亚热带花草树木，小桥、小溪更添情趣。

最近的去处是我们住处公墓横路附近的欧式教会公墓，那里安葬着洋人传教士和当地的教友，陪伴他们的是石碑上飞翔的仙女和小天使。座座石雕和十字架已经开始风化，墓地长满野花杂草，紫藤萝爬出墙外。

妈妈虽然不信教，但是为了让我们感受节日的快乐，圣诞前夜总会在我们的床头挂一只装满礼物的袜子，圣诞节早上，我们拿到礼物时又快乐又惊喜，沉浸在神奇的遐想中，不停地问妈妈：圣诞老人是夜里什么时候来的？小天使和仙女也来了吗？从此，睡梦中经常梦见他们。

当时福州的文化生活比较匮乏，看不着大剧团的演出。自1933年与爸爸因戏结缘，戏剧已成为妈妈生命的一部分。她酷爱话剧，只要仓前山英华中学业余话剧团演出，妈妈总带着我们姐妹兴致勃勃地去观看。

那时我们的二表哥徐思萱（我们叫二哥）在英华中学读书。二哥的外公郑建是我们外公郑烈的四哥，是他指引郑烈走上辛亥革命道路并资助郑烈留学日本。妈妈和他们一家关系很亲密。

我们到福州后，周末和寒暑假，二哥常在我们家住下，带我们到他学校去玩。这所教会中学里处处百花盛开，绿草茵茵。周日，我们喜欢去那里的小教堂索要小玩意。二哥爱踢足球，用现在的话来说，是个文艺青年，对话剧尤其感兴趣，是学校话剧团的活跃分子，在不少话剧里扮演主角。

每当这时，妈妈就带着我们前去给二哥捧场，和年轻的演员们说说笑笑。二哥出演话剧《思想问题》中的主角,这个剧讲的是一个特务经过激烈的思想斗争,终于交代了自己的问题。妈妈看完演出后显得很兴奋,赞扬二哥:"你演得还真有那么点意思。"还说他是可塑之才,让二哥高兴了好几天。记得在英华中学,我们还看过《雷雨》第三幕,戏中的那场雷雨把我们吓坏了,留下深刻印象。

他们剧团演出的话剧《群众在哪里?》中有一个小孩的角色,想让昭昭出演,妈妈毫不犹豫地同意了。在台上,昭昭可爱的本色表演受到观众的喝彩。闭幕后,昭昭偷偷拉开帷幕的缝隙露出头,想看看下面的观众,引起观众热烈击掌叫好:"小毛(剧中小孩的名字)好,小毛妙,小毛演得呱呱叫!"

1949年8月17日,福州解放了之前有人吓唬我们说共产党"共产共妻",红脸绿眼睛。妈妈当然不信这些骗小孩的鬼话,但是一听打仗还是害怕。不管大人说什么,我们姐妹喜欢解放,因为解放了才可以到北京找爸爸。

解放当天,枪声一响,吓得我们跟着妈妈和邻居一块躲到地下室待了一天,不断听见外面解放军在喊"缴枪不杀"和急速的跑步声。快天黑了,街上才逐渐安静下来。

第二天清晨,昭昭急于扒开窗户往外看个究竟,透过浓密的树叶,从缝隙中果真看见了红颜色,难道是共产党的红脸吗?一阵风来吹开了树叶,才看清这红色原来是解放军胳膊上的红袖章,一队解放军战士正在隔壁的院子里吃早饭呢。

不久,我们这层楼住进了十来个解放军战士,他们支开行军床睡在我们住房外侧的走廊里。他们多是身材魁梧高大的小伙子,和气开朗,穿得比一般战士好,讲究卫生,举止安静,常逗我们小孩玩,对房客也很文明有礼。当时中国还没有多少飞机,听大人说,他们是空军军人。后来我们混得很熟,舍不得他们离开。

给我们留下好印象的还有住在斜对门的解放军,听说是福州驻军的司令员和警卫班。他们门前的道路是一个大斜坡,我们姐妹几乎每天都要骑着小三轮车从斜坡上滑下来玩,司令员出门从不干涉,警卫员还经常带着司令员的小儿子和我们一起玩耍。

福州解放后,我们遇到的最大灾难就是国民党飞机的轰炸。这种轰炸一直持续到1950年秋我们离开福州。

飞机天天来,而且很快,因为福州离台湾太近了,每次警报刚响没多一会儿,飞机就到了。于是，妈妈马上拉着我们俩从二楼"咚咚咚咚"跑到地下室，拿起预备好的棉被，把我们蒙起来，紧紧地搂着我们。其实，炸弹真要下来，这也没什么用，因为我们楼房的地板只是一层木板。停一会儿，我们竖起耳朵听，没有飞机的轰轰声了，又回到楼上。但是，没待多一会儿，飞机又来了。后来，这种紧张和折腾让我们疑神疑鬼，耳朵里总好像听见警报和飞机的轰鸣声。

仓前山地区还算幸运，挨炸比较少，城里可就遭殃了，那里多是密集的木板房，国民党飞机专门投燃烧弹，一烧一大片，火光冲天，一天都灭不了。

当时福州没有飞机，也没有高射炮，为了对付轰炸，福州市政府决定学生清晨七点上学，九点下课；干部晚上上班。妈妈每天下午五六点上班，夜里十一点才下班回家。

晚上家里没大人，妈妈担心我们害怕，就请在附近上学的二哥搬来住，陪我们。二哥比我们大不了几岁，也贪玩，有时晚上他在窗外，用手挠得纱窗沙沙作响，装鬼来吓唬我们，吓得我们吱哇乱叫。有时，表姐来陪伴，我们躺在被窝里，专爱听她讲鬼故事，被吓得够呛。只有等到妈妈夜里下班回来，看见她就着龙眼蘸酱油喝粥吃晚饭，我们才踏实睡了。

家里独有姨婆不怕轰炸，就是不肯下楼躲藏。但是妈妈不干，硬把她送到近郊的一个农家照顾起来。

周末，我们常去她那里。国民党飞机也从乡下飞过，他们欺负我们没有空军，飞得很低，有一次，我们连机上的飞行员都看见了。

在去那里的路上，我们遇到过飞机俯冲扫射，马上就趴到地上；看见过飞机扔炸弹，连续扔下的炸弹是斜成一条线掉下来的，像往下拉屎一样。我们不敢穿红衣服，怕成为目标。

后来，解放军在我们独青小学对面的山顶上架起了高射炮台，国民党飞机来的次数逐渐减少。我们也慢慢对轰炸习惯了些，不太害怕了。我们姐妹俩自己下乡看姨婆，一路上唱着《民主进行曲》前进，觉得很神气："看，我们，我们胜利的旗帜迎风飘扬，看，灿烂的太阳升在东方。四万万同胞齐声歌唱，伟大的毛泽东领导着我们奔向前方。"

在福州，我们还有一怕，就是长疖子。夏天，福州天气极热，一天到晚汗透的衣服都贴在身上，我们水土不服，浑身长疖子，有时脑袋的后面、左面、右面，三面都是，肿胀、化脓，晚上只能趴着睡，痛苦无比。大腿上也长，抽着疼，走路脚简直不能落地，上学得让人背着去。

妈妈急得不得了，给我们试用了当地的各种土方、偏方，打过盘尼西林。黛黛得的一个最厉害的大脓疱还是妈妈花一个"袁大头"（印有袁世凯头像的银圆）在闽江边的吴仁济诊所开了一刀才好的。

虽然遭遇种种困境，但是福州给我们留下的印象非常美好。

福州城内有三坊七巷，古朴素雅的文人故居、独具特色的明清建筑，处处洋溢着南国民俗风情文化。城郊又是另一番景象，特别是仓前山，四季常青，亚热带自然景致美丽无比。清晨，常有勤劳的闽南农家女从身边走过，她们赤脚宽裤，手戴银镯，头插玉簪花，挑着成袋的茉莉花疾步轻盈前行，飘过阵阵馨香。

福州的美食，肉松、燕皮丸汤、鲟蟹、蛤蚌，各样蜜饯橄榄，荔枝、龙眼等各种水果，让人垂涎欲滴，还有举世闻名的数年香气不散的福州茶叶。

从1948年12月到1950年8月底，我们在福州住了近两年，对于我们小孩子来说，虽然遇到一些倒霉事，但是在妈妈的呵护下，我们度过了一段快乐的童年，老家福州经常回到我们成年的梦境中。

福州再好，终究也没有爸爸在身边好，我们想爸爸，姐妹俩经常说着说着就哭起来了。妈妈一人更是困难重重，担惊受怕，孤独无助。何况福州解放前后，作为留用人员，妈妈从国民政府中央银行分配到新中国的中国银行工作，月薪从75法币转换到50斤大米代金，再到96单位（"单位"是当时薪金的计算方式），薪金不高。她为贴补姨婆和我们一家四口生活，除留下准备赴京的旅费外，几乎用尽自己多年的积蓄。为了维持生计，妈妈始终坚守艰苦的差事。近来听二哥回忆，在货币贬值的国民政府中央银行里，他目睹瘦小的妈妈围着围裙搬运大捆大捆金圆券的困境。听到这件与我们童年快乐玩耍同时发生的事，真让我们心里难受。

妈妈离不开爸爸，我们三个人都渴望与爸爸团圆。妈妈写信给爸爸，要求赴京。

1950年暑假，黛黛小学毕业，要赶赴北京参加中学入学考试。当时从福州到北京既没有火车，也没有轮船飞机，妈妈大胆决定让17岁想到北京学习戏剧的二哥徐思萱带着11岁的黛黛，搭乘中国银行运钞的公务卡车离榕，先行进京。

临走之前，妈妈、姨婆和我们姐妹在楼下的走廊前留下告别照：姨婆总是那样泰然；妈妈几天来给黛黛收拾行装，照相时一脸疲惫；昭昭心里难受，脸上万般不舍；断肠人黛黛眼睛哭肿了，强作欢颜。我们三个人谁也离不开谁。路经闽江时，黛黛在日记本上写着："闽江啊闽江，让你的水把我的心带到妈妈那里……"

因为需要工作调令，妈妈只能和昭昭在福州等待。8月底妈妈接到奉调北京中国银行任职的通知，9月初携昭昭，带十几件大行李，仍搭中国银行车队卡车，经上饶到上海，再乘火车进京。

从福州到上饶一路上，真是令人难忘啊！妈妈搂着昭昭坐在卡车司机舱副驾驶中座，在武夷山层层叠叠的盘山路上度过几天行程。解放初期闽浙公路还很不安全，地面有土匪，天空有飞机轰炸，路况恶劣，颠簸而狭窄。一路上我们曾看见两辆车翻倒在路旁，死者用被单盖着。

我们的车开到闽浙分界处时也出现了惊险的一幕：卡车一路盘山而上，就要到山顶的一刻，前面突然冒出一个独轮车，翻倒在狭窄的路中央，堵住了道路。我们的卡车从陡坡上倒退，速度越来越快。机敏的副驾驶拿着垫板飞快地跳下车舱，拼命地向后跑。这时，我们都惊呆了，妈妈使劲抱着昭昭的头，闭上了眼睛，等待命运的安排。后来妈妈回忆说，如果要死，我和昭昭就死在一块。副驾驶员与倒退的卡车拼死赛跑，车头已经离开地面翘起来了，在这命悬一线的瞬间，副驾驶员塞了几下，终于把垫板塞到后轮底下，卡车跳了几下，停了下来。

之后，我们乘火车从上海到北京的路上，轻松多了。在德州站，妈妈给昭昭买了烧鸡，我们快乐地大吃起来，更因为就要看到爸爸和黛黛，心里别提多高兴了。

列车驶进北京站，一下火车就看见黛黛从远处跑来。两个多月时间，她变了，穿着一身灰色的小"列宁服"，吃窝头吹起来的脸蛋胖胖的，让妈妈都快认不出来了，妈妈使劲地抱着她又亲又笑。

爸爸是在黛黛后面走过来的。

5

离婚的日日夜夜

初到北京

妈妈怀着重建家庭的满心希望和我们先后从福州翻山越岭，屡经艰险，到达北京，我们姐妹终于实现了在福州近两年"来北京找爸爸"的愿望。

1950年9月刚到北京，爸爸安排妈妈和昭昭住到东城西堂子胡同里的基督教女青年会宿舍。黛黛先行来京时，11岁的她也是一人住在这里。她不愿意与方瑞和爸爸同住，坚决表示就住在这儿等妈妈，哪儿都不去。之后，黛黛考入贝满女中，搬进了学生宿舍。

女青年会宿舍很安静，但非常阴暗、潮湿。很快，妈妈找到原来贝满女中的同学胡懋华帮忙。胡懋华阿姨是协和医院放射科主任，是一位学风极其严谨的科学家，她非常用功，平日工作生活很紧张，但她还是接待了我们。

胡阿姨是妈妈中学时代的好友，对我们非常热情，专门给我们腾了一间住房，抽时间还来和我们聊聊天。胡阿姨的住房在外交部街协和医院高年大夫的住宅大院里，草地、小洋楼，很是讲究。但是，妈妈不忍打扰她，在她家暂住了一个月就搬出来了。

来京的当月，敬业并重视学业的妈妈马上到北京中国银行总处经济研究室报到，同时把昭昭送到就近的米市大街树德小学上学。我们急需一个长期的安定的住房。妈妈去找她中学时代教物理的吴颂年老师，先后在东城干面胡同吴老师祖宅和西石槽的四合院住了下来，一直到1984年搬到黛黛的北大医院宿舍。

搬进干面胡同77号，我们只住了一年多。这是四合院里三小间相通的西屋，总面积十几平方米，搬进了几件爸爸买的旧家具。屋外的院旮儿有一处漏顶见光的棚屋——厨房。

就在这个地方，妈妈度过了离婚时痛苦的日日夜夜。

初冬的一个夜晚，听见大门拉铃声，邮差送来一个信件，妈妈打开一看，便大声地哭起来。这是一张法院的传票，爸爸把妈妈告到法庭，申述离婚。

离　婚

1940年爸爸情变，1946年妈妈一人带着7岁和4岁的两个女儿离开重庆到南京，又赴福州，1950年来到北京。十年啊，一个单身女人承受生活和经济的压力、精神的孤独无助，无人分担，受人歧视，担惊受怕，历经艰险，她多么希望能和丈夫团圆，希望孩子能够得到父亲的呵护，过正常幸福的家庭生活啊！她满怀希望来到北京，等来的却是一张传票！

到北京最初的日子，妈妈要求爸爸搬回家住，来北京出差的四舅郑还从中做了许多调解，遭到爸爸的拒绝，爸爸坚持离婚。我们清楚地记得那时爸妈见面的尴尬场面：他们二人坐在干面胡同的小小堂屋里，妈妈痛哭、吵闹，诉说自己的委屈、不幸和艰难，指责爸爸的背信弃义。而爸爸，不管妈妈怎样痛和哭，他特别沉得住气，就是一言不发，不动声色。最后，屋子安静下来，爸爸离开座位，走了。

妈妈不愿意离婚，想争取帮助。一个小人物，能找谁呢？听说妇联能替妇女说话，于是她去了北京妇联。在那里相识的一个姓崔的阿姨在妇联的调解、协助下把丈夫争取回来了，妈妈非常羡慕。但是对于妈妈的诉求，妇联无能为力。

离婚之事被告到法院，情况就不一样了，双方组织参与进来。爸爸一方中央戏剧学院的组织代表反复给妈妈做工作，动员她离婚。妈妈很长时间不能接受，曾一度企图通过要求经济赔偿来阻止离婚。后来，爸爸一方又提出不离婚就会"妨碍爸爸创作"的理由来说服妈妈，妈妈的防线终于崩溃了。经过几个月的鏖战，妈妈最后同意离婚。

妈妈之所以做出这样的抉择，是因为她无比珍爱和相信爸爸的艺术才华，并把爸爸的艺术生命放在至高无上的地位。因而，最后在法院召开的告别座谈会上，妈妈说："当初为了爱，我与曹禺结婚；现在也是为了爱，让曹禺静下心来，安心创作，我同意离婚。"妈妈哭得非常伤心。在作为"娘家代表"的周妈妈建议下，妈妈与爸爸握手告别，爸爸也哭了。事后周妈妈动情地向我们讲述了当时的情景，她说："你们妈妈在会上的发言，讲得好极了！才动人呢。"

当时妈妈38岁，她无论如何也没有想到，这是她和爸爸最后的诀别。

1951年6月双方达成离婚协议，法院正式宣判离婚，离婚后两个女儿跟随母亲生活（其间，爸爸曾要求大女儿万黛的抚养权，妈妈坚决不同意）。按协议，爸爸每月付给我们姐妹俩抚养费小米550斤代金，当时折合人民币65元，1958年后增为85元，直至1966年"文化大革命"开始。据说，爸爸还付给妈妈1946年至1951年独立抚养孩子的赔偿金，约人民币500元。

妈妈没有提出在他们婚恋期间爸爸创作的剧本版权和演出税的要求，令人深思。妈妈的品格令人感叹！

妈妈仅仅要求在报纸上连续三天刊登"曹禺、郑秀离婚启事"，依法证明离婚是1951年6月，从时间上划清"婚内""婚外"之别。

离婚岁月妈妈悲痛欲绝

离婚岁月妈妈悲痛欲绝，经历了一生中最痛苦的历程。

妈妈白天上班，晚上整宿整宿地不能入睡，躺在床上开始一根接着一根地抽烟。也就是从那时候起，她不断地咳嗽，睡在身旁的昭昭随时都能感到床垫的振动，气管炎从急性迁延成慢性。后来她到郊区任教，冬天经常在北风呼啸的荒野等公交车，气管炎越来越厉害。之后的几十年，她一直咳喘吐痰不止，发展成严重的肺气肿，双肺渐渐被蜂窝状的肺大泡占据，丧失了呼吸功能，1989年因为肺功能衰竭离世。

昭昭记得妈妈刚离婚那阵子，每天下班回家后总是不停地哭泣。有时妈妈一下子抱着昭昭，对她说："昭昭，我们怎么办啊？"黄昏，屋里没有开灯，昏暗中这哭声和痛苦使得才是小学生的昭昭不忍像其他小朋友那样出去玩耍，"我要陪着妈妈"成为她自觉的责任。

此前的十多年间妈妈一直抱着希望，只要爸爸能够回头，她愿意等，等多久她都愿意，她可以一直等下去。而现在，与之前二人分居的情况不同，离婚意味着家庭团圆最后的一点希望、支持她生活的一点希望，彻底被剥夺了，在她生命中刻骨铭心的那个人永远离开她了。

妈妈为自己，也为两个心爱的女儿感到撕心裂肺的剧痛，难道这个家永远没有丈夫，没有父亲？妈妈身边没有一个亲人，刚刚回到久别的城市，一切变得生疏。我们真正成为孤苦伶仃的孤儿寡母，犹如一下子被抛进渺无人烟的荒野，站在四面无靠的悬崖上。

妈妈万念俱灰，精神和身体受到极大的摧残，原来就很瘦弱的身体，这时枯瘦如柴，她常常神志恍惚，走起路来轻飘飘的，好像只剩下抽走了灵魂的躯壳。

1951年除夕夜，黛黛在学校参加活动，昭昭和照顾我们的钱大妈在家里等着妈妈回来吃晚饭，黛黛学校的少先队大队辅导员蒋雯老师正到家中看望我们，晚上8点多了，突然门外传来急促的脚步声和互相提醒"小心点""别碰着"的说话声。

门开了，妈妈被几个同事抬了进来。这个场面让不到10岁的昭昭顿时吓哭了，以为妈妈马上就要死了。同事们小心地把妈妈放到床上，告诉我们，中国银行节日聚餐，妈妈喝醉了，嘱咐我们好好照顾，就走了。

妈妈满脸泪水，不停地哽咽，从心底发出大声的呼喊：我不离婚！我不离婚！以后黛黛、昭昭怎么办啊？她说她像一只小鸟被人玩够了，就扔了。趴在妈妈身上的昭昭忍不住和妈妈哭成了一团。

站在一旁的蒋老师也怔住了，但她很快就镇静下来，说了很多劝慰妈妈的话，帮助我们让妈妈安定下来。最后她对昭昭说，不要害怕，这是一个社会问题，以后要多多照顾妈妈。

这个除夕之夜让昭昭幼小的心灵受到严重的创伤,她想不通这是为什么。于是有一次,她鼓足勇气问爸爸:"你为什么一定要和妈妈离婚?"爸爸严厉地回答:"大人的事,小孩子不要管!"当时,连"社会问题"这个词都听不懂,婚姻这个复杂艰难的社会问题,一个小孩子能怎么办啊!我们没能帮助妈妈、保护好妈妈。

这个除夕之夜,妈妈的呐喊震惊着我们,她的眼在流泪,心在流血,她的精神几乎被摧垮了,这种心灵的创伤持续到以后的人生。我们想,任何一个善良的人都会理解这种痛苦和创伤的存在和来由。

痛苦和困惑的由来

离婚使妈妈痛不欲生,这个结果是妈妈始料不及、不能理解、不能接受的。爸妈曾经那么相爱、相知,爸爸曾经那么疯狂地追求她,他们曾经为了这份爱经历那样不懈的斗争,妈妈为此付出过沉重的代价,在她看来,即使黄河倒流、昆仑崩塌,爸爸也不会与她分手。一个曾经如此宠爱自己的人怎么会真的不再爱自己,真的那样绝情,妈妈始终不相信,也许是不愿意相信。

他们曾经是那么相爱 妈妈的感情生活经历,妈妈的二妹,即我们的二姨郑华,向昭昭做过详细的回忆。妈妈与二姨在多位兄弟姐妹中感情最好。改革开放后,二姨多次从美国回来看望妈妈和昭昭,而且不远万里赶回来参加妈妈的葬礼。妈妈去世后,她对亡姐的怀念更加浓重,与昭昭又多次长谈妈妈的往事,动情,感伤,怜惜,不平。她性格率直,甚至口无遮掩,要把几十年想说的话一股脑全倾吐出来。有时我们在床上谈到深夜。二姨的记忆力极好,她谈得很多,很详细。昭昭害怕遗漏和忘记,事后马上追记,还将记录请二姨补遗和修正。妈妈与外公一家的往事,许多出自二姨的回忆。

爸妈同回南京后,爸爸与妈妈的家人已经混得很熟了,关系很好,尤其是妹妹弟弟们。

二姨郑华是其中最得宠的一个。那时二姨很小,与妈妈相差十几岁,还是一个小女孩，长得美丽可爱。爸爸非常喜欢她，经常带着她一起出去玩。许多人都知道，万家宝有一个漂亮的小姨子。

二姨向我们回忆了爸妈热恋时的一些往事。"当时，你爸妈的感情非常之好，晚饭后外公很早就上楼睡觉去了，只有我们这些孩子在楼下。那时我很小，才六七岁，哥哥们出坏主意，让我趴在楼梯上偷偷看姐姐和万家宝在干什么。我看见大家一离开客厅，他们两个就躲到旁边的衣帽间里去了。一次，你爸爸发现了我，过来笑着对我说：'你怎么那么坏！'"

"你爸爸那时很喜欢我和三姨，喜欢看我们睡觉，说好玩，他们出去看电影经常带着我。你妈妈还让我看过两封你爸爸的情书，上面没写什么怎么爱你、想你的，但是我知道他们非常相爱，记得有一张他们两个人在小山上拥抱在一起的照片。有一次，他当着我亲你妈妈很长时间，你妈妈对他说，你也亲她（指我）一下，他就亲了我。当时我就想，他对我好，就是因为他爱我姐姐，如果有一天他不爱我姐姐了，我就什么都不是了。"

爸爸与妈妈的弟弟关系也不错，舅舅们都说他好。他们在外公家经常在一起玩，聊天，夏天打着赤膊互相比，说什么郑家人的背是圆的，万家宝是扁的。三舅和他很谈得来，读了爸爸翻译的剧本，三舅说，家宝的英文好极了。

为爱而斗争　外公一开始就不赞成爸妈的恋情。

1936年之前，妈妈还在清华读书时候，外公知道他们恋爱，坚决反对和阻挠。按照外公的政治态度和社会地位来看，爸爸只不过是一个普通的大学生，门不当户不对，绝不是他理想中女婿的人选，也不是自己重点培养的女儿的良配。

当外公得知爸妈背后还说了顽固父亲的坏话，非常生气，对女儿开始严加管教。妈妈说："在暑假中，他经常检查曹禺的通讯，以后我们不得不改用英文通讯，因他不懂英文。威胁我，如不和曹禺断绝关系，即不准我再回清华求学、和我脱离父女关系。该年暑假，在家我的行动受到监视，出入家门几乎失去自由。"

外公托国民党元老张继向清华校长梅贻琦了解爸爸的情况，梅贻琦说万家宝这个人虽然不是共产党，但思想"左"倾，这使外公十分不满。一次，为了这件事，外公在饭桌上和妈妈争吵起来，把一桌饭菜都掀翻了。

然而对此，妈妈说："父亲的反对和压迫丝毫不能改变我和曹禺的意志。"

为了改变"顽固的父亲",达到将来结婚的目的,爸爸与外公见面时总是表现得礼貌周全,事事顺从。为取得外公的欢心,爸爸在南京工作时几乎每天晚上都来陪外公吃饭、喝酒,成天老伯长老伯短,甜言蜜语。二姨说爸爸说话时动不动就鞠躬,"头都要鞠到地上了"。爸爸还兴致十足地与外公聊天,天南海北,甚至聊到外公并不内行的话剧。知道外公最崇拜的民族英雄是岳飞,爸爸煞是认真地与他讨论起话剧《岳飞》的创作,以后外公还真的写了一出关于岳飞的"剧本"。妈妈说,外公开始喜欢爸爸,甚至超过喜欢她。

事情发展到这个地步,外公虽然不同意爸妈结婚,但是也没办法。

一是因为爸爸来访时,已与妈妈相爱好久了。

另外,外公自己总算为爸妈的婚恋寻到了门当户对的根据,他托人设法从日本士官学校的旧同学录中找到了万家宝父亲万德尊的学历证明,又打听到北洋政府时代万德尊在黎元洪总统府曾任秘书及军事总监等职务的资历。

还有一件事也影响了外公对爸爸的态度,那就是外公对奶奶印象很好。奶奶第一次来南京会亲就气质不凡,很有风度。外公对她说,小女不懂事,在家很任性,想借故推托儿女的婚事。但奶奶很会说话,说这是她和您撒娇呢,外公也不好再说什么了。奶奶说话很得体,称外公为亲家先生,称外婆为亲家太太。她的手笔很大,第一次来南京就送给外公一块铺满客厅的大地毯,还发给佣人不少赏钱。之前妈妈暑假也都带一块奶奶赠送的地毯回家,铺在各个卧室里。外公很少看重一个女人,但是认为奶奶很难得,很大气,只可惜不是男人。

在这种情况下,外公只好同意他们订婚。

爸妈回南京就职的当年,即1936年11月26日,在南京德奥瑞同学会订婚了,仪式非常隆重。爸妈都订做了很讲究的礼服。当时的订婚照里,妈妈身穿高领旗袍,佩戴雕刻成朵朵花蕾的象牙项链,高雅而端庄;爸爸一身考究笔挺的领花礼服,两眼炯炯有神,眉宇间透着英气和喜悦。几十年来,这张照片一直摆在妈妈的卧室里,但最后在"文革"中被毁掉了。

1937年10月5日爸妈在长沙结婚,结婚前,他们给外公和奶奶分别打了电报征得同意。奶奶在回电中写了许多类似"望白头偕老"的话,外公的回电只有一个字:可。

骄傲美丽的妈妈 人们说，恋爱中的女人是最美的。这是妈妈一生中最美丽最幸福的时光。她被爱着、被宠着，她为爱而斗争，又是斗争的胜利者。当时的妈妈真像一位骄傲的公主。二姨曾说："人人都谈恋爱，但是没有像你爸爸那样，当初他那么追你妈妈，是真的爱上你妈妈，对她是绝对的百分之百，超过百分之百，随她怎么都可以，好吃的都让你妈妈吃，把自己降低一级。"还说，一次爸爸请外婆和二姨看他扮演周朴园的《雷雨》，戏毕妈妈带家人到后台，爸爸还没有卸妆，但一见妈妈进来，两眼放光，马上热情得不得了。

在亲友眼里，妈妈也是最出色的，她从小学到中学再到大学，都因为学习成绩优异得到免试保送，最后保送到燕京大学同时又考上清华大学，这样的成绩是所有亲友的同辈后生中最优秀的。

"文革"中，妈妈的表弟庄唯坦表舅从台湾来，看到晚年妈妈的凄凉，无限感慨地给我们写来一封信，真切地描绘了恋爱中光彩照人的妈妈，回忆了当年他与"正在生命巅峰"的妈妈一次难得的见面："一个傍晚，我走下楼梯，她正拾级登楼。暮霭沉沉中，眼光相注，我发现她眼中浮泛虹彩。"他说他至今未忘那颗"青春期精神升华中"的"骄傲灵魂"。

表舅的来信仿佛让我们看到年轻骄傲的妈妈，久久难忘。

为爱付出代价，她仍然自信 回顾恋爱、抗争、付出的往事，可以看出妈妈对她与爸爸的婚恋一直很自信，即使爸爸有了婚外恋，她一直也不承认爸爸不再爱她了。直到抗战胜利后的1946年，她一人带着两个女儿落魄地回到南京父亲家，丈夫几年没了踪影，她都不愿意承认爸爸婚外恋，对外面只说爸爸去美国了。

但是，事情瞒是瞒不住的。妈妈开始面临家人的质疑冷淡、歧视排斥，直至责骂威胁、尴尬难堪、屈辱痛苦的局面，再一次为爱付出代价。

妈妈从小由她的姨父母养育成人，而且从中学起就开始住校生活，所以家人与她的关系比较疏远。抗战胜利后妈妈回到南京家中，舅舅们渐渐听到情变的风声，开始对妈妈产生歧视和排斥的情绪，妈妈感到了家中的冷淡气氛。

小舅舅在家中本来就恃宠而骄，现在为一点小事就与妈妈争吵，让家人不理妈妈。妈妈当时非常气愤，又觉得他幼稚可笑。

大舅舅自幼在家里横行霸道。抗战时期他考取"外交人员训练班"，结果发现是国民党军统机关假名登报招考，被派到印度学习做海军情报工作，一直随身携带手枪。在家中，他多次故意威胁妈妈。1947年，一次他因戏票小事与妈妈争执，晚间，他从妈妈卧室的天窗外用手电寻找妈妈的床位，故意玩弄手枪咔咔作响来吓唬妈妈，使她通宵不能成眠。

年轻的大舅舅说是爱我们两个小外甥女，但他逗我们玩耍的方式十分奇特，常让我们惊吓哭叫，妈妈又生气又害怕。这也促成她搬家的决心。

为爸妈的婚变真正动气的，还是外公。妈妈是家中的长女，妈妈的诞生曾给外公带来很大的喜悦。以后，外公又很看重妈妈，因为她念书念得最好，超过他的所有子女和叔伯侄儿们。妈妈在清华念书时，外公每个月给她寄30块大洋零用。1936年妈妈清华毕业后回南京和1945年在战乱的重庆，外公还亲自为妈妈找工作，他对其他子女未曾这样关心过。

但是到了谈恋爱的时候，外公生气妈妈不但不听他的话，还和爸爸在背后一块说他的坏话。妈妈偏要嫁给万家宝，嫁了，现在又跑回来住。家中第一个孩子的婚姻闹成这个样子，外公当然很不高兴，对妈妈大发脾气，大加责骂。

1947年下半年，妈妈终于因为不能忍受家中的冷淡、歧视和屈辱，带着我们姐妹搬出外公家，从此陷入内外交困的孤苦境地，经济上也面临很大的压力。可为了保护我们幼小的心灵，妈妈什么也没跟我们说。

1948年底，外公携全家迁往台湾，妈妈与家人断绝了联系。

家人困惑不解

离婚的事，妈妈在台湾及国外的家人是以后渐渐知道的。对爸妈婚变的原因，他们都感到困惑，不能理解，也不能接受。

二姨回国探亲时告诉我们，事情刚开始的时候，外公一直以为爸爸只是"一时在外面风流"，而妈妈在家又"没有做好太太"，所以产生矛盾，他不懂是"别人根本就不要他的女儿，讨厌、嫌弃她了"。

爸爸到美国讲学后，给妈妈写来了要求离婚的决绝的信，信中放出狠话："我说过我永远不回来了"，"我们之间没有感情可言"，"你有许多长处，但是在我面前是死路一条",还说外公家怎么不好,并对别人说要回去办离婚手续,恨不得一刀两断。

后来听说爸爸从美回国后,在上海南京西路花园坊与方瑞秘密同居,朋友都为他们保密。爸爸再次提出离婚。

妈妈说,爸爸谈恋爱时热起来叫人受不了,而后冷起来也叫人受不了。与爸爸热烈追求妈妈时相比,这时爸爸对妈妈已冰封雪掩,令人寒彻心扉。妈妈的心碎了!

外公知道离婚信件后非常生气,说:"只要我活着,就不要想和我女儿离婚!""他要和我女儿离婚,我就和他拼命!"

女儿的婚变和三子的英年早逝对外公打击很大,他到台湾后对儿女看得很淡了,仅注重饮食。后来,知道妈妈初到北京虽然没有离婚但仍是孤苦一人,外公说:"这算什么,不是守活寡吗?"不久,爸妈离婚了,外公改变了过去认为"是因为妈妈照顾爸爸不够造成"的想法,对子女说:"万家宝这个人自负已极。看来,是家宝对不起你姐姐。"

妈妈的妹妹弟弟对婚变也有各自的看法,手足之间毕竟共同生活过,对妈妈的为人和经历比较了解,体会也比较真切。

外公家中既有国民党,也有共产党。我们的四舅郑还在学生时代就投身革命,后奔赴解放区,多年没有音讯。新中国成立初期我们来到北京后,他突然出现在我们面前。

在妈妈的弟弟妹妹中,四舅是爸爸最喜欢的一位。无论在南京还是在重庆的抗战时期,他和爸爸在政治倾向上最接近,接触最多,最谈得来。在爸妈的婚变中,四舅虽然未能挽救他们的婚姻,但是进行了多方的调解。后来"文革"中爸爸重病住院时,四舅也多次去看望他,鼓励支持他。四舅对爸爸是了解关心的,他对爸妈离婚的原因提出了自己的看法:"郑秀与曹禺邂逅于1931年高中毕业前(实际上相识于1932年),一直到1941年(实际上是1940年)江安情变,这期间他们漫步清华园,从相识到相知,加深了对彼此的了解,打下了坚实的感情基础;面对阻力,坚持婚恋自主,矢志不渝,圆梦南京;战乱流离中书信往来不辍,思念之深溢于言表,见证了他们对爱情的忠贞,长沙喜结良缘;尤其是曹禺蜚声文坛的三部曲《雷雨》《日出》《原野》都是在他们幸福婚恋的鼓舞和促进下完成的；所以说郑秀与曹禺曾经是志趣相投的伴侣，是一点也不为过的，而那种认为郑秀不适合曹禺的观点，至少是不公正或不了解实际情况的。诚然他们的婚姻以悲剧而告终，其中原因除了郑秀的某些性格弱点以及处理婚变事件有所失当外，主要还是由于第三者插足，没有第三者插足，他们的婚姻或许不致走到不可挽回的地步。"

四舅对爸妈婚变的分析和评判是十分中肯且实事求是的。他的女儿告诉我们，至今四舅仍为姐姐和姐夫的离异，常常流露出无限的遗憾、伤感和无奈。

爸妈的离婚对家人来说，也是很大的痛和惑。

爸妈的婚变 我们的思考

爸妈婚变的原因是什么？我们的朋友，特别是曹禺研究学者，几乎都会问到这个与爸爸的创作有关系的问题。

性格和习惯上的差异 如多数人的看法，的确爸妈在性格和习惯上存在差异，有时对比强烈。

童年时代妈妈在她的姨父沈璿庆家受到严格的家教，青少年时代住校读书，独立生活、自强、自立，受到严谨的校规和校风的训练。妈妈接受中西合璧的教育，养成规范的学习、工作和生活习惯，这对她的性格特点和生活习惯的形成有很大影响。

她不算聪明，但学习、工作都非常用功认真，循规蹈矩，一丝不苟，甚至死板，她的好成绩基本上是靠死用功和很强的记忆力得来的，她在学校是一个努力学习、遵守纪律的好学生，在工作中是尽职敬业、奉公遵纪的好职员。

在生活上，与她的姨父一样，讲章法，有秩序，而且勤快。上清华时，外公重点培养长女，提供很高的生活费，妈妈喜欢打扮，衣着考究、漂亮。妈妈一生尤其爱好清洁和整齐，有条不紊，什么东西放到什么地方都清清楚楚，东西用到破都干干净净，舍不得扔掉。家里立了卫生规矩，入睡前一定要盥洗、她的床不许任何人动等。北京家中的破旧马桶和盥漱用具，不管多晚，都是她睡前亲自清洗。在商品匮乏的20世纪50年代买不着睡衣和浴衣,她把破衬衫当睡衣穿着睡觉,还穿着补丁摞补丁的旧浴衣洗漱。

妈妈厌恶生活上的懒散,除了晚上就寝和午睡,绝不赖在床上,她说大白天躺在床上,像个大烟鬼。在记忆里,她的一生除病危住院外,在家中即使咳喘、发烧、不舒服,也从来没有白天躺在床上,最多是坐在沙发上休息。她从不趿拉着鞋,她说那样子像妓女。在家里,她要不直接穿拖鞋,要不就正式穿鞋。

同时,由于外公的影响,妈妈在饮食、择物标准上也比较讲究。外公是福州人,福州人一般比较讲究吃。记得外公家有一个小储藏室,里面放的都是海味干货,外公每天下班回家,晚上喜欢吃福建好菜,喝点酒。妈妈膳食上的要求也比较高,她不吃零食,喜欢好菜。好菜不在多,但要精,讲究味道,一小碟好菜就饭就足够了。妈妈的好朋友都知道,送她东西,只要是好东西,一点点她就高兴。宁可少一些,但要好一些,这是妈妈择物的标准。

而爸爸成长在一个没落的官僚家庭,家里房子很讲究,但很乱,不收拾。爷爷虽然读书很多,家里有很多藏书,但是从爸爸记事起,爷爷就不做事了,他和奶奶经常夜里抽大烟,白天睡觉,过的是潦倒落魄的日子,当然谈不上严格要求、教育子女了。

爸爸自幼非常聪明,也很用功,但是他的学习和生活没有什么规范,在家中凭兴趣自由地博览群书,在家靠的是自学。到南开中学,走进了一生钟爱的戏剧殿堂,凭靠自己对戏剧创作的真爱和才华,他不倦地读书学习、创造,一步步走向成功。爸爸一辈子喜欢凭兴趣、无拘无束、随心所欲、情之所至的学习创作状态,厌恶条条框框的管控。

在生活上爸爸也喜欢自由自在,放松随便,凌乱无序,没有一定之规。他不喜欢出国的原因之一,也是因为他讨厌那种硬撑着、叫人累的清规戒律。听妈妈说,在清华读书的时候,爸妈一起回天津过寒假,被奶奶娇惯的爸爸经常不洗不漱,一脑袋倒在床上,撒娇地嚷道:"妈,我累了!""妈,我困了!"于是,奶奶马上端来一盆水,给他脱袜洗脚,一边高高兴兴地嘟哝着:"都这么大的人了,还这样!"

还有处理人际关系的不同。妈妈小时生活的母系林氏家族是一个热闹的大家庭，团结和睦。福建人一般乡土观念很重，自幼受到传统的仁爱教育，以后又接受教会学校的博爱思想，养成妈妈热情好客、注重友情的性格。

抗战时期在重庆、江安，妈妈经常在家热情地接待清华同学、老师及剧专同事、学生在家吃饭。即使在20世纪五六十年代生活困难时妈妈也没有改掉这个喜欢请客的"爱好"，经常好东西舍不得吃，把少得可怜的吃食留着招待客人。为我们吃好，妈妈更是不惜花钱。妈妈常常笑自己，没钱，还偏偏是个"穷大手"！也确实因此，造成过家庭经济的危机。

妈妈有不少终生的好朋友，甚至在"文革"中，他们也能相互信任、相互帮助、相互温暖。其中有三人，几乎每周六晚必到我家聊天聚会，互通"小道消息"。清华和清华同学永远在妈妈心目中占有特殊的地位。她是清华校庆同届同学活动的积极组织者、《清华校友通讯》的热心读者和撰稿人。

爸爸则是另外一种人。

爸爸从小生活在沉闷黑暗的家庭和社会环境中，他不喜欢他的家，和他父亲没有共同语言，周围的世界也令他感到疑惧、孤单，成天躲在自己的房间里与书为伴，造成了他孤僻、忧郁、暗涩的性格，懒散、无序的习性，他厌恶累人的交友应酬，倾向于独处、寡欢。

爸爸虽然因为戏剧创作和工作的关系结识了很多朋友和学生，好像与朋友也能谈笑风生，对学生也能伸出援手，在人前显露出欢娱和友爱，但是在家庭、生活等普通、日常、真实的人际关系上，在内心、知心的交融上，他没有几个朋友。这么些年，我们在爸爸那儿，除了工作关系和来访者，几乎没有看到什么真正的好朋友。爸爸和清华同学也没什么来往，清华校庆他很少参加。他生病，同学来看他，包括过去非常要好的挚友，爸爸也很冷淡，好像不认得，结果让同学很生气，有人骂他"最没人格"。爸爸的这种表现，妈妈也很不理解，称为"绝情"。好友孙浩然批评爸爸："有些事情，他不在意，可很伤了朋友的心。"

还有在其他生活细节上的差异：妈妈喜欢住房明亮，充满阳光；爸爸则喜欢关窗帘开着台灯写作，等等。

婚后，性格习惯上矛盾的激化 爸妈在性格和生活习惯等方面的差异，在热恋时爸爸还能忍受，妈妈也会有所收敛，走进婚姻，这些矛盾激化、尖锐起来了。

在清华读书时，妈妈衣着整洁考究，爸爸邋里邋遢，他硬是被妈妈从头到脚，甚至包括眼镜都改造了一遍。婚后，妈妈总嫌爸爸脏，比如在江安点油灯，爸爸弄得满床都是油污，妈妈很生气。在家里，她为爸爸做了严格的卫生规定，强迫爸爸洗澡，不洗脚不让上床，逼他换衣服。爸爸从外面回来，脏衣服不让拿进屋，拦住他不让进卧室，说："你不要再走了，再走就走到我的房子了。"两人生活习惯和思维差距越来越大，妈妈常为此发脾气，爸爸虽不愿意正面冲突，但心里感到压抑。

爸爸生活上的邋遢、随意在老同学、老朋友和剧专师生里是出了名的。叶子说爸爸"随便惯了，现在非要他讲究起来"，就"犹如一匹脱缰的马……你硬要把它拉回来，循着自己安排的轨道走，真是谈何容易"。即使是每天晚上必须洗漱，一些人看来不算什么，爸爸就受不了，你叫我洗，我偏不洗，是种逆反心理。吴祖光也说："我看他（指爸爸）有时是故意的，你叫我讲卫生，我偏不讲，有点对抗的意思。"

爸爸是一个生活上一辈子都需要照顾的人，他的家务生活能力很差且习惯散漫，而妈妈在生活上却对爸爸照顾体贴少、约束指责多。初婚时，妈妈不擅理家，不是那种相夫教子、贤妻良母式的妻子，爸爸常穿破袜子，不像有家室的人。妈妈经常带着孩子到外公那儿，一段时间不回家，还独自离开江安到重庆行政院谋职，把爸爸一人扔在家里，没人照顾。

在抗战时期的重庆和江安，爸爸从剧专教书下课回家，家中经常高朋满座，不是吃饭就是打牌，让爸爸无法休息，更无法安心写作和读书。

爸爸生性不喜欢闲聊，他不愿意把精力放在无趣、无意义且不让人轻松的应酬上。而麻将恰恰是爸爸最不喜欢的，他说："不是我清高，我是没有那种耐心，我一辈子没有特别的嗜好。"

妈妈婚后的放松心态 家庭出现这种难堪的局面，也是由于妈妈婚后的放松心态。关于妈妈在江安打麻将之事及其负面影响，爸爸记忆深刻，离婚后还多次问我们：她现在还打麻将吗？朋友们谈到二人的婚变原因，也经常把打麻将列为要点。

学生时代的妈妈，从小学到大学，一直都是读书勤奋、生活严谨的好学生，完全与麻将无缘，为何到江安会喜欢上打麻将，连我们也感到奇怪。

一方面，近二十年的寒窗苦读可能使她在婚后有一种在家做太太可以放松、享受一下的心态；另一方面，战乱使妈妈一段时间内停薪留职失业在家带孩子，有了一些空闲的时间。当时的江安是四川的三等县城，狭小而落后，没有什么娱乐活动，人们的普遍爱好就是打麻将，因此妈妈学会打牌并产生了兴趣。妈妈婚后这些变化，造成了家庭少人操持的无序嘈杂状态。

妈妈对婚恋的认知　妈妈忽略对家庭的经营、对婚姻危机的警惕，放松了对自己的要求和对原有性格弱点的约束，让自己任性强势的毛病任意发展，无所顾忌，阻碍了夫妻矛盾以至婚姻危机的处置解决。

妈妈觉得两个人结了婚就像进了保险箱，什么问题都没有了。何况，当初是爸爸死命地追求她、宠爱她，就应该总是像对待公主那样捧着、哄着她。这种认识，使得妈妈原来的弱点有所膨胀。

妈妈从小虽然没有得到自己亲生父母的照顾，但是从襁褓起被送到姨父母家抚养，赢得他们的宠爱。她的姨母林耦庚是续弦，膝下无儿女，对小时体弱多病的妈妈宠爱有加。妈妈的其他姨母都没有女儿，也对妈妈分外呵护。她的姨父母家不论什么人，包括她姨父前妻的孩子都让着她，不论什么东西她总是头一份。妈妈暑假回南京自己父母家，也是一个人一间屋，还锁起来，弟弟妹妹谁都不让进，连外公也进不去。这些娇惯使妈妈比较任性、以自我为中心。

婚后爸妈在生活小事上开始摩擦。听说在外公家吃饭，外婆给爸爸夹的菜，要是妈妈爱吃，她拿过来就吃，边吃还边说："真好吃，真好吃。"爸爸责怪她："你就是这样！"这时妈妈又把菜还给他，爸爸很不高兴地说："你吃吧，你吃吧。"

有时，妈妈有意"逗"爸爸，找事"惹"他、"气"他，撒撒娇。《原野》中金子对焦大星那句关于"我和你妈都掉在河里，你先救哪一个"的问话，其实出自妈妈之口。当然，后面金子进一步强迫大星说"淹死我妈"的台词和剧情发展，是爸爸在戏剧上的一种夸张和想象。妈妈知道爸爸最爱奶奶，她故意提出这样的问题为难爸爸，就是为了逗他说出"最爱"自己、是他"心中的中心"的话语，哄她高兴。

爸爸写东西是慢工出细活，妈妈总是千方百计地从旁催促，有时成心挤兑他。因为妈妈知道，写出东西，这是最重要的事。她多次向我们回忆说，当初"我可有办法逼你爸爸写东西呢"。有时，把爸爸逼急了，爸爸说："你以为写东西像拉屎那么容易啊！"的确，艺术创作是一个灵性艰苦的精神活动，不能硬来，但是不能不说，妈妈的催促也是一种推动力，爸妈共同生活的时期，是爸爸创作状态最紧张积极也是最高产的时期。

爸爸性格上的弱点　面对妈妈的种种表现，爸爸有时逆反对抗，有时回避锋芒，到外婆那儿告状："你们看郑秀啊。"但只要妈妈"家宝，家宝"地叫，他又会马上"哎哎"答应着跑回妈妈那里。爸爸这个人遇事很少与人正面冲突、主动争吵。

爸爸是一个非常感情化、缺乏理性的人。早在《雷雨》序中他就说过，"我是个不能冷静的人"。他喜欢的人，就好得不得了；不喜欢的人，就厌烦难忍，深恶痛绝。他在情感的天地里自由驰骋，绝不勉强自己，也不愿受束缚。对于家庭矛盾，他极少理性处理，不是去寻找问题的症结、相互沟通、讲道理、帮助妈妈改毛病、纠正自己的不足来化解矛盾，而是经常情绪化地让情感任意泛滥，扩大家庭矛盾。

的确，爸爸写作读书休息都需要安静，在江安他回家时，家中总是请客打牌，一片嘈杂，让爸爸在自己的精神家园里没有一点立足之地。对此，爸爸只是烦躁，不是理智地化解家庭龃龉，而是放纵自己的恶劣情绪不断升腾、郁积，对妈妈不满、厌恶、仇视，像离婚信件中发泄的仇视那样，以决绝的态度对待妈妈。

婚变的根本原因　正在此时，第三者的非法插足使原来并不大的问题、并不严重的分歧，不但没有解决处理好，反而成了死结。夫妻的裂痕为第三个人的闯入提供了机会。1940年方瑞来到江安，并对爸爸穷追不舍。

而爸爸对安宁、宽松、能够被人体贴照顾、对自己顺从温柔的家庭生活的期望，与方瑞一拍即合。也许爸爸更喜欢那种一辈子都不踏入社会、生活于闺房金屋中的女人，喜欢擅字画、持家务、顺从少语、安静温柔、夫唱妇随的女人。爸爸把自己这种期望和理想在心中无限美化想象，在戏剧艺术中创造出一个无私牺牲个人爱情、勇敢走向社会和光明、他认为是最完美的女性形象——愫方。

爸爸与方瑞的关系发展很快，他们背着妈妈书信传情，幽会同居，妈妈很长时间一无所知。当时剧专几乎所有人都知道，就是妈妈一人蒙在鼓里。

对于自己的婚外情，爸爸对妈妈硬是不言不语，不说，不劝，不动声色，不露风声，直到最后，还是房东太太把真相告诉给妈妈。

爸爸这个人内向、孤僻、暗涩，虽然他有时在外面，尤其在艺术活动中"活蹦乱跳"，他的艺术灵魂异常生动，但他的确是一个"永远在心里头活着"的人，他的心理活动丰富而复杂，经常是在"心里头""目中无人"地进行着。在婚姻问题上，他能够完全撇开命运攸关双方的另一方，完全不顾及对方，不顾及两个年幼的孩子，长时间地一人在心中暗暗盘算。

二姨批评爸爸太有心计："你爸爸20多岁就好世故，年轻的时候就从来没有天真过。你妈妈太不厉害，你爸爸是太厉害了，心里的话一直不讲出来，一讲出来，就已经和别的女人好了。你妈妈的毛病，他应该好好地和她聊聊，他也不说，什么想法都闷在肚子里，就和别的女人好了。"过去，外公通过与爸爸接触交谈，很早就预言爸爸这个人过于老成世故，以后妈妈斗不过他。

对情变事件处理失当　爸爸的婚外情在妈妈面前败露，情变的突然、方瑞信件内容的刺激，令妈妈错愕惊魂，心伤欲绝，怒不可遏。

对于家庭情变的冲击，后来妈妈在自传中写道：这"不但沉重地创伤了我的感情，还严重地打击了我的自尊心"。

妈妈想了解事情的原委，想知道爸爸的想法和打算，想倾泻自己的委屈和不平，想听到爸爸的歉意，想挽回夫妻感情，但是，她解困无方，只会争吵、哭闹，以年少时的方式强势对抗。

妈妈从年少时起性格就比较倔强。10岁时，在教会学校因未背下《圣经》被当堂罚跪，她竟然忍住没哭，以后一直也没有信教、受洗礼。16岁时，妈妈从北京回福州老家，外婆因为独女远路归来，有时略示"优待"，大舅舅非常不甘心，时常寻衅跟妈妈吵闹。有一次甚至动手打妈妈，外婆和保姆出来劝阻，大舅舅竟持菜刀威胁，妈妈并不示弱，当即离家出走。17岁时，外公携全家赴南京国民政府最高法院就任，妈妈决心独自一人回北平贝满女中复学，恰恰此时外公因偷看了妈妈日记中对他作风的批评，对妈妈大发雷霆，几乎要动手打她，经外婆劝阻始罢。事后，外公不准许妈妈到北平求学，指定必须在南京读书，以便就近管教。妈妈卧床痛哭两天不起，寸步不让，坚持回北平。经外婆再三排解，并暗自为妈妈筹学费、旅费，妈妈终于得以回到贝满女中原校原班继续学习，抗争胜利。

在激化的婚姻危机中，妈妈以自幼"随心所欲"的"雕虫小技"应对，和爸爸强势对抗、争吵、哭闹。有时气头上，说一些缺乏理智的气话，如贬低方瑞字画，惹恼爸爸；有时又耍性矫情，不太讲道理。有一个阶段，两个人甚至不讲话，妈妈住楼下，爸爸住二楼。吵闹是爸爸最厌烦的，妈妈的做法适得其反。

在婚姻问题上，对比爸爸的老辣、成熟，妈妈显得格外简单、幼稚。爸爸对人和事的认识和把握，妈妈与他根本不是一个水平和层次；爸爸脑子里所想的东西，比妈妈要丰富、复杂、高深、透彻得多，是妈妈无法比的；爸爸的"高级"斗法，妈妈远远不及。

当第三者插足的时候，妈妈仍懵里懵懂，后知后觉。

事发后，妈妈只会傻哭、瞎闹的时候，爸爸根本不睬不理，已经走得很远很远了。

妈妈仍对爸爸抱有幻想，糊涂地认为爸爸只是一时做了错事，幻想爸爸能够回头，总不相信当初那么爱她的人会真的变了。这时，爸爸早就决心不再回来。对此，家人向我们说，你爸爸把你妈妈看得很清楚，是死都要离婚；而你妈妈始终没看清他，是死都不离婚。

从感情破裂到离婚，十余年，妈妈一直在等待。而爸爸却把事情推向极端，做绝。他违背法理，婚外与人幽会同居。新中国成立前夕，方瑞随爸爸赴京，公开接受官方接待；爸爸为了自己的幸福，置儿女于不顾，长时期不看、不养、不闻、不问。

家人的怜爱　妈妈的为人和遭遇，引起家人长久的怜爱、同情和深思。

虽然妈妈有缺点，如脾气大，伤了爸爸的感情，令他不能忍受，但是，从小生活在她的姨父母安定、温馨的家境中，妈妈这个人比较简单、明朗、率真、透明，较少心计，胸无城府，易于了解，生性善良。二姨曾对昭昭说："你妈妈是直心肠，太没有手腕，她爱你爸爸，没有任何功利，这大概就是你奶奶喜欢你妈妈的地方。"

爸妈相恋后，爸爸把妈妈带到天津见奶奶，奶奶十分喜欢。为了让外公能接受爸爸，奶奶尽了很大努力。据说，1949年爸爸曾带方瑞到天津拜见奶奶，一见面，二人就给奶奶跪下了。但是，奶奶的心一直向着妈妈。爸爸与妈妈离婚，和方瑞结婚后，奶奶每次来北京仍住在妈妈这儿。妈妈和奶奶睡在一张床上，两人经常聊到半夜，奶奶总是"我的儿，我的儿"地叫着妈妈，深情地对妈妈说："你永远是我的女儿。"

爸爸的大嫂，即爸爸的哥哥万家修的妻子、我们的伯母刘志贞来北京时，同样住在我们家里。她回去后对家人说："郑秀待曹禺可好了，就是离婚了，曹禺喜欢吃的东西，郑秀总是做了叫人送去。"20世纪50年代，爸爸在武汉的亲舅舅薛延年（1937年9月在武汉接待过爸爸妈妈）来北京时，尽管已经和爸爸离了婚，妈妈仍然非常热情地接待，陪他到公园游玩、请他吃饭。几十年来虽然联系不多，妈妈始终善待万家的人。

在海外的娘家亲人更是对妈妈百般怜爱，感叹她的不幸。

二姨说："离开南京几十年没有看见你妈妈，后来她寄来照片，我看了，哭了四五天，完全不是她了。"后来外婆看了妈妈的照片说："怎么和我一样了？"

二姨不无忧虑地说："你妈妈真是糊涂啊，总是幻想你爸爸能够回头，一直不承认爸爸不再爱她了，上次我回国她才改口这么说'从前他爱我的时候……'，叫人心酸。其实，他们两个人的关系是一个死症。他们离婚时你们太小，如果我要在，我一定要劝她放弃这个念头，要不她总是这么想，一辈子是多么苦哇，又没钱，日子过得是多么惨啊！"

亲人们为妈妈感到不平，抱怨道："你爸爸离婚不应该那么容易，起码版权应该分给你们一半，你们的生活不至于那么苦。你妈妈真是倒霉透了，原来万家宝是那么追她，她是那么开心的人，后来万家宝怎么会对她那么坏，连一点感情都不讲了，你妈变得那么惨。真是气死人了！"

他们甚至还说出这样怜惜的话："当时在清华有很多人追你妈妈，给她写情书的就有十几个，但是你爸爸追上来了。那些追求者后来有的成为大学教授，有的是外交官，假如当初你妈妈跟了其中任何一个人，都会比现在幸福。不知道她怎么就选中了你爸爸,真是一个大错误。"

爸妈近二十年的婚恋,真是一场美丽的梦,一场令人心碎的悲剧!

尊重历史,尊重事实,尊重人性 从结合到离婚是爸爸妈妈人生一个阶段里发生的事情,就像他们人生在这之前和之后发生的其他事情一样,是历史,是他们一生中不可分割的一部分。现在,他们都走了,像爸爸人生各个阶段的其他故人一样,都成为历史人物了。

对这段历史,我们只能谈知道的事情。他们生活在一起是什么样子,我们记忆不多。从相爱到离异,父母之间发生了什么、他们是怎么想的,爸爸从来不说,连和我们长期生活的妈妈也只是点点滴滴、只言片语提到,远远少于她对密友的倾诉。爸爸妈妈在清华相恋的一些细节,我们是从他们的清华同学那里听说、读妈妈写的《烟云录》后才知道的。他们的心里藏着永远不被人知晓的事情。

任何一个人(不论是大人物还是小人物)的内心世界,远比外人(包括他们亲近的人)听到、看到、了解或理解到的要复杂、丰富,涉及"没有理由"的男女情感,可能更是如此。外人(包括我们)所知是肤浅、不太准确的。

记得中学时,看着妈妈孤苦度日,黛黛很难过,一次在书房对爸爸说:"妈妈一个人很苦,很可怜。"女儿哭了。爸爸半晌不语,看着前方,眼里透出说不出的复杂的感情,其中,肯定有痛苦。他终于说话了:"黛黛,你还小,很多事你不明白。等你大了,爸爸会告诉你。"那时,黛黛才十三四岁,可爸爸跟她说话像朋友一样。黛黛相信爸爸是愿意说的,只是要等到女儿能理解的时候。

岁月流逝,面临比年少时更多的事情,此事渐淡忘,也更难启齿了。黛黛永远失去了一次走进爸爸内心世界的机会。

6

走出阴影　跟上时代　好人相助

投入社会大变革　从绝望中走出来

离婚对妈妈的打击是残酷的，然而，坚强的妈妈还是逐渐从离婚的阴影中走出来了。

爸妈离婚发生在中国社会大变革的时代，发生在从"旧"到"新"的过渡中。妈妈带着离婚后巨大的伤痛，马上返回工作岗位，面对一个又一个震撼人心的社会变革。社会的推力、个人的努力和朋友的助力，把妈妈从"万念俱灰""不愿意再活下去"（摘自妈妈的入党申请书）的绝望中拉了出来，卷入现实生活的激流。她，一个单身母亲，没有倒下，没有退缩，渐渐将离婚的苦痛埋进心底，一步步追赶着，勇敢地投入新中国前进的潮流。

新中国、新天地　妈妈的社会视野扩大了，初步认识了中国革命的道理和中国共产党。

1951年7月，离婚还不到一个月，中国银行外汇总局派妈妈去北京市工会组织的女工工作训练班学习，我们感觉这是组织有意的安排。妈妈和年轻女工们一起讨论婚姻、妇女独立、争取自身幸福等问题，感受到新时代妇女清新的气息，体会到女人需要精神独立、人的幸福应该是多方面的，从新时代的婚姻观中受到教育和鼓舞。

妈妈出身于国民党上层官僚"反动家庭"，受到社会压力，也有对自身蜕变的企望，她不甘落后于时代，经受了疾风暴雨式的政治运动的考验。

1951年初离婚前，妈妈参加了镇压反革命运动，6月离婚，7月到8月她与全体职员一道集中学习，参加审干运动，即忠诚老实运动。对政治运动，妈妈并不十分了解，但她很单纯，老实听话，做事规规矩矩，努力达到组织上的各种要求。她像学生时代做功课一样认真，详尽地填写了自己从8岁起的全部历史、家庭每个成员的情况、经济情况及社会关系。妈妈记忆力极好，她每一阶段的薪金收入，填得清清楚楚。社会关系栏目，她写了好几大篇，有不少人我们连听都没有听说过。

在以后的思想总结或自传中，妈妈也从不隐瞒自己，甚至把婚恋中的思想活动也一五一十地交代清楚，凡能想到的都写出来，毫无保留，并认真检查"反动家庭"对自己的影响。在审干期间，妈妈惦记我们，也担心以后会发生什么。我们当时不大懂，看到妈妈审干结束回来，说不出有多么高兴。这一关，妈妈算是过了。

离婚不到半年，妈妈就积极报名参加土改工作团，从1951年10月到1952年3月，重返抗战时期度过艰辛又难忘岁月的四川，以满腔热情在川南县北固乡流金村和黄泥村参加土改。那时黛黛12岁，昭昭10岁，刚离婚的妈妈把两个女儿留在家里，为工作、为改造自己而远行，可见妈妈的决心和诚意。

妈妈虽然政治上幼稚、思想简单，却有一颗仁爱之心、恻隐之心。在农村，妈妈看到大姑娘穿不上完整的衣服，男人只有破裤子遮体，人们常年赤脚，穿不上鞋子，对农村的赤贫感到震惊、心痛：世界上有这么多比自己更不幸的人。她的心思转向这些受苦的人，觉得自己的苦没有那么沉重了，心情也开朗了许多。农民的淳朴、敦厚，更激起妈妈和他们之间人性的相通和工作的热情。

土改时，妈妈知道自己"洁癖""穷讲究"的毛病，从最不能适应的吃饭、洗澡、上厕所等生活问题做起，尽力改变自己。过去，爸爸说妈妈是"大小姐"，我们想象不出妈妈在极其贫困的四川农村怎么生活、如何与农民相处。可我们多虑了，土改回来，妈妈说起一个月才能洗一次澡、身上长了虱子时，笑着一带而过，好像真没当回事；和我们谈起在土改中受到的锻炼，脸上闪烁着光彩。

妈妈回忆，经过半年艰苦的磨练，看到农民热情欢送土改团离村时，"我禁不住流出快乐的泪来"。离婚前后，妈妈流的都是痛苦的泪、沉重的泪，这时，妈妈第一次流出了快乐的泪！

土改结束回到北京当天，妈妈没来得及洗头洗澡，带着一头虱子回中国银行外汇总局参加"三反""五反"运动。

以后很长时间里，妈妈怀念着川南农村，在家的时候常轻轻地唱起在当地学的四川民歌："太阳一出那满天红，孩子妈妈来哟，我们都是那贫雇农，翻身多亏了毛泽东，哎——哟——"，唱得我们心都动了。

妈妈脸上开始有了笑容，她渐渐从离婚的绝望中走出来。

妈妈一生清白，公私分明，在"三反""五反"运动中没有受到什么冲击，"打老虎"的积极性很高。分配给她的事，她做得特别认真。"三反""五反"运动后，妈妈说自己精神非常愉快，离婚问题引起的心灵创伤逐渐好转。

1955年肃反运动，妈妈向组织重新交代个人的一切问题，她说："有向组织重新、更清楚地交代一次的必要。这样，自己便觉得更轻松愉快。"妈妈的心是坦然、诚实的。

这些运动还是让妈妈背上了家庭出身的包袱，但是她并没有气馁、沮丧、灰心，而是认为自己不足的地方要改变，要追上去，要求进步的心更强烈了。"三反""五反"运动后，她向组织表达了申请入党的愿望。肃反运动后，1956年8月，她被批准参加党课训练班，兴奋不已："消除对年龄、家庭出身、社会关系等顾虑"正式书面提出入党申请。直到1960年6月三年困难时期，妈妈前后四次申请入党，但都没有得到批准。

新中国成立后妈妈也没离开职场，她在努力工作中历经了社会的大变革、身心的大考验。

妈妈倔强、独立，渐渐走出人生困境。从小好强的妈妈，不论读书还是工作，都不愿落后于人。

虽然没有爸爸的社会地位，但妈妈觉得自己作为一个普通人，在改造自己、追求进步方面不能落后于爸爸。1956年爸爸入了党，对妈妈是很大的鞭策。妈妈渐渐适应着新生活，不沮丧，不灰心，她相信新社会比旧社会好，自己不够的地方要改变，要追上去。

妈妈另一个坚定的信念是，自己的表现要对得起孩子。看到我们姐妹热爱新中国，努力向上，学习成绩好，品行端正，而且十分孝顺，妈妈感到非常欣慰和自豪，她觉得自己应该成为一个称职的妈妈，和孩子一起进步、一起成长。为了孩子，妈妈振作精神，努力向前，独立支撑起一个让孩子健康快乐成长的家。她常对人说，不能让孩子因为家庭里没有父亲而受到影响。爸爸还在世上，她不舍得离开，不甘心倒下。倔强的妈妈有志气好好生活，让爸爸看看，没有他，我们三个人一样也活得挺好。

好人相助

黑暗、孤苦的日子，妈妈之所以能够重新站起来、支撑下来，要感谢真诚帮助妈妈的亲友们，其中有她的挚友和同学、亲戚以及新结识的同事、朋友，他们向妈妈伸出援手。这些好人、贵人以金子般的大爱之心，没有功利，不图回报，对妈妈一路照应，一路扶持。这些真诚的朋友给予的无比的温暖和力量起到了不可取代的作用，有时可以说是起到了决定性作用。

张文秋　父母离婚时，妈妈一方的组织代表是中国银行人事室张文秋主任（有的作品中误写为"章蕴秋"）。张文秋主任是资历很高的老干部，对革命有很多贡献，坐过牢，身体被严重摧残，她的丈夫等多位亲人为革命而光荣牺牲，但是她不以功臣自居，体贴关心群众，平易近人。

张主任对妈妈的遭遇抱有很大的同情，积极维护妈妈的权益，在工作、思想上给予妈妈长期的关怀和帮助，对妈妈以朋友相待，请妈妈参加她家里的活动，连她的大女儿小范围的婚礼也请我们出席。

担心孩子在生活上受苦，是妈妈对离婚的顾虑之一。1954年，中国银行裁员支援教育战线，妈妈因与爸爸解除了夫妻关系，首当其冲被分配到天津教书。这意味着要丢下两个十来岁在北京上学的女儿，这是单亲妈妈舍弃不下的；或者，我们三人全搬出北京，女儿从此离开父亲（离婚时协议双方共同抚养孩子），我们都不能接受。这是离婚后的一次灾难，她没有去天津报到，近半年没有工资，家庭生活立即有了困难，妈妈不得不到处奔走求援。

张主任很清楚这是离婚给妈妈造成的难题。她以一颗火热的心主动出面，甚至惊动高层领导，安排妈妈到北京盲童学校工作，帮我们渡过了难关。以后张主任不时关心我们，直到 1986 年还给妈妈写信，赠送记载她亲人传记的《中共党史人物传》，鼓励妈妈进步。

这位与我们非亲非故的革命老干部，出于一颗善良的心，对一个普通下级这样真挚、热诚地帮助，令妈妈和我们姐妹终生难以忘怀。

钱大妈姜永贞　全程陪伴妈妈度过离婚前后日日夜夜的人，是当时来我们家帮忙做家务的钱大妈。她名叫姜永真，出身山东牟平农村，嫁给了在北京开店的钱姓老乡，所以我们叫她钱大妈。她很苦命，两个儿子夭折，丈夫又娶了"小娘们儿"（钱大妈对丈夫再娶女人的蔑称），后来丈夫去世，她出来做工维持生计。

这位心地善良、豪爽纯朴的女人没有什么文化，但与妈妈同病相怜，性情相通，特别能理解、体贴妈妈。对痛不欲生的妈妈，她夜以继日悉心照顾，用她平实的语言、简单的道理来开导、宽慰妈妈。这两个文化层次、出身背景迥然不同的女人有时说着说着泪眼相对，有时钱大妈劝得妈妈不再哭泣，安静下来。夜里，妈妈经常彻夜不能入睡。不管多晚，只要妈妈不睡，钱大妈总是陪伴在身边，她们共同度过不知多少个不眠之夜。昭昭记得，妈妈白天上班，傍晚在干面胡同那个能看见天的厨房里，钱大妈总是把昭昭抱在腿上，一边看守炖在炉火上的可口饭菜，等妈妈下班回来，一边给昭昭讲许多"济公""狐狸精""乌盆记"之类和关于山东老家的故事。钱大妈性情开朗，有一副京剧老生的好嗓音，经常很有情趣地唱起《四郎探母》《空城计》《借东风》，活跃着家里的沉闷气氛。

她忠诚可靠。参加土改离京六个月的妈妈把全部工资交给她，由她主持家务。当时我们只是十来岁的小孩，她不仅无微不至地照顾我们吃饭、穿衣等全部生活，处处替家里省钱，还管教我们、陪我们玩。记得一次黛黛想要自行车而大哭大闹，钱大妈就是不买，最后无奈，用过日子省下的钱在自行车市买了一辆便宜的旧车。下大雨的时候院里积水成池，她出主意拿铁皮澡盆当船、扫帚当桨，哄我们在院子里划船，好不开心！后来，妈妈在盲童学校工作的三年，从周一到周六也都靠钱大妈照顾我们。

数十年来，钱大妈与我们情同家人，四人同桌吃饭，还一起去看人艺的话剧（爸爸知道钱大妈在我们家里的地位，总是给我们买四张票）。长期下来，钱大妈同样熟悉了人艺的演员，经常把于是之、郑榕等大艺术家挂在嘴上。20世纪50年代，钱大妈上了识字班，学会写字、记账、看小人书、看报。记得她最爱看的书是高玉宝的《半夜鸡叫》。

黛黛的儿子小迈出生后经常啼哭不止，被托带人家送了回来。在黛黛束手无策、焦急万分的时候，钱大妈义不容辞，主动承担起照顾我们家第三代的任务，尽职尽责地成为小迈的姥姥。

妈妈与钱大妈更是亲密无间，平等相待，无话不谈。因为妈妈喜欢请客，吃饭时又喜爱用纸擦嘴，手纸用得很多（当时没有现在的餐巾纸），钱大妈常批评妈妈是"浪费者"。她们俩总有说不完的话，甚至每晚睡前各在一屋，隔墙聊天。

几十年，妈妈身边有这样一位真诚的朋友，不知减轻了心里多少痛苦和孤独，增添了多少温暖和支撑。

直到"文化大革命"，由于红卫兵的干预、威胁，极度的无奈以及种种当时无法解决的问题，钱大妈不得不离开了我们家。离开这个有恩于自己的人，妈妈非常难过。风声一过，妈妈就急着马上把钱大妈请回来一段时间。以后不时与她联系，请她到家中小住，聊天互慰，说说心里话。

钱大妈去世时，妈妈已重病在身，她睁着干枯的眼睛，欲哭无泪，无力地呻吟道："将来我要和她埋在一起！"

钱大妈的家人把她的骨灰送回老家安葬，我们没能向她做最后告别。每每想到我们家的这位恩人，想到我们当时没钱、没能力留下她，心里感到说不出愧疚、难过。她离世后的两三年，我们姐妹都无法从悲痛和失落的情绪中走出。

胡子婴　妈妈在自传中曾写道："抗战时期重庆，在政治环境和我个人生命最黑暗的岁月里，向我伸出友谊的援手的是，我的好友胡子婴。"胡子婴是章乃器（救国会"七君子"之一）的第二任妻子，我们都叫她"章妈妈"。妈妈和她相识于重庆，当时章乃器要和章妈妈离婚，章妈妈十分痛苦。妈妈和她相交甚密，相互安慰、支持，建立了深厚的友谊。

　　章妈妈是一位非凡的女人，"一·二八"事变时，在上海与宋庆龄、何香凝一起从事救亡运动，曾为营救"七君子"奔走，并为当时上海工人运动出力。1948年妈妈决定带我们路经上海回福州，妈妈因为工作不能马上离开南京，先把我们姐妹送到上海，爸爸没有安排我们的生活。那时上海形势严峻，社会秩序很乱，国民党特务追捕进步人士，章妈妈东躲西藏，自身难保，却一口答应照顾我们姐妹，把我们留在她家。她晚上外出躲避，离家前都要陪我们说说话，嘱咐阿姨第二天给我们做什么吃。她交代的早餐非常丰富，鸡蛋、牛奶、现做的奶油饼，饭后一人一个大橘子。有时候，清晨，她会突然回来，陪我们玩一会儿，和我们踢毽子。

　　在危难中，章妈妈镇定自若，举重若轻，对我们大爱无疆，和蔼可亲，关怀备至，我们在她那儿快快乐乐地过了一个多月，心里留下了美好的记忆。

　　章妈妈精明能干，具有领导者的魅力，在上海工商界有很高的威望，为中国共产党团结工商界人士做了大量工作。新中国成立后，她担任全国工商联副秘书长、上海工商联秘书长，协助陈毅市长，为稳定工商界、恢复经济、安定社会做了很多工作，后又调到北京任商业部副部长。

　　新中国成立后，章妈妈每次从上海来北京，一定要到家里看望我们，带来上海的好东西，还带我们到她住的宾馆吃饭。来北京工作后，每逢春节，章妈妈总要接我们到家里住几天，给予我们无比的温暖和安慰。每次见面，她不但为我们准备丰盛的饭菜，还给我们讲述国家大事。她雄辩的口才、人格的魅力和饱满情绪的感染力，大大开阔了我们的心胸，增添了我们对祖国的感情。章妈妈早已从离婚的阴影中走出，她自立自强的榜样和鼓励给了妈妈很大的影响。我们能认识这样一位时代造就的杰出女性，了解她宽阔无私的胸怀，是我们一生的幸运。

　　张允和　　妈妈和张允和也相识于抗战时期的四川。张允和是安徽著名的"合肥四姐妹"之一、张家四才女之二姐，也是中国文字学家、学者周有光的夫人。在江安，周有光、张允和夫妇与我们亲如家人，与妈妈的关系尤为密切，他们之间的友谊长达半个多世纪。从江安到北京，直至妈妈去世，他们是一生的挚友，甚至延续到我们这一代。有趣的是，在江安时，爱笑的黛黛和周家淘气非常的儿子周晓平常在一起玩耍，留下一张好玩的照片，大人们用四川话戏称他们俩是"小情人"。

江安时期爸爸移情别恋，妈妈正怀着昭昭，又被狗咬，心情十分不好，周妈妈好言相劝，妈妈才把准备打掉的孩子留下来。临产那天，周妈妈在我们家亲自助产接生，并把这个孩子收为干女儿。昭昭和黛黛都叫她"周妈妈"。她常对昭昭说："是我把你接到这个世界上来的。"

爸妈离婚时，周妈妈自告奋勇做妈妈的娘家代表，陪伴妈妈参与调解离婚事宜，一路给予妈妈很多呵护、温暖和支持。

在妈妈参加土改离开北京的六个月里，周妈妈每个星期都来家中陪我们，晚上和我们睡在一张床上，躺在被窝里给我们讲故事。周妈妈精通中国历史，又是著名的昆曲专家，她给我们讲了京剧、昆曲和许多三国的故事。有周妈妈陪伴，妈妈在四川土改安心多了。

其后的几十年间，妈妈每周四必到周妈妈家聊天、吃饭，享受轻松和快乐。妈妈期盼星期四就像住校的小孩盼望周末回家一样。妈妈和周妈妈是同辈人，但是妈妈常说周妈妈对她就像对女儿一样。对周妈妈不变的慷慨和恒久的友情，我们姐妹永存感恩之心。

在清华大学，妈妈也收获了友情。漫长的孤寂生活里，清华的老同学们没有忘记她，时时向她伸出温暖的双手。

贺恩慈　在爸妈清华时代的照片本里出现最多的朋友是妈妈贝满女中和清华大学的同学、与爸爸同系的贺恩慈阿姨。她美丽、温柔、纯真，爸爸叫她"快乐的小鸟"，那是因为她像小鸟一样活泼、可爱。在清华上学期间，她和妈妈一起学习，一起出去玩，形影不离，有时穿同样的衣服，毛线帽也编织同样的花样。妈妈被她带回家过周末，总是受到热情的款待。

以后的三十多年，贺阿姨随丈夫迁居重庆，每逢回北京探亲，总来看妈妈。1986年贺阿姨回北京参加校庆，妈妈邀请她在家住了几天。她们几乎每晚谈到深夜。贺阿姨的到来使妈妈年轻了很多，平时因肺气肿、肺心病很少下楼的妈妈，在贺阿姨的陪伴下玩了北海、逛了西单。分别时，妈妈老泪纵横，拉着贺阿姨的手不放："恩慈，你可一定要来看我，千万要来！我们还要再见一面。"但这次相见竟成了她们的诀别。

黄菊如　与妈妈终生相交的是黄菊如阿姨，她是比妈妈高两班的清华经济系同学。至今我们都清晰地记得她们站在清华礼堂前旗杆石座旁的合影。她和妈妈个子几乎一样高，清秀，小巧玲珑，短发略略卷曲，两人都身着长及脚面的碎花旗袍，脚穿半高跟皮鞋。

同学们都说照片中的她们很像当时最有名的上海花露水商标上的"双妹"。"双妹"性格迥然不同，妈妈急性子，黄阿姨慢性子，她俩在清华园里相交甚密，情同手足。黄阿姨当时的男友童家骅（二人结婚后去世）爱好摄影，在校园里给爸爸妈妈拍了很多照片（这些照片在"文革"中全部被毁）。

历经战乱和婚姻不幸，1950年妈妈和黄阿姨在北京重逢。相怜、相惜、相知把她们青年时代友谊的火花重新燃起，温暖着两颗寂寞的心。黄阿姨独立抚养四个孩子，住处与我家相隔两个胡同。

四十余年，她和妈妈几乎每周末聚会（还常有其他朋友参加），把仅有的一点"好东西"留下来，等着聚会时共享。在家庭的重负、不断动荡的磨难和煎熬中，她们互相慰藉、鼓励，在极其有限的空间和可能里得到一些快乐。

"文革"中，黄阿姨被抄家、游街、剃阴阳头，这个娴静、平和、与世无争的老知识分子竟受到如此的人身侮辱和摧残，妈妈非常悲痛，偷偷在夜深时去看她。妈妈险些遭遇灭顶之灾的时候，第一个想到能够交代后事、冒险相帮的人，就是黄阿姨。

黄阿姨与妈妈同忧共喜，在妈妈孤寂的生活里是我们女儿无法替代的人。当时，在只讲阶级亲、同志情的影响下，我们对这种充满人性的友情和聚会并不能体会。

当时常常参加聚会的清华老同学祝志超伯伯因参加四五运动被抓，当他被放出来时，大家戏称他为"祝老英雄"。一个已进入花甲之年的老知识分子有如此的胆量和热情，让我们感佩不已，对妈妈和黄阿姨坚持了数十年的聚会刮目相看。

黄阿姨后来赴美与女儿相聚，妈妈心里明白这一去再见不容易，难过了很久。妈妈去世后，黛黛给黄阿姨写了一封长信，黄阿姨马上回复，深情地回忆了她和妈妈长达一生的友情，十分动人。她们是携手从青年到中年又一起走到老年的"真朋友",是那种需要时能来帮助的真朋友,即"Friend in need is friend indeed"。

清华的同学们 改革开放后,许多海外的老同学纷纷回来,给妈妈的晚年很多的快乐。陶葆桎阿姨随丈夫任之恭教授回国讲学、访问,几乎每次都约妈妈到饭店见面;陈耀庭叔叔带着日本妻子第一次回国,就来看望妈妈;蔡孝敏叔叔在台湾看到《清华校友通讯》上妈妈写的《〈雷雨〉在这里诞生》《校园中的"家"》等文,从台湾回来时,千方百计打听妈妈的住处,带着全家老小和台湾珍品来到我们家。

每当这个时候,妈妈总是热情地帮他们组织在京的老同学聚会。满头银发的一代人阔别四五十年后会聚一堂,重温旧梦,互相叫着当年的外号、小名,那个高兴、激动劲儿简直像孩子。大家抢着说话,我们家小小的房间里充满欢声笑语,似乎又回到了那个青春属于他们的年代。

妈妈爱清华,提到清华,开头总是"我们清华……",这是她的骄傲。

1986年妈妈与胡家驹、邵循怡、祝志超等老同学主动承担了36届毕业生筹备50周年校庆的工作。筹备组在我们家开会前,妈妈早早地亲自准备好饭菜。筹备组成员出钱出力,向海内外发了几百封信,讨论向母校赠礼方案,征集捐款,准备庆祝会、聚餐会。那些天,我们家小小的屋里人来人往,电话不断,妈妈高高兴兴地忙碌着,等待着,像小孩盼过年一样,天天看日历,掐指计算校庆的日子。

校庆那天,清晨5点多妈妈就起身穿上最喜欢的衣服,兴冲冲地出发了。庆祝会上,陶葆桎阿姨代表36届校友向母校敬献了一对最大号的景泰蓝花瓶,作为校运会的轮流奖杯。36届校友享受殊荣,聚餐会被安排在外宾接待室,妈妈和母校校长同桌就餐,并代表校友致辞。这一天是妈妈晚年生活里的重大节日,她忘记了病痛,仿佛走回时光隧道,与青春再次相会。

7

在妈妈的羽翼下

爸妈离婚不久，我们离开了干面胡同77号这个妈妈度过一生最艰难日子的地方，搬进了房主吴老师的另一处祖宅，邻近的西石槽2号北屋。这个四合院有假山、影壁、月亮门、镶嵌石子的方砖路、清淡的丁香和高大的枫树、槐树。春天从屋顶可以看见邻院盛开的海棠花，秋天满树枫叶金灿灿一片，鸽哨声悠悠传来，衬托出北京特有的宁静。在这新环境里，坚强的妈妈逐渐从离婚的阴影中走出来了。

妈妈把我们姐妹当作宝贝，为了我们，妈妈觉得必须振作自己，重新站起来，自强自立。

38岁的妈妈把一切痛苦咽下，把一切困难承担起来，不想让我们因为家里没有爸爸而受委屈，更不愿在我们面前流泪诉苦。亲爱的妈妈要我们无忧无虑，积极向上。在妈妈的羽翼下，我们度过了一生最幸福的时光——学生时代。

我们戴上了红领巾，努力学习，参加以"五爱"为主题的队日，打着队旗到郊外野营，围着篝火唱歌、讲故事，参加"黄河大合唱"演出，去科学小组学习新知识，春节时到烈军属家帮忙干活。我们下厂、下乡、下部队，参加麦收、海河劳动、军事拉练和各种社会活动……也找到知心的朋友，得到了保持一生的友谊。那段时间，我们像其他孩子一样，生活充满阳光，欢愉无比。

我们记得，妈妈的烟比过去抽得多了，有时几乎不停地抽烟，睡下以后看书看报，不知多久才睡着。隔着一层薄薄的三合板，我们有时深夜醒来，听到妈妈在床上辗转反侧，剧烈的咳嗽间隙中有轻轻的抽泣。第二天一大早，妈妈像往常一样梳洗、早餐之后，整整齐齐、干干净净地去上班了。

我们姐妹在身体、知识和道德品质上的健康成长，给妈妈"带来无限的希望和慰藉"。我们在校成绩很好，妈妈从来没有为我们的学习着过急、担过心；我们很少生病，从来没有住过医院；良好的品行和生活习惯，没给妈妈找过任何麻烦。妈妈开玩笑说，这是"老天有眼"。这个"老天"不是别人，正是培养我们的学校、老师和新中国，妈妈心中充满感激之情。尤其令妈妈感到骄傲和满足的是，我们两个女儿十分孝顺，她说："弥补了父亲'欠'我的'债'。"

对我们的品学无忧，妈妈主要是照顾我们的身体、呵护我们的生活。

1953年，12岁的昭昭考上了驻地天津的中央音乐学院少年班，妈妈担心她一人独自在外地生活孤独害怕，总是三天两头写信给她，用"我的小兔子""亲爱的小鸽子""妈妈的小宝贝""小乖儿"等亲昵的呼唤让她宽心快乐。

妈妈每月留一些钱在天津的奶奶、伯母那里，让昭昭周末去"补充营养"。有时，妈妈还额外寄点旅费，让昭昭在学期中的节日回京一次。这时，淘气的男生就会趴在阳台上以羡慕的眼光看着昭昭背着小书包，快快乐乐地走出校门，起哄地叫喊："'小贵族'回家了！"每次昭昭寒暑假后回天津上学，妈妈总要亲自到火车站送别，认识了许多同学家长。记得那时车站上，家长们相识攀谈，热热闹闹，忙忙乎乎地往车上传递行李；孩子们分别多日再见，欢天喜地，真是一个难忘的场面。20世纪50年代末，妈妈还不时用大面袋装着好吃的托人带到天津给昭昭，带的全是她自己舍不得吃的点心。在那个集体观念极强的时代，昭昭把食品全部平均分给了同学（现在想起来，真是辜负了妈妈一份心意）。

妈妈把我们当作小宝贝抚爱，在睡觉前或每次与我们告别时，她总要亲吻我们一下，她千方百计为我们的少年时代增添快乐和温暖。

她说不能降低我们的生活水准，要我们吃上其他中等家庭孩子一样的东西。记得那时，妈妈下班经常抱着一纸袋"虎拉车"（一种类似苹果的水果）或者一小包团结牌花生糖回家。走进院子，按我们孩子间的相互称谓，叫道："姐！妹！"我们马上跑过去迎接。甘甜青脆的"虎拉车"又好吃又便宜，团结糖是黛黛最喜爱的，那时她有抱着糖罐做功课的习惯。还有一次，听见妈妈在院子叫："姐！妹！快来看，妈妈给你们带什么了？"她把纸袋往地上一放，从里面跳出两只小白兔，把我们高兴坏了。

我们长大以后，特别是到了晚年，才慢慢领悟到妈妈保护我们的苦心和深情，为此她付出的代价和心血太大了。离婚的时候妈妈还很年轻，她没有再婚。她无法改变自己选择的感情归宿，坚守着自己的珍爱，也是为了我们牺牲了自己，过着孤独、寂寞的生活。离婚时 38 岁到妈妈逝世时 77 岁，她为的是让我们有个家，让我们已经习惯了的三人世界保持不变。

除了几个知心的朋友，妈妈周围没有亲人。在养育我们的艰难的日子，她有话没处说，有事没人商量，有困难没人帮，以瘦弱的身躯，单身一人撑起一个家，像老母鸡一样呵护着她的两只小鸡，其中很多的苦和痛都被她带走了，我们至今也不知道。

早在和爸爸离婚之前，妈妈就挑起家庭的重担，除了战乱时停职留薪和生育两个孩子在家照顾几年之外，妈妈一辈子工作，是一辈子独立的职业妇女。从 1946 年初直至 1951 年与爸爸离婚这段时间，妈妈是我们姐妹经济上主要的供养者。妈妈是学法律的，但是，妈妈为了多挣钱抚养我们，选择了与自己所学无关但薪俸较高的银行，始终没有机会做自己喜爱的事。

新中国成立后，妈妈一次次服从调动，从银行转到学校，以后又有几次调动学校和教学科目，妈妈都随遇而安，兢兢业业，保住工作，负起生活、教育以及经济上的责任。退休后，因师资不足，妈妈被返聘重上讲台，教授高中英文五年，直至 71 岁高龄。

记得黛黛去美国之前，妈妈好多天心里难过，寝食不安，她有很多话要说。离别时，妈妈饱含热泪，说了最重要的事："不管小达（大女婿）挣多少钱，你一定要工作。"到了美国，黛黛从不敢忘记妈妈一生辛劳、经济独立的榜样，安顿好生活，数月后即工作，从未间断。

妈妈多次对我们说："妈妈没有钱财留给你们，只给了你们一个好身体。"

我们的爸爸曹禺和妈妈郑秀

初听时只是想我们从来没有关注过什么父母的遗产，慢慢琢磨，才悟出妈妈话中的深意。

从出生，妈妈一直对我们的身体特别重视，把健康放在第一位，再困难也要想办法让我们姐妹吃好，但不许挑食，不能浪费。她从不娇惯我们，让我们身体得到各方面的锻炼，从小自己的事自己做，在家要做家务，坚持经常运动。我们下乡、下厂、下部队劳动锻炼，参与社会运动，参加医疗队，开会出差，外出完成临时任务，妈妈都积极支持，解除我们的后顾之忧。正因为有了好身体，黛黛没住过院，不请病假，不歇事假，年年全勤，胜任医院内外的各种工作。直到晚年，我们姐妹俩仍运动、学习不懈，做家内外的各种劳动。

妈妈以自己的切身体会告诉我们说："不能光长寿，只有健康，长寿才有意义。"妈妈去世后，从她的提包、衣服口袋里找到二三百块钱，存折里也只有数千元，没有金银，没有珠宝首饰，却尽显妈妈一生独立的光辉。亲爱的妈妈给我们留下最宝贵的财富不是身外之物，而是金钱无法买到的、伴随我们一生的好身体、自强自立的好榜样。妈妈恩德无疆。每每想着妈妈的话，想到妈妈一辈子为我们的辛劳和牺牲，总忍不住热泪盈眶。

我们姐妹和妈妈的三人世界是我们从小到大最亲密的生活天地，有快乐和痛苦、欣喜和悲哀、满足和无奈……最重要的是温馨，那种快乐的温馨和含着眼泪的温馨。

昭昭在天津的中央音乐学院少年班念书期间，寒暑假回家是三人世界最快乐的时候。冬天，黛黛到火车站接昭昭，用自行车驮回行李，昭昭乘无轨电车到家。爱干净的妈妈早已把蜂窝煤炉烧得火红，铁皮澡盆里的热水蒸腾着水汽，让昭昭马上洗澡。西北风不断从木板墙和旧窗户的缝隙里吹进来，铁皮澡盆的底部接触冰冷的砖地，水很快凉了，我们不时从澡盆淘出水，再加进蜂窝煤炉上水壶里的热水。三个人热热闹闹地忙碌着，快乐着，外面天寒地冻，我们的心里却是暖洋洋的。

家里的厨房年久失修，下雨时做饭要打雨伞，多次到房管所请求帮助，不是推脱责任，就是言而无信，长期拖拉。最后，我们不得不买了沥青、洋灰、抹刀等建筑材料、工具，自己动手解决。妈妈站在院子里，看着我们战战兢兢地爬上房，清除、充填破损的屋顶，再覆上沥青，我们两姐妹和女婿四个从未干过建筑活的知识分子总算靠自己修好了屋顶。付出的代价是，昭昭的手臂被沥青烫伤了，让妈妈心疼得不得了。几天后下了一场雨，厨房不再漏了，吃饭时，我们全家举着茶杯庆祝，普通的饭菜也觉得香甜。

从小，妈妈教育我们姐妹要相亲相爱。

黛黛从小贪吃，吃东西快，昭昭吃得慢，而且有节制。有好吃的东西，黛黛很快吃完了，厚着脸皮对昭昭说："给姐一点儿行不行？"昭昭总是很大方地分给黛黛。

黛黛也非常疼爱昭昭。昭昭从小体弱，黛黛抢着提重物、干重活，带着昭昭参加朋友的聚会，所以黛黛中学、医学院的同学、好友，昭昭大多认识，当黛黛离开北京，昭昭遇到难处时，这些朋友都伸出援手。

我们从小一起读书，一起玩，也特别说得来、有话说。长大以后更是互相帮助、支持，共渡难关。"文革"时，昭昭在天津葛沽解放军农场劳动锻炼，收入极其微薄，除了寄出孩子的托儿费、交自己的伙食费，每月只剩下不足五元，还要购买一家三口，包括儿子和正在隔离审查的丈夫的各种生活必需品。黛黛的儿子刘迈三岁生日时，昭昭买了床单寄来，上面绣着："送给小迈 三岁生日 二姨 七一、五"。这床单伴随小迈走过童年时代，早已破旧不堪，黛黛把绣字的部分剪下，带到美国，镶上镜框，挂在书柜旁，每当用电脑时都能看见，作为凝结着患难、贫困中姐妹深情的永远纪念。

昭昭做手术的时候，妈妈每天准备好汤好菜，黛黛下了班马上送到病房。刚做完手术，昭昭腰痛难耐，黛黛用手臂作枕垫在昭昭的腰下，轻轻按摩，直至昭昭慢慢入睡。出院后，黛黛把昭昭接到自己家，睡在妈妈身旁。在温馨的三人世界里，昭昭术后恢复得很好，我们度过了一段成年后难得在一起生活的快乐时光。

黛黛和丈夫在美期间，儿子小迈留给妈妈照顾，可遇到大事都是昭昭处理。一次小迈摔得头破血流，妈妈慌了手脚，昭昭马上赶到，带小迈去医院急诊室做了缝合。昭昭带小迈看牙、看病，周末、节假日带着小迈和他们的儿子一起出去游玩或到妹夫的父母家聚会，视如己出。

妈妈去世三十二年了，她给我们留下的精神财富一直陪伴着我们，让我们时时感觉到她的存在。除了给我们留下一个好身体，她还培养了我们深厚的姐妹情，这是让我们受用一生的最温暖的人间亲情。

妈妈不在了，我们分隔在太平洋两岸，但我们姐妹更亲了。我们对科技新事物是外行，反应迟缓，但为了保持两人紧密的联系，我们总是抢先使用最先进的通信工具，从长途电话、传真、电脑邮件到现在的手机微信，随时交流、联系，远隔重洋，近如咫尺。近三十年来，我们姐妹你来我往，基本上每年见面，共度一段快乐的时光。

妈妈走了，我们觉得，她总在看着我们，我们要照顾好彼此，让她放心。妈妈永远活在我们的三人世界里。

8

敬业乐群

从记事开始,白天我们是看不见妈妈的,她上班去了。我们放学回家,妈妈还没回来,我们在凉台目不转睛地张望,或者干脆跑到门口,痴痴地等妈妈。有时第二天醒来,看见床前的小玩意儿,知道是妈妈前一天晚上给我们留下的。

黛黛一直在妈妈身边长大,上学、工作、结婚、生子,直到出国前,从来没有离开过。她记得,妈妈每天起得很早,不迟到,不早退,几乎没有请过病假,也不愿为私事请事假。1952年四舅在张家口结婚,国内唯一的郑家人三十几岁结婚本是件大喜事,妈妈很想亲自去祝贺,但又怕耽误工作,决定让年仅11岁的昭昭独自乘火车到张家口,代表她参加婚礼。当这个小人儿出现时,大家都惊异不已。

失明的孩子走进妈妈的生活 1954年妈妈服从调动,离开银行,转向教育工作岗位,这是妈妈职业生涯的重大转折。从此,孩子们走进了她的生活,改变了她的世界。

妈妈像千千万万忠于教育事业的教师一样,肩上打起了教书育人的重任,日复一日做着平凡的工作。妈妈先在盲童学校任教导主任、代理校长三年,之后任教于男二中等校。工作比过去劳累、操心了很多,但她看到了未来,看到了希望,她的心灵得到安慰和快乐。

她发现，除了自己的女儿，还有那么多孩子需要她。她把对两个女儿的爱延伸到更多渴望知识、等待教育的孩子身上，她找到了精神寄托，找到了活着的目的，渐渐放下心中的痛苦。在校园生活里，妈妈渐渐恢复生机。妈妈变了，变得更好了。

妈妈患慢性支气管炎、肺气肿几十年，经常咳嗽、气喘，感冒发烧时症状更重，我们劝妈妈在家休息，妈妈坚持要去学校，说："我不去，四十几个孩子怎么办？"

最难忘的是妈妈1954年到1957年在盲童学校工作的时候。没有学过教育学，更没有经过特种教育训练的妈妈被派到北京远郊的盲童学校做教导主任，妈妈从头学盲文和特种教育管理的知识。校长和总务主任都是只有小学学历的工农干部，从开会、记录到写规划、做预算，从课程安排、教学计划到教师培训、队伍管理，妈妈都亲力亲为。

半年多之后，妈妈出任代理校长。在盲童学校任职期间，由于工作繁忙、往返路途艰难，她每周才回家一次。

有个周末，妈妈忙得回不了家，邀请我们到学校去看看。我们带着满心的好奇和欢喜踏上旅途。一到八里庄长途汽车站，我们傻了眼，所谓车站，原来是一片荒野上倒在地上扭曲的车站牌，上面的字迹已看不清了。陈旧不堪的老式长途车在坑洼不平的路上颠簸得很厉害，玻璃门窗震得山响，路上飞扬的黄沙灌满了车内。黛黛晕车，已止不住吐起来。

盲童学校四周很荒凉，像个孤单的孩子伫立着。走进学校，一种让人窒息的悲哀和同情攥住了我们的心。生活在黑暗世界里的孩子，他们那么小，那么天真活泼，可他们要用手摸索，要靠其他感官来感知生活，从来没有见过阳光。我们想，妈妈每时每刻面对这些可怜的孩子，她的心该是多么沉重。

妈妈的睡房和工作室是一间只有一扇窗户的小房间，有点潮湿的砖地，木板床上放着干净、简单的卧具，褥子很薄，体重不到80斤的妈妈睡在上面一定会很硌。一张小书桌，一把椅子，一个小柜，就这些。妈妈好像已经习惯了这个环境，她给我们讲孩子们致盲的遭遇，他们不同的个性、想法，妈妈说："他们一切和普通孩子一样,不要歧视他们,一点都不要,因为看不见,他们比普通孩子敏感。"

讲到这里,妈妈的语气变得非常温和,像是怕吵醒睡熟的孩子。妈妈接着讲了很多,我们那种生疏、隔绝,甚至是有点害怕的心情,渐渐平复下来,突然觉得妈妈和以前不一样了,心里涌起令人心痛的感动:亲爱的妈妈,你是多么不容易啊!

妈妈在很少有人知道的简陋的特种学校里,日复一日工作了三年,往返在这条乡间的土路上。严寒冬季,在能把她瘦小的身躯吹倒的西北风里,等车半小时、一小时,回到家里,妈妈剧咳不止,气喘久久不能平息,有时整夜不能入睡。妈妈的慢性支气管炎和肺气肿明显加重了。

孩子们改变了妈妈的世界 之后妈妈一直在中学(男二中、25 中、167 中等)教书。

1984 年搬到北大医院宿舍的单元房以前,西石槽家里大一点的房间可算得上"一品屋",是妈妈睡觉、工作的地方,也是全家共用的书房、客厅。房间与院子之间仅一层薄木板,书桌就放在木板墙前。越冬时,我们在木板之间糊上纸条,西北风劲吹的时候,针大的眼,斗大的风,寒气逼人,屋里用了几十年的温度计上显示是 3℃。

妈妈每晚在桌前批改作业,准备教案,她本来就很怕冷,这时坐在书桌前,盖上毯子,仍感到下肢关节、肌肉酸痛难忍,特别是蜂窝煤炉封火之后,屋里像冰窖一样,妈妈的腿冻僵了,连心都结了冰。我们听到妈妈不停地咳嗽、气喘,她一直工作到什么时候才去睡觉,我们不知道。

为了补缺授课老师,妈妈先后更换授课科目:英文、外国历史、政治等,她不抱怨,不诉苦,对全新的科目努力从头学起,向有经验的老师学习,认真备课。搬家时,我们从床下翻出她写的整摞整摞的教案和备课笔记。妈妈的勤勉和认真,都在这密密麻麻的字里行间。回想起来,英文、外国历史、政治,这是三门多么不相干的科目,不要说授课,就是自学,要重新学习多少知识,有多大难度,要付出多大心血啊!

妈妈爱孩子,她说:"你们老说我爱发脾气,你们看见我什么时候对学生发过脾气？"这是真的。平时对我们会发火的妈妈，在学生面前总是和颜悦色，她喜欢用功读书的好学生，但对功课不好或者有些毛病、犯过错误的孩子也一视同仁，甚至给他们更多的关爱。一次，二女婿唐彦林到妈妈学校挑选儿童演员，妈妈一下子找来几个。介绍第一个时说：这孩子长得漂亮，可爱、聪明，功课又好。唐彦林一看，这孩子哪说得上漂亮呀。两个人对"美"的看法完全不一样，那是因为妈妈对孩子们有了感情，在她的眼里这些孩子都是"美"的。她自幼受到"人之初性本善"的教育，总说："孩子天生都是好的。"课后，她给学习有困难的学生补课、辅导，对他们的缺点循循善诱，耐心帮助。

有些年，妈妈除了教书还担任班主任，这是个要对全班四十几个学生全面负责的岗位。班上的事无论巨细，从开家长会到教室卫生值日她都要管，十几岁孩子成长中的各种事情，她都要操心，连孩子们有了争执也来找她。尽管妈妈晚上睡得很晚，她每天一定五点半起床，七点半以前准时到达学校参加学生的早自习。下午课后妈妈要和班干部开会，找学生谈话，做家访，与家长一起做好对学生的教育。妈妈回家比原来晚多了，但她不叫苦，不嫌累，乐此不疲。

学生给妈妈的许多来信都遗失了，我们偶然发现了一封，是1962年底已经上大学的学生忠立寄来的。那个年代的信封、信纸很薄，已发黄褪色，字迹也不太清楚了：

亲爱的郑秀老师，您好！每逢节日之时，我都想起您。您那慈祥的面孔、和蔼的声音，是我脑海中永不磨灭的印象。今天我的成长、一点点的进步都是和您当年辛勤的教导分不开的。今天是我的老师，将来仍是我的老师，您永远是我的老师。我将永远听您的话，做您的学生！

不知您身体好吗？希望您能注意自己身体，年纪大了，应该处处小心。……有时看见您很瘦的样子，我也很替您着急！

妈妈的心是和孩子们连在一起的。她和孩子们在一起，多了阳光，多了快乐。一个明媚的春日，妈妈教完最后一节课，心情特别好，独自赶到颐和园看玉兰花。晚上看见妈妈时，她依然兴致勃勃。以后几乎每一年妈妈都一个人去看花。有孩子们在她的周围，妈妈对生活的热爱重新燃烧起来。

学生知道妈妈的字写得好，过团日、开校友会、布置会场，常常请妈妈题字、写条幅，妈妈认真至极，不知写了多少遍才挑出最好的交给学生。我们保存了妈妈为男二中同学会书写的王之涣诗的草稿："白日依山尽，黄河入海流。欲穷千里目，更上一层楼。"

字如其人，妈妈端正、大气，不斤斤计较，觉得为小事、小利和别人争是挺不光彩的事。她与邻里相处和睦，不说什么张家长李家短的事。我们曾问她喜欢教男生还是教女生。妈妈没怕我们生气，挺直率地回答她更喜欢教男生，因为女生小心眼、爱告状，常互相嫉妒，事儿多。她希望我们作为女孩，要注意待人大气，不要和同学耍心眼儿。

妈妈敬业，也这样要求我们。记得有一天深夜，黛黛被电话惊醒，原来是胸外科有个呼吸困难的病人请会诊。前一天值班忙了一夜，第二天又继续工作，黛黛又困又累，嘴里嘟嘟囔囔，不太高兴。妈妈听到了，走过来说："黛黛，你是医生，救人要紧，赶快去！"看到妈妈又咳又喘，黛黛一点睡意都没有了，披上衣服就走，为本该做的工作让妈妈操心，她心里挺羞愧的。

妈妈规规矩矩，清清白白，从不拿学校的物品回家，自己买备课的教案纸，买笔、糨糊、墨水和其他文具。批改作业的红墨笔水常常会浸湿学生的作业本，妈妈每年总买一盒白粉笔，专门用作吸红墨水，粉笔在学校到处都是，但妈妈从来不拿。

在盲童学校时，她为了节约开支，亲自买布，请邻居帮做教室的窗帘，剩下一些布头，妈妈仔细收好，一条也不落，都带回学校。1957年从盲童学校调到北京男二中任教，涨工资时，她主动要求减掉在盲童学校的特种教育薪金补贴，她说不能无功受禄。

妈妈去世前一年，在严重肺气肿、肺心病的折磨中断断续续写《烟云录》，回顾一生（可惜只写到结婚前就戛然而止，她已经病得写不动了）。《贝满，我的母校》一章中，她满怀深情重温在以"敬业乐群"为校训的贝满女中所受的教育。从那时起，"敬业乐群"成为妈妈一生的座右铭。

为工作，为生活，妈妈瘦弱的身躯里有我们意想不到的独立和刚强。妈妈有很严重的痔疮，经常出血。一天下午，她没人陪伴，悄悄到西单绒线相同一个中医诊所做了痔疮系线手术，回到家里我们才知道。第二天她忍着痔疮系线后坏死的疼痛去上班了。

妈妈抽烟，工作、家庭的重担和个人生活的不幸，使她越抽越多，难以戒除。我们只要一提戒烟的事，她就火气很大："我的事，你们不用管！"晚年，妈妈咳喘越来越重，她悄悄把烟戒了。这一辈子的难题怎么就在我们不知不觉中解决了？我们又惊又喜。衰老的妈妈需要多大的毅力、忍受多少煎熬啊。后来，妈妈说："我一闻烟味就头晕想吐。"她是真正戒了！

妈妈病危时，她的X光胸片显示，肺气肿的基础上，双肺充满蜂窝状、气泡样大小不等的肺大疱，正常的肺组织几乎没有了。作为呼吸科医生，黛黛知道这意味着什么。就这样，妈妈活着，而且还抱着继续活下去的希望，黛黛的鼻子酸了。

妈妈是个普通人，做的事很普通，但她认真、努力、清白，数十年如一日，这是她作为一个职业妇女的"敬业"。

爱学生　重友情　心怀感恩　自幼受到中华传统仁爱教育的妈妈到了基督教会小学、中学，很自然地接受了平等博爱的思想，并在心中融合、扎根。

妈妈小时体弱多病，个头瘦小，言语不多，性情孤僻。我们见过妈妈儿时的相片，短衫黑裙学生装，梳一条辫子，是一个沉静、端正的小姑娘。她的姨母林耦庚说妈妈小时不太合群，在生活上也与别的小孩不一样，不吃零食，只吃点卤制鸭胗干。可能是华林坊大家庭的热闹、和睦，贝满女中和清华大学的住校生活，包括学校的演讲训练和演戏活动，改变了妈妈的性格。妈妈不仅养成独立的个性，也走出了自己的小天地，渐渐合群开朗，善于与人交往。妈妈没有做过什么慈善事业，贝满校训中的后两个字——"乐群"，对她来说，就是铭记、感恩帮助过自己的人，有情有义，热爱学生，喜欢朋友，把同情和仁爱给予身边的人。

妈妈把心放在教书上，孩子们改变了妈妈的生活，妈妈也尽其所能地帮助孩子们。

有一个姓郑的学生很聪明，爱在课堂上出难题，向妈妈挑战。妈妈没有气恼，而是更加认真备课，让郑同学得到满意的解答。从此，郑同学和妈妈关系非常好，经常到家里来看望妈妈。妈妈发现他家境贫寒，住得又很远，每天往返走路三四小时来上学，悄悄每月给他钱买公交月票，一直到高中毕业。这个知恩的孩子考上大学后，专程来向妈妈报喜，以后又来看过妈妈多次。

昭昭听音乐学院的一个朋友说，当初妈妈还给他在中学的妹妹买过几年的公交月票。同学们工作后都很想念郑老师，一次聚会想请郑老师参加，到处打听住址，才知道她已经去世了，大家非常难过。这个感恩的学生一直怀念郑老师，说她终生难忘郑老师特别激励她的一席话：你是女孩子，英语学得好，尤其要争取上大学。

每到寒暑假，我们家很热闹，总有学生来补课，妈妈非常耐心，尽力帮助学习有困难的学生。几十年，妈妈没有要过学生一分钱辅导费。每逢过节，她都会收到学生们的来信和贺卡。

妈妈注重友情，无论是黛黛还是昭昭的同学来家里玩，妈妈总是欢迎。现在我们这些满头银发的老同学相聚时，好多人都说到过我们家，记得当年妈妈的热情招待和好吃的饭菜。妈妈熟悉、喜爱我们的好朋友，还和有的同学的父母成了朋友。黛黛的一个中学好友说："我羡慕你有一个极为优秀的妈妈，在那么困难的情况下，为你营造了温馨的家。西石槽2号的小院和那两间屋子的样子深深地留在我的脑海里。"

新中国成立初期，黛黛一个好友的母亲从香港来京探望孩子，住宿遇到困难。当时妈妈离婚不久，心情不好，但还是马上同意接待这个朋友。原来不宽裕的住房更加拥挤了。这家的三个姐妹常来探望，我们家里一下子热闹很多，尽管生活规律有点被打乱，妈妈还是为她们母女团聚而高兴，和她们相处得很好。

黛黛在医学院最要好的同学陈增辉多次到家里来玩，妈妈知道她远离家乡云南，总是给她补充营养。三年困难时期，妈妈带着她和我们姐妹一起到和平餐厅吃西餐。她说，当时吃的东西很缺，肚子饿得不得了，吃上有生以来第一次西餐，那种温暖和享受一辈子忘不了。在我们的记忆里，那是三年困难时期妈妈带我们姐妹在餐馆吃的唯一一顿饭。

妈妈病危住院时，增辉常来看望。妈妈去世时，已是北大医院副院长的她和昭昭一起给妈妈穿上衣服，并亲手推车送进太平间。遗体告别时，增辉站在昭昭旁边，代表刚刚离开的黛黛尽女儿之孝。

到医学院上学后离家远了，黛黛周末回家，妈妈想到那些在北京没有家的同学，只要家里有，总让带些吃的给他们。记得一次过年，黛黛把病房里回不了家的进修大夫请到家里，妈妈早早准备，把家里的好东西拿出来请大家吃。有妈妈在场，来自祖国各地、操着不同乡音的大夫们有了家的感觉。

一天午夜，一个老世交的儿媳突然来到我家。她小时痛失双亲，由舅舅照顾长大，勤奋努力，从四川考到北京大学，毕业后在科学院工作。这个恬静、温柔的后辈深得妈妈的喜爱，妈妈认她做干女儿。

那天晚上，突然得知丈夫出轨，她觉得天塌下来了，痛苦万分，走投无路的时候想到了妈妈——她最尊重、信任的人。深更半夜，公共交通车早已停运，她徒步走来找妈妈。妈妈以满腔的同情倾听，讲述自己的切身经历与她分忧，一直谈到第二天清晨，她的心才慢慢平复下来，面对现实。她的丈夫赴美做访问学者时她原本不想去，妈妈耐心相劝，她去了，为夫妻感情弥合再做努力。她说："干妈是我衷心崇敬的人，她老人家对我的教导让我心明眼亮，受益终身，感激之情难以言表。"

妈妈脾气不好，有时"点火就着"，尤其是对家人，但绝不刻薄，更不是歹毒，脾气发过，安静下来，她能自省。她思想单纯，性格率真、坦诚，有颗善良、柔软的心，乐于帮助周围的人。她待人慷慨，在经济拮据的时候仍然热情待客。妈妈乡土观念重，念旧情，联系不多的远亲和故旧上门，妈妈都尽其所能地招待、照顾。

大女婿的妹妹刘小惠结婚多年不孕，检查发现子宫内有一个很大的肌瘤，要做子宫切除术，可一旦子宫切除，怀孕就完全不可能了。我们了解到协和医院妇产科可做肌瘤剔除术，保留子宫，刘小惠非常兴奋，决定来北京手术。

妈妈一听说，马上表示欢迎刘小惠住在家里，手术前后对她非常照顾，每天帮阿姨做广东菜给她吃，手术后准备好鸡汤和补品让我们送到医院。手术非常成功，第二年刘小惠怀孕，顺产一女婴，妈妈为他们一家非常高兴。这个女孩长大后学有所成，晚年刘小惠重病缠身，幸有女儿在紧张工作的同时尽忠尽孝，对她照顾得无微不至。

妈妈深谙忠孝之道，对童年、少年时抚养过她的姨父、姨母感恩戴德一辈子，竭尽全力赡养、照顾早年丧夫的姨婆。大学毕业后，妈妈在南京政府审计部任佐理员，每月从薪水 100 元中拿出 20 元寄给姨婆。抗战胜利后，妈妈从中央银行一分到宿舍，马上把姨婆从福州接来同住。

离婚后，作为有两个十来岁女儿的单亲妈妈，工资又不高，但考虑到姨婆在福州独居的各种困难，妈妈还是毅然把她接来北京。妈妈上有老下有小，承受的压力够大的了，我们还不配合她，对姨婆的坏脾气表示不满和抗拒，给妈妈出难题。妈妈总是怀着深厚的感情，一次次讲述自己在沈家受到的教育和厚待，要我们包容、尊敬老人，妈妈自己尽量忍耐着火气，在姨婆面前毕恭毕敬。

三年困难时期，姨婆身体渐渐衰弱，妈妈到处想办法给她买牛奶、鸡蛋、营养品。到饭馆，按规定不能外卖，妈妈只好就地用餐，自己拿菜汁泡饭，把整碟菜带回家给姨婆吃。她还争取到姨婆在东南亚继子的资助，一路艰辛照料，直至姨婆终老。

妈妈是老一代知识分子中的一员，是一辈子忠于职守的职业妇女、心怀仁爱的普通中国人，她以一生的努力来实践贝满女中"敬业乐群"的校训。

9

黄花岗情结

民国元年（1912年），妈妈出生于一个充满辛亥革命色彩的家庭。

我们对于妈妈家庭历史的了解，主要来自妈妈的口述回忆以及她写的《烟云录》，四舅郑还 2012 年《关于曹禺、郑秀往事一些回忆——答曹树钧教授问》一文也提供了有价值的资料。

妈妈的父亲 我们的外公郑烈（1888—1958）字晓云，清末与其四哥郑建（字曰功）一同就读于南京水师学堂，深受其革命思想的影响。后来，郑建与张继、赵声等革命党人在名为官办、实为反清革命集团的长沙实业学堂执教，外公郑烈是该校首期学生之一。在那里，他进一步接受革命教育，走上以推翻满清政府为己任的革命道路。1903 年郑建赴日，追随孙中山从事革命活动。1905 年由郑建资助，外公郑烈留学东京日本大学，主修法律。后在林文（1883—1911，黄花岗七十二烈士之一）的影响下，参加孙中山领导的同盟会。

妈妈的舅舅 妈妈的舅舅林文是另一个重要的家人。

林文因父母早卒，由其长姐，即妈妈的姨母林耦庚及姨父沈璿庆抚养，家学渊源，天资聪慧，诗、字极佳。1904 年，他由沈氏夫妇资助留学日本，在东京日本大学攻读哲学及法律，开始参加孙中山领导的革命活动。

1905年林文深为孙中山及黄兴所倚信，参与组织同盟会及创办《民报》，并担任第十四支部（即福建支部）支部长，初期加入福建支部的盟员多为留日学生中的精英分子。林文善于团结同志，率身垂范，以其革命胆识、领导才能深受同志敬佩。林文曾与黄兴纵论革命攻略与立国之道，黄兴为之倾倒。

林文在东京主持盟务，又派人在福建组建同盟会分会，大力发展组织，积极开展策动新军反正及秘密联络会党的工作，也与其他各省闽籍同志联系，给予指导，使福建支部成为各省同盟会支部中战斗力较强的支部之一。

1905年，年轻的郑烈与林文在东京日本大学相识，一见如故。他们是同窗、同乡，更由于革命志向相投，结成亲密的同志和战友，朝夕相处，感情甚笃。林文受命组织同盟会福建支部时，郑烈成为留学生中第一批同盟会会员，长期在林文的领导下进行革命工作，是林文的主要助手之一。

他们坚信革命一定胜利，相约革命成功后，郑烈与当时在上海学医的林文之妹林佩英（1892—1931）结为夫妻，作为革命情谊的永远纪念。

林文在东京郊外大久保密设同盟会第十四支部，称为"田野"。常居"田野"者有林文、林觉民、陈与燊、林尹民、郑烈、李恢等，情若兄弟。

辛亥年三月二十九日（1911年4月27日），尽管黄花岗起义消息走漏，清朝统治下的广州城内戒备森严，起义仍如期发动。黄兴领导的数十位革命志士在强弱悬殊的情况下，毅然决然地向总督衙门发起进攻，即辛亥广州起义（黄花岗起义），同盟会东京第十四支部的六人都积极参与。

林文率领所部闽籍精英及敢死队员主攻总督衙门，战斗中奋勇当先，左挟炸弹，挥众扑向督署前门，击毙卫队管带；右执号角（即喇叭筒），向敌军喊话，不幸头部及多处中弹，壮烈牺牲，时年28岁。林尹民、陈与燊、林觉民也英勇殉国。

郑烈、李恢于三月二十八日先期入粤，后又奉命退回香港。待三十日晨随赵声、胡汉民所率后续队伍赶到广州时，满江清军，城门关闭，才知二十九日晚起义失败，郑、李随后续部队折返香港。

郑烈未能直接参加总督衙门的战斗，成为意外生还者（有人称他为"黄花岗生还志士"），引以为憾。他回想起二十七日晚在香港与林觉民、陈更新同居一室，满腔热血准备迎接战斗,清晰地记得20岁的林觉民悄悄起身,在孤灯下挥笔草就《与妻书》。林觉民自知前方险境重重,以决一死战的准备,向已怀身孕的爱妻诀别:"吾今已此书与汝告别矣……",以深沉的爱国爱民情怀,晓以此行之大义,"为天下人谋永福也"。郑烈思念不绝,一切历历在目,不意转瞬间与林觉民已阴阳两隔,与亲如兄弟的林文亦永远不得相见,悲痛欲绝。

这次广州起义虽然失败了,却留下了不朽的历史功绩,直接推动武昌起义取得成功,随后全国响应,迅速推翻了清朝专制统治。国民革命政府成立后,孙中山就任临时大总统,缅怀林文及喻培伦二烈士,将他们追认为"大将军"。

广州起义失败后,郑烈返回日本,接替林文继任同盟会第十四支部支部长,痛失战友的心情久久难以平复。为纪念他们惊天地泣鬼神的英勇牺牲精神,郑烈写成《黄花岗福建十杰纪实》,刊于上海各报。"福建十杰"是在黄花岗牺牲的福建同乡中的十名知识精英,其中七人是留日学生,郑烈与他们大多很熟悉,对他们的牺牲也更悲痛、感佩。以后又著七十二烈士之一的《林尹民传》,曾被选用于民国中学语文课本十余年。

革命姻缘 林佩英受其兄林文的影响,在当时的妇女中思想比较进步,辛亥革命时曾赴武汉参加起义军妇女医务工作。

1911年夏,郑烈被推为福建省都督府司法部部长,就职路经上海,为纪念刎颈之交的革命战友林文,履行诺言向其妹林佩英求婚。

1912年1月,郑烈、林佩英在福州城北华林坊外曾祖父林鸿年的旧府第举行了文明的结婚典礼。仪式上,两位新人发表了为革命事业而结合的简短讲话,友人祝词中有"黄花岗上应含笑,柏院风清称旧盟""革命花开连理枝"等诗句。婚礼摒弃一切旧习俗,只聘请一支乐队演奏迎亲曲,不摆宴席不收礼,仅备家宴二三桌招待至亲好友。此移风易俗的创举,当时引为美谈。

1912年12月11日,他们的第一个孩子也就是我们的妈妈出生了,郑烈视之为英雄血脉的延续、林郑战友情谊的再现,十分欣喜。

就任福建都督府司法部部长时,郑烈积极抚恤死难烈士家属,并将二十五名福建籍黄花岗烈士入祀福州市郊的忠烈祠。

1954 年，即林文牺牲四十三年之后，郑烈已是垂暮之年，仍难忘亲密战友，重撰《林大将军传》，发表于台湾《历代人物评传·林大将军传合刊》一书中。

黄花岗情结　与妈妈的舅舅林文同时牺牲，被列为黄花岗七十二烈士之首的方声洞是外公的表亲。黄花岗七十二烈士的"福建十杰"中，妈妈的亲人占两名，她为此感到非常骄傲。

妈妈的确出生于一个革命家庭，幼小的心灵自然而然地种下了黄花岗情结，并延续了一生。

外公郑烈自 1928 年至 1948 年任国民党政府最高法院检察署总检察长，共二十年。作为国民党元老级人物，外公在蒋介石独裁统治下并不得志，倾向反蒋第三势力，加之当时伪法币贬值、物价飞涨，即使身为高官仍难以维持大家庭的生活，于是抗战胜利后便有到台湾做律师淘金之意，1948 年春辞去官职。

众多的子女中，有的是国民党、军统，也有的参加了共产党，多数是无党派，妈妈就是其中之一。家中的争执和冲突自不可避免，但也像任何普通家庭一样，有与生俱来的父子、手足亲情。

在清华求学期间，外公给了妈妈丰厚的待遇，以后外公家给过妈妈帮助、支持，特别是困难的时候，但也冷落，甚至歧视、责骂过妈妈。

新中国成立后，妈妈身边没有家人，因离婚一事的纠结，生活更显孤单无助。1950 年，失联五年的四弟郑还（我们的四舅）出现了。

郑还 1944 年在重庆中央大学电机系学习期间积极参加学生运动，毅然投身革命，成为新民主主义青年社前身——地下工作"据点"成员，曾秘密前往红岩村八路军办事处，协助检修电台；大学毕业留校任助教期间，继续革命工作；1946 年 4 月由中央南方局派往晋察冀解放区，参加军调处工作，成为中国人民解放军的一员。此后，他辗转大江南北，为解放军的电子工程，特别是雷达专业的创建和教学，为三所军事技术院校的筹建和发展，做出很大的贡献。

1950 年与妈妈重逢时，他穿着一身土军装和布袜、布鞋，走过了从洋学生到共产党员脱胎换骨的历程，与以前那个被父亲娇惯、书读得很好的少爷判若两人。妈妈伸出温暖的双手迎接这个多年不见的亲弟弟。

在条件很差的战争环境里，四舅患上严重的肺结核，急需做当时还有风险的左肺尖病灶切除术。妈妈不顾被感染的危险，几乎每天都到阜外医院，术前术后亲自照顾，倾其所能做鸡汤、买水果及各种营养品送去，还要安慰、照顾四舅的新婚妻子。妈妈很少想到什么党派、政治，只是出于对弟弟多年艰苦生活的感佩和疾病折磨的同情，以一颗善良的心和姐弟情，帮助亲弟弟渡过险关。在以后的日子里，四舅的一家，特别是他的儿子郑民（曾和我们共同生活），给了我们很多关怀和帮助。

一到台湾，外公就进入律师行，开业谋生。大舅在美培训后，任职于英国航空公司，其他舅舅和二姨相继到美国求学、工作，家庭的政治色彩淡薄了。这些情况我们是在改革开放后才知道的。

妈妈生在这个家庭，除了政治，还有家事、亲情。在现实生活里，由于时代的变迁和其他种种原因，政治不一定是不可逾越的鸿沟，家庭里的关系也没那么你死我活、势不两立。妈妈一辈子没有参加任何党派（原因各异），有的事看得不那么重，不那么尖锐，妈妈能较平和、顺势地对待家中各人。

在相隔近半个世纪之后，收到二舅的来信和大舅的全家福，妈妈欣喜不已。她对我们说，二舅是全家最厚道、最善良的人。大舅离开军政界回归家庭之后，成了一个好丈夫、好父亲，妈妈也为他美满的家庭和三个有出息的儿子感到非常欣慰。经历多次挫折，妈妈和二姨郑华终于见面了。从小受到妈妈偏爱的二姨抱着妈妈痛哭不止，姐妹俩手拉着手聊天，几十年郁闷在心里的话，几天几夜都说不完。

时过境迁，亲情和人性复苏。2011年我们和四舅郑还一家回到老家福州寻祖归宗，瞻仰了郑氏祠堂。已八十余高龄的四舅不辞辛苦，徒步跋涉，找到了他母亲的墓地。四舅让到台湾出差的儿子到台北阳明山寻找分离半个多世纪至死未能相见的父亲的墓地，他期待有一天能亲自拜谒。

妈妈自幼从家庭、学校接受了民族、民权、民生的教育，有很强烈的民族意识、民族感情。

日本帝国主义侵略我国后，妈妈对日本鬼子无比仇恨，积极参加学校的抗日救亡活动。进入古稀之年，妈妈仍记得1931年"九一八"事变三周后在贝满女中参加全校声讨日本帝国主义侵略我东三省大会的情景:学生会主席报告"九一八"事变经过及东北同胞的悲惨生活,另一位同学控诉日寇挖万人坑活埋抗日志士和无辜百姓的罪行,讲述抗日群众被刺穿身体后又遭通电的惨状。同学们满眼泪水,满腔义愤,高呼:"打倒日本帝国主义!收复失地!""誓死反对不抵抗主义!""中华民族万岁!"管校长眼里闪着泪花,和其他老师职工站在一起,支持学生的爱国集会。

会后,妈妈和同学们一起组成救亡宣传队、募捐小分队,与各大中学的抗日救亡大军配合,深入大街小巷和郊区农村宣传抗日救亡,同时成立战地救护训练班,课余学习救护知识和技能。晚年,妈妈回忆这段历史,沉浸在爱国的情怀之中,说这是在贝满女中最难忘的事件。

1932年"榆关事变"时,妈妈参加了清华女同学为前方卫国战士缝制棉衣的行动,并学习外科护理、包扎技术;1933年秋至1934年夏,妈妈成为学生会干事会二年级同学代表,参与校园里各种活动。

南京大屠杀后,妈妈对日寇惨无人道的暴行义愤填膺,重庆大轰炸更是引起旧仇结新恨,对日本鬼子的民族仇、亡国恨持续一生,绝不原谅日本鬼子的罪行。以致后来的中日友好她都难以接受,特别对日本某些首相和政界名流朝拜神社非常反感、愤怒。

1946年北平发生了"沈崇事件",美国与国民党政府狼狈为奸,在报纸上宣传"沈崇是延安派来故意制造中美紧张空气的",诬蔑沈崇是"吉普女郎"。受害人沈崇是妈妈的姨父沈璿庆与前妻的孙女,家人最清楚事件的真相,对美蒋歪曲事实的宣传强烈不满。这个事件深深地刺痛了妈妈的民族自尊心,强烈地激起了她的民族感情,让她看清了美蒋勾结的丑恶本质。

也是基于这种民族意识,1952年抗美援朝宣传教育运动中,妈妈在中国银行志愿赴朝的动员大会上第一个报了名,并把仅余的一点首饰,包括我们姐妹多年压岁钱打制的小小金戒指,都捐献了出去,为前线"造飞机大炮"。妈妈的心是热的,真有一股豁得出去的劲头、民族的豪情。

被辛亥革命和黄花岗七十二烈士点燃的革命情怀一直在妈妈的心里燃烧,新时代又赋予这种革命情怀以更广阔的内容,鼓励着妈妈与时俱进,追求进步。妈妈很听话，很少有什么反感和不满，她是多么希望能改变自己，跟上革命的步伐，更向往能走在前列，像当年她的父辈那样投身于革命洪流之中。

妈妈说起七十二烈士总是那样充满感情，那么理直气壮。她说：他们都是为中国、为民族抛头颅洒热血，怎么不算为革命牺牲？算烈士，就应该同样受到尊重和崇敬。我们当时没等妈妈的话说完就反驳，认为只有共产党领导的革命才算革命。我们母女屡屡争论，不欢而散，我们心里觉得妈妈思想落后。这场争论直到七十二烈士之一林觉民的《与妻书》上了中学语文课本才告一段落，我们不得不承认妈妈是对的。

炽热的精神力量受益终身　大概由于自幼受到的教育和家庭影响，辛亥革命对于妈妈是一件最能激荡心绪的事件；20世纪50年代她身临社会大变迁，也深为所动。对于妈妈，这都是一种"大人生"的感悟。

妈妈曾告诉我们她想写一个话剧，名叫《晚宴》。以后，她断断续续地说起这是一个辛亥革命者的故事，讲的是革命道路的艰难、曲折，家庭的变迁和决裂，而冲突的爆发是在一次家庭难得相聚的晚宴上。

年代久远，内容模模糊糊，想不起来了，但我们依稀记得妈妈讲述时的动情，那种对崇高精神的向往。与爸爸共同生活时培养出对戏剧的热爱，这时已变成她生活的一部分，牵动着她的心，她要在戏剧里说出想说的话。

相当长一段时间，妈妈在构思人物，酝酿大纲、结构，等等，但我们一点都没有注意，更谈不上支持。这件事无声无息地过去了。妈妈为什么没有写下去，我们不知道。

回想妈妈生前的种种轶事，我们相信，黄花岗七十二烈士展现的革命情怀、牺牲精神已融化到妈妈的血液里、生命中，成为她不竭的精神力量，让她受益终身。她比较容易接受新的革命道理，尽管出身"反动家庭"，走得沉重，屡受挫折，但她从没放弃过努力。

妈妈年轻时有比较富裕的家庭条件，也受到西方文化的影响，讲究衣着，喜欢打扮，在十几本旧相册里留下了气质高雅、秀美、飘逸的倩影。后来，那些仅存的旧衣服压在箱底或改给我们穿，她自己穿制服、中式对襟衣、晴纶棉袄、丝棉裤（因气喘，妈妈只能穿较轻的衣服），戴上袖套。吃饭很简单，早上用一个破旧不堪的铁丝网夹子烤馒头片，稀饭就着咸菜、腐乳吃，油条、馃子都很少买。

在时代的变迁中，妈妈追赶着新社会的要求，从思想到生活都改变了很多。原来的高贵和自恃，慢慢沉淀为淡泊和平凡。

在平凡里，妈妈还是保持了一点自我，她懂得做人的尊严，仍然注重自身形象。妈妈很少添置新衣，总是在炉子上烤热烙铁，把洗干净的内衣和罩衫、长裤烫得平平整整。每天她起得很早，穿着破浴衣，在一层薄板隔出的西厢房梳洗，冬天冻得瑟瑟缩缩也要漱洗干净，仔细梳理头发（头发花白了，妈妈仍然到"四联"烫发），再穿上清洁、平整的衣服去上班。给学生上课时，妈妈更加注意自身形象：整洁、端庄，精神饱满。北京男二中的一位学生这样回忆她："她的气息是高贵而温馨的，她的态度大方而热切。她那么瘦，却那么有风度，那么有活力而又严格，同学们都很听话，都很体贴，敬佩她。"这位学生曾著文献给"努力善良美丽的郑秀老师"。

终于来到黄花岗　改革开放之始，两岸关系解冻，20世纪70年代末隆重举行黄花岗七十二烈士的纪念活动。方声洞烈士的遗孀王颖是妈妈的二表姑，与妈妈一直联系密切，此时特地来家通知这个喜讯。妈妈激动万分，久久盼望的一天终于来临了。

方声洞烈士牺牲时，王颖正怀孕，儿子方贤旭是遗腹子，从来没见过自己的父亲。王颖坚守一生，孤儿寡母相依为命，未再结婚。半个多世纪之后，王颖向我们回忆，辛亥广州起义前夕，明知起义不可避免有牺牲，20岁左右的王颖仍强忍悲痛，挺着大肚子到北京火车站，为奔赴前线的方声洞送行。方声洞反复对她说"革命胜利后相见"，抚慰新婚的爱妻和腹中的孩子，毅然登上列车……说到这里，已进入古稀之年的王颖，干枯的大眼睛里涌出泪水，哽咽失声。

王颖得到政府有关方面的邀请，将赴广州参加这次隆重的纪念活动，妈妈非常希望能随她一起，以烈属身份出席，但几经波折，未能办成。多年的期盼化成泡影，妈妈万分懊丧，好多天情绪不好。我们当时对妈妈的心情和想法并没有关注，现在回想真觉得有愧于妈妈。跨进花甲之年的妈妈心中的黄花岗情结仍然炽热，这是多么可贵又纯真的感情！

随着改革开放的深入，我们终于有能力让妈妈带着儿子小迈到广州省亲。

对妈妈来说，重要的是，有生以来第一次来到向往已久的黄花岗，向牺牲了70多年的舅舅林文——父亲的革命战友和亲人方声洞烈士献花，致以深深的敬意和怀念。妈妈围着纪念碑走了很多圈，在占地不大的黄花岗陵园流连忘返，老泪纵横，久久不愿离去。她终于在近古稀之年，完愿终生不渝的黄花岗情结，妈妈心满意足了。

10

痛心疾首　无尽追悔

妈妈一生最为珍惜的不是金钱、财产，而是婚前婚后爸爸给她写的一百多封信件。

近四十年，妈妈把这一百多封信珍藏在那个贴着清华大学圆形标签的小皮箱里，搁在家里最安全的地方。

由于战乱和社会变迁，大搬家八次，但这个小皮箱妈妈从不离身，走南闯北，十分艰难地保存下来。

妈妈在自传中说："我始终认为，我和曹禺原是十分相爱的（有在婚前婚后曹禺致我的百余封信件为证）"。妈妈珍爱这些信，不只是因为这段刻骨铭心的爱情，更是因为爸爸的信远远超出了一般情书的意义，那种荡漾在心中的人类崇高美好的感情，对社会的深刻认识，对自由、光明的憧憬，在他的笔下那样打动人心，表现了那个时代真实的爸爸。妈妈知道这是文学珍宝，不但属于自己，也属于国家，准备在身后献给国家。

然而在"文革"中，我们哭着用火把它烧尽，是我们亲手烧毁了爸爸写给妈妈的百余封信件、十余本相册和七八本爸爸创作的手稿、资料，现在留下的是无尽的追悔！

这百余封信中的大部分是1932年爸妈相识相爱至1937年二人结婚这段时期爸爸写给妈妈的，是这一时期爸爸心路历程少有的重要记录。之后，信件断断续续，直到1951年二人离婚。

这些信件有的一封几页纸，有的几十页，据说当时妈妈看信时，她的姨母林耦庚曾经问道："颖啊，你看的是什么书？"

关于这些信件，有人曾发问，二人同在清华园，为什么还要写这么多的信呢？北京人艺的表演艺术家吕恩的一篇纪念文章中谈到这个问题。

> 我们剧院在1953年底开始排《雷雨》，我被分配演繁漪。我去郑大姐家向她请教时，她谈到在清华园里万先生和她写《雷雨》的情景。她拿出一个小箱子给我看，里面有一尺来长、长方形、包得很整齐的书信，说："这是家宝写《雷雨》时写给我的信。"我不解地说："你们天天在一起为什么还要写信？"她说："有许多当面难以启齿的话，对着纸写就无所顾虑了。"
>
> （《人物》2011年第六期《我所知道的曹禺和郑秀》）

除了百余封爸爸的书信，还有妈妈精心保存了三十多年的十余本大相册、爸爸的部分手稿、七八本剪贴的宝贵资料，全都被销毁了。

这些照片我们看过，其中绝大部分是在清华园的留影，是妈妈好友黄菊茹阿姨的男友童家骅拍摄的。

爸妈留下了大量在学习、生活、校园戏剧活动、运动、娱乐中的照片和剧照。相册中还有爸妈与奶奶、外公双方家人的许多家庭照。

我们清楚地记得还有几本专题相册，如1932年爸爸与德国教师葛瑞瓦等人的五台山和内蒙古之行，1933年清华毕业班的日本之旅，《雷雨》在日本首演的剧照，1939年爸爸在昆明导演《原野》的剧照（为著名摄影家梅岭所摄，并用白色毛笔字迹在黑色相册上注释），演员凤子、汪雨、黄实等人的剧照，一直挂在我们福州的家中。

更加珍贵的是，妈妈保存了爸爸剧作的部分手稿，还有20世纪30年代《雷雨》《日出》在国内外的剧评剪报，如刊登在《文学季刊》上《日出》剧作的剪贴本等。这些宝贵资料都是妈妈当时亲手剪贴、收藏、保存下来的，充满了妈妈对爸爸艺术生命的珍爱和苦心。

这些记录那段美好生活的书信、相册和资料，妈妈始终视为生命，几十年来，不论是战乱、局势危重，还是数次大搬迁，都随身携带，亲自保管。

"文革"中，即使妈妈在任课的学校挨整时也把装有爸爸信件的皮箱藏了又藏，放在最安全的地方，随时准备带走转移。但是最后，它们仍然逃脱不了被毁灭的命运。如此宝贵的东西，一只小小的皮箱，为什么就无法保存下来呢？

1966年6月初，红卫兵开始上街贴大字报，抓黑帮，扫四旧，抄家，开批斗会，局势越来越紧张，斗争越来越残酷。

妈妈当时任教的北京二十五中前身是教会学校贝满女中，有一座教堂式的公理会大楼和一大片草坪广场，"文革"初期这里成了北京市中学红卫兵重点冲击的对象和举行大型批斗会的会场，空气里充斥着红卫兵声嘶力竭的叫喊。

二十五中包括妈妈在内的教师接受审查，学校人事科档案室连遭冲击，被划为"走资派"的领导受到批斗。

妈妈学校红卫兵失控的造反行动把我们吓坏了。妈妈回家后，全家马上开始扫"四旧"，把妈妈过去的旗袍、丝袜、皮包剪碎，高跟鞋用斧子砍断，残留的几个普通别针、项链扔进院子的渗坑；把以前收集的邮票（上面印有国民党的国旗和蒋介石头像）、我们喜欢的苏联演员照片、莫斯科大剧院演出剧照画册等，全部毁掉；把妈妈姨母从福建老家带来的古老瓷器扔了……

唯独爸爸的书信、照片和资料，实在舍不得。我们曾想把它们藏到屋内地砖下、床垫里或者跨院的煤堆里，但是一想到这些动作可能留下痕迹或传出声响，一想到被红卫兵揪出的景象，只得罢手。何况，跨院与隔壁院落还有一个小窗户相通，更是危险。

一天傍晚，在学校里听到由远及近的《红卫兵造反歌》："拿起笔作刀枪，集中火力打黑帮。……谁敢向党来进攻，坚决把它消灭光。杀，杀，杀，嘿！"很快，一队队戴着红袖章、穿着绿军服的红卫兵队伍便开进学校，威风凛凛，挤满了大院，在通明的灯光下辩论。整个会场杀气腾腾，扯着脖子喊叫的发言、口号声、哄骂声、扩音器的轰鸣声，乱成一片。

在这样的情势下，妈妈和黛黛跑到会场找昭昭，她们提着一旅行袋爸爸的书信慌忙地告诉昭昭，北京市委和市公安局都被造反派砸烂了，再没有地方可以反映情况了。

"文革"的烈火越烧越旺，触及我们。当时，我们家住西石槽2号。1号西屋住着一对老夫妻带着三个儿子，仅因为男主人曾是国民党的低级军官，就被红卫兵抄家痛打。

西石槽3号北屋住着一个残疾青年和从小照顾他的老保姆，青年的父亲在香港经商。红卫兵硬说这个青年是香港特务，对他又是打又是踢。

这时，同住在西石槽的一位亲戚来告诉我们，妈妈的表姐家被抄家，表姐夫被批斗。这位表姐夫是北京市副市长、乐家老铺同仁堂的掌门人乐松生，"文革"中被戴上"反动资本家"的帽子。

这些情况让人不寒而栗，再加上街道红卫兵总是到我们家的院子巡查，更让我们感到马上就要灾难临头：也许爸爸的书信和照片已经让人盯上了，爸妈会不会因此丧命？

致命的冲击在于，关于妈妈的危机也一步步逼近，她的父亲是数得上的"国民党反动派"，这样的家庭背景在人事档案中写得清清楚楚，一旦被红卫兵翻出来，妈妈也许就没命了。

一天，妈妈预感到学校的下一个斗争对象就要轮上她了。次日清晨上班前，妈妈赶到同样面临灭顶之灾的清华挚友黄菊如阿姨家诀别，妈妈神色仓皇地叮嘱："菊如，你今天中午无论如何一定要到学校看看我怎么样了！"妈妈交代了后事。幸亏出身"红五类"的人事科科长王桂芝老师死死地挡住档案室的门，阻止了冲击的红卫兵，妈妈才幸免于难。这次如此可怕的危险，妈妈竟一直没有告诉不住在家里的昭昭，可怜的妈妈是心疼体弱多病的小女儿啊。从此，妈妈惶惶不可终日，度日如年。

当时，爸爸家的藏书和信件文献被北京人艺一派群众组织查封在书房里，实质上被保护起来了，但妈妈只是普通群众，有谁来保护呢。我们都感觉，已经到了必须处理手头的书信照片的时候了。

我们先把数百张照片用肥皂水泡烂倒进地沟里，然后说服妈妈烧掉信件。平日独立生活、敢做敢为的妈妈，这次却没了主意。面对严酷的现实，她一言不发。后来，在北京人艺的一次抄家展览上，妈妈看到造反派不分青红皂白地把个人隐私的信件、照片和衣物挂出来"示众"，受到极大的惊吓。妈妈是绝对不愿意让爸爸的东西这样任人践踏和侮辱的，最后，不得不放手让我们来处理她珍藏一生的信件。

那天，当我们姐妹俩一人背着一大书包信件准备出门的时候，妈妈没有作声，只是慌乱地跟在我们后面，哆哆嗦嗦，像一个无助的孩子嘤嘤地抽泣。我们走远了，听见她终于忍不住失声痛哭起来，因为我们要烧掉的不是普通的信件，而是爸爸青春年华、才思最旺盛时期创作的文学珍品，也是她的青春、她的爱情、她对青年时代的幸福回忆、她的心灵支柱。妈妈几天几夜不能入睡，沉浸在巨大的痛苦之中。

妈妈的一位年轻同事曾看过几封爸爸给妈妈的信，深受感动，对我们说："这些信不像花前月下的谈情说爱，不是卿卿我我的甜言蜜语，而是充满着纯真的感情，富于理想和追求，才华惊人，那样热烈、那样健康、那样高尚。你爸爸年轻的时候太可爱了，谁看了这样的信都会动心的。"

当时，我们姐妹俩真是被外面的局势给搞糊涂了，吓蒙了，从小到大，未见过这样的场面、经历过这样的事情，为了爸妈的性命和尊严，我们决定把信烧了。那时候，没有想太多，也不可能有今天的清醒，对爸爸艺术的价值更不可能有今天的认识。

爸爸给妈妈的信，一半由黛黛带到她工作的北大医院，投入锅炉房的大火炉里焚烧殆尽，另一半由昭昭带到她的学校——中央音乐学院，在五号楼三层的女厕所中烧毁冲走。

把爸爸的信件投向熊熊烈火的时候，黛黛强忍着内心的挣扎和眼泪，一出锅炉房，她放声大哭，又躲在角落里抽泣了很久，不敢回家见妈妈。

当时昭昭觉得在哪儿都不放心，于是半夜爬起来在厕所点燃信件后，用水冲进下水道。因为害怕被人发现，信都来不及看看，只是展开信纸时见到上面写满了诗句，似乎有一封描写的是爸爸躺在草地上仰望蓝天白云时所作的青春遐想。

看着燃烧的火焰和一页页书信化为灰烬,昭昭的心情真是难以形容。多少年来,她经常为此半夜惊醒、落泪,被无尽的追悔所折磨,不住重复着一个念头:"为什么当初没有把信藏到……?!如果那样,信就保存下来了,那该多好啊!"她觉得自己犯下了无法弥补、无法饶恕的罪过。

半个多世纪过去了,人生总要经历各种坎坷和痛苦,但悔恨的滋味仍然是最苦涩而无奈的。爸爸、妈妈已经离我们而去,逝去的东西也不可能复生。

11

信守不渝

还是那个纯情、才华横溢的大学生　在妈妈后半生三十九年的漫长岁月里，爸爸以决绝的态度对待妈妈，绝口不提她、不见她，包括谈及生平经历和艺术创作的时候。妈妈孤身一人，强忍痛苦，努力工作，自强、自爱，把我们姐妹抚养成人。在她内心深处，始终如一地坚守清华园里建立的爱情，历经折磨和不幸也在所不悔，信守不渝，一生始终没有再爱和再婚。

一次，爸爸对黛黛说："没想到，你妈妈以后没有再结婚……"话没说完，爸爸想的远比他说出的多。

妈妈为什么要这样做？是什么值得妈妈为爸爸坚守一生？现在的年轻人可能不理解，更有人认为"没必要""没意义"。我们一直在想。随着年龄的增长，我们慢慢懂得了妈妈。

无论遭遇多少打击和失落，在妈妈的心里，爸爸还是那个清华园里真挚、纯情，充满青春、才华的大学生，他那双炯炯有神、清澈、灵气的眼睛时时在闪耀，让妈妈永远忘不了。记不清有多少次妈妈提到爸爸的眼睛，看着我们，不无遗憾地说："你们两个的眼睛一点也不像你爸爸，差远了！"

在妈妈看来，爸爸的眼睛是最美、最传神的——当年的留影里，清秀的脸庞上那双大眼睛清澈见底，目光如炬。1935年作家郑振铎观看爸爸主演的《财狂》后，对爸爸说："家宝，在台上你的眼睛太亮了，好像闪着光，真是神了。"

妈妈的坚守，是因为这双眼睛传达出智慧的光辉，向她敞开了通向心灵的窗户。在清华园的心灵沟通中，是爸爸为妈妈打开了一个无与伦比的丰富、复杂而又美丽的艺术世界，是爸爸的博学、才华和激情深深地感染和打动了妈妈，是爸爸给予她世上最美好的感情。对于这种感动，正如妈妈晚年的回答："你们不知道他是多么会写情书，谁看到这样的信能不动心呢？"爸爸的爱，令妈妈永远纪念回味，这是她过去从来没有，以后再也不可能得到的东西，其他任何人不可能给予，更无法替代爸爸在她心中的位置。1956年妈妈曾在自传里写过，爸爸是她"欢乐和痛苦的来源"，是她一生的精神财富。

真懂爸爸的戏 妈妈和爸爸因戏结缘，从此走进了爸爸的戏剧人生。在纯真的相爱中，妈妈也渐渐走进了爸爸的内心世界。妈妈亲眼看见爸爸的戏是怎么孕育、创造、念诵、落笔，一点点磨炼出来的，分享爸爸创作的痛苦和快乐、煎熬和激情。有人说爸妈志趣并不相投，妈妈不喜欢看话剧，实际上，她是真懂得爸爸，真懂得他的戏。

二哥徐思萱曾向我们描述了一段妈妈与戏剧的深情回忆，他说，妈妈是他"爱上话剧的启蒙老师"，使他与话剧结下不解之缘。

那时我们同在福州，二哥在英华中学的话剧团，经常演戏，妈妈让他阅读《雷雨》，细数爸爸在清华园写作《雷雨》的故事。二哥一读就放不下，一连读了两三遍，被曲折的剧情发展迷住了，可心里还是懵懵懂懂。妈妈指点他怎样真正读懂《雷雨》，说，首先要一遍遍"细细地读剧本，读之中多动脑筋"。当二哥把剧中人物的关系弄清楚之后，妈妈问他："你说说剧中哪个角色是全剧的中心？"二哥心里想的是周朴园，但没敢说。

妈妈说："是繁漪。繁漪这个人物，她的内心爱与恨相互交织又互不相容……她为了爱可以牺牲一切，为了恨又可以毁掉一切……她的性格十分极端……"妈妈接着问二哥是否认真读过剧本中对繁漪的介绍和描述。二哥说，读了两遍，但脑子还不是很清晰。

这时，妈妈更认真了："读了还不够，必须通过反复诵念、琢磨剧本中她的台词，你才可能明白和理解繁漪这个人物……急不得，不是读一遍两遍就能完成的。"又说："繁漪这个人物是最难写的，也是全剧写得最好的。"爸爸写出那样有深度的繁漪，妈妈不但完全理解，而且在自己的心里融化了。

妈妈接着问："你读了以后，合上剧本，心里有什么感觉？"二哥回答："说不清楚，只是心里很压抑，感到剧中一些事'不公平'。"妈妈说："这正是作者想要给读者和观众的。你从小跟着大人逃难，没有机会接触戏剧。戏剧是生活的提炼，要是和生活一样，那就不是戏，就没有人要看了。你以后多读些好剧本，有机会多看些好戏、好电影，会慢慢懂的。"为此，妈妈向二哥推荐了《日出》《家》和老舍的小说《骆驼祥子》等，帮助二哥提高艺术修养。

后来，妈妈建议二哥学校的话剧团排演《雷雨》。那时妈妈三十六七岁，心里还涌动着青春的热血和十四年来对《雷雨》的一往情深，十分认真地说："要是你们演《雷雨》，我给你们当导演，繁漪，我来演，你看好不好？"由于种种原因，《雷雨》未能排演，妈妈深引为憾。

关于剧本写作，妈妈说："台词不是写出来的，是作者反复念诵成的，最后仅是抄写成文字剧本。"妈妈亲眼看到爸爸对着镜子一遍遍诵读台词，凭着多年的舞台经验，对语言内涵、节奏的艺术感知和把握，不断修改，写成了经得起"读"又经得住"演"的真正的戏剧语言。妈妈深知念诵对话剧的重要性，讲出了这段言简意赅的话。

为了深入说明这个意思，妈妈接着说："好剧本的台词，每个字都十分讲究，都是作者无数次推敲、斟酌才定下来的。演员念错了一个字、一个字的腔调，就不是原意了。"所以，妈妈建议二哥："看剧本不如念剧本。"对演员来说，更是要用心"念"："每一句台词只有十遍，甚至几十遍地念诵、琢磨，才会真正找到最正确的表现。"妈妈还告诉二哥，爸爸在清华借阅的外国文学作品都是原文，"只有读原文的作品，才能真正接触到原著的精髓和原作者的情感"。

二哥说，妈妈的点拨和指导使他接触戏剧世界，爱上了话剧艺术，在朦胧中有了将来当话剧演员的梦想。这个美丽却又遥远的少年梦得到妈妈的支持，17岁时他毅然北上，追逐这个遥远的梦想。

"爱的教育"在长幼二人的交流中展开　一次演出时，妈妈听二哥的同学说二哥与一位同台的女同学相识、相恋了，妈妈便开门见山地询问。也许是想起自己与爸爸因戏结缘的经历，妈妈特别关心，让二哥把女友带到家里看看。妈妈看到女孩聪明、懂事，十分喜欢。

几天之后，妈妈和二哥有一次严肃的谈话。妈妈平静又诚恳地说："明明，你有女朋友了，是不是有点早？"二哥紧张得没敢吭气。

妈妈沉思了好一会儿，缓缓地说："'爱'这个字，是不能轻易表白的，一定要好好了解对方的心。真正了解一个人是很难、很难的。别总想着一时的相处是多么美好、甜蜜。人生路上会有很多坎坷，甚至还会有风雨。要是真爱，就应该忠贞不二，一生一世……你还太年轻，不可能真懂得这些。你能记住秀姨说的这些话，就好。"

二哥说，那个时候他真不明白秀姨为什么把爱说得那么难、那么苦、那么可怕。历经几十年的跌宕和磨难，二哥感慨地说："有一种'疼爱'谓之'严格'，它没有多少让你'顺耳舒心'的词汇，却珍藏着你一生受用不尽的警示。"

1950年北上的二哥没能实现成为话剧演员的少年梦，而是进入通信兵学院。两年后，即爸妈离婚后的第二年，二哥来北京看妈妈，发现妈妈"老了，神情有些疲惫，烟抽得多了，穿着更加朴素，但还是那么整洁、清秀"，看得出，"来北京后，那场婚姻的变故对她的打击太大，太重了"。

提到离婚，妈妈对二哥重复了同样的话："我当年答应和他结婚，是为了爱他，我现在同意离婚，仍然是为了爱他。"

二哥知道，妈妈心里有许多许多委屈和苦痛，还有大把大把辛酸的泪水压在心底。妈妈有些激动，可没再往下说。

二哥说，在他的记忆里，妈妈从来没有对爸爸说过一个"不"字，生怕稍有失言，影响爸爸的声誉，她不愿在晚辈面前伤害她始终真爱的人，她多次叮嘱二哥在外面也要这样做。

尤其让他感动的是，妈妈对爸爸始终如一真爱的心、真挚的情，对爸爸宽容、爱护，在与爸爸的关系上保持低调，甚至在不实之词面前保持沉默。二哥回忆妈妈和他的很多次谈话，感觉到谈话的背后都有爸爸的身影和妈妈的深情眷恋，说妈妈苦恋了爸爸一生。

二哥对妈妈感情深厚。晚年重病缠身，他仍深情怀念妈妈，坚持每天写一点，以几个月的时间，完成了一段受教于妈妈的回忆——《思念》。在《思念》中，他细述妈妈四十五年来对他学习、生活、修养、工作的关心和教育，他说每次在妈妈身边，总能感受到她"人性的善良和美丽，享受着她母亲般的疼爱和温暖"。

爸爸的艺术生命至高无上 二哥关于"妈妈与戏剧"和"爱的教育"的回忆，让我们再一次认识了自己的母亲。在爸妈爱情的旅程中，虽然开始妈妈拒绝了爸爸的求爱，但是很快妈妈真正懂得了、爱上了爸爸。正是这种深知和深情使妈妈以一种伟大的爱、宽大的胸怀和人性的善良对爸爸以德报怨。离异后的整个后半生，妈妈内心深处最关心的，还是爸爸，还是爸爸的艺术。

离婚后妈妈不止一次对我们说："那时我同意离婚，就是希望以后你爸爸放下负担，写出更多的好作品。"妈妈一直关注着爸爸的戏剧生涯，总是问："你爸爸在写什么？怎么还不写？"

20世纪五六十年代，当看到爸爸被无穷的事务性工作和社会活动缠身时，妈妈十分焦急，说："你爸爸不会干这些事，这些事用不着他来干。"她感叹爸爸"何必去参加那么多社会活动"，把写作时间都"晃过去了"。知道爸爸因写不出剧本而内心痛苦，她时常惋惜地对我们说："爸爸写戏是个天才，应该能再写出好东西，他真是太可惜了！"尽管爸爸有了社会地位，妈妈不以为意，说："这些事谁都可以做，真能写剧本的，只有你爸爸。"

作为一个真正了解爸爸又敢于直言的人，妈妈早就坦率地说，他"不该当官"，"我是为他惋惜"。这与1983年黄永玉给爸爸的信中"你为势位所误，从一个海洋萎缩为一条小溪流……"的说法，很相似。以后漫长的几十年，爸爸只写了三部剧作，而且自己都不满意，妈妈为他感到十分难过："你爸爸是个能写的人，我了解他！能写，又写不出……"妈妈发出一声感愤："浪费天才！这是多大的损失啊！"与爸爸写作《雷雨》时酣畅、激情的状态相比较，妈妈太懂得爸爸后半生的创作悲剧了。因为爱才、惜才，妈妈陷入深深的悲哀。

"文革"中，当爸爸和他的作品被人打翻在地再踏上一只脚，粪土不如、一文不值的时候，妈妈从未说过一句损害爸爸的话，还支持昭昭夫妻俩把《日出》

改编成电影剧本。最后，妈妈病危在床奄奄一息的时候，仍催促我们去看望爸爸。这是因为妈妈爱爸爸，相信爸爸的才华。在爸爸还是一个无人知晓的普通大学生，她陪伴爸爸完成《雷雨》的时候，妈妈就懂得了爸爸的艺术价值，而且终生坚信不疑，并把爸爸的艺术生命放在至高无上的地位，真心期望爸爸的艺术才华能够在以后的岁月里发光。

有人认为妈妈不适合、不理解爸爸，但是，妈妈以一生的信念和行动证明，他们的婚姻有着坚实的思想感情基础，他们彼此相爱相知，不仅曾是志趣相投的伴侣，妈妈还对爸爸的戏剧创作起到了鼓舞和促进作用。

宽厚、善良的胸怀　在离婚前后日日夜夜的煎熬和漫长的三十九年孤寂的生活里，妈妈不可能对爸爸没有一点怨恨，爱极生恨，也会爆出火气。

两个家庭在许多方面的不同和差距，让妈妈感到不平、委屈：爸爸有地位，有名气，三世同堂，家庭美满，生活安逸；而自己带着两个女儿，面临家庭变故造成的不少实际难题，家里没有丈夫，没有父亲，有了事连个倾诉、商量、分担的人都没有。妈妈说自己人微言轻，在那些小道消息、谣传面前说话没人听，写一点事实也不可能发表，她说自己不得不变作一个不会说话的"哑巴"，甚至在好友的面前也不愿谈论她和爸爸几十年前的旧事，再来刺痛"已经钙化了的创伤"。精神上的落寞，让妈妈心里苦、心里痛。

"文革"后，我们无数次希望妈妈撰写关于爸爸的回忆录，但是妈妈没有动笔。我们渐渐领悟到其中的自卑和失落，离异后的妈妈觉得自己没有地位，没有名气，写出东西不会有人理，不会有人支持。直到生命最后一年，她才开始动笔，但是已经晚了，肺气肿加上布满全肺的蜂窝状肺大泡使她的写作一直与严重咳喘、呼吸困难并行。刚刚写到她与爸爸准备结婚，就被送进医院。很长时间里，妈妈体形枯槁、艰难写作的身影，时时浮现在我们眼前。

妈妈有时会向密友倾诉她的委屈，但很少对我们说爸爸的不好，保护着爸爸在女儿心中的形象。她希望我们不仅得到母亲的爱，也得到父亲的爱，愿意我们多和爸爸联系、相处。我们去看爸爸，她永远是高兴的，还常让我们把家乡的福州肉松、燕丸带给他。回忆这些一点一滴的小事，我们一次又一次被妈妈宽厚、善良的胸怀感动。

危难中更显出妈妈人性的光辉　　"文革"中,爸爸首当其冲,忍受前所未有的苦难。妈妈作为中学教师,面对被极左狂潮煽动起的无法无天的少年,处在厄运随时来临的惊恐之中。就在这样的时候,妈妈还想到爸爸的日子更难,总是打听爸爸的消息,催促我们去看爸爸,多陪陪他、鼓励他。

外调人员千方百计想从妈妈那里得到摧毁爸爸的"炮弹",与学校的造反派联合起来威胁、逼迫妈妈揭发爸爸的"反动言行",特别是"为国民党反动派服务"的罪行。后来妈妈回忆,在那种恐怖的环境里,她心里不能说不害怕,但她深知爸爸对国民党反动统治的深恶痛绝,再大的压力,妈妈也不愿意说假话,不能说违心的话,更没想趁机报复。自幼品行端正的妈妈写出了经得起时间、历史考验的材料。

在巨大的压力面前,妈妈没有说过一句有损爸爸的话、做过一件有损爸爸的事情,以一个普通人微薄之力,保护当时围困在"牛棚"里的爸爸。

当时爸爸被关在灯市口东口北京人艺舞台美术制作工厂,除了劳动的时间之外,被锁在工厂破旧不堪、终日不见阳光的仓库里。每天一大早,爸爸打扫门口一大片人行道。这是妈妈每天到 167 中学教书的必经之路。

不知多少次,妈妈站在对面的人行道上等待爸爸的出现,隔着不宽的马路痴痴地望着。在朦胧的晨曦里,一眼能看到的是那条围在脖子上的白毛巾,渐渐看到那个人穿着一身破制服,拿着扫把,笨拙地扫地。妈妈马上认出来,这是那个相识、相知了四十多年、在自己生命中留下永不磨灭印记的人。

妈妈不知说过多少次,"不管你爸爸变成什么样,即使有一天成了灰,我也能认出他!"这时,妈妈的心紧缩了,多少年的思念,竟在这里,这样相见了。一个此时此刻千夫所指的罪人在妈妈的眼里,不,在心里,仍然像过去一样珍贵、发光。爸爸衣着不整,佝偻着的身躯显出老态,原来气宇轩昂的自信看不到了,一副潦倒、落寞的模样。妈妈震惊,更多的是悲哀和痛心。

她早已知道如何从外表看到这个人的内心,她的心里没有一丝怀疑,站在不远的这个人,依然是个宝,正如他原名一样——"家宝",不,是"国宝";他依然是自己深知、亲近的人,那个在清华园里尽情挥洒青春和才华的大学生。妈妈远远地望着,望着,许久不愿离去,她终于看清爸爸了。默默相望胜过千言万语，她希望爸爸看到她，知道在众叛亲离的时候，还有人和他站在一起。

爸爸专心尽责地扫着地，晨曦中，戴着高度近视眼镜的爸爸隔着马路模模糊糊地也看见一个老妇人。他不解这种时候怎么会有人停下来关注他。一次次的出现，爸爸可能看清了，是她，是那个曾与他夫妻一场的女人，他也许震惊、感动，还有说不清的思绪，在这人性缺失的冰冷世界里，还有冬天的火在燃烧。

苦苦守望，抱憾永别人间　　地狱般的日子终于过去，妈妈任职到71岁，之后的六年，她老了很多，喘气更加困难。她常沉浸在回忆中：……青春……和爸爸一起……那个远去的世界……

无论在孤寂古老庭院的西石槽，枫叶透过窗棂在房屋内墙上投下婆娑的疏影，还是在女儿的宿舍小楼，从窗户望去只能看到有限的寂寥天空和烟囱冒出的缕缕灰烟，我们回到家中，里屋常传来一阵苍凉的歌声。

这歌声并不优美，也不婉转，它不像歌唱，更像吟诵，苍老无力，断断续续，甚至哆哆嗦嗦，那是妈妈用英文唱着："One day when we were young, one wonderful morning in May.You told me, you loved me when we were young one day."（"当我们年轻的时候，在这五月的一天美好的早晨，你说过，你爱我，当我们年轻时的一天。"）

我们看到，暮色中陈旧的小沙发上，妈妈一人独坐，瘦小的身躯，花白的头发，深邃的目光，似乎在眺望窗外"岁月"的远方，犹如一座雾中的塑像。

此情此景，二女婿多次向自己的朋友倾谈，向往着把这难忘的人生之恋搬上银幕。

妈妈怀念爸爸，珍视与爸爸共同度过的幸福时光，即使在医院为生命做最后抗争、受尽苦难的时刻，痴情的妈妈也总是让护工帮她梳洗干净，在盼着，甚至在等着。只要听到门开的声音，她的目光会很快循声而去，不住地巴望病房的门口，希望爸爸能够突然出现，她是多么想最后再见爸爸一面啊！

原本瘦弱的妈妈体重只剩下60斤，极度缺氧，呼吸困难，医生给她上了一个又一个维持生命的设备，身上插入五根导管，最后不得不用了呼吸器。对于这样一个濒临死亡边缘、最亲爱的人，我们怎能忍心？黛黛给爸爸写了一封信：

妈妈几十年如一日对您好，特别是在那人妖颠倒的"文革"中，她不但没有做任何伤害您的事，相反，在任何外调人员面前尽力保护您，为您说好话，使不少想捞稻草来中伤、污蔑您的人悻悻而去。这种气节，这种精神，这种气量，这种人间真情，使我们姐妹深深敬佩，亦受到许多亲朋好友的称赞。

从3月11日住院以来，妈妈已在医院里度过五个多月时间了，在这病痛折磨、精神肉体备受煎熬的时候，妈妈仍常常惦念您的身体、疾病情况，无论她多么难受，多么需要我在身旁，只要我说"我要去看爸爸"，她会马上欣然同意："你去吧，你快去吧！"我从您那里回来，她总是要我详细谈谈您的情况，我走时，她又一再催促我再去看您。

我离开北京后，妈妈病情反复，一次次加重，昭昭说，她更是时时提到您，有什么好吃的东西都要小唐迎给您送去。她不止一次提到她多年的愿望："我要在死前看看你爸爸。"想到您身体不好，我一直没和您说，但最近知道妈妈一次又一次提到此事，我觉得不应该不告诉您了。

的确妈妈现在已气息甚微，与病魔搏斗的日子已剩不多了。这种真挚而长久的愿望，这种半个世纪长的感情，这种她对过去的珍视，是人生难得的，特别是在今天这样的社会里。

我作为爸爸妈妈的第一个女儿，我希望妈妈这一（可能是临终前）愿望能得到满足，让她去时能安安心心、无一牵挂地去。您曾经说过："我对不起你妈妈"，这也让您自己内疚得到抵偿。记得你们离婚时，您曾经说过，"我们（指您和妈妈）仍然是朋友"，作为不久于世的旧时朋友，作为我与昭昭的母亲，您如果身体条件允许，希望您去见她一面（她已完全起不了床，无法去看您了）。

直至妈妈1989年8月30日下午5点25分去世，爸爸没有来，妈妈怀着最后的遗憾永远离开了这个世界。

次年，1990年2月5日爸爸给昭昭的信中写道："妈妈故去，我内疚很深。你们——你和黛黛小时我都未能照护，只依妈妈苦苦照顾，才使你们成才。想起这些，我非常愧疚。事已过去，无法补过。人事复杂，不能尽述。"他的话，让我们感到一丝欣慰。

昭昭在极度悲愤中，给姐姐写信：

你的来信和附信都收到了，我是流着热泪读你的每一封信的，以致唐彦林总是感叹："唉，时间都过去这么久了，你每次看姐姐的信总是这么哭……"也许他是男子汉，也许他毕竟是女婿而不是女儿，也许他是为了安慰我。他哪里会完全理解我们姐妹俩才能理解的感情呢，你的信怎能不勾起我心酸的回忆，怎能不引起我的共鸣呢？！

我的每一根神经都使我，特别是一个人独处时，想起亲爱的妈妈，想起从小只有我们三个人一起经历的日子、一起体验的感情；我忘不了妈妈在病床上每一瞬间的音貌，让我心痛。也可以说，这最后的日子对我的刺激太深了，使我现在还不愿意摆出她的相片。同时，后悔没有在她病得还不那么严重的时候送她住院彻底治疗，没有好好体贴她的病痛，没有很好理解她的每一个要求和情绪的表达。有时，我在厨房洗碗，小小的窗户外总亮着一颗明星，默默的、柔柔的，我总觉得，这是妈妈，她在望着我。有时，月光都使我想到妈妈清冷的墓地。

最使我内疚的是，妈妈生前，我没有好好陪陪她多聊聊，并帮她把《烟云录》写完，写好。当时，我没有去解除她心中的寂寞，实现她写作的愿望。我应该让她口述，记录下来，哪怕听她多讲讲也好（虽然这些我都考虑过）。

爸爸妈妈的照片和信件都烧了，而且是我们亲手烧掉的。当时情况虽然危难，但问题更在于我们没有足够认识信件照片的价值和保护这些珍宝的魄力。

爸爸妈妈的这段历史，除了他们两个，有谁还会知道呢！一个死了，一个绝口不提（二姨来信说，爸爸的一个自述，竟没有提妈妈一个字）。这是无法弥补的损失，让我们丢失了无价之宝，这是我不可饶恕的罪过。

另一件事就是，没能使可怜的、眼巴巴盼着的妈妈最后见爸爸一次。对于这个问题，我的心情是复杂的。妈妈的心愿我知道，但是，去不去找爸爸、爸爸会不会来，我和唐彦林数十次地讨论，最后的结论是，他是绝对不会来的。

爸爸早就知道妈妈的愿望。我记得你离开北京在机场已把这个愿望让史叔叔（照顾爸爸、为爸爸开车的史群吉叔叔）转告爸爸。张阿姨（照顾妈妈的阿姨）也不止一次通过方子（即万方）转达这件事。爸爸不但没来，而且连一点表示都没有。如果他心里对妈妈有一点，哪怕有一点歉意，任何一个人都会主动送来一点慰问、一点礼物、一束花，哪怕写几个字。如果真是这样，妈妈会多高兴啊，但是他没有。这一点，他有病，也是不能原谅的，因为当时妈妈病得比他严重得多，但是妈妈一切都做到了。

我去找他，他又会怎么样？一想起他曾经的那副冷漠的样子，我的心就变得冰凉。我简直不知道能对他说什么，他大概会觉得我来，是为了向他祈求什么。

读到爸爸的信，我又痛哭一场，我不是哭爸爸，而是哭妈妈，妈妈死得太遗憾。

我们的结论并没有错。多少事证明，我们的想法和愿望往往与爸爸的内心世界相距太大。看到爸爸那副挽联，心里替妈妈有说不出的委屈，感到怜悯和难过。什么"哀悼郑秀千古，万家宝敬献"，难道妈妈爱恋、痛苦一辈子，就值"千古"二字？！这是千千万万官样挽联重复的字眼。要不是送信的二哥提醒他，我们全用的是鲜花，他原来只打算让我们代写一个纸花圈。

当时的爸爸不能说没有一点难过，但是他的反应基本上是平静、理智的。我认为，真正触动他的是你前后的两封信。从他的信中看得出来，他是痛苦了，动了感情。但是这痛苦中，有多少是出于对妈妈的爱护和旧情呢？我们觉得，他的痛苦更多的是由于受到女儿虽然是充满感情的、然而实质上又是最严厉的谴责，是由于妈妈不安灵魂的缠绕，或者是因为暮年的极度伤感，他的内心深深受到谴责，他的负罪感和自怜远远超过了爱。要不然，妈妈活着的时候，他的种种作为应该如何解释呢？

过去我曾认为，妈妈毕竟是爸爸曾经热恋、疯狂追求过的第一个爱人，不管后来如何，初恋对一个人来说，总是甜蜜的，但是……

在最后的日子，我们看到妈妈实在太可怜了，再加上收到你给爸爸的信，我们决定先让唐迎去爸爸那儿试试看，然后我再……唐迎由于要参加期末考试，我们安排他在考完数学的星期五下午，即大约在接到你的信后几天内到北京医院去。我说服了唐迎，他愿意为阿婆到他不愿意去的地方跑一趟，我们商量好如何说。但是，没等到星期五，我真没想到妈妈会走得这么快，星期三下午她就先走了……我对不起她。

……

有关妈妈逝世的消息，二哥代表我们到北京医院通知爸爸。二哥回忆，当时爸爸正靠在躺椅上，一手拿着一本打开的书，托在大腿上，另一只手拿着眼镜，他没有在看书，显得很疲乏，像在思考着什么。二哥尽量让自己平静下来，报告了妈妈去世的消息，接着说："秀姨在病危弥留之际仍在念叨，希望您能去见她最后一面……"这时，二哥已说不下去了。

爸爸没有马上回答，片刻沉寂之后，他突然有些激动地说："唉，我和郑秀的感情……连上帝也说不清楚！……"更加难忍的一段沉寂之后，又说："思萱，如果你提前告诉我，我会去见她的……"这不符合事实。

爸爸交给二哥 50 元，二哥马上到医院附近东单南大街花店，代爸爸订制了白玉兰鲜花花圈。

12

两代人的感恩和怀念

爸爸，妈妈，我们来了　几十年来我们心里萦绕着一个梦想，看一看年轻时的爸爸妈妈，体味一下妈妈铭刻于心的清华黄金时代。

2014年金秋十月，黛黛北医的老同学韩旭（清华大学校医院医生，已退休）给我们带来令人兴奋的消息：20世纪30年代的图书馆旧址已恢复原貌，1933年暑假爸爸妈妈在图书馆的座位，以"《雷雨》在这里诞生"标示出来，对外开放了。

久盼的日子终于来到了。在韩旭及她的丈夫王凤生（原清华大学党委副书记）的热情接待下，我们追寻爸妈八十年前在清华园的足迹，流连于称为清华"三宝"的体育馆、大礼堂以及对爸爸妈妈有特殊意义的图书馆，走遍了他们休憩、散步的荷花池、小山上的钟塔，他们住过的宿舍明斋、荣斋、古月堂、静斋遗址。

参观图书馆时，我们又得到清华大学校友总会的孙哲教授、解红岩老师和图书馆特藏部副主任何玉的热情导引，接受了多部珍贵的《清华校友通讯》合刊与人物介绍。

在老图书馆前厅，我们看到关于爸爸的生平简介。一走进西文阅览室（现在作为文库阅览室），我们的心马上被一种神秘的力量攫住了，在爸妈"指引"下，目光一下投向靠近窗前那张用菲律宾精木制成的古朴的长阅览桌，以及最靠边的两张相对的靠背扶手椅,这是八十年前爸妈写作、读书,我们在梦中多少次徜徉的地方。

我们真真地看见了激情迸发、奋笔疾书的年轻爸爸,美妙花季的妈妈,他们正在伏案写作、念书。从阅览室高大的玻璃窗射进的明媚阳光将金色洒在他们的发上、身上,一片灿烂,正是青春年华!此时,我们姐妹禁不住流下热泪,心中轻轻呼唤:"爸爸,妈妈,我们来了!"

走近,我们看到长桌上放着一个简单的标签:"《雷雨》在这里诞生"。标题下写着:"一九三三年六月初,清华大学因为时局变化提前放暑假。假期中,外国文学系学生万家宝(曹禺)利用多年积累的素材,在图书馆进行了多幕话剧《雷雨》的集中创作。据曹禺本人和他当时的女友郑秀回忆,他们每天都来图书馆,在西文阅览室的两个固定座位上对面而坐,从不缺席。暑假结束前,完成了著名话剧《雷雨》。"

何玉副主任告诉我们:"每年入学都有新生来这里参观、拍照,有的小情侣坐在你们父母当年坐过的椅子上一起读书。"

接着,匆匆赶到妈妈曾就读的清华政治系,系主任张小劲教授已在明斋的政治学系办公室等候我们。一进门,首先看到妈妈1936年的毕业照放在桌上镜框里,另一个镜框里竟是爸爸妈妈和两岁的黛黛在江安的合影,我们简直不敢相信自己的眼睛。

"你们的妈妈是政治系的四朵金花之一。"这句话引起一阵欢快的笑声。大概是看到我们疑惑的神情,热情的主人翻开《清华校友通讯》,指着上面包括妈妈在内的四位女生毕业照,说:"这就是四朵金花!叶业琴、姚锦新、郑秀、张遵修。"

张小劲教授代表政治学系郑重地赠送给我们两本书。第一本是2013年由清华大学政治系组编出版,张小劲、景跃进主编的《大木长萌——清华政治系百年人物群像》。张教授打开第三章《清华园中的四朵金花》中的《郑秀:寄情一生 痴情一生》一文,正是由他本人和李春峰精心撰写的。文章9页篇幅,配合7幅珍贵照片和图画,细述了妈妈的身世、在清华园里与爸爸相爱与结合,以及离婚后的苦情相守,情真意切,令人动容。第二本是中国台湾"清华大学"的赠书《传记文学》，转载了这篇文章。

这两本书在我们的手上沉甸甸的。离开清华后半个多世纪漫长的岁月里，妈妈一直想清华，爱清华。我们意想不到，在八十多年后，海峡两岸的母校都没有忘记妈妈——一辈子行普通事的普通人。两本书，一本来自北京，一本来自台湾，书里都凝聚着母校对学子的记忆和关爱，我们心里涌起一股暖流，对清华大学永远感恩！

祖孙情深，大爱流长　妈妈不仅在清华园，也仍在我们之中。妈妈不仅养育了我们，又为我们照顾了第三代，特别是黛黛的儿子小迈。小迈一直在阿婆（小迈对妈妈的爱称）身边长大，祖孙二人情深义重。

妈妈特别爱干净，她的床任何人不能动，只有小迈可以在上面翻滚打闹，妈妈顶多说句："瞧这孩子！"而儿时的小迈有困求援，第一个目标也是我们的妈妈。每到星期日，小迈就一副可怜样儿向妈妈求情："阿婆，能不能明天不送我回幼儿园，让我在家多待一天？"妈妈一把把他抱在怀里："小迈乖乖，阿婆保你。"这一"保"下来，妈妈不但要多照顾他一天，还不得不星期二早起床，把小迈从东城送到西城幼儿园，再回东城学校给学生上课。已是花甲之年的妈妈有多么辛苦！

妈妈在学习上对小迈有要求，放学回家第一件事是做功课，做完功课才可以玩。开始妈妈每天监督，时间长了，小迈也养成了习惯。但也不是事事如愿，有时妈妈给他多教点英文，他把头扭到一边不好好听，究竟学进去多少，只有天知道。妈妈摇着头说："古人说'易子而教'，真有道理。"

小迈贪玩，喜欢运动，尤其爱好足球。中学不让在校园里踢球，小迈和小伙伴们偷偷踢，不知多少次被没收了足球，这时，还得靠在学校教书的妈妈出面。同事们说："看郑老师的面子吧"，把球还给了小迈。小迈踢球有股子拼命的劲头，常常挂彩，一回家妈妈看着他身上一块块伤痕，心疼地说："小迈，你能不能踢球不受伤？"马上给他处理好伤口。尽管心疼，妈妈从不限制他踢球。为了夏练三伏，小迈在赤日炎炎的中午踢球，妈妈不反对，认为男孩子就应该吃得了苦。踢完球一进屋，带进一股子臭胶鞋味，妈妈给他准备好洗脚水，放上除臭剂，催促着："快洗洗你的臭脚！"小迈一边洗脚，一边和妈妈聊着球场上趣事，这是祖孙一天里的快乐时刻。

妈妈性情急躁，容易发火，对我们姐妹不时发点脾气，但她从来没向小迈发过火。小迈从小淘气，常常惹祸捅娄子，有时说了也不听。妈妈对他不知哪儿来那么大的耐心，从来不打不骂，连高声嚷都没有。有一次小迈真把她气坏了，妈妈伸出纤细的手轻轻拍打小迈的屁股，小迈一边躲一边喊："不疼，不疼，耗子给我挠痒痒。"逗得妈妈笑了。

有了第三代，妈妈渐渐老了。不知妈妈是否想起黛黛出生的时候爸爸对她说的："你看，我们的青春传给她了。"妈妈看着睁着好奇的眼睛、顽皮得一刻也不停的小迈，心里充满喜悦，仿佛生命在延续，人生有希望。小迈知道，他可以在阿婆面前做想做的事，可以"放肆""捣乱"，而阿婆还会像过去一样爱他，疼他，保护他。不知在这一老一少之间起了什么化学反应，他们之间没有战争，妈妈的脾气发不起来。自幼怀着一颗仁爱之心的妈妈，这时更加包容、慈爱。到小迈成人，在他的心目中，阿婆都有崇高的不可取代的位置，他对阿婆的怀念刻骨铭心。

1980年黛黛和丈夫先后到美国进修学习，把正进入叛逆期的13岁的儿子小迈留给妈妈。妈妈没有一点犹豫，马上答应了，只说了一句："你们只有一个孩子，我怕责任太大了。"当时黛黛对妈妈的话没有当回事，更没有想到加在进入古稀之年的妈妈身上的负担是多么沉重。那时，妈妈被返聘回校继续教高中英文，工作十分繁重，还负起教养小迈的责任，无怨无悔。这四年时间，黛黛两口子没能回来一次，也没钱打电话，只一两周给妈妈写一封信。

有妈妈的管教，小迈学习上进步特别快，要在班上介绍经验，原来那么贪玩的顽童竟然懂得好好读书了，这真是给黛黛两口子的惊喜。小迈说："阿婆每周只给我五毛钱零用，东西都是阿婆买。"妈妈要小迈把心思放在读书上，坚持教育我们姐妹的老规矩：一切生活必需品由她来买，不让孩子学会花钱，更不允许乱花钱。她说："孩子手里没有钱，就不会沾染坏习惯，学习才能专心。"

妈妈的应允和鼓励下，小迈一直在少年业余体校练足球，体质体能都有进步，这中间，教练曾来到家里找妈妈，说小迈有足球天赋和潜能，想把他吸收到北京少年足球队。妈妈当时就表了态，说我们家让孩子运动、踢球，是为了练好身体，好好读书，将来有一技之长为祖国服务。妈妈当机立断，谢绝了教练的推荐，为当父母的做了一个完全正确的决定，妈妈真是懂得孩子的心。

1984年黛黛回到北京，儿子身体好，长高了，也懂事了，可妈妈衰老了，头发几乎全白。黛黛抱着妈妈痛哭不止，说不出一句话。

这一老一小的关系好像和四年前不同了。小迈比妈妈高出大半个头，有时竟想跟妈妈"平起平坐"，甚至跟妈妈开起玩笑。看见妈妈气喘时拍着前胸，哼哼着，小迈夸张地学着她的样子，大声地哼着："哎哟哟！"妈妈好像有点生气了："小迈，你一点同情心都没有，阿婆难受，你还学阿婆。"小迈根本不听，更加起劲地表演着，妈妈忍俊不禁，精神一下子好了，小迈马上倒一小杯可口可乐给妈妈，解释道："阿婆说一喝可口可乐，打个嗝，气喘就好多了。"然后诡秘地一笑。

回国后，黛黛分到的宿舍单元房是三楼，妈妈上下楼很困难，凡是出门，小迈不容分说，一下背起妈妈往下走。我们不放心，追过去，他说："我小时候，阿婆抱我，现在轮到我背阿婆了。看我这块头！"俨然一副男子汉的样子。妈妈在他背上笑了："小迈走得稳着呢，没事。"在时光的穿梭之中，人生就这样转换着角色。

小迈离开妈妈到美国了，妈妈伤心了很久。她的床靠着窗户，每天晚上，总是痴痴地望着天上的星星，问着："哪一颗是我的大孙子？"她选准了一颗最亮的星，以后每晚看着，想着，和那个让她"最揪心的"大孙子"见面"。妈妈的病越来越重，几次病危，当她感觉极度痛苦又无力、无助的时候，她总是使出全身的力气说："迈迈保佑阿婆！"最后完全发不出声，嘴唇不时动两下，家人知道，她在喊"小迈"。到生命的终结，妈妈都没有放弃对生活的期待，她把心中的爱留给亲人，留给最有希望的一代。

妈妈去世后，北美迎来了最美的秋季（Fall Foliage）。在湛蓝的天空下，黛黛走向大自然，纪念回到大地母亲怀抱的妈妈，充满感恩和怀念。漫山遍野的红叶像妈妈火热的心，拂面的山风像妈妈轻轻的脚步，潺潺的泉水像妈妈贴心的嘱咐，林中的鸟鸣像妈妈深情的吟唱："当我们年轻的时候……"

以后几乎每年黛黛（有时小迈同行）回北京看昭昭，姐妹俩一定到太子峪公墓看望妈妈，仔细冲洗、擦净墓碑，献上妈妈最喜欢的玫瑰花，然后分别和妈妈说话，报告一年来自己和家庭的喜和忧，细诉情感经历。当向妈妈三鞠躬的时候，心里的感恩和深情汹涌而出，泪水像串珠一样，再也止不住了。每年清明节在美国，黛黛面向东方三鞠躬，让感恩和怀念越过太平洋，飞向妈妈。不论妈妈在哪里，她永远是孩子们的情感归宿和支柱。

美国一年一度的万圣节（Halloween），是黛黛纪念妈妈的重要节日，屋里屋外摆着南瓜和南瓜灯饰，门上挂起象征丰收的枫叶、果实的花圈。万圣节含有阴阳两界亲人相聚的寓意，黛黛在前廊吊起传统的南瓜灯，照亮妈妈的回家之路。橘红色的光芒洒向各个角落，静静地等候着亲爱的妈妈回到家里的那一刻，那是种多么温馨又奇妙的感觉。

逢五逢十妈妈的忌日，黛黛摘下小院里的绿枝和芳香的白花，再配上买来的鲜花做成花圈，走到邻近的纽约湾，面向大海，和妈妈聊天，说心里话，向妈妈鞠躬致敬。之后，小迈跨过围栏，跳上凸向大海的巨岩，把花圈抛向大海，一起目送它在海水里漂游，花圈渐渐远去，漂到天水合一的地方，漂到妈妈的身边。

妈妈仍在我们之中　2019年8月30日是妈妈逝世三十周年，黛黛一家早早做了准备，在纽约湾，两代人举着自己编制的有24朵玫瑰花的花圈，向妈妈细述这些年的经历，倾诉连绵不绝的怀念，再次把花圈投向大海。

挚友张允和、周有光的孙女周禾庆（小名庆庆）也没有忘记这一天，短信里传来了对"外婆"（她妈妈是我们妈妈的干女儿）的深情：

缅怀外婆，忘不了她的爱，忘不了她的亲，忘不了她的温情，忘不了她的礼物，忘不了她的责骂，忘不了她的厉害（督我学习英语），忘不了睡在她大床上的夏夜，忘不了她带我去厦门鼓浪屿的许诺，忘不了她饭桌上精致的菜肴，忘不了她房中微香的烟味，忘不了她的声音，忘不了她呼唤"庆庆"的特色……阿婆，愿你在天国与老友重逢，把酒言欢，无须对影，便成三人。

庆庆的一腔真情涌流而出："阿婆，爷爷，奶奶，我爱你们！"

小迈在妈妈身边长大，是妈妈最钟爱的孙子，他懂得妈妈的心、妈妈的期望。在小迈的心里，妈妈是他的"神"——爱神、保护神。在美国学医、从医的历程中，小迈经过一次次难度较高的考试和结果难以预料的面试。每次考试的前一天，小迈都会在心里默默地祈祷："阿婆，您保佑小迈！"以此得到力量，镇定自己，争取最好的发挥。

小迈当了医生，有能力拥有自己汽车的时候，选择了妈妈特别喜爱可从未拥有过小型奔驰车。开新车的那天，小迈虚拟妈妈的存在，先开车门，把"她"扶进前面的乘客座位，给"她"戴上安全带，然后关车门。小迈在驾驶位坐好以后，轻轻地说："阿婆，您坐好，我开车了。"他开车转了一圈，把新车的第一个旅程献给了妈妈，实现妈妈坐上自己奔驰车的梦想。

妈妈永远是美丽的 我们和妈妈一起走过五十年，她去世已三十二年，却牵系着我们两代人永远的感恩和怀念。我们感觉她一直在我们的生活里，从来没有离开过。

她生命最后几年的样子深深地留在记忆里，爱和痛困扰着我们。在纽约的街道上，看到佝偻着瘦弱身躯、飘拂着白发的老妇人踽踽独行的时候，黛黛的心像被神力驱使，不顾一切地追上去，看看是不是妈妈。这是不可能发生的事情，可我们的心在说：只要有一线可能，也要把妈妈找回来。因为，那个在别人眼里再普通不过，甚至觉得衰老不堪的妇人，对我们是这样亲切，这样宝贵！

妈妈生黛黛的时候27岁，生昭昭的时候29岁，我们没有见过生命巅峰时期的妈妈，那个在清华园里度过黄金时代，名字和"金花"连在一起的最美的妈妈。

重读那封庄唯坦表舅的台湾来信，确确让我们看到了花季里那美丽骄傲的妈妈：

> 我常想，以你妈妈的才华，以及分布全世界的同班清华知名之士，假如她当时能决然走出现在的环境，摆脱不顺意婚姻的阴影，同时放弃对你外公的依赖，应该可以有一番事业可为，不致如此落寞以终。真是一种浪费！当然有很多因素，命运、时代以及非你我所知的因素，也许我不可以如此论断她。
>
> 在南京时代二十几个表兄弟姐妹中，我是与你妈妈接触最少的一个，难得一见。那一年暑假，她正在生命巅峰，回到南京度假，一个傍晚，我走下楼梯，她正拾级登楼。暮霭沉沉中，眼光相注，我发现她眼中浮泛虹彩，虽

只短暂的一刻,她继续上楼,我却急步下楼扬长而去,到现在我并未忘记那虹彩。那并不代表什么,不过表明青春期精神升华中两个骄傲灵魂相值而已。

前年到北京见面,她的衰老程度令我大吃一惊。第三次到她那里,她讲起大学时,的确有二十几个男生追求她,只有这个时刻,她脸上展开青春时那特有的美丽笑靥。所以回到福州,我又写一封信去捧她。我深知,到了我们这个年龄,唯有年少旧事被人肯定,才是最大的安慰。

《琵琶行》中"夜深忽梦少年事,梦啼妆泪红阑干",年轻时感受并不深,到老了才得知真切。我自幸能够在她生命末期,能给她做了贡献。我是相信人的灵魂会存在的,但祝福她的灵魂能常常想起年少时美艳如花的往事而自慰。

庄唯坦表舅从台湾来北京探望妈妈,临行时妈妈让昭昭的儿子唐迎送他一程。路上,表舅仍未从刚才见面的心绪中走出来,激情未尽地对唐迎说:"你们不知道,当初你们的外婆是多么迷人,多么漂亮!"接着,又无限感慨:"时间太可怕了,太可怕了!变化太大了!"

现在和南京青春时代那"美妙一瞬间"的对比令人感伤,心疼,但是从此,在我们眼前常常出现的、在心中留下的永远记忆,是20世纪30年代那光彩照人的妈妈,骄傲自信、前途无量的妈妈,而她衰老、落寞的样子渐渐淡薄了。我们知道,妈妈是希望爱她的人这样记住她的。

第三部分

妈妈遗作

《烟云录》（未完成）
《〈雷雨〉在这里诞生》

1

《烟云录》（未完成）

◆ 郑　秀

一、华林坊、乌石山之恋

我于1912年12月11日出生于福建省省会福州市。父亲郑烈（字晓云，1888—1958）于清末由我伯父郑建（字曰功）资助，留学东京日本大学，主修法律。母亲林佩英（1892—1931）由其长姐林耦庚，即我的姨母资助，于清光绪、宣统年间在上海务本学堂学医。

舅舅林文（字时塽，1887—1911）亦由其长姐林耦庚及姐夫沈璿庆冒谋叛之嫌，暗地每年资助白银四百两，在东京日本大学攻读哲学与法律。林文舅智勇兼备，品格高尚，开朗豁达，志气昂扬，汉文基础极佳。

林文与父亲同在东京求学时，不仅同窗、同乡，更志向相投，并为孙中山先生所赏识，被吸收为中国同盟会会员。他们与其他留日学生一起在中山先生领导下，共同制订推翻清朝黑暗统治、建立共和国的政治纲领，筹划武装斗争、夺取政权的具体措施和行动计划。

自1905年至1911年"三·二九"辛亥广州起义前夕，我父亲与林文舅朝夕相处，情若兄弟，相约革命成功后，父亲与当时在上海学医的林文之幼妹林佩英结为夫妻，以便日后为驱除鞑虏、振兴中华效力。

1911年3月29日前不久，会集在东京的中国革命党人（其中绝大多数是留日学生）个个热血沸腾，在黄兴先生的率领下组织敢死队，先期回国，星夜奔赴广州。当日在广州总督府门前排好阵势，炮击总督府衙门。

林文、方声洞、林觉民等人当先，率领小分队，直指总督衙门。敌人闻声，迅以大炮还击。林、方等"福建十杰"以及各省勇士七十二人先后壮烈牺牲，即世称"黄花岗七十二烈士"。

继之辛亥革命浪潮骤起，武昌起义等全国响应，统治中国三千年的封建王朝被推翻了。

辛亥广州起义时，因战事变故，父亲当日未能直接参加广州总督府门前的战斗，成为黄花岗烈士中的意外生还者，为此，深引为憾。

辛亥革命后，孙中山先生就任中华民国临时大总统，南方各省成立各自省政府。

1911年夏，福建都督府组成，父亲被推为福建省司法部部长。路经上海，与我母亲林佩英相见，陈述亡舅意愿，特向母亲求婚。母亲首肯，辍学待婚，他们先后返归故里——福州。1912年1月间，父母举行了文明的结婚典礼。

我成年后，据姨母谈及，母亲在婚礼上穿红粉色绸短袄、百褶长裙、高跟漆皮鞋，手捧鲜花束，乘坐鲜花扎饰车厢的马车，到城北"华林坊"外曾祖林鸿年的旧府第举行婚礼。仪式上，由两位新人发表简短讲话，阐明他们为革命事业而结合的意愿。婚礼摒弃一切旧习俗，仅聘请一乐队演奏迎亲曲，不摆宴席，不收礼，仅备家宴二三桌招待至亲好友。此事在民国初期的福州，实属移风易俗的创举，深得族人的称赞，并广为效尤。有友人在祝词中写出："黄花岗上应含笑，柏院风清称旧盟""革命花开连理枝"等诗句。遗憾的是，母亲从此辍学，未继续学医，失去成为我国第一代女医师的机会。

父母结婚当年年底，1912年12月11日，我出生在福州城内黄巷父亲家族的大家庭里。当时祖父母尚在，几房伯父母家人也同住。我诞生后深得父亲宠爱，父亲按日本习惯，每天工余亲手给我洗澡，抱我嬉戏，但我瘦弱多病，常服中药，需专人看护。

我不及半岁，母亲又怀第二胎，因而不能全力照顾。母亲在娘家最小，她的四位姐姐均无女儿，都非常疼爱我。母亲的长姐、我的大姨母林耦庚尤为喜爱我，便把我接走抚养。从此，我与姨母林耦庚、姨父沈璿庆结下更多的亲缘，对姨母和母亲家族的外曾祖家园华林坊，对姨父沈璿庆家族的乌石山沈氏宗祠园林，怀有深深的眷恋。

外曾祖父林鸿年系清朝末年状元，我虽然没有见过他，也不知道他所任的官职（清朝云南巡抚），但是他传下的家园——华林坊，令我终生难忘。不论我在福州的幼年时代，还是后来到北平读书后重返故乡，都经常回外曾祖家华林坊小住、游玩。

华林坊前后有三进院落，每一进院落有正房和东西厢房，两侧还有跨院及住房，每进院落之间另有走廊和厢房相连。

第一进院落东侧的跨院，称"八间排"，为外曾祖长房子孙约十余人居住。跨院的天井里摆放许多"素心兰"盆花，围墙边则植翠竹。一进入八间排，阵阵幽香扑鼻而来。每次我去看望住在那里的大舅母，她总是颠颠咚咚地双手取出红纸包的酥糖，非让我吃不可。可惜我从小不喜欢甜食，每次总勉强吃半包，留下半包带回去送给小伙伴悦侬。

从八间排出来，要经过一条木栏杆搭的走廊。走廊的栏杆用小木头嵌成几何形的格框，廊檐下置有长凳式栏杆，可以坐憩。走廊两边各留出相等长宽的花池，池边修竹随风摇曳，显得婀娜多姿，优雅脱俗。走廊花池边的小竹林后，又有厢房三间，由外曾祖次子子孙居住。

向里行，过天井即到二进院落。二进因系正房，中央为大厅堂。厅堂北端设大案桌，案桌上摆着玉如意、大果盘和大瓷花瓶。这里是林家办婚丧喜庆之处，我父母婚礼仪式即在此厅堂举行。厅堂西侧前后居室系外曾祖庶子一家所住。

二进大厅堂的后厅，则供林氏祖先灵牌，长年摆香案，逢祖先生殁忌日燃红素蜡烛、烧锡箔、供水果菜肴为祭。1927年我从读书的北平回福州老家华林坊，祭外祖母忌辰，曾在祭桌前跪拜。其实我在北平上教会学校——培元小学和贝满中学时，虽不是教徒，但也不信鬼神，到了这封建遗风犹盛的祖籍，不免要入乡随俗了。

这后厅也是林氏几代家人会聚的地方，可摆家宴四五席，打开屏风，穿堂风习习，虽值盛夏，也不觉炎热。姨母们回娘家备受优待，舅母和表嫂们不时前来陪伴姨母们玩纸牌"看胡"或"四色"，下午必定供应一餐点心，或咸或甜，味美可口，之后便是晚餐。

点心和晚餐均由大厨房烹制。后厅厢房外有一甬道通往大厨房，每逢婚丧喜庆，都聘请厨师在大厨房备餐。厨房外连一方小院，院内有假山、芭蕉和翠竹，有小鱼池，养着金鱼和红颈小鳟鱼。院子虽小，但颇具华南风情。

每次家人会聚，各位姨母总是意犹未尽，直至晚餐后婆家人来接，才陆续返回。

我们这些外孙、孙女们年幼时，也最喜欢回华林坊外祖家。孩子们总爱登上三进大厅后面的藏书楼楼上，顺此爬上黄淡树（福州一带特有的水果树，果实很像龙眼，但味道极酸）和枇杷树。到这里"淘气"，大人看不见，管不着，很"自由"，连我这穿绣花鞋的小人也学着爬大树哩。

外曾祖父子孙满堂，嫡出和庶出的子女及后代至少有七房之多，有的一房就十来人。各房分住在各进院落、跨院及走廊两侧的住房和厢房里，他们的职业有私塾先生、小职员、小商人、律师，均无显赫职位，有的根本无职业，但老人在世时，相互之间的关系很亲，感情融洽。光阴荏苒，到了 20 世纪中期，众多家人的联系就很少了，有的消息全无。只有外曾祖父四子四伯公之子堂房三舅舅家的三位表姐，即大排行三姐、五姐和九姐，因子女的工作关系，均住在北京，直到新中国成立后，仍与我保持较为密切的来往。

三姐之女陈舜瑶系 20 世纪 50 年代清华大学的副教务长，婿宋平在党中央书记处任职；五姐之子杨桢系北京国防科学院核反应堆的科学家；九姐之女沈崇在文化部外文局工作。当初，姨母林耦庚做主将九姐嫁与自己的继子沈劼，成为九姐的婆婆和沈崇的祖母，因而九姐作为儿媳，在京期间经常来看望与我同住的姨母林耦庚。姨母林耦庚为沈璿庆续弦，沈璿庆原配子女五人，三女二男，次子沈劼为沈崇之父。

我的外祖父林晟（人称"名士林晟"，为当时"闽中十才子"之一）系外曾祖林鸿年的第六子，自幼喜欢读书，通晓诗书古文，曾于清末到台湾设馆讲学，全家随往。外祖父母共有三男五女，我母亲林佩英即最小的第五女，长女就是我的大姨母林耦庚。相传次女长得最美。

据说，我母亲初生，不及周岁，外祖母乳水不足，雇佣台湾奶妈为她哺乳，因此母亲幼年会说台湾话。后来外祖父一家返回福州老家，住在华林坊二进大厅堂东侧居室。二进与三进之间的两间西厢房便是母亲的长姐和四姐的闺房。后来长姐林耦庚出嫁，母亲就住进了她的闺房。母亲的三位哥哥，除"黄花岗七十二烈士"之一的林文之外，其他二位哥哥为小职员或无职业。

母亲长姐，即我的大姨母林耦庚适姨父沈璕庆后，入住福州城南乌石山沈氏宗祠园林。姨父沈璕庆系北洋政府海军部秘书，司拟公文稿件，撰写寿屏挽联等事宜。中华民国成立后，北洋政府海军部中上层职位多由闽籍人士占据，姨父沈璕庆文章、书法为闽籍文人中之佼佼者，故受聘为海军部秘书。

母亲12岁时，外祖父母相继逝世，大姨母林耦庚和姨父沈璕庆不仅供养舅舅林文，还把母亲林佩英接去姨父任职的杭州、南溪等地抚养。母亲和舅舅林文兄妹二人成人后，大姨母和姨父又资助林文赴日留学，送母亲去上海务本女校习医。大舅的子女其后也曾受到姨父、姨母、母亲以及林文抚恤金的资助。

我不及半岁，母亲又怀第二胎的时候，大姨母林耦庚愿为自己最小的妹妹分担育儿责任。大姨母大龄结婚续弦，膝下无亲生子女，因而视我如己出，收我为干女儿，把我和乳母一起接到乌石山沈氏宗祠中一栋两层楼抚养居住。

我从婴儿襁褓时来到乌石山山上沈家宗祠以来，除了女佣六六嫂、婢女悦侬和乳母之外，别无男性家人同住。当时，姨父已离家北上北平海军部就职，姨母怕北平冬季寒冷，未同行。沈家雇用的宗祠及园林男工，都住在园林远处前门的平房内。亲友们夸赞姨母不怕鬼神，有大丈夫的胆识和气概。虽说如此，我们在山上一住近六年，被盗衣物不在少数。有时被窃次日在近楼山腰处发现一些盗贼携带不及的衣物丢挂在树梢上，但姨母从未向当地警局报过案。她的哲学是，小偷因穷才偷，我们少用些衣物也不影响生活，算了。

我随姨母在乌石山住了近六年，除了阴历年前回城到外曾祖的华林坊过年外，每年至少有十个月住在乌石山。我虽年幼，在乌石山没有处处游玩、欣赏，但对近楼的许多树木、果类尚有依稀印象，如春天的桃李、五月中旬楼前高大的荔枝树和池中皎洁的荷花、盛夏山上的番石榴和黄淡，以及初秋的枇杷、橄榄，七八月间土黄色、沉甸甸的龙眼挂满枝头。这些美果伸手可摘，月月可以尝鲜。

不过，姨母说我是"肝火体"，不宜吃带"火性"的荔枝和龙眼，要吃也只能吃两三颗用井水浸过的荔枝或用稀粥泡过的龙眼，当稀饭小菜吃几颗，就算满足了我这个体弱多病、纤细矮小的小娇娃的欲望了。

姨母的小婢女悦侬，是姨父在福建南溪抚台任内，姨母用二百两银子从贫苦农妇手里"买"来的，当时她不过六七岁。到沈家后，姨母让女佣给她剃头削发、洗澡更衣，把她长满虱子的头发和旧衣全都烧掉，晚上就睡在姨母房间的睡榻上。交给她的任务是给客人沏茶、递毛巾、点火装烟，夏天打井水擦拭姨母住房和我小屋的家具，清洗茶具。

姨父向不赞成用婢女，他老人家从来就有平等博爱思想，自奉甚俭，从我记事起直到我六岁时随姨母又来北平，寄养在沈家的十五六年间，姨父始终是布衣布履，连冬天穿的绑腿及皮袍面料，也都是月白竹布和灰斜纹布制作的。老人家有胃病，多吃面食，早点一般是豆浆、油条或家做的薄饼，中午一般吃清炖牛肉汤或雪里蕻肉末汤下挂面，晚饭多半吃馒头、小米粥。

悦侬的名字是姨父取的，并关照姨母，让悦侬做些家务零活是可以的，但，一要让她读书，二不要打骂。还说，小孩子不肯读书或做错事，要向她指出错处，谆嘱以后不要再犯；屡教不改时，可以用戒尺敲手心，引以为戒，但不可真打、谩骂。

从此，悦侬每天在沈家私塾跟着家中子女开始读书识字，学《百家姓》《千字文》，如"但行好事，莫问前程，与人方便，自己方便……"，等等。到她十五六岁，常和我一起玩耍，高兴时能背出几句《诗经》："关关雎鸠，在河之洲，窈窕淑女，君子好逑……"她比我大约十岁，在我识方字片时期，是我的辅导老师。

我和悦侬在乌石山建立的友情日益深厚。我因遍受父母和各位姨母的宠爱，特别娇气，诸长辈都叫我"咪仔"，悦侬原叫我"咪小姐"，我不喜欢，她就和六六嫂商量，改口叫我"妹哥"，以示亲昵、平等。

我周岁后，乳母便返乡务农了，是悦侬和六六嫂照顾我的生活琐事，给了我很多的温暖。她们俩很勤快，从不怕劳累，譬如洗澡更衣，夏天每日为我冲洗两次，换上六六嫂烫得平整光滑的细纱花布衫裤，脚穿绣花鞋，头发两边分梳双翅小蝴蝶辫髻，系上紫色丝头绳，刷上刨花水（福州民间常用特殊的木刨花泡制的一种黏黏的汁，以代替头油，绿色健康），黑亮而高雅，非常赏心悦目。这时，悦侬和六六嫂就会赞赏说："妹哥真俊。"我自己也觉得很得意。

姨母白天爱看旧小说和做绣花活，为我"洋"绣枕套，"土"绣兜兜和缎鞋面。她老人家还到各亲戚处要来花洋布头，又去大布店买几十色小段花布，剪裁了一百块正方布块，然后细心拼做一床"百色"夹被给我夏天盖。姨母虽不怕鬼不信神，但有时也有些迷信，她说："穿百家衣，盖百色被，妮仔好养，可以长命百岁。"这床百色夹被我一直用到十六岁那年从北平回福州家中，才传给弟弟妹妹。

1918年我六岁时，与悦侬分别，随姨母从福州老家北上，投奔在北平海军部任职的姨父，并在北平读书，直至1927年秋我十四岁上初中时，又随沈家迁回福州。

在我们离开福州赴北平前，悦侬约十七八岁，姨母经人介绍，把她嫁给一个海军名宿，年龄比她大二十多岁的半老男人为继室。据说，这家儿女待她不错，物质生活堪称上乘。悦侬出嫁翌年便生了一个男孩，从而全家对她更为重视，其夫对她爱护有加，悦侬自己也感满足。

我们曾收到悦侬托人带来家乡的土特产食品，姨母夸说悦侬"很有心"（意指有良心）。我当时未满十岁，但见物就想起我和悦侬在乌石山的种种情景，她总是"妹哥"长"妹哥"短地哄我玩耍，牵我上半山坡摘采野花，有时摘下一两颗黄淡和番石榴，用手绢擦擦就在山坡上给我吃了。因为她说，这两种果子是姨母允许我吃的，说，小孩吃黄淡、番石榴可以化痰消食，不像荔枝、龙眼，虽十分香美，但小孩怕"上火"，是禁食的。

悦侬出嫁不及三年，她亲生的男孩夭折，丈夫也因肺病逝世，她觉得自己再留在婆家已经没有意义了,决然带着分得的存款财物,独自去厦门"做生意"。

不幸的是,她处世不深,受坏人引诱,先是"学艺"唱闽戏,后被卖堕入青楼,过悲惨生活达四五年,后来遇了一个好心的福州来"客",知她受骗,劝她速返故乡,争过"人"的生活。

悦侬幡然醒悟,不久即托故奔回福州,经人指点去郊区乡村再嫁一老农民。从此悦侬又恢复"本"来面目,做了老老实实的农妇,一切农活她都能胜任。

1928年夏天我回到福州后,六六嫂和悦侬远自她们的乡村来福州看望我。

六六嫂老了,嘴瘪了,但一身浅蓝色粗夏布衣衫还是抚得平平整整的,脑后的发髻梳得光光亮亮,只是有的"乡"音我听不懂了。她给我带来乡里的特产"冰糖芋",个大,质松,味浓,是闽中难得的佳品。

悦侬十多年来历经辛酸,这次见面,我们才知道她的遭遇。一看到我,她还是叫我"妹哥"。悦侬上身穿深蓝色粗夏布衫,下身穿洗掉色的黑香云纱宽口裤,手腕上还戴着一副银镯,完全是一个地道的农家人了。

她用她那双长满老茧粗糙的手拉着我的双手,不住地问长问短,两眼不停地在我脸上打圈圈,嘴里喃喃地说:"妹哥变样了,变得水亮多了,也梗("高"的意思),真萨("快"的意思)!古下("还"的意思)记福州话?"我望着她点点头,用不娴熟的乡音回答她。

我深为悦侬前些年的不幸遭遇和对我的厚谊所感动,不由得摘下左手中指上不足二钱重的小老鼠造型的九成金金戒指,戴在她左手的小指上,作为纪念,告诉她,我已经是初中学生,中学生都不戴首饰。悦侬急忙要摘还我,在旁边的姨母和我母亲都让她留下,她才慢慢放下手,两眼充满泪水,呜咽地说:"等侬("我"的意思)死前,一定把这传给侬家那姿侬仔("唯一的女儿"的意思),这仔真像妹哥做傻("小时候"的意思)样式,侬第一疼伊("她"的意思)。"

悦侬只小住两天,说什么都要回乡去,她说准备秋收,眼下家里缺人手下地,给即将成熟的稻子灌溉、除虫。她的老伴老了,只能干些轻活,独生女已出嫁外乡,所以悦侬成了家里的主要劳力。年老多病的六六嫂先来两天,也要和悦侬同行回乡。我们不便多留,姨母和母亲准备了一些钱物分别送给了这两位忠诚的老家人。不料,这次分手竟成永别!

1931年我随父亲回福州为母亲安葬，曾托乡人打听悦侬和六六嫂的情况，但均无回音，只好打消再度会晤的念头。

直到"文革"后期，1975年我回榕探亲时，特意再一次登山抒怀，可惜当年"福州市革命委员会"在此驻地办公，"闲人不得入内"。陪我来此怀古的甥女劝我"止步"，免费唇舌，只好悻悻离去。

1985年6月，我拖着病体，乘黛儿出差来榕之便，本拟再次登山重游旧地，无奈气喘不止，难以成行。

每当忆起幼年形影不离的故人时，我总不由得升起深深的眷念之情！

二、古都寄养　孺子承教

1918年阴历年前，六岁的我随姨母自福州乌江出发，乘沈瑜庆（是姨父沈璿庆的哥哥）灵柩回福州安葬的海军舰艇回程上海之便，经沪由在上海交人读书的沈劭表兄护送，换乘火车抵达北京。那时，在京亲友很少，只见姨父带男工二人来站相接。

姨父已租定东城南小街竹竿巷一处前后两个四合院的外院南屋，一排大小三间住房。这是地道的北京房屋，白粉莲纸糊顶棚和墙壁，草席铺地，白棉纸糊的卷窗。

当时正值严冬季节，但三间房只生两个"白炉"，男工虽把火烧得很旺，但仍抵不住寒流的袭击。

姨父白天去海军部上班，家里只有姨母和我。男工平时在门房，很少进来，姨母只好自己动手不断往白炉里添煤球。她对北方炉火管理很外行，白炉添上煤后应该拔上拔火罐，移放院外，等炉火通红后，才能搬进屋内，因为白炉不按烟筒，喷出的一氧化碳对人体极有害。姨母不晓此理，致使我们来京的次日就中煤毒，不省人事。

幸有沈劭表兄自沪送我们来京尚未返沪，急忙找北屋叶氏夫妇求援，他们立即一面协同劭表兄和男工把我们母女俩抬到院中撑板平卧，一面急报派出所。警察送来酸菜水和白萝卜汁，让劭表兄给我们灌下。

约半个小时后，我呕吐不止，头痛如裂，但逐渐醒来，觉得奇冷难当，嚷着要回屋躺床休息。内行人都说不可,必坚持在院中借凉风冲走毒气不可。果然,又过了一个多小时,姨母和我都脱离了险境。待姨父回家,我们身体基本上恢复正常。这是我这个"南方仔"来北京第一次接受的考验。

当时,我不过六周岁,居然懂得一点自然科学小知识——未全燃烧的煤会产生一氧化碳,对人体极有害,严重的能导致死亡。这个教训,我一直警惕几十年,冬天室内烧蜂窝煤炉,一定十分注意烟筒通风,晚上睡前都要检查,打开烟筒风门,防止煤气中毒事故发生。

迁京一年余后,姨母因嫌竹竿巷住屋小,且坐南朝北,白天不照阳光,冬日阴冷,托人介绍,租得东四礼士胡同 83 号满族宫姓出租住宅一所。

此住宅系中档规格的四合院,正院四面住房质材上乘,两侧有小天井一方,使得房屋可得光照通风之利。四面住房前环绕走廊,可防风避雨,夏挂苇帘,可减暑热。正院两侧各有一小跨院,西跨院设五六间住房,另一院为厨房、厨师男工住房、储藏室和"马号"。正院北面还有带花厅和东西厢房的北小院,厢房为女佣和堆房所用。小院的西侧是大门口、门房和车房。

礼士胡同 83 号住屋条件很好,但租金颇昂,每月银圆 56 元。姨母即与在广州商务印书馆工作的九姨父梁宝田商定,俟梁家迁京,两家住在一起,以便相互照顾。我们迁居新屋半年后,梁九姨全家八人到达礼士胡同 83 号,住北屋五间、东屋三间及北小院花厅及女佣室、堆房共五间。姨母老夫妇带我住南屋五间。西屋则为公用饭厅。两家和睦相处,安居无间。

光阴似箭,转眼不觉过了三四年头,1922 年春天,那时我刚满十周岁,在东城培元小学三年级上学,北京突然闹起猩红热这可怕的传染病。梁家小孩都被传染上,两周内,梁家老大伊宝和小老五不幸夭折,逼得梁家不得不搬家,以免细菌蔓延。

梁家搬走后,姨母找人帮忙,对北屋、东屋和北花厅进行大消毒,所有门窗都大敞开驱除恶气。但细菌仍传入了我的躯体,我浑身上下都出现大片大片的红斑。万幸的是,我的病情较轻,姨母延请德国名医狄博尔给我打针吃药,二三天后红斑开始"回谢",我的神智也清醒多了。

姨母始终和我同床睡眠,日夜精心护理,每天除针药外,给我喝大量的柑汁或荸荠水，所以红斑才能迅速"回谢"，而且没有留下任何后遗症，休养一个多月后，我就痊愈回校读书了。

当时北平的小学学制为七年，1918年底我随姨母迁居北京之初，满六岁，到了入学的年龄，但一口福州乡音，一句北京话也不会说，姨母把我送到她的老世交林贻山夫妇家中，请他们的两个女儿带我进东观音寺小学（今崇内船板胡同附近）。

清末林贻山伯在我姨父沈璿庆知府衙内任执事时，先后在杭州、南溪等地同住一宅，两家又是同宗远亲，故相处如家人。之后，贻山伯于民国初年应其弟邀，举家迁京定居，住南池子三号其弟住宅北屋及东西厢房，甚为宽敞。

贻山伯到京后，任京汉铁路局一般职员，月薪不足百元，他们有四女一子。

带我进东观音寺小学读书的是林家的三女和四女，她们分别是高小二、三年级学生。当时，这所小学尚分初小四年、高小三年。高小女生春秋夏一般穿月白或毛蓝色短褂、黑裙、白线袜、黑布鞋，梳一条水辫或两个辫髻分盘脑后，初小女生可穿花布裤褂，梳水辫。

每天早晨，我随林家姐姐步行从南池子出发，通过东长安街，跨过崇文大街马路，直达东观音寺。下午四时循原路同回林家。两位林姐姐辅导我做作业，教我说北京话。

贻山伯的长女韵琦，民国初年与留日同盟会会员李仲谋结婚，后李仲谋任武汉海关要职，家住汉口。李仲谋夫妇因连生儿女数人，乏人照管，将长女李依弥送来外祖父林贻山家抚养。

依弥比我小两岁，未到入学年龄，故只在外祖母身边识字片，每天下午等我放学回来，做完作业，就跟我一块玩。她比我早来京一年多，北京话说得好，是我学北京话的小先生。

晚间依弥和我跟林老太太同睡一张床。我称林老太太为贻山母。她是一位慈祥的老人，身材矮小，患高度近视，因此许多家务琐事都要等她的儿女们回来做。

林氏次女林诗娱，汉文基础较殷实，书法行文很有男子气概。她曾与我的母亲同在上海务本女中学医时，结为金兰挚友。林诗娱结婚不久即离，在北京护士学校任职，与林老夫妇同住。

林老独子林仰山于唐山交通学院毕业后，到京汉铁路局工作。

林氏一家忠厚淳朴，待人诚挚，不尚客套，我年幼寄宿林家感觉自由无拘束。在东观音寺小学，我上了两年学，逐渐习惯学校生活，学会北京话。

姨母不愿再麻烦林家，且上学路途较远，尤其冬季步行往返诸多不便，便决定让我转学回到附近的东四王府大街培元小学。

培元小学系北京教会公理会创办的私立小学，全部按美国方式进行教学，并设《圣经》课，四年级即增设英语课。我之所以被送到这所学校读书，是因为姨父的侄媳倪女士（姨父兄长沈瑜庆的儿媳）的介绍。倪女士毕业于福州教会学校"华南女子学院"，后嫁于沈瑜庆的长子沈鹄。沈鹄任北洋政府外交官，常出使国外。

我入培元小学，插班二年级就读，经常得到鹄哥夫妇之女缅申、美申（她们比我高一年）和与我同班的和申的帮助，约半年后就逐渐习惯了培元小学的学习生活，并由于我恪守校规、勤学，进步很快，成绩超过沈家三姐妹，尤远远高于有病的和申。

和申患重病，休学住院治疗，经医生诊断，患了骨癌。她身体逐渐消瘦，虚弱异常，虽经多方治疗、其母加意看护，也未能抢救这个不满八龄的幼女。

和申的死给我这个不满十岁"小长辈"心中留下一道深深的伤痕，她让我有生第一次有"死"的概念和哀痛。

升到小学三年级后增添了圣经课，由严厉的班主任任教。她是一位笃信基督教的老姑娘，从同一教会的贝满女中初中毕业，是由教会收养的贫苦人家的女儿。她不但能迅速查出"耶和华"和"耶稣"的哪句语录在哪章哪节哪页，而且能背诵其中许多段落句子。三年级我们上圣经课，是由先生先讲当日的课程主题，然后指名叫学生背诵上次留的作业段落，最后再由先生讲新课，留作业。

一次，上课前一天晚上，我在家背姨父教的《陋室铭》古文，因很喜欢这篇文章，读了又读，直至能熟背，因而对圣经作业就草草读几遍，认为老师可能不会当堂叫我。但是我错了，先生很不客气硬是叫到我。我只好站起来，磕磕巴巴地背不下来。正值寒冬季节，课堂里炉火不旺，室温很低，但我急得全身大汗淋淋，低头不响，先生斥道："不好好学《圣经》，神要惩罚你的，跪下，请求神饶恕吧！"我不敢违拗，只好慢慢走到讲台前屈膝跪下，先生叫起别的同学背诵给我听。

这是我第一次受到惩罚。我从小受父母和诸姨母宠爱、众亲友的呵护，从来未被打骂、训斥或体罚过，这次因背不下经文，受到"奇耻大辱"，只觉一股愤怒与委屈的感情油然而生。那时我不满十一岁，居然没有哭，想到以前也有几个小同学背不下《圣经》被罚跪都没哭，我也不能哭啊！这件小事恐怕是我之后连续在教会学校上学十一年，始终没有"受洗"信教的主要原因吧。

还有，我也发现，有的讲道人和少数教友却是他们自己所批判的"假冒伪善"，表面"正人君子"，非常慈善，但骨子里却很自私，甚至狠毒，他们的伪装让人看了很不舒服。

培元小学从四年级起即设有英文课，我升入四年级后开始学英文。我们的启蒙老师吴先生是当时协和大学（燕京大学前身）肄业生，是该大学为数极少的女生之一，后因病辍学，受聘来校。我们的教材是商务印书馆出版的《初级英文读本》。我还清楚地记得，吴先生教学非常严格，为教"the"一词的发音，整整花了一堂课的时间，全班三十余人，每人都要站起来读出正确发音，有的北方籍同学有困难，吴先生不厌其烦地予以指导纠正，直至认为满意为止。一年后读完薄薄的第一本英文教科书，这是我第一次接触"洋文"的契机。

没想到三十年后，我竟"半路出家"以此为职业，在新中国成立后的首都北京，先后在市立男二中和我中学母校贝满的后身167中和25中，执教英语课近三十年，直至1983年初因重病而辍教。

小学五年级仍由吴先生继续执教第二册，我因勤学，成绩节节上升。六年级时更换了老师，由贝满女中高中学生江兆艾讲授新书《英文津梁》（*Master of English*）第一册。江先生系民主进步人士江亢虎先生之次女。民国初年江亢虎先生在东南亚各国从事民主宣传活动，江兆艾自幼随父母在菲律宾等国家居住，学了多年的英语，因此她的口语教学胜吴先生一筹。

江先生每堂课上先测验，再讲新课。我钦佩江先生英语讲得漂亮，对她非常尊敬，因而对英语非常用功。我竭力模仿她的正确发音和语调，每次口头、笔头测验基本满分，至少也得99分，小学毕业考试又得100分，再加上其他课程成绩均达优秀，尤以国文成绩为全班之首，所以，经学校和班主任提名、学校批准，我和其他两个同学被免试保送同教会的贝满女中就读。

回顾小学生活，最使我难忘的还是姨父教我晨读。

我十岁时，在三年级下学期的一天，姨父和姨母商定，每晨上学前教我读古文和练书法。姨父习惯早起，凌晨四时左右必起床写字，不论严冬酷暑，从不间断。他老人家的文章书法，在当时旧北京城内很有名气。他笔锋师颜，刚健有力，写楷书，平整劲脱，而笔顺、点捺自如，融颜、柳、欧阳于一体，自成风格。除在机关书写屏幛外，偶为京师一些果品商号书写牌匾，如前门外的"晋义永"、东四的"晋义源"和"绍兴酒店"等字号，都是他的手笔。这些字号，有的在新中国成立后停业，"晋义永"与"通三义"等牌坊在"文革"中被毁。他的楷书、行书手稿，经常被在京沈家晚辈亲友索取，作为临摹字帖。

我近水楼台，每晨四时半，姨父唤醒我，漱洗毕，立即坐在姨父左侧，倾听他先讲授《诗经》，继之《左传》《四书》和《古文观止》等古书经典。那时我未满十周岁，循序读了《诗经》前几首："关关雎鸠，在河之洲，窈窕淑女，君子好逑""孟子见梁惠王，王曰：叟不远千里而来，以将有利于吾国乎"；《古文观止》中选读《桃花源记》："晋太原中武陵人捕鱼为业……"，《陋室铭》中："山不在高，有仙则名，水不在清，有龙则灵……"

我最初接触祖国古文诗书，觉得古文确实比白话文赅简含蓄，读之有韵味。但因当时年幼，似懂非懂，囫囵吞枣，只能按照姨父指点，用乡音朗读。待读顺口了，居然也会像姨父那样摇头击掌，且读且唱起来。其实我一点不懂音韵平仄，不过跟着瞎读，但老人并不责备我，而是饶有兴趣地教下去。

晨读大约用一个半小时，到六点钟左右，他老人家又教我大、小楷书法。先是临摹他写的方格楷书，以后又让我直接临摹颜惠卿正楷和王羲之小楷字帖各一页，约一小时。然后急忙吃完早点，提起昨晚收拾好的书包，匆匆地步行上学去。

培元小学与沈家住处礼士胡同之间，只隔一条横跨东四南大街的马路和报房胡同，一般步行只需二十分钟，我从家出发到校，不过七点三刻左右，还有一刻钟做课前准备工作。上小学多年来，从未迟到过。

我在姨父身边承教约六年，为我终身打下祖国文学和书法较殷实的基础，使我一生的工作学习受益匪浅。我之所以能从北平驰名的培元小学保送贝满中学，继而从贝满中学保送燕京大学，同年（1932年）暑假投考清华大学被录取（最终决定入清华，舍燕大），新中国成立后用我所学从事教育事业达三十余年之久，皆受益于沈姨父为我打下古文学和文字的基础。

姨父沈璿庆（字东录）为两江兼两广总督沈葆桢之公子、民族英雄林则徐之外孙。他本人无显赫官职，仅于清末任过浙江杭州、南溪等县级巡抚，民国初年任北洋政府海军部秘书等职，是当时驰名京师的诗文作家和书法家。但他老人家自奉甚俭，终身布衣，饭食简单，乐于培养亲友青年成才，帮助穷苦人家子女读书、识字（除悦侬外，尚有姨父前妻的婢女毅蓉，她从沈家出嫁前，已通晓文字数千，能写信、记账）。

老人家嗜饮黄酒，每晚常饮一小盅暖身。当时，在京师任大小官职的同乡为数不少，海军部中喜好饮酒作诗的老友结诗社，无论春夏秋冬，每逢星期日上午，都聚集在中央公园（现在的中山公园）的水榭吟诗、赛诗、唱诗，畅怀舒志，优胜者得"文采奖"，诗友们"水榭厨费"（中午便餐用费）的分摊中，得奖者享受免费待遇。每周老人家诗会归来，兴趣勃勃，吟唱不已。老人家不尚奢侈作风，当时已年近古稀，每逢生日，亲友、同事都要为其做寿庆祝，而每次他总是避寿"逃"到天津他的三女季平表姐家小住两天才回京。

1927年秋，北洋政府已瓦解，我读完初中一年级，原海军部职员都被遣散回籍，我旋随姨父母南归故里福州。姨父被福州当局任为孤老院院长，月薪100元。住祖宅福州宫巷11号第三进正屋两间，天井旁的回廊作为姨父书廊，靠墙遍置书架，靠住房廊下摆大书桌备作姨父书写之用。我住沈家，晨起仍承教于姨父书案前，无论古文、书写犹有长进。遗憾的是，我考上福州城郊仓前山华南文理学院附中住校后，便未能继续每日读古文、练字，以致学无所成。

1929年初随父母迁居南京，很快我就只身北上，远离父母，身边没有了姨父母的陪伴，返回北京贝满女中，一人住校，进入初中三年级继续学业，直至1932年高中毕业。

不幸的是，在我去南京不久，便接沈姨父病逝噩耗，我悲痛非常，从此失去一位极可敬可亲的长辈和良师，迄今每一念及不禁百感交集。我永远怀念养我教我的姨父和姨母！

三、贝满，我的母校

贝满女中（Bridgman Academy）于1864年由美国基督教会教友贝满夫人（Mrs. Bridgman）独资捐建，隶属基督教公理会。校址设在北京灯市口大街公理会堂右侧，主楼是南北和东西走向相连接的呈直角形的两栋教学楼（兼办公楼）。

教学楼楼下有一大教室，室内并列四排双人合坐的课桌椅，作为初一、二年级学生自习课堂。学习期间，不时有负责老师在课堂内外巡视，同学们已养成遵守自习课规则的习惯，都低头默默复习或仔细做作业，极少犯规者。

自习课堂北侧拐角一间过道小砖房是同学们的饮水、洗手室，墙四边钉有横木牌，按年级挂上各个学生的名牌，名牌下挂着带"耳朵"的搪瓷水杯和擦手的小毛巾。规定饮水前需先洗手、洗杯，然后才能喝水，小毛巾每周带回家清洗一次。还要求每人自带拭桌椅擦布一块，每晨进课堂都要先拭擦各自的课桌椅（因当时无学生卫生值日制度，课堂清洁、打扫工作均由校工代劳）。

从饮水室通道向北行，左拐数步，便进入第二座教学楼，北向也有一间大教室，面向公理会大院。春夏之交，窗前树木葱郁，繁花盛开，恬静幽雅，各年级学生在这温馨的教室里接受很好的音乐熏陶，具有了欣赏西洋音乐的修养。

初中阶段每周一堂音乐课，由专职教师兰教士（中译名：兰美瑞，同学们称她Miss Lum）任教。她很和蔼，上课总是面带笑容。她传授西洋音乐知识，教识五线谱、基本乐理，指导发音，教唱歌，不厌其烦地反复指导练习，直至她认为合格为止。在她的指导下，我们学会 *The One Hundred and One Best Songs*（《世界名歌101首》）中的大部分。

高中阶段星期一至星期六，每天半小时的"朝会"，逐日做具体课题安排，星期四的"朝会"是西洋音乐欣赏课，由兰教士主持。

兰教士每次有选择地向同学们介绍西方各国音乐大师的生平及其代表作品，并播放唱片，凡特优名作往往重复播放。记得在高中三年中，我们听过音乐大师的唱片不下百余张，其中印象最深者，如贝多芬的《英雄交响曲》《命运交响曲》《田园交响曲》、钢琴奏鸣曲《月光》，舒伯特的《未完成交响曲》，肖邦的升F大调《夜曲》、C大调《玛祖卡舞曲》，李斯特的《匈牙利狂想曲》，莫扎特的歌剧《费加罗婚礼》选曲及《安魂曲》，舒曼的钢琴套曲《狂欢节》，门德尔松的《仲夏夜之梦》序曲，德沃夏克的《新大陆交响曲》和《幽默曲》，施特劳斯的圆舞曲《蓝色多瑙河》《维也纳森林的故事》，等等。

另外，由贝满、育英和通县的潞河、富裕四校合组的歌咏团，在北京也是颇享盛名的，除排练教堂歌咏外，也排练中外名歌，如《船夫曲》《老人河》《叫我如何不想他》《好大的西北风啊！》等。

我们的指挥是Mr.Van。1930年初冬的一个周末晚上，我们歌咏团在公理会大礼堂公演，受到千余听众的热烈欢迎，潞河音乐教师李任公、育英音乐教师李抱忱的男高音独唱和重唱更赢得阵阵掌声。他们演唱《好大的西北风啊！》和《快乐的曲调》，经常在京郊巡回演出，还灌成唱片行销各县镇，对普及音乐颇有贡献。

贝满是基督教会办的学校，但学生教徒不足三分之一。教会每年补助学校一部分经费，其余由学生缴纳的学杂费补充，因此学生家长负担较重，如果学生学钢琴并住宿，每学期需缴纳当时货币60元（或等量的银圆）。为此，社会上有人称贝满为"贵族学校"。

其实也不尽然，学校对家境困难的学生，不论教徒或非教徒，都给予助学金或免费待遇。困难学生课余做些类似勤工俭学的工作，如文书抄写，图书馆管理，辅助宿舍校监执行晚间查房、点名等。

信教同学和普通同学相处无间。我们从不辩论宗教问题，也不勉强对方改变自己"有神"或"无神"的信仰，星期天可自愿参加公理会副堂的"主日学"和大礼堂听讲"道"的礼拜仪式，偶有人在此"领洗"入教，齐唱颂主诗歌并捐款济贫。

这样的集会，在中小学的学习过程中，我参加过不下百余次，但我始终未"受洗"入教，也没有任何教士老师或同学做我的思想工作动员我，我也从未考虑过入教。

尽管如此，每年圣诞节，仍是我们最喜欢过的节日。圣诞老人背着礼品袋，从烟囱而降，每人拿一只新袜，准备接受礼品。副堂的大圣诞树上垂挂着五颜六色的圣诞饰品，还有悬挂四壁和房屋四角牵来的各色纸链条，夹以闪光金银嵌片，真是美丽非凡，光彩夺目！同学们边唱颂主诗歌，边围绕圣诞树跳起快活的群舞，大家沉浸在无限的欢乐之中！圣诞夜，住校生午夜可以听到唱诗班同学到宿舍前唱《圣诞夜》《天使之歌》……但我从未思考过这个节日对人生的意义。

我升入贝满高中，校址在灯市口东口佟府夹道内一座古色古香的佟王府。

前院不大，坐南一排客堂。

二进正面屋檐下的匾额写着"训怀堂"的大厅，就是我们的礼堂。礼堂正中壁檐上挂的横匾写着"敬业乐群"。

礼堂前两方草坪的四周遍植玫瑰、榆叶梅、黄刺梅各色花卉。礼堂东侧厢房为老校长管叶羽先生的办公室，西厢房做理化实验室。

院落清洁幽静，除了朝会、报告会或学生会活动等礼堂集会时，在会议前后可以听到同学们的说笑声外，大院总是肃静的。

三进院子东、西、北三面均为教室。

高一课堂在西厢房，学生约六十人，英语分为甲、乙两班，教学极其严格，甲班每周八节课，两节会话，要求高三毕业时交一篇英文的简单论文。

高二、高三课堂均设在北屋，高二学生约四十人，高三仅二十余人，北屋还有一个图书馆。

那时虽无学习互助组，但优等生帮助学习差的同学被视为理所当然的事，因此当时，留级生绝无仅有，这可以说是贝满的好校风之一。

三进院中有一株古藤萝，盘延方圆三五米，藤架垂满串串紫色花蕾，绿叶茂密，遮阳避暑架下安放石桌、石凳，课后，同学们三五成群，在架下或默默阅读，或低声谈笑、嬉游、休憩。四周繁花似锦，绿草如茵，好一个小庭院。

庭院东侧开辟一个操场，平时作为同学们课后班级比赛或练习打篮球、排球的场地。

我们入校不久，操场附近又修建了一座风雨操场，用作雨天、风沙之日进行体育课和课外锻炼的场地。记得我班毕业曾在场内搭台演出过话剧《聂莹》。后来听说，低班同学也在场内演过《雷雨》等剧。

操场西北部建有一幢两层楼房，作为高中住校生宿舍。楼房西侧有盥洗室和浴室，每周两次可洗热水澡，并设有固定洗衣盆，自由放水、抽水，洗涮毫不费力。宿舍楼后有木格虚位厕所，虽不若抽水马桶方便，但因勤于洗刷，倒也清洁卫生。这样，住校生生活是十分愉快而舒适的。

三进小庭院的西墙外有一条通道，幽静典雅，通往后院。行经小径进后院，犹如步入仙境，同学们很少涉足其间，记得只有校工时常往返递送书信或为后院主人购物。这里就是美国教士的住宅。小后院四周满墙爬山虎，院内栽有北方稀有的翠竹，微风吹来，竹叶摇曳，沙沙作响，颇有南国庭院韵味。

执教高中的几位英语教员，如康、何、寇、费教士住在这里，她们不仅在教学上是我们的老师，而且为了与我们多接触，让我们多学口语，课外，如在就餐时，有意安排每桌一位教士与我们同桌吃午饭。在饭桌上，除英文口语交流外，同学们还教老师说中国话，特别是日常用语、膳食风俗习惯，包括用筷子。美国教士学用筷子很困难，她们很长时间都学不会用前三指，特别是中指的起伏去夹菜。

社会上都说贝满学生"英文好"，其实就是由于我们多一些与美国老师接触的机会，掌握一些日常用语是从贝满的环境中"熏"出来的。即使我们学的教材不深，但我们入大学后，就能听懂教授们用英语讲课，并记下笔记。这无疑应归功于贝满传统英语的教学方法。

贝满的教学方法师从美国，严格认真，考试、测验频繁。每堂课讲新课前必先测验。英语会话课上，如当天不能对答如流，必须站着听同学对话，留待下节补课，直至及格过关，教师脸上才显露笑容，鼓励说："That's better, try your best next time!"（"这次你做得比较好，下次你要争取做得最好。"）

我们的高中数学课一贯由杨老师执教。杨老师是河北外县人，虽在北京市上育英中学、协和大学，但他的乡音始终未改，说话有些"侉"，头发有些卷曲，我们很不该背地给杨老师起绰号"卷毛羊"。杨老师为人和善耿直，经常辅导学生，几乎有求必应。他家住在校门外的一个小院内，生活简朴，未脱农家风气。师母是地道的农妇，终日为丈夫、儿女们操劳。每当我们课后求教杨老师时，师母总是热诚相待，常常拣出家乡出产的大红枣、花生让我们品尝，拉着我们的手问长问短。从杨师母身上可以看出农民善良、淳朴、诚挚的优良品质。

杨老师虽然表面上"好说话"、不够严格，但每堂教学却是一丝不苟。我们的数学教室四面都安装黑板，以便学生当堂练习，教师面批面改。每个学生至少每间隔一堂课都有机会当堂练习一遍。这样，既鼓励了同学们学数学的积极性，又减轻了课后作业负担，使数理智力较差的同学也能在堂上老师的启发下逐步开窍，基本上消灭不及格的现象。

高一年级设有生物学课，教师张先生是前几年燕大生物系毕业生。她家无老人，丈夫在省外工作，所以每周三堂课都必须携带两岁幼女上班，上课时托校工赵奶奶代为照看。即使如此，张先生讲课、备课都极认真。她不但传授给我们生物学的基础知识，而且教我们听讲和记笔记的要点和方法，不时抽查我们的笔记并细心批改，使我们逐步养成记笔记的习惯。因此，无论在抓听讲课要点，还是在记笔记速度上，我们都达到较高的水平，使我终生受用。尤其是新中国成立后，经常听报告、参加会议记笔记、做记录，受益匪浅。

贝满传统好校风的创始人是管叶羽老校长。管校长是20世纪初北京极少数的高级知识分子之一、燕京大学前身——北京协和大学物理系的优秀毕业生。他虽然长期受基督教学校的教育，但身上毫无"洋"气，日常穿灰布大褂，冬天套上黑马褂，白线袜，黑布鞋，看上去是一位淳朴、敦厚、地道的中国人。

管校长教育学生，语言和善，每出一言，往往都经过深思熟虑，不轻易下结论，以免伤害同学的自尊心。他讲话时常间隔"噢"音，我们为此背地里给管校长起了"深呼吸"的绰号，回想起来，实在不敬之至。

我班升入高二年级，秋季开学后因理化教员尚未到校，管校长立即来班上代课。我们最早接触物理基础知识，就是由管校长亲自传授的。他讲物质三态深入浅出，同学们听得津津有味，而且当堂掌握了三态的变化条件和规律。近一个月的物理基础课至今印象犹新，难以忘怀。

管校长又是一位不骛虚名、勤勤恳恳、一丝不苟、脚踏实地的教育家。他任贝满女中校长二十余年，治学思想和治校方法虽受时代和环境的局限，但仍无愧为贝满独特优良校风的创造者。他所标树"敬业乐群"的校训，实际上是严格要求学生在德智方面遵守校规，勤于学业，善与人交，乐于助人。

贝满当时的体育水平也是扬名全市的。体育教员刘维英老师培养出女子100米、400米短跑冠军段滨容、刘文汉，女篮、女排成绩也颇享盛名。

母校贝满的校舍、庭院、场地虽小，教员也平凡、谦和，但是一百多年来，却为国家培养出各行各业一批又一批合格的人才，乃至社会精英。作家谢冰心就是其中的佼佼者。

冰心先生是母校1918届的老校友，半个多世纪以来，她在父母的影响下，以独具的文学才华，为中国写下了优美娟秀、寓意深邃的诗篇和散文，她的《寄小读者》和歌咏印度泰姬陵的《致瑰园》等、洋溢着诗情画意的小品以及数年前的《橘灯》都是脍炙人口的名作。

我是冰心先生的后学。记得，1926年我随大姨母乘日轮"长沙丸"（北洋政府统治时期，辱国的"二十一条"虽已废止，但日寇在我国沿海一些港口仍享有航海权）从天津回故乡福州，有幸在船舱里遇见冰心先生。

那时我不满十五岁，冰心先生可能已从燕京大学毕业后留美归来在燕大执教，我和她与她的母亲老夫人同舱。她和老夫人买的是靠窗的席位，通风较好，又能凭窗望海。在近一周的航行中，除清晨、傍晚她独自到甲板上凭栏观海外，其余时间都陪伴着老夫人。

上午她母女俩读书、看报刊，偶尔用福州乡音朗读诗文。老夫人是典型的老知识分子，发丝斑白，戴一副银框高度近视眼镜。她身体瘦弱，需少吃多餐，冰心先生每天上午十时、下午四时，都要给老夫人添餐，其实不过吃一二片饼干、一小碗冲藕粉之类的食品，有时或选一块光饼夹肉松。

家乡的土产"光饼"很像北方无芝麻的烧饼，但饼面光滑，中有穿孔，咸淡相宜，是福建百姓爱吃的干粮。相传戚继光当年打倭寇，把它作为口粮发给士兵，士兵用绳子将其穿起来，背在肩上，可供十天半月食用，故称"光饼"。记得小时在乌石山就常吃光饼当点心。在旧北京东安市场内开设有"兴记"小吃点也能自制光饼，如再夹以福建肉松，那就美味极了。

船上晚饭时间约在下午五时半，日轮伙食是按日本人的习惯供应的，很简单，一般是几条半生的小鱼、黄土萝卜（用盐和清洁的黄土腌浸，色金黄，脆而嫩），以之佐火腿米饭，十分清香爽口，堪称物美价廉的佐餐佳品，闽人多嗜此。

晚餐时，我从舱位抬头向靠窗那边望去，冰心先生正用小刀将一段萝卜切成小薄片，便于老夫人咀嚼，又从打开的罐头里夹出几片火腿，盛在小碟里，放在老夫人面前。老夫人用慈祥的目光望着心爱的女儿，用福州话说："汝食，汝食，我买食几萨（不能吃这许多）！"当时天热，船舱里很闷，冰心先生又拿出小蒲扇，不时给老人扇扇。

冰心先生侍母至孝，我在小学时就有所闻，那次随姨母南返榕城，有幸与冰心先生母女同舱旅行，亲眼所见，证实传闻不谬，我更加敬佩她了，决心待我长大，要以冰心先生为榜样，刻苦读书，写好文章。

为此，我自己改了别号为"颖心"（按家谱我同辈姐妹以"如"排行，我的别号为"颖如"），以示崇师之意，在分送好友的相片背后都用"颖心赠"的字样。后来我在贝满校刊上发表了一首所谓白话小诗文《美丽的玫瑰，你的汁液为什么这样苦？》，亦用"颖心"为笔名。

过了将近六十载，如今皓首，回忆童真时期的"傻想"，未免可笑！

1932年夏，我从贝满高中毕业，因学业优秀，与其他七个同学被保送燕京大学。

贝满毕业考试后，由当年燕大教务长梅贻宝先生亲自来校主考英文。贝满中学英文水平虽属上乘，但面对八长页洋洋大观的各类考题，真有望"洋"却步之感。在两小时紧张思考、解答问题和撰拟短文的过程中，深感自己学识之不足，但总算能应付过去。

考后与同考的两个同学核对答案，我可属中上游。发榜后得知我英文入学考83分，中文考分为93分，我被录取了。

保送生接到录取通知后，我遄返南京家中，准备暑假中好好游玩一阵，因此，凡高中各科教科书及笔记、考卷、实验记录等书籍资料一律废弃未带，回家只带随身衣物，感到十分轻松愉快，等待秋季进入燕园，就可以开始黄金时期的大学生活了。

不料，我回家第二天一早，父亲就把我叫到他跟前，对我慈祥地说："咪仔，汝是我的长女，又是汝辈（指我的弟妹以及大排行姐弟）中第一个大学生，姆妈如还健在，该多喜欢！唯是我望汝再报名投考清华大学。我看报载，现在离考期尚有近二十天，报名截止还有三天，你一定要去报名。然后在家或去二姑家温习功课，准备投考清华大学。"

当年，清华只设北京、上海和广州三个考区，于是，我只能去上海，住到法租界爱麦虞限路二姑家一幢三层楼房的三楼备考。

此地是住宅区，街旁树木参天，虽近闹市南京路，倒还安静凉爽，适于读书备考。

在约两周时间内，我借来几本高三数、理、化教材，浏览复习了一遍，又做了不少代数、几何辅导练习题，复读英作家狄更斯的《双城记》《块肉余生记》、美作家路易莎·梅·奥尔科特的《小妇人》英文读本。另外，又将之前未竟读的苏联大作家高尔基的《母亲》英译本读完。

读《母亲》，我的感触很深，伟人母亲的形象让我肃然起敬，对苏联十月革命也有了最初的了解。我在清华入学英语考试中选择了 Describe your favorite novel（描述你喜爱的小说）的作文题，获得了 92 分的优良成绩。我的中文考试成绩为 87 分，数学只得 49 分，虽然不及格，但三门主科平均考分为 76 分，其他副科平均成绩接近 80 分，再加上我报考的是法学院，数学一科不及格，其他两门主科考分高，并不妨碍录取。因此，约一个月后，我接到了清华录取通知书。

当时国内主要几家报纸均刊登了本届录取名单。父亲自然非常高兴，逢亲友便夸奖他的长女一番。

然而，我不像父亲那么高兴，心情矛盾重重。我自幼在教会学校就读，习惯于具有优良传统的学习生活和好校风，培元小学、贝满中学和燕京大学都是教会办的系列学校，何况我是保送生，入学可在文、法学院任选一系就读。

又听说燕大教授一律用英语讲课，我有了培元小学三年和贝满中学六年的英语训练，估计上课听讲、做笔记困难不大。加上同班同学除保送生外，尚有十二人考取燕大，而考取清华的总共只有三人。所以，权衡轻重，我自己倾向入燕京。

但遭到父亲坚决反对。他抬出亡母的箭牌，说如果母亲在世，一定会要我入清华。还说，清华是国立的，燕大是私立的，清华名声更响、更大，毕业后肯定能找到好职业。我拗不过父亲，只好遵命奔清华了。

父亲明知道清华是国立的，免交学费，但是他每学期依然供养我当时为数不多的学生才能享有的优裕用费，不知是有意还是无意。每学期他给我200元交学、宿、杂等费用，另外，每月还寄来伙食费、零用钱30元，而且每年暑假回家来往旅费另加100元（二等卧车）。看来，父亲是在"重点培养"他的长女。

回北平，遇旧邻居林迈顿，他见到我，劈头大嚷："你金榜题名了，是'女状元'！"我自己倒觉得没什么了不起，而林君作为赫赫有名的天津南开中学毕业生，投考清华却落榜，我十分为他惋惜，觉得人是有几分"运气"的。

四、错误的选择

1933年春天，对我来说，是决定一生命运的关键时刻。

进入美丽的清华园，做一名最高学府的学生，是来自祖国四面八方莘莘学子心中最美好的愿望。上大学将近一年的我，已经逐渐习惯这所高校严格的学习规章制度和学校生活。

人云清华有三宝——图书馆、大礼堂和体育馆。我不擅体育运动，但在老体育学家马约翰老师的亲自指导和严格要求下，通过了女子田径、篮排球和游泳的最低指标。由于学校重视体育运动，因而体育馆便成为同学们学校生活不可缺少的体育锻炼场所，也是男同学们下午课后的"斗牛场"。他们说："每天不斗一场'牛'，出一身汗，洗一次澡，便不能精神焕发地投入紧张的学习。"

图书馆中，西文和报刊阅览室是刻苦攻读求知的宝库。入学之初，当我第一次走进西文阅览室时，鸦雀无声，只听见偶尔翻书页及轻放制图仪器的声音。老大哥、老大姐们专心致志、埋头苦读钻研的情景，给了我极大的启示。

阅览室面积约为400平方米，长方形，西向延伸三院的一端，南、北、西三面自上而下安装大玻璃窗，明亮豁朗，光线充足，空气畅通，但东北端因连接书库，均无窗，白天显得略暗。

室中央靠北，设借书柜台，有专职管理员二人，分掌登记、查询和借还手续工作。在工作闲暇时，他们也在专心阅读，孜孜不倦。室内从来未闻丢书事件。

室内两壁高设开架书橱，摆满各种年鉴、百科全书、手册、世界名人录，各国文字的大小词典、辞源、辞海等，任人查阅。

长长的用菲律宾木材精制的阅览桌，两边共坐八人，一座两盏绿灯罩台灯，四座八盏，每人用一盏，且都是自左边采光。阅览桌两边设八张扶手菲木椅，设计周到，倘若阅读疲乏，可扶椅靠背稍憩。

此阅览室不但学生必来，不少知名教授，如王力、朱自清、萧公权、陈岱孙、王化成等各位老师也常来查阅有关资料。

清华图书馆书库藏书，全国闻名，校内外学人称羡。每年应届毕业同学，撰写毕业论文、查觅资料，可在开馆时间整天埋头于书库。中午可不离馆，怀揣面包、饼干做午餐，饮用阅览室通道磁喷座的泉水，清凉爽口。校园中不少苦读学子取得图书馆负责人的批准，可从清晨钻进书库到晚11时熄灯打烊才出来，无人干涉。

清华有如此优越的做学问的环境，又有自然科学各学科实验室多处，无怪人才辈出了。

在这浓厚学风的熏陶下，我学会了读书的方法和研究课题的能力，养成勤学的习惯，使我终身受益。

中文及报刊阅览室接触的机会不多，但每周日偶尔涉足其间，对祖国文学和人类文化的浩瀚海洋叹为观止，流连忘返。外文报刊阅览室内陈列着各国著名的期刊，报道世界政治风云、经济动态、科技发展及文学新著、评论等，对扩大知识领域、补充课堂所学，大有裨益。

我爱清华大礼堂。大礼堂位于清华园的中央，坐北朝南，占地面积不大，然而在当时北平的各大学中，除后建毗邻的燕京大学礼堂大小不相上下外，其余城里各大学、学院几乎无一处有像样的礼堂，因此我校的大礼堂便成为一件"瑰宝"。

从这座大礼堂走出的一届又一届优秀毕业生，不仅成为建设国家的英才，还有为解放事业而英勇献身的革命志士。他们虽然离开学校远走高飞，但是清华大礼堂永远是国内外校友珍视怀念的地方！君不见各期校刊《校友通讯》，不断刊登纪念大礼堂的文章和优美摄影。

对于喜爱西洋音乐的同学来说，大礼堂是最温馨的"沙龙"。大礼堂舞台东西两侧的小间房是钢琴琴房和音乐事务管理员的办公室。学钢琴的同学不过数人,每天下午课后和晚间,都安排了个人练琴和上课"回琴"时间,由 Mr. Kupka 执教。

爱好吹奏乐的男同学组成了二三十人的清华军乐团。这个乐团可谓人才济济,乐器配备齐全,举凡长笛、黑管、萨克管、小号、圆号,等等,先后在导师 Mr. Tonoff 和 Mr. Kupka 的指挥下不定期演出。校庆必有精彩表演,校内对西洋音乐有兴趣的师生及邻校燕大的西洋音乐爱好者都来参加。

那时,很少声乐演唱,演出节目只有军乐和弦乐、钢琴演奏。军乐音乐会经常持续二三小时之久才结束,听众仍依依不舍地走出大礼堂。

当年几位从事业余音乐活动的老同学,今天已成为新中国老一代音乐教育家和作曲家。

七十五年来,清华的"三宝"造就了成千上万德、智、体全面发展的人才,为振兴中华做出了重大贡献。

对于我个人来说,清华母校是我心中最神圣的殿堂和最刻骨铭心的珍爱,但进入清华,也许是我一生命运最错误的选择。

五、强人所难

那是 1933 年早春的一个中午时分,一位不相识的男生忽然来到女生宿舍静斋找我。

小刘妈把我从二楼卧室叫下来,在会客室里,这位男生对我说,校庆将来临,他的同级好友万家宝准备排一出英译本的话剧,说,这出戏只有三个人物,两男一女,哥哥是一位律师,弟弟是一位年轻的文学爱好者,爱慕一个与他同龄、容貌端庄、秀美非凡的少女,这三个"知识分子"之间,不久发生了一场不可抗拒的"爱与恨""生与死"的矛盾冲突,导致兄弟阋墙、情侣双双服毒消亡的悲剧。

又说,万家宝同学物色很久,在全校女同学中,适合该剧女主角的,非君莫属。万家宝同学还强调,这是他交给我的"使命",回答只能是"Yes",绝不能是"No"。看起来万家宝同学很自信,据说他在同级甚至全校同学中很有"威信"。

说完，这位男生便把剧本塞进我的笔记本里。临走时他才通报了自己的姓名和系别。他是五级经济系的一位老大哥，万家宝在南开时的老同学孙浩然。

孙君说话有点磕巴，后来才知道"磕巴"就是他的外号。他说，第二天要来听我"Yes"的回答，然后便夺门而出，不容分辩。

我好半天被怔住了，真莫名其妙，这是怎么一回事！当天课后，我回宿舍拿出剧本一看，吓了一跳，封面赫然写一个《罪》字。再翻到第二页，写着剧本原名 *The First and The Last*（又译为《最前的与最后的》），作者 Galsworth（高尔斯华绥）。剧中律师译名"基思"，弟弟译名"拉里"，女主角译名"汪达"。

剧情细节已不复记得，因是独幕剧，篇幅不长，不到一小时，我便初读一遍，觉得女主角的性格与我无相似之处，我又未演过戏。那时我对话剧艺术并无兴趣，只在贝满女中时演过两次英文小剧，但都不是主要角色。再说我从未经历过爱情的"冲击"，怎能演这样一出灵与肉冲突的戏呢？于是，我决定回绝万家宝的要求，等待翌日孙君来做交代。

第二天午间孙君果然又来了，我见他满面正经的表情，也严肃地对他说："真对不起，我不会演戏，另请高明吧！"

孙君似乎早料到我这一手，微笑着对我说："万家宝说，答应，自然好，不答应也得答应，不然，他自己要登门造访的。"我拗不过他，答道："容我再考虑一下，明后天答复。"孙君不抱多大希望地走了。

我万万没预料到，当天下午课后，当我夹着课本和笔记走回静斋的当儿，在门口碰见孙君和他带来的一个穿长衫、戴黑框眼镜、身材矮小的"老学究"。

那副过大的黑玳瑁镜框的眼镜几乎遮住三分之一脸面，脸型圆平，但鼻梁笔直，高低适度，一双眼睛炯炯有神，似乎要抓着他所要描绘、刻画的人物，狠狠盯住不放。

我一下子被这冷不防的目光慑服，未和仅见过两次面的孙君打招呼，一时冷场，大家都非常尴尬。末了，还是孙君先开口介绍说："Miss Cheng，这是万家宝，你们自己谈吧，我走啦！"他骑车一溜烟远去了。

剩下万家宝和我，他的眼睛死死地盯住我，像是要说什么，但又嗫嚅不语，最后才迸出一句话："Miss Cheng，校庆时间逼近了，我赶译出这出独幕剧，上场人物少，剧情简单，是颂扬男女主人公纯真的爱情，同求解脱尘世的悲剧。你必须演，你一定要演。晚饭后，仍烦孙浩然接你到二院宿舍，开始对词。"

他第一次给我的印象是，万家宝曾饮誉南开，在清华又树威信，原来是这么一个貌不惊人的怪人，他怎敢在一个素不相识的女同学面前发号施令呢？而且我从来没有和这样的"老学究""小老头"接触过，怎能和他同台演戏呢？再说，我们女同学中不是没有比我漂亮的，比如同从贝满考来的贺恩慈、石淑宜。对，今晚我就去向他建议改换女角色。

刚吃罢晚饭，不到六点半，孙君又骑车来接我，急促地催："万家宝已经在宿舍等了一个多小时，他把同屋都撵走，让他们上图书馆，好把他们的卧室暂做排演厅，请快去吧！万家宝每天要抽两包烟，他显得非常失神急躁，烦你快去，不然我又要挨呲啦！"

我问："那么他还没吃晚饭？"

孙君答："何止没吃晚饭，他连午饭也没吃，只是刚才我抓着他去合作社（清华学生吃西点、喝饮料的小卖部）喝一杯咖啡，强迫他吃了一块点心。"

我又问："我建议你们更换女角，另请比我更合适的女同学——我的好友 Miss Ho 或 Miss Shih，你们找了没有？今晨我已向 Miss Ho 谈过，她未置可否，就跑去上课了，你们去找她，她心中有底了，可能会考虑。"

孙君回复说，万家宝未等他说完就打断："不行，你要觉得 Ho 更合适，那就你来导演兼主演，我不管了。"

孙君基于与万家宝近十年同窗好友的经验，了解这位老学究向来就是认定一件事或看准一个人，任凭外界讽刺挖苦、诽谤耻笑他都满不在乎，也绝不听劝说。人称他是"怪人"，怪就怪在他立定主意便万钧不可摧，在外表上绝不显露的坚强性格，这也许是他日后在事业上取得杰出成就的一个原因。然而，这或许也是他私生活方面犯下不可宽恕错误的根源。

将近四十年来，不管人间风风雨雨，他有名气，有地位，可谓称心如意，而我不得不变做一个不会说话的哑巴。我完全理解，我这样人微言轻的普通教育工作者，说话是没人听的。写吧，表露一点事实的真相吧，更登不上有影响的报刊。怎么办？只好当哑巴！甚至在友好的面前，也不愿谈论我和他五十多年前的旧事。

我不愿让那些于事无补的"小道消息"再来刺痛我已经钙化了的创伤。如今两个为我争气的好女儿，正在弥补她们父亲所"欠"我的"债"，她俩长相并不美，但都有非常美好的心灵，为我的晚年增添无穷快乐。

我的建议遭到否决。中午未得一刻休息，就迎着上课的钟声走向旧大楼——清华学堂，我要在这座旧教学楼上两节法学专业课。

下课铃声响了，我和同系几个男同学刚走出教室，迎面便望见楼道墙边站着一个夹着一大堆书、身材矮小的人，在昏暗的楼道里闪烁着炯炯的目光，一口不大熟悉的纯正的北京话：

"Miss Cheng，我们等了很久了，就到二院91号去，孙浩然、孙毓棠还有'傻孟'（七级同学孟昭彝）都在等着你。你的建议我不接受，凡事都不能勉强。"

我心想，真滑稽，分明是在勉强我！

"我和孙毓棠已经对了一个多小时台词，你的，我替代了，走吧！"就这样，他像座推土机把我推到二院91号。

这是间两个五级和一个研究院同学的卧室，房间很大，三架铁床，分放在西、南向的窗户前，三张书桌、三把木椅和三个摆着满满书册的书架紧贴两壁。三张床上都罩着学校统一发给的白斜纹布床罩，地板擦得干干净净。旧平房宿舍虽不及新斋静斋明亮通风，但也宽敞安静。

孙浩然半开玩笑地说："万家宝把他们（指那两位同屋）撵走了，又让工友一早就收拾好房间，准备迎接大驾！"万家宝瞟了他一眼，急促地说一声"开始吧"，我们的排戏活动就这样开始了。

先对词一遍，我惊奇地发现，万家宝念剧中人拉里的台词时，声调竟是那样刚劲有力，具有雄壮男人的性格；而指导孙毓棠饰演的基思时，又能表现出一个中年律师稳重沉着的风格，声调低沉铿锵；在指导我被"派"演的角色汪达时，还能提高八度充分体现出一个含苞待放美丽少女的优美，难得的是，他的音调竟不令人有矫揉造作男扮女腔的感觉。他又指导我如何把声音送远而避免尖声的方法。最后教孙毓棠和我走一遍基思和汪达的方位，并叮嘱我二人要遵守"说话不走动"的舞台规则。

第一次排练至此结束，我低头一看手表，时针已指六点半，早过了静斋食堂晚饭时间，我急忙夹着课堂笔记、书本和打印的剧本走出二院男生宿舍，向工字厅方向赶，到食堂要了一份仅余下的西红柿炒鸡蛋，很快吃完晚饭。

回到卧室，放下手中的书本等，不由得打开再过两周即将演出的剧本，用心地读，第二遍开始学着用剧中人的语言声调对起话来。说也奇怪，素"不谙此道"的我居然被人物的魅力所吸引，越"说"越起劲，一遍、两遍……最后一遍"说"完，竟然泪浸衣襟。我二十岁了，上了十三年学，从来没有这样的感觉。我决心试一试，用全部的理解和感情去演好这出戏。

那天晚上，我先用三分之二的时间背台词，只用很少的时间来消化、巩固当天的课业，预习了明天的新课。余下时间不长，不觉已到熄灯时分，我只得转移到有灯的盥洗室继续完成那额外的背词"作业"。

回卧室躺下，看看床头柜上夜明的小闹钟，已过子夜，却毫无睡意。我的头脑这些天一直是乱哄哄的，膨胀得像快爆炸似的。

我竭力让自己情绪平复下来，但怎么也无能为力，睡不着。唉！失眠了，这是入学后第一次。去年上大学，严格的学制、沉重的课程，我都没开过夜车，每晚一熄灯倒床就着，今儿个是怎么啦？折腾了大半夜，直到凌晨近四点钟才迷迷糊糊地入睡，但清晨六点半就习惯性地醒了，排戏的事又在脑际闪现。我一咬牙，立即起床，开始一天紧张的学习生活，课间、午休也设法不去想排戏的事。

没想到，下午刚从三院下了逻辑课，回到宿舍把课本笔记放下，准备背读法文动词变位表，楼下小刘妈在叫我，估计又是孙浩然来游说了。一进客厅，才知原来是他——万家宝，我一怔，不由得喃喃地说："我以为是孙浩然哩！"

他微笑问道："昨晚睡得好吗？眼圈有点黑，像是化了妆，更……"

我立刻打断他的话说："小开一会儿夜车复习法文，Winterso教授要考我们语法了。"

他又接着说："是我太'独裁'了吗？不容你分说……"

我说："简直是赶鸭子上架，我不会演什么戏！"

他斩钉截铁地说："你会，你会，而且你能演得很好！走吧！今天还要继续排，只要你到，就行，没有你，我还搞什么？"他说着说着，声音有点颤抖。我惊奇地发现，他炯炯有神的眼睛里竟闪着泪花。

我们沉默了，谁也没说什么，就拿起剧本一起走出静斋，向旧大楼漫步而去。

进了二院宿舍，看见两位孙君、傻孟和平日没来过的五级同学张慧令、吕宝东等也来"参战"，但没有一个女同学。

在阳盛阴衰的场合下，我更感到孤单而发愣了，我觉得脸上微微发热。他——这个捉摸不定的"怪人"是否成心在捉弄我？那好！"对不起，不干了，别让我出丑！"我搁下剧本拿起小记事本就往外走。

又是孙浩然出面结结巴巴地说："Miss Cheng，万家宝没有那意思，是几个同学早就向他要求参观参观你们排戏，因为学校此前还没有男女同学同台演戏的先例，再说，他们都慕名想来认识你。"

好说话的傻孟也说："我们地质系还没有女同学，指望和你们法律系一样，明年也招进几个女生才好！"他的幽默竟然对尴尬的场面起了"缓解"作用。张慧令最先笑起来，接着大家也哈哈大笑起来了，我只好放下小记事本坐在靠窗口的万家宝的床边。

万家宝严肃地拿起导演排练本，用法语问孙毓棠能否背台词。我虽学了不到一年的法语，但基本上也能听懂。孙问今天是否连排，万家宝用德语回答说："是的。"这回我听不懂了。

学西洋文学的人，要学会两种以上的外语，有利于博览西方各国古典和近现代文学名著，扩大视野，兼收并蓄，繁荣中国文学创作。拉丁文、古希腊文等稀有语种对阅读、研究古希腊、古罗马及文艺复兴时期的文学艺术作品也是必备的工具。五级西洋文学系的老大哥中精通此道者不乏其人，如钱钟书、吕宝东和研究院学国际法的陈名祖等。

据说，万家宝也初通拉丁文，但我未见他用过，因为他在大学四年级又选修了俄语，那么，除了英语之外，他必修四年法语、选修四年德语及两年俄语。四科语言的学习负担可不算轻，难怪他宿舍里大大小小各国字典，英汉、汉英、英法、英德、英俄字典至少有二三十部。

每次路遇，见他戴一副黑玳瑁框的高度近视大眼镜，几乎遮住脸的三分之一，身着老长老肥大的布长衫或酱紫和浅灰色的绸夹袍，腋下总是夹着厚厚的书本、笔记和小字典，脚穿鞋头向上翘的布鞋，蹒跚走在清华园的旧大楼、二院、三院、图书馆之间的小路上。

与人对话时，他的目光时常凝视对方，专注倾听，有时入了神，坠入深思而止步不前，往往把对方盯得发毛，进退不得。

清华校刊副刊上有一幅漫画把他描绘得惟妙惟肖，十分滑稽。难怪好友称他为"神人"，不熟悉的同学则叫他"怪人"。

我做梦也没料到，就是这个"怪人"，在话剧演出后不到一星期的一个晚自习时间，以送剧照为名，把我邀出图书馆西文阅览室。

我们漫步在校园外，沿着小河边走边谈。那晚月明星疏，河畔静无一人。他毫无隐瞒地向我倾吐了全部的爱，他发狂似的紧紧把我抓住不放，不由分说地强制我接受他的爱。

他心灵中迸发出的火焰是那样猛烈，以致他的同屋不得不求援于我熟悉的女同学传话给我："万家宝这些天整宿不睡，哭着连连呼唤 Cheng 的名字。这样下去，非疯了不可，你们让 Cheng 就跟万家宝好了吧，不然，怎么得了！他已经两天没去上课了。再说，他的毕业论文还没有动手写哩！眼看离毕业不到两个月，再晚就来不及写了。我们也被他闹得不得安宁呀！请你们好好劝劝 Miss Cheng 吧！万家宝人不错，别看他有点怪，说不定将来会成为为国争光的才子哩！"

那晚万家宝送我回静斋，在宿舍前的花丛里，他迫不及待地把他的身世、家庭情况，一览无遗地向我诉说，而且说，翌日还要把他母亲的相片拿来给我看。

他告诉我，他很爱他的母亲，他母亲也非常宠爱他。后来，他带我到他家里，我看到他 23 岁大学快毕业了，回到家里还要母亲事事照顾，衣食等生活上的琐事样样由母亲代庖。这样家庭养育出来的万家宝，生活上养成不修边幅、懒散拖拉的习惯，与他勤学苦读勇于探索的精神形成鲜明的对比。

虽然我对他不注意仪表、不修边幅的作风没有表示反感，但他也意识到与我两个人的衣着着实有点不协调，于是，投我所好，竟然也讲究起仪表了，改穿西装、皮鞋，换了无边金框眼镜。

和我在一起的时候，他常常摘下眼镜，显示他也有一双有神的眼睛。他说，每次看着我明亮、大而深邃的眼睛，他的心就抑制不住地猛烈跳动。他告诉我，在他看来，这世界上的一切都是为我而生，包括他自己在内。他说，有了我，他活着才有意义。说着说着，他又像孩子似的哭了起来，我也不觉流下泪。几分钟以后，眼看宿舍就要熄灯了，我想了一句缓冲的话，逗他说："老学究，怎么变成三岁小孩子了！快走吧！明天见！"我急促跑上静斋门前的台阶，回过头向他摆摆手说一声"Good night"，才见他的身影渐渐消失在通往工字厅的小路上。

爱的强烈冲击波搅乱了我平静的情绪，我被万端迷惘所困扰。接受，还是拒绝？虽然当时我还不能给他等量的爱，但我也说不清对他是否因怜而生爱。不过在我还未做出抉择之前，还是设法躲开他的追逐为好。

于是，第二天下午课后，我躲在古月堂一位五级老大姐的卧室里，我以为他去新南院女生宿舍找不着我，会觉察出我拒绝他的示爱，可能从此却步，不再来了。

谁知我和吴季班大姐刚吃完晚饭不久，便听见女工友叫她，吴季班走去一看，原来是万家宝追踪来找我的（万家宝和吴季班同级，很熟）。吴季班笑嘻嘻地进来对我说："去吧，你逃不了的，人家一番诚意，听他同屋对何汝辑（吴季班的男友）说，万家宝已经两晚没睡了，哭得很厉害，影响两个同屋也睡不好，你做做好事吧，去见见他！"说着她拿起我的笔记夹，拉我一起走出古月堂。万家宝看见我好像见到多年不见的朋友，扑过来握着我的右手轻声说："季班真是好人！她心真好，她帮了我大忙。不然，我上哪儿找你！走吧！我陪你再去 take a walk（走一走），好吗？"在他真挚而强烈的热情的驱使下，我们又在校园的月光下，增进了无限的深情、了解和信任。

一个多月后，他面临毕业考试和提交毕业论文，而我也要准备暑假前的期末考试。

正在这关键时刻，日军在残暴地强占我东北三省之后不及两年，又得寸进尺地蚕食我华北边界地区。死抱不抵抗主义的以蒋介石为首的国民党反动政府节节败退，在北平组成以北方亲日派首领黄郛为主任的冀察绥靖委员会，私下与日寇妥协，妄图形成华北苟安局面。然而，华北傀儡政权仍不能满足日寇贪得无厌的胃口，于是，"榆关事件"发生了。华北边境战火重开，蔓延迅速。

眼看平津吃紧，人心惶惶，北平城内，中、小学相继停课，各大学当局商议结果决定，本届毕业班学生除必须提交符合规定的毕业论文外，一律免予毕业考试，以第四学年平日成绩评定分数，凡及格学生一律准予毕业，授予学士学位。其余一、二、三年级学生本学期期末考试延至暑假后新学年秋季开学前进行。

由于学校临时公布关于各年级考试的改变措施，万家宝敦促我修改暑假计划，要求我暑假一定要留在学校陪伴他动手写《雷雨》，并说我可以和他一同在图书馆准备开学后的考试并阅读一些专业参考书。经过再三考虑，我同意了他的意见，并取得父亲许可，暑假不回南京家中去了。

六、处女作——话剧《雷雨》的诞生

1933年6月中旬暑假开始了，在清华大学图书馆西文阅览室大厅东侧北面靠借书台的第一个阅览长桌，左边面对面的两个座位，几乎是小石（万家宝字小石）和我的固定座位。

毕竟是暑假期间，图书馆内阅览室的同学不太多，仅约开学时的三分之一，显得特别安谧宁静。

每日上午八时和下午二时开馆，我们都准时在固定的座位上坐下来，稍稍地说几句话，就各自干自己的事情。

我读书，记笔记。他锁眉构思，有时抱着头，轻轻敲一下自己的脑袋，有时不由自主地用右手抚摸右耳边的"拴马桩"。当他实在想不出剧中的写法或忽然灵感来潮时，就狠狠地揪一下那个小小的"拴马桩"。后来，要好的同学又给他的"拴马桩"取了一个雅号，叫"灵感球"。

的确，我注意到，他沉思冥想艰苦耕耘的时候，常常下意识揉搓那个"灵感球"。我们走出图书馆，来到榆叶梅盛开、柳树吐绿的湖边，休憩谈笑。有时我也用手抚弄他的"灵感球"，连声叫道："快给他灵感吧！要不，我就把你摘下来！"

他像对待小妹妹似的，微笑着说："你摘吧！摘吧！有你，我就不要它了！"

我生气道："真可气，拿我跟它比！"

他立即分辩："你比它不知要重要多少倍！我宁可不要它，一个字也写不出来。只要有你在我身边，我就永远感到幸福，感到满足。"他含情脉脉地望着我，我们相对无言。

停了一会儿，他忽然用右手指着自己的脑袋，严肃认真地对我说："Dora（我的英文名），中国的头脑在这儿。"我能体会他指的是话剧创作的头脑。

也许有人会觉得，一个年仅23岁的普通大学毕业生居然敢说出这样的话，未免太"狂妄"。

首先应该看到，20世纪20年代，话剧作为一个新剧种从西方传入中国，我国出现了一批话剧作家，如老前辈田汉、欧阳予倩、熊佛西、丁西林和后来的李健吾、陈绵等，他们运用西方话剧体裁写出不少话剧剧本。上海"南国社"和后来由天津南开大学教授张彭春先生创办的"南开剧社"在各大城市和学校不断演出，使新兴的话剧运动对促进东西方文化交流、促进我国人民，特别是青年学生的思想觉醒，起了很大作用。

但是，真正具有我国民族特色、洋为中用的话剧剧本还未诞生。小石的可贵之处在于，他不但有抱负，而且有坚定的信心，相信自己有能力写出"划时代"的我国自己的剧本来。

而现在，他着手把自己在南开中学、南开大学及清华大学苦心钻研的，远溯古希腊悲剧直至近代挪威名家易卜生的西洋戏剧作品和理论，结合南开时的表演实践，创作自己理想的剧本。我深信，他完全有条件、有能力树立这样远大的理想，并使它成为现实，这绝不是什么狂妄。我理解他，我要帮助他实现自己的抱负。

从此，在暑假开始的前一段时间里，只要我们走出图书馆，无论在校园散步，还是在食堂和二院宿舍，或在静斋的客厅和新南院外的草坪上，他总是怀抱一大叠《雷雨》写作提纲、分幕表及剧中人性格的描绘，还有从南开中学就积累起来的，用灰色绘图纸写和画的舞台设计草图，厚厚的一摞素材。

他连续给我讲述他准备写的第一部剧作的内容概要和中心思想——他要暴露旧日他生活过的社会的黑暗，揭示吃人的旧礼教封建势力的必然崩溃；要表现被压迫者的斗争冲破了家庭乃至血亲的樊笼，去寻求解放的道路，而光明的曙光正在年青工人一代那里隐隐出现——在剧中体现在老奸巨猾的大资本家周朴园一家二人丧亡，后妻发疯，侍萍失去爱女四凤，而次子鲁大海离家，领导矿工们罢工，去进行决死的斗争。

这出戏还揭示了人间爱与恨的真谛。繁漪，这个叛逆的女性，勇敢地对周萍表露发自灵魂深处的情感，甘冒"乱伦"——这个人言可畏的罪名，用全部心灵来保卫神圣的爱！她的内心世界如玉般洁白无疵，无私无畏地走向她认为应该走的——可能是通向死亡的道路，为了爱，她心甘情愿。

小石说，《雷雨》中，他最喜欢繁漪的性格。他说，他给她起名字叫"繁漪"，就是为塑造她那刚劲而复杂的性格。然而，她诚实，绝不虚伪，她要生活在有真正爱的世界上。她懂得恨，更懂得爱。

小石说他迷上了繁漪，问我："怕不怕？"

我说："那，你就找她去吧！"

他接着说："噢！对书中人也吃醋？你真天真，像个小孩子！"

我答说："谁像你，老学究！"

他抢着解释说："你还不满意？为了你，我里外革新，一切照你的爱好改变了我自己。你看，现在我生活多么有秩序，多么讲卫生，多么注意衣着整洁！最重要的是，你唤回了我早逝的青春，给我品尝了人生最醇厚的美酒，和你在一起，我感到最幸福！Dora，如果将来有一天我能写出像样的东西，你的爱就是我创作无可比拟的动力。我的小人儿，我不能没有你！"

我注视着他颤抖的嘴唇、含情的双眼，深深被他发自肺腑的话感动。我微微低下头，依偎在他肩上，忍不住呜咽地抽泣起来。

他张开双臂把我紧紧抱住，断断续续地哄我："等《雷雨》写出来，我就陪你回南京。"

我问："你去南京干什么？"

他答说："求婚，向你顽固的父亲求婚！"

我连忙说："我还有三年才毕业，那怎么行，绝对不行！你不能等？"

小石说："自然能等，一百年、一千年也能等。不过，我要很快地和你生活在一起，我身边没有你，我将一事无成呀！"

我们走出图书馆时已近晚上九点，刚才在树下花前坐了近一小时，听到荷花池畔小山上的钟敲了十下，我们蓦地站起来，抖了抖衣裤上的浮土，我拿起书本笔记，他抱着稿子，我们并肩向新南院女生宿舍缓步走去。

第二天上午八点，我们又在西文阅览室原桌坐下，小石打开稿件，拿出素材，只见稿纸上划道纵横，红蓝相间，改动很大，才知道昨夜他又开了夜车，修改了昨天稿上多处对话。

他告诉我，有的地方已经改了七八遍，但自己还不满意，有的，恐怕还要改动。

我折服于他严肃认真的写作态度，有意激励他说："人家夸你是'神人'，我也看出你天才横溢，笔下生辉哩！"

他反驳说："即使有三分'天才'，也要七分努力啊！何况我很笨，写东西很慢，算什么'天才'，不过我有信心，我一定要写……写……写！"

我制止他说："小声点，别打扰邻桌的同学。"

他就是这样天天写，一次一次地修改原稿，直至1933年9月中开学前，基本上完成了他的处女作《雷雨》。

但《雷雨》命运多舛，阻力来自反动政府的"中宣部"，拟下的"罪名"是该剧本内容有"乱伦"之嫌，禁止在全国各地演出。

这无形给《雷雨》判了死刑，小石为此苦恼万分。他的南开挚友章方叙（即章靳以）及青年好友陆孝曾给予莫大的安慰和鼓励。

事也凑巧，李芾甘（巴金）先生自法回国，准备定居北平，从事文学创作及俄、法两国名著的翻译工作。不久他与章靳以从初识进而深交，1934年初通力合作创办《文学季刊》。

《文学季刊》社址在北海正门附近三座门一条不长的胡同内，南北两排平房中隔着一个满植花草的小院，除了北屋作为写作间兼会客厅外，还有一小间休息室，南屋则充作两位单身文学家的卧室。

经章靳以推荐，巴金慧眼赏识《雷雨》这部划时代的话剧剧本，他了解《雷雨》被禁发表和演出的原因正是由于它反封建、反压迫的意识强烈，毫无畏惧地暴露了当时社会的黑暗，揭示了强凌弱、富欺贫的种种不平现象，使得当局怕得要命，企图把《雷雨》这块初露光芒的文学瑰宝埋没在泥土之中。

青年的万家宝应该终生感激前辈和挚友巴金先生，是他不顾风险和阻力，于1934年7月在《文学季刊》第一卷第三期全文发表了《雷雨》，并与万家宝商议署名"曹禺"（万家宝的"万"繁体为"萬"，上下拆开，为"草字头"和"禺"两部分，因"草"字不能用作姓，故用谐音"曹"代替，与"禺"合称为"曹禺"）。

《雷雨》的发表像一颗小型炸弹，震惊了国民党中央宣传部门的达官要人，他们四处查访文学季刊社社址及主编人员。巴金和章靳以巧妙地利用反动宣传部门的内部矛盾，躲过《文学季刊》被查封的危险，顺利地登完《雷雨》四幕全部稿件。

接踵而来的是演出问题。任何剧种剧本的价值在于演出，话剧也不例外。反动派一计不成又生一计——禁演，不准《雷雨》在全国任何城市或乡镇演出。

1935年，我国留日学生的戏剧团体"中华话剧同好会"克服重重障碍，在东京的神田一桥讲堂正式公演《雷雨》。旅日华侨、华裔和我国留日学生争相前往观看，盛况空前。当地报刊齐声赞美，公认《雷雨》是中国话剧划时代的巨著。日本文学家老前辈秋田雨雀先生特为此写剧评，予以高度评价，并致电作者庆贺演出成功。

国民党政府驻日使馆曾向日本文部提出禁演照会，但剧团负责人佯作不知，为了满足当地观众的要求，还继续演出了若干场。

由于日本话剧界朋友的大力支持，新生的话剧宠儿《雷雨》在东京演出取得成功，激励了国内各个话剧团起来反抗当局的禁令，个个摩拳擦掌跃跃欲试。

首先冲破禁锢的是留法剧人唐槐秋领导的"中国旅行剧团"。他们在天津法租界谋得一席地，招兵买马，组织《雷雨》剧中演员、舞台监督、灯光、布景、道具及后勤人员等，开始排练。由唐槐秋任导演，戴涯饰周朴园，赵慧琛饰繁漪，陶金饰周萍，章曼萍饰四凤，唐若青饰鲁妈，姜明饰鲁贵，谭汶饰周冲，曹藻饰鲁大海。唐槐秋的妻子任舞台监督兼管总务后勤。

唐槐秋白手起家，内无资金，外受重压，演员阵容虽坚实，但是否能排除阻力顺利演出，还是问题。首先要面对租界当局，除高昂捐税外，还必须设法周旋应对天津码头的"地头蛇"，否则，演出中被"拆台"在所难免。

所幸，中旅团长唐槐秋被认为"老奸巨猾"，对付租界上层洋人有方。唐曾在法留学，能操流利法语，他频频游说，软磨硬泡，最终争取到法租界内的剧场。

1934年冬，《雷雨》终于冲破重重人为阻碍，在天津法租界新新戏院公演了。

意想不到，首场演出盛况空前。人们并不了解这出话剧究竟有何艺术价值、有什么教育意义，只听说是一出"乱伦"的戏，情节错综复杂，很有"看头"，因而蜂拥而来观看。从这方面说，反动派的恶毒评价反而给《雷雨》做了义务宣传。几场演下来，抢购票的人更多了。演出前新新剧场门口挤得水泄不通，越演越红，票房纪录节节上升。

连续演出二十几场未间歇，把演员个个累得实在够呛，有的真是端着饭碗就睡着了。唐槐秋先生既喜且忧，生怕独角演员累垮，无以为继，"初生婴儿"有夭折的危险，因此他当机立断，宣告暂时停演一周，以便休整，同时发给较优厚的报酬，让家庭经济困难的同人舒一口气，以利再战。唐槐秋自己一家和所有同人一样分得同额酬金。人们称赞唐团长有义、有智、有谋，知人善用，前程似锦。

果然，《雷雨》园内开花园外香，中旅剧团前后在天津、北平、上海、南京、广州五大城市及苏州、无锡、常州、杭州、桂林等中小城市巡回演出，都取得很大成功。

"中旅"名声大振，投奔而来的名演员渐多，如白杨、陶金、赵慧琛、章曼萍等。唐槐秋的女儿唐若青尚未及笄之年，即登台串演"妙龄女郎"角色。有人担心她过早扮演少女角色未免有幼稚之嫌，但之后"中旅"排演《梅萝青》由唐若青任主角，演出获很大成功。小唐年不及十六，真可谓"早熟"演员；之后她扮演中年妇女，在《雷雨》后期演出中饰演鲁妈，亦颇具深度。

在历次《雷雨》演出中，我最欣赏赵慧琛饰演繁漪一角。赵慧琛塑造繁漪的性格及刻画这个不平凡、敢爱敢恨、不甘旧礼教束缚、具有强烈反抗精神的中年妇女，曾付出极大心血，特别是揭示繁漪内心世界，挖掘很深很深。第三幕，周萍夜间去会四凤，从窗跳入四凤住房。此时繁漪亦追踪而至窗前，见到屋内的周萍和四凤，无名的妒火促她把窗门在外死死扣住，堵住周萍的退路，造成周萍和鲁大海你死我活的争斗。若周萍死，她亦必将随周萍而去，同归于尽⋯⋯这幕悲剧虽未如繁漪所料在鲁家发生，但是，繁漪的悲剧性格不难窥见。

小石曾对我说："我自己写着，写着，不知不觉地迷上了她，你怕不怕？"

我说："可惜她是画中人，你够不着！"

他莞尔一笑说："你啊！"

1933年的暑假对于小石来说是最值得回忆的日子，他的首部剧作《雷雨》的问世，经历了创作的艰辛、发表与演出的层层阻碍和挫折，最终赢得演出的极大成功，使他尝到了抒发心声的喜悦，激励他继续创作的愿望。

七、《日出》《原野》点滴

大学毕业了，小石不想很快就业，愿意陪伴我留在学校上研究院（现称研究生院）深造，更因清华图书馆是写作咨询资料和中西文学著作珍藏的宝库。

1933年秋，小石留下来在研究院，除每周上不及十堂课外，有充分的时间自由写作。1934年冬寒假后，他才接受天津女子师范学院的邀请，出任该校文学系教职。

在津，小石经常受教于他的恩师——南开大学教授张彭春先生，张教授鼓励他发挥专长继续写作，并屡加指点。当小石把想写《日出》的初意讲给彭春先生听时，张教授深为赞许，对全剧布局结构加以指点，并答应写第三幕前与他同去"深入生活"，实地"采风"，力求真实。

1935年春假，小石来校看我，当我们一同步出静斋向体育馆方面走去时，他口中喃喃有词，原来他在咀嚼《日出》的序文："天之道损有余而补不足，人之道则不然，损不足而奉有余。"老子之篇借用于此，作为《日出》的主题思想。第四幕陈白露服安眠药后，幕后建筑工地传来工人们的打夯歌，歌中唱道："日出啊东来呀，满天（地）大红（来吧）……"预示着新生活终将来临。

1936年《日出》发表后不及半年，全国各地报刊争相赞扬评论，一致认为《日出》是继《雷雨》之后，大胆揭示黑暗即将过去，崭新的世界正迎着东升的太阳出现在人们眼前的新篇章。天津《大公报》文艺部首次颁发奖金，用以表彰作者创新之作。

《日出》中的人物可说是"来自生活"，影射社会上见到或者是接触过的人物。

小石的父亲是日本士官军校出身，北洋政府时期任黎元洪总统幕僚，继任北洋驻津军官总督。退役后到天津做"寓公"，结交当地企业兼银行家邹某，曾合伙经营纱厂，将为官时期积敛的资财委托邹某代为经营，用股票所得丰厚的利润收入，供家庭颇为阔绰的开销。在纱厂倒闭破产之前，两家拜为金兰之好。剧中潘经理实即影射邹董事长的人物造型，虽二者结局不同（邹某在新中国成立初期尚健在）。

黄省三一角则来源于小石曾见过的国民党某机关最值得同情的底层小书记的悲惨遭遇。

剧中女主人公陈白露留有小石家庭世交王又佳的倩影。

王又佳是一位美貌睿智的留美女学生，后成为津门有名的交际花（Salon lady），曾与天津《益世报》主笔罗隆基同居。当时，像王又佳这样留洋大学生出身的交际花是极为少见的。她不仅广交社会名流，而且颇稔西方文化艺术，如贝多芬、莫扎特、肖邦、李斯特、施特劳斯、格林卡、柴可夫斯基等西洋音乐名家的音乐篇章；中外古今的名画家，达·芬奇、毕加索、唐伯虎、齐白石、张大千、徐悲鸿，她都能谈得头头是道。她对中外历史和时事也能知晓评论，称她为Salon lady，并非过奖。

她身段窈窕，婀娜多姿，一张小圆脸配上黑黝黝、亮晶晶的双眸，加以两片会说话的嘴唇，笑口常开，惹人喜爱。她回国后尚未步入社会，即被爱慕者所包围，逐渐成为津门仅有的沙龙仕女了。

而《日出》剧中描写的陈白露就是这样一位交际花，她旧日的同窗方达生对她一往情深，但又反对她"自我毁灭"的人生哲学，气愤之余离她远去。因而，她身边闯进了乔治张这样的"半洋鬼子"，用金钱买"爱情"、挥金如土的潘经理。

方达生，实即小石蓄意刻画的挚友章靳以的形象。章靳以与王又佳堪称一对初恋情人，可惜二人各走不同的人生道路，其间虽多次相晤，屡要与王修复旧好，走向新生活，奈因王积习已深，难以自拔，以致最后诀别。

我曾为顾八奶奶这个人物的塑造提供给小石不少感性的素材。清华图书馆某主任的夫人，是我贝满女中同学王元美的姨母，因为她排行最小，熟悉的女同学都跟着王元美同叫她"幺嬢"。这位上海圣玛利亚女校毕业、会说一口流利英语的风流人物，在清华的校园里，经常放下教授夫人的架子，不但和女同学交朋友，也跟一些课余爱玩的男同学在一起打网球、在合作社喝咖啡，以至周末不分男女一同进城去跳舞。如果周末晚上玩得太晚，她常常让北平无家的女同学在城里王元美和她两家同住的一栋楼留宿。剧中的顾八奶奶与幺嬢并不一样，那是小石有意借人夸张创造罢了，有几句口头禅，如："You are my ideal!""顶热烈""顶肉感""人生在世，就是为了寻求快乐""我要玩，玩，好玩"。这位没心没肺，久居半殖民地上海租界的"挂半疯"和胡四搅拌在一起，无疑给《日出》制造了喜剧的气氛。

我多次跟小石说过，若与《雷雨》相比，我对《日出》有所偏爱。而他自己却认为，《雷雨》"将永远站得住"。

1936 年我从清华大学毕业时，小石赠予我首版《雷雨》精装本，这是巴金先生委托文化生活出版社特别印制的，书面烫金刻制书名，书页涂以金边，上面小石亲自签署烫金刻字的"给颖如 家宝"，以后小石又赠我同样的《日出》精装本，留作永久纪念。巴金还许诺小石，以后著作他将陆续如法刻制。

不料，1937 年卢沟桥事件暴发，燃起抗日战争的烽火，《日出》以后的著作中断在沪出版，我也因此再未得到应有的赠予。

如今，曹禺这两部成名作的烫金首版，经过十年浩劫，竟奇迹般被我保存下来！每当我从书橱中，从裹得严严的纱布里取出这两本书时，封面上的烫金刻字和书页的金边仍熠熠生辉。我准备在新建北京图书馆开馆时，把这两册珍本献给我的祖国。

1936 年春，小石因接受南京国立戏剧专科学校的急电邀请，放弃自费留学德国的计划，遄赴南京就任该校教导主任。

同年六月，我从清华大学毕业，放弃留任政治系助教，赴宁。经父亲介绍，我进了审计部任佐理员，专司审核清华、北大、暨南、中央等十一所"国立"大学的经费"事后审核"工作。

因机关离家路远，中午我去小石当时的住处——四牌楼 18 号（原为马彦祥先生与白杨女士旧居）共进午餐（他请了一个安徽老年女仆料理家务）。下午下班后，他多半来我家与我家人同用晚餐。有时，我们两人单独或约好友同去小西餐馆就餐。

这时期，与小石常往来的墨客文人，除章靳以常从上海来之外，尚有萧乾、马彦祥，田汉先生也曾约小石作秦淮游。

此时，小石正在酝酿《原野》的构思。最早出现在他脑际的是仇虎这个人物。他告诉我为什么起名叫仇虎，给我讲述了父亲被活埋，妹被卖为娼，耕地被抢，房屋被烧，青梅竹马的未婚妻被霸占，自己被投入大牢致残——一个贫苦农民家破人亡的悲惨故事，仇虎这个性格刚烈的汉子决心复仇，反抗，投奔光明，经历艰难曲折的内心挣扎，最后走投无路，走向死亡。

当时，小石所住的南京四牌楼18号两层小楼正面对南京第一模范监狱，每天清晨和傍晚，总有囚犯（政治犯）戴着沉重的手铐脚镣，肩挑狱旁的河水，浇灌附近的菜园。小石告诉我，有一天他从楼上的窗口望见，四名荷枪士兵尾随一个"犯人"，严密监视。听左邻右舍的人说，这个"犯人"就是陈独秀，他被禁于此，已达三四年，始终未被提审过。仇虎身上手铐脚镣沉重的拖拉声，脱胎于这个"犯人"的声像。

《原野》于1937年3月着手撰写，四个多月后在章靳以、萧乾催促下完稿。

1937年"七七事变"时，小石接其母电告，其兄万家修病逝，嘱即返津。离宁前，将《原野》稿件交章靳以，在广州出版的《文从》上连续发表。

"七七"事变爆发，在中国共产党的强烈要求和号召下，以蒋介石为首的国民党反动政府不得不进行对日抗战。"八·一三"淞沪之战揭开了全面抗战的序幕，在爱国的十九路军官兵英勇作战取得胜利的鼓舞下，全国人心振奋，表现出从未有的万众一心、团结抗战的决心。四行大楼仓库八百壮士坚守抗日据点可歌可泣的事迹，举国景仰！

同时，日寇仍在华北节节进攻，国民党旁系军队宋哲元所部败退西北，平津失守，日军沿津浦铁路南下，铁路路段被破坏，运输中断了。

小石回津处理完丧事，即望南下与我会合，但铁路不通，只好在津设法重金购得英商怡和公司天津—香港直航客轮票，迳赴香港。

我当时因躲日机轰炸南京市区，随亲戚到芜湖暂避，约两个月后，接小石母亲电告，石乘轮平安赴港，嘱我即去武昌小石舅父薛家相会。我喜出望外。一周后，我们终于在汉口长江码头见面了。

小石告诉我，他是化装成商人搭乘英轮去港，才躲开特务的尾随跟踪离津的。看见他一身绸长衫、巴拿马草帽、布底鞋，真有点像"商人"，我不觉大笑。

薛舅说，这些一定是姐姐（万母）的"绝招"，保她儿子一路平安。

我们在薛家休息了近两周，接余上沅校长急电速去长沙，剧校已先此迁往长沙，一切安排就绪，急待开学。因此，我们决定去长沙，待小石工作安顿后，择日结婚。

（未完成）

2

《〈雷雨〉在这里诞生》

◆ 郑　秀

去年（1986年）值我级（1936级）毕业50周年纪念之际，我曾在校友通讯第13期《校园里的"家"》一文中提到：人称清华有三宝，图书馆、体育馆、大礼堂。指的是母校当年物质方面的设施。然而，更重要的是清华优良的校风和她拥有理、工、文、法各学科诸多德高望重、享誉中外、学识渊博的学者、专家、教授，和在名师培育下成长起来为数众多的杰出科学家、教学大师、著名的建筑学家、文学名士等。

众所周知，20世纪90年代的清华是一所综合性大学，被誉为"最高学府"；30年代历届毕业同学中，群星灿烂，炫人眼目，其中1933级西洋文学系毕业的万家宝（号小石，笔名曹禺）就是其中的一员。关于万家宝，我本不便谈论，但去年夏应编撰《曹禺传记》和《曹禺研究》的两位同志之邀，略为介绍万家宝在与我相处的一段日子里编写他的处女作——《雷雨》一剧的过程片段。虽然时间已过去半个世纪，而我与他分手已三十多年了，然而当年（1933年夏季）我陪伴他在母校图书馆西文阅览室，他奋力笔耕的情景仍清晰地深深留在我的记忆里。如今，我们都已年逾古稀，年前我大病初愈，我们的两个女儿万黛和万昭再三敦促，要我写点有关她们父亲当年创作《雷雨》《日出》《蜕变》《北京人》等剧本和改编《家》的写作情况以及鲜为人知的生活轶事，留作纪念。为此，我如实地追述于下。

当年万家宝年仅23岁，但他有理想，有抱负，有坚定的自信心。他勤读西洋文学、古今名著，兼学英、法、德、俄四国语言，但有所侧重。从中学时代起他就开始剧本习作与笔译的业余训练，并多次参加南开、清华两校话剧演出实践。他平日注意观察和积累生活中和周围人物典型及素材的收集，为之后的创作储备了丰富的题材和资料。此外，他对自己的手稿反复琢磨，悉心修改，极其严谨的写作态度也有助于他走上成才、成功之路。

1933年初夏，时局十分险恶，北平岌岌可危，学校当局决定提前放暑假，免除应届（1933级）毕业生期末考试，以全年平均分数评定毕业成绩。顺便一提：同年春，经1933级原南开中学几位爱好话剧的同学再三约请，我与万家宝、孙毓棠两同学合演万家宝翻译的近代英国杰出的批判现实主义作家高尔斯华绥创作的独幕三场话剧 *The first and the last*（《最前的与最后的》）。这出戏揭露资本主义金钱世界在标榜文明与发达的旗号下隐藏的罪恶本质。在校园内同方部礼堂连演三场，获得好评。从此我与万家宝由相识而相知，我们约定，暑假他不回津，留校着手写剧本；我征得家长同意，不回南京，留校复习功课，准备秋季开学后考试。

6月初暑假开始了，在图书馆西文阅览室大厅的东北边，靠近借书台的长桌的一端对面两个座位是我们固定的坐椅。上午8时至12时、下午2时至6时、晚上7时30分至10时开馆时间，我们从不缺席。毕竟是暑假，来馆阅读的同学不多，阅览室内外，非常寂静。每走进阅览室内就座后，我们悄声说一两句话，就各自做自己的事。我阅读教科书、课堂笔记和教师指定的参考书、笔记本，他翻阅自己的手稿和剧本素材。他时而用手轻轻敲自己的脑袋，时而不由自主地用手抚摸右耳边的"拴马桩"——每当他想不出如何处理剧中关键情节或忽然"灵感来潮"时，就狠狠地揪一下那个小疙瘩，友好的同学给它起名叫"灵感球"。我早已注意到他这"怪癖"，每当他发愣、苦思苦想时常常求助他的"灵感球"。

一天下午，我们提前走出图书馆，太阳的余晖正映照在馆外红色墙上，使园景更加绚烂夺目。我们信步走不远，就在一株大柳树下蜷膝而坐，两旁丛簇着盛开的玫瑰，我们默默相对，蓦然间他用右手指着自己的头对我说："颖，中国的头脑在这里！"我很快就领会到他指的是创作中国自己话剧的头脑。也许有人认为一个年仅23岁的普通大学生居然敢说出这样自负的大话来，未免太狂妄了，但如果从历史背景看不难了解，20世纪初，话剧刚刚从西方传入我国，作为一个新剧种开始步入中国戏剧舞台。老一代话剧作家如欧阳予倩、田汉、熊佛西、丁西林，以及后来的洪深、李键吾、陈绵等前辈，他们都是按照西方话剧形式撰写或翻译剧本。由田汉先生在上海创建"南国社"和由天津南开大学教授张彭春先生创立的"南开剧团"在上海、天津、北平等城市演出，促进了新兴的话剧运动迅速发展，对唤起我国人民，特别是青年们的觉醒和促进东西方文化交流起了很大作用。然而，洋为中用，地道的中国话剧尚未诞生。小石当年作为一个青年学生，可贵之处在于他有坚定的自信心，他深信自己能写出优质、地道的中国话剧剧本来。

他开始创作《雷雨》前，首先将在南开中学、大学时期和二年级转入清华大学西洋文学系后苦心钻研的西洋戏剧理论与西方名家的代表作品，远溯希腊悲剧与十六七世纪英国戏剧大师莎士比亚的名著，直至近代挪威名家易卜生的作品，以及美国现代剧作家尤金·奥尼尔的代表作，都一一浏览一遍，结合自己多次演出实践，予以回顾，以便从中汲取营养和借鉴。有殷实的基础，加上他的勤奋和努力，他完全有能力实现自己的理想，而不是"狂妄"。

在暑假前一阶段，无论我们在走向图书馆校园的小路上或去园外小河畔散步，他总是抱着厚厚的一大摞《雷雨》的提纲、草稿，还有分幕表、舞台设计草图，以及剧中人物性格描绘分类卡片，等等。散步途中他不时有声有色地给我讲述《雷雨》全剧的内容和剧中各个人物的性格、特点，更重要的是谈论他编写此剧的目的，那就是要用他的笔揭露旧社会的黑暗和因旧礼教、封建的邪恶势力所造成的许许多多的人间悲剧！剧的结尾预示着隐隐闪现的希望的曙光。

当他讲到剧中主要人物周朴园时，忽然收敛起笑容，用轻鄙的目光看一下人物性格描绘卡，咬一下牙关，叙述他童年时代家中来客中出现过像周朴园这样一个自诩身上沾有"日耳曼民族优越感"、自命不凡的老留德学生出身的大企业家Z董事长的形象。他说他塑造的周朴园及其一家人的悲剧并非Z董事长一家的真人真事,有的地方夸大,有的是虚构或影射,经过加工,但周朴园与Z董事长有共性,那就是浓厚的封建意识和剥削工人以肥己的资产阶级思想与行为。周朴园狂妄自大,唯我独尊,在他看来,妻儿是他的"财产",是他的附属品,因而对他只能唯命是从,不可丝毫悖抗。对待婚姻问题,他门第观念根深蒂固,迫害女性。作为大资本家,他可谓老奸巨猾,诡计多端,残酷地剥削、压迫矿工。总之,周朴园是作者笔诛的第一号人物。

他对另一重要人物——繁漪,则寄予无限同情,说他喜欢繁漪的性格,说他给她起名叫"繁漪",是为了体现她坚强、刚毅而复杂的性格,深邃而美好的内心世界,说她诚实,绝不虚伪,她懂得恨,更懂得爱,她发誓要生活在充满爱的世界里,和她挚爱的人永远永远生活在一起……他说自己写着写着,不觉迷上了她。

曾经看过《雷雨》草稿的他的好友S同学告诉我周冲就是小石童年时代的影子。有一天我问他童年时代是否曾有过虚无缥缈的幻想——大海……白帆……像周冲那样?他听了迫不及待地申辩说:"别信他瞎说,那不是我!"我见他真急了,连忙说,"我有意逗逗你,让你休息一下脑筋,放松放松,何必认真!"说完,我们相对大笑起来。那晚上我们走出图书馆时已近9点半,沿路边走边谈,走近荷花池畔时,听见池畔小山上的钟响了十下,我们在山石上小坐一会儿,就站起来掸了掸衣裤上的浮土,深吸一口晚风吹来荷花散发的清香,他送我到静斋门口,才缓步向二院宿舍的方向走去。

每晨,当我们在阅览室坐下,他打开稿件纸袋,取出《雷雨》的手稿和素材,只见张张稿纸上画满了红、蓝色的杆杆道道和修改的字句时,我就知道头天夜晚他又开夜车了,有时是整宿整夜修改叙文和对话。关键的对话他就对着一面挂镜,独自对镜模拟剧中人不同的口吻和声调(男女老幼角色兼有),一遍、两遍乃至几十遍,不满意就一改再改,直至自己认为较为满意为止。看到这些,我为之折服,并激励他说:"人家都夸你'神',我也看出你在剧作方面确是才华横溢,你一定能写出许多好剧本来!"他严肃地回答说:"即使有三分'天才',也要七分努力啊！何况我很笨，写东西很慢，很费劲，算什么'天才'？"我开玩笑说："那么我就叫你'笨才子'吧！"不过这次他并不反对我这样称呼他，只是不要在人前跟他开玩笑而已。接着他满怀坚定的信念说："我要写下去，我有信心写出比较满意的作品来。"就这样，他写了又改，改了又写，从6月初到7月底，近两个月的暑假前段时间内，他整理并撰写出《雷雨》的草稿。8月初北平郊外战云渐退，城内气氛日趋缓和，月初某一周末他回津探母，我进城到好友贺恩慈家度周末后同回清华园，他继续整理、修改草稿，8月底完成初稿。1933年深秋，第一部具有中国特色的话剧剧本《雷雨》在清华园诞生了。当时他是清华大学研究院（即现在的研究生院）的研究生。

1934年春由小石南开中学时代的挚友笔名靳以（本名章方叙，散文作家，复旦大学中文系教授，第一届全国人大代表，1953年病逝）介绍，结识自法国归来的文学大师巴金先生。巴金先生十分赏识小石的才华，经他和章靳以多方设法，避开国民党反动文艺政策的重重封锁和禁令，1934年7月《雷雨》在"文学季刊"第一卷第三期全文发表。同年年底由我国留日学生在东京公演该剧，受到旅日华侨和日本文艺界友好人士的欢迎和好评，并承日本文坛名宿秋田雨雀先生著文高度评价。1935年初，旅法文化人唐槐秋先生组成中国旅行剧团（简称中旅），招聘名演员，冲破种种困阻，在天津当时的"法租界"首次演出《雷雨》，大受欢迎，连演十数场，盛况空前。其后该团先后在国内各大城市相继演出百余场，久演不衰。从此《雷雨》走红十余年，新中国成立后仍不断在各地上演，并被拍成电影及电视剧。

1936年春承巴金先生由出版社精装《雷雨》《日出》两剧本的首版各一册见赠，每册封面镌有小石亲笔签署"给颖如　家宝"烫金手迹。有关小石写作部分手稿和国内外报刊评论剪辑，以及剧照等文物资料不幸在"文革"中丧失殆尽，而这两册精装的首版剧本却奇迹般被保存下来。

（登载于 1987年《清华校友通讯》丛书　复16册）

第四部分

信件

爸爸的来信
妈妈的来信

我们的爸爸曹禺
和妈妈郑秀

1

爸爸的来信（1972—1994 年）共 74 封

20 世纪 70 年代（1972—1979 年）共 32 封

1972 年 9 月 30 日

黛、昭二儿：

久不见你们，十分想念。前小达来医院，又未见到。我现已由医院回家疗治。有功夫，务请你们来一聚。

小达、彦林和孩子们都请来玩。日前，曾通公用电话，未知收到否？让我们共同庆祝社会主义祖国二十三周年！

爸爸
九月三十日

1974 年 12 月 14 日

黛黛，我的爱女：

听二姐说你已来北京，今天（14）等了一下午，不见你来。方才给东松树胡同打电话，又无法传呼。明天下午，你能来否？十分想念你，你和小达、小刘迈一同来吧！

最近身体还是不大好，又在开创作会议（明日上午听报告）。几天都不大舒服，想给你写信，又无多大力气。只盼望你来看看爸爸。

快些来！

爸爸
十四日下午六时

问小达好！

1974 年 12 月 30 日①

黛儿，爱女：

昨晚临睡前接到袁大夫电话，于是小达大忙，忙赶到北大医院门口，拿回刚宰好的鸡两只，大鲤鱼一条。接着又把大一点的鸡送到西石槽，又赶回来睡。今晚我将和小达两人共享你送来的鸡与鱼：炖鸡汤，酸辣鱼半只，半只红烧。我又请孙阿姨共享，因为她也实在辛苦，连新年也没有假期。这算提前过元旦前夕。

昨晚间小达提到你的梦，不知为什么，我也很难过。夜半兴起，就想给你写信，一则爸爸无论如何不会过早死去，要多活几年为党再作点工作，更怕使你们失了父亲，你们是我的四个好女儿，真是一个我也舍不得离开。

有一件事，我请求你，你必须保重身体。究竟发低烧是何缘故？小达说：你的健康与从前大不如。我很有些着急，怕你病倒。有些事须量力而为。要看得长远一些，你没有个好身体，什么事情都做不成功的。

一时想不出什么来写，只祝你一生幸福，工作顺利，与小达白首偕老！

小达告我元旦将带小刘迈来我这里过新年，我很高兴。再祝你新年快乐，与贫下中农过一个革命的年！

爸爸
十二月三十日

方子、欢子来信都问郑妈妈好，请一定致意。

① 1974年底爸爸给黛黛的三封信是寄往北京密云县的，当时黛黛在驻密云不老屯的北医医疗队工作。

1974年12月31日

黛儿，爱女：

收到你二十九日信，得悉一个优秀医务工作者故去，连我这从未见过他（付大夫）的人都悲痛。做一个高尚的人，一个脱离低级趣味的人，一个有益于人民的人，这位从未谋面的大夫是做到了的。你的信，我连读了几遍，最使我感动、使我受教育的是，这样一位伟大的做着普通医务工作，彻底为人民服务的人物！让我们共同学习他吧。

方才发了信，又给你寄去一些小日历卡，你留一份，其余应给谁便给谁。

我一定按你的话做，要恢复健康，并且要为党做一点工作，我将尽力而为，想革命的心绝不会死的。我的四个好女儿，爸爸是多么想你们哟。放心吧，我身体似逐渐好转起来！明天下午，小迈、小达会来，二姐、彦林他们也许会来吧。

祝你新年愉快！

爸爸
元旦前夕

1974年12月31日

黛儿，爱女：

不知为什么还想写给你一两个字。昨晚我和小达还请孙阿姨一道共享你送来的鲜鱼、活鸡。鲜鱼特别好吃，吃个精光，我认为这几年来还没有吃过这样新鲜的好鱼，不过下次你千万别买了。一则影响问题，二则你也没有多少钱。今晨我托老察[①]给你寄来一些小日历卡，不知你能及早收到否？送给一些贫下中农与同事，很好玩的。

今晚（三十一日）正是元旦前夕，可能老察来，二姐也可能来和我一道吃饭，我不会太寂寞的。晚八时又要听元旦社论，明晨九时，要到剧团谈体会，开座谈会，所以就更高兴了。

希望你今夜过得十分愉快。明晨元旦或许下午小达将带小刘迈来，我已给他准备了橘水与糖。小本子，画笔等已由小达交小刘迈了。

祝你新年愉快！

爸爸
三十一日晚

[①] 老察，即在新华书店工作的年轻朋友察世玺。

约1974年7月[①]

小达：

如我有急病，请打552071（史家胡同宿舍）急找戴兰芬或孟远述二同志，找史群吉同志开车到朝阳医院。先要请戴、孟二同志电卫生局，托他们找一个房间抢救。当然，这如果是危险的话，就这样办。

另外，还可以打革委会办公室电话550091，也许有人当夜班。最好，先找552071找戴、孟二同志。

我已吃了点安眠药镇静一下，如睡着了，你也检查血压与期前收缩每分钟跳多少下。以不送医院为上策。总之，你决定吧。我现在比以前好一些，你今天一定陪我一夜。看样子不会危险。

爸爸
即刻

① 1974年7月方瑞去世，万黛回京处理后事后又返回驻密云不老屯的北医医疗队工作。三女四女万方、万欢均已参军归队，只有万黛的丈夫刘小达和二女儿万昭及二女婿唐彦林在京照顾父亲。此条是留给刘小达的。

1975年3月26日

黛儿：

你要的"内科手册"已由老察同志觅来寄往卫生院（共两本）。"中国通史"正由老察同志寻觅，不久即可寄来。

你走后刘大哥又来陪我一夜。现在我身体比较好，万勿挂念。还是和往常一样，努力为人民服务。这是我们共同的目标。

爸爸时常想念你。如有工夫，一定给我来封信。欢子明天（27）即到京，她来信说电告苏雷，到车站接她，仿佛苏雷已成了我家中成员。此事爸爸也不想多管。方子对苏雷印象颇好，这只好随她了。你来信不必提及此事，因为你和我二人都不大认识苏雷，希望方子对日后的终身大事看得很准，不要弄错，爸爸也就放心了。

何日你再回来？真是惦念不已！关于方子的婚事，只能等你回来再面谈。有些事，做父亲的也是管不了，只能做个参谋而已。

林兆华①同志已办好介绍信，四月初即可去镶牙。我是否能出去远行，这要看党委决定我能否去担任一定的创作工作。

今日下午林兆华同志将到我家，他说要和欢子一道再去跑跑关于房子的事。

林同志总是很乐观,他说一定弄到手,"老头"不要亲自去跑了。

寄去的"内科手册"你自用一册,其他一本,你如愿送人,也是件好事。因为这两本书根本是买不到的。如果我能先到密云招待所或交际处住一阵,便带欢子一同来。但现在欢子又有一个职业问题,这也需要马上解决的。

祝黛儿工作更加顺利!

爸爸
二十六日

① 北京人艺导演。

1975 年 4 月 10 日

黛儿:

久不得来信,十分惦念。想必工作太忙,无时间来信。前两天去镶牙,不料五诊室老大夫又病了,只好再等十天去诊,那时想必你已回来了。这两天,我想在我那个存煤块的小花坛中,种一些中药材,你是否可弄一些常见中药的种子或移植枝干?并打听一下每种药名与培育方法。种种这些,可以增长中药物的知识,也可以解闷。前曾向党委请示,可否在全国范围内旅行,疗养并多看看祖国的建设与大好形势,党委说我的病还未见好,如中途恶化,就不如在京疗养为是,此想,大概"吹"了。但密云招待所之行或可成功。新房子是毫无消息,想已石沉大海了!

爸爸
四月十日

何日归来,谈谈欢子的职业问题。

约 1975 年 5 月 17 日

黛黛：

　　欢子的分配工作已如上所述[①]，你能分析并指点一下吗？我也认为"中药研究"颇有可为，但进去后究竟做什么，尚不得知，是否应更进一步打听一下，才好？刘大哥说要十分慎重，要问问你。至于当编辑，如能四处约稿，倒也不错，坐在办公室里就不如在"中药研究"有道理些。这时，确是要为欢子考虑一生大事之一的关键时刻，黛黛，你要多多为这个毫无经历的妹妹想想。

　　你的身体如何？我十分惦念，再，你的头发确脱落一点，你要找个皮肤科大夫看看，好吗？我总觉得你的头沾染某种菌？或，按旧时办法每日擦生姜（早晚各一次）直到发热为止。（这是指无菌而脱落的话，总之，看皮肤大夫的意见吧。）

　　方子，约在本月十九日来京（为了学习调演节目），大约在月底又和他的同伴战友返沈阳。不知你何时返京休假？如能早些，在方子尚留北京的时刻归来，我们父女五人或与小达，彦林及小迈，唐迎一同照张相，那将是多么有兴味的事。你看着办吧。不过希望你就此件小事回信提一下。能来与否，都是不大要紧的。

　　你给的药种已种上，发芽了。

　　今晚二姐、彦林与欢子将一同看新疆的《红灯记》，票少，我不能再看了。十分想念你！祝你一切都顺利！！

爸爸
十七，五月，七五

[①] 指此信件上方万欢附给万黛谈关于分配工作的信。

约 1975 年 6 月 11 日

黛儿：

　　前信谅收到。已打听出欢子的人民医院（在白塔寺）系北京医学院属管，但最近又有消息，宽街中医院中药研究所可能进去（不是搞政工）。我已电告欢子，今其来电话，将告知她详情，嘱她即返京。一切见面再谈，你不必为她现在急办了。

　　昨日昭昭与彦林来，都奇忙。希望你回来时看看我，十分想念！

　　　　　　　　　　　　　　　　　　　　　　　　　　爸爸
　　　　　　　　　　　　　　　　　　　　　　　　　　十一日

　　据说北京话剧团将去不老屯公社演出，不知你见到否？

1975 年 7 月 12 日

黛儿：

　　收到你的信。欢子不久即归来。宽街中医研究所的事大约不会有问题。此乃一大好事（不搞政工）。七月十三日是方瑞阿姨的周年忌日，我已叫了小车。明日（十三）到她骨灰堂去哀悼一次。想起来真没意思，她死去又过一年了！！我不准备到不老屯，但或剧团是要去的。如他们有病，你一定去看。想起方瑞阿姨丧事，真得感谢你！真正忙了一星期，而爸爸那时简直不知身在何处。于今又是一年了！唉！

　　祝你身体好，工作愉快！

　　　　　　　　　　　　　　　　　　　　　　　　　　爸爸
　　　　　　　　　　　　　　　　　　　　　　　　　　十二日晚

我们的爸爸曹禺和妈妈郑秀

1976年8月9日

小达、黛黛、彦林、昭昭、欢子：

安抵广州①，小朴与爹②来接，并弄一小汽车到你家中。全家待我非常热情，给我一单间，住三楼，爹爹住外面小过道，我真是过意不去。但我二人很谈得来，二人赤膊，挥汗如雨，天气奇热，坐着出汗，大约不能久居，我想略休息两天，立即回家。欢子，你千万守在楼下棚子里，万勿拆去棚子，设法找人陪你住。不久我想设法归家，我想你们得很。

此外，我安抵广州情况告550091张允康书记。须立刻由黛黛告诉。

我想尽早返京，你们觉得可以归来，我便设法乘飞机。飞机真快，不到三小时便到广州，而且安适之极，升得平稳，咱们祖国的飞机实在好。

你们放心，我在此地如在家中，第一顿便吃面条，只是菜太丰盛了，我说以后千万不要如此，爹也答应了。

广州秩序非常好，行人衣服整齐，真叫人觉得广州人不怕热。

我看见小姑婆、小刘迅、小琼③，其余都很忙，大约不在家。

我想本月十六日左右便回去，你们看，行不行？

不多谈了。望你们速来航空信。欢子，你把家中情况告诉我，寄广州延安二路217号三楼刘小朴转曹同志便可。

姐姐们要常给欢子打电话，告诉我她安好否？

爸爸
九日晚六时

彦林、昭昭、小刘迈、小唐迎好否，念念。

① 1976年夏唐山发生大地震，严重波及北京。为了照顾年老体衰的爸爸，万黛把他送到在广州的公公家，丈夫刘小达的父亲及兄妹一家人对爸爸的接待极为热情，照顾得无微不至。

② 刘小朴即刘小达的大哥，爹爹即刘小达的父亲刘君朴。

③ 小姑婆即刘小达的姑姑，小刘迅、小琼即刘小朴之子女。

1976年8月10日

黛黛、昭昭、小达、彦林与欢子：

小达全家对我十分热情。昨晚夜餐吃广州的特菜盐焗鸡，还有其他名菜，并喝了葡萄酒与西瓜。只晚上很热，出了一夜的汗。

我一点不是因为怕热，而是觉得没有与北京的同志们和你们姐妹共同防震，抗震，偏一个人跑到广州，使我十分难过。我急于想回家，即使在北京使你们为我麻烦受累，但大家都在上班抗震，我何忍独自跑出，真是越想越不是滋味！！！我想孙阿姨未见得能及早回来。吃饭问题，看你们三姐妹每日替换着给我买一些馒首，饼、切面与咸菜，便解决了。我愿与北京的同志们一道在地震中过日子，留在北京中工作的人是十分勇敢的。我认为在地震中离开北京仅为了保命，这是我的终身的耻辱！我感觉到在患难中离开了人民，离开了党，这是不能忍受的。

何日可能及早返京？我没有对刘小朴说明此意，但我问及日后买飞机票的问题，他说不困难。

现在此地，上临时户口，需要北京话剧团的证明，说明因探亲才来广州的。（也许刘小朴哥问了详情会写信给黛黛，把如何写法请求北京话剧团写证明给黛黛，寄交给我。）如果北京话剧团不肯写，我想立刻返北京。小欢子，你必须理解爸爸的心情，我们两个可以同住在（在你工作完毕后）小窝棚里睡，或就住在二楼家里。有时住小窝棚里，我看这样最好。欢子，你想想，你不是震后，便立刻到医院报到工作吗？大姐、大姐夫、二姐、二姐夫也都是这样。我何忍一个人离开北京的同志们、北京的群众。真是心中说不出的难受！你们照顾了我，因我有病，而且岁数大一点。但群众绝不会原谅一个胆小的人的。想想沙博里，大家动员他到南方去，他都不去！再看爸爸，自己偏到广州来。领导上虽同意，但是很勉强的。请欢子和大姐、刘大哥、二姐、唐二哥再商量一下，我想及早就回京，不然我无面目见北京的朋友们。

此信黛儿收到后必须给刘大哥，与欢子、二姐、彦林一阅，尤其是欢子，必须要得到她的同意才好。我还是想在群众正在困难时回北京。这固然有许多麻烦，然而只有这样，我才觉得我是个中国人！一定要得到你们的同意，你们也一定要理解我的心情。小达，我真感谢你邀请我到广州你家来的极大关怀！你父亲、小朴大哥和你们全家对我的照顾真是无微不至，这我是无法用言语来表达我的感激的心情。

但我还是想立即返北京，我的心情已如上述。我之所以想回北京，是你们一时不能理解的心情。黛黛，这次你非常累，我知道，我如回家，又要增加你的负担，但我只有如此！离开北京，离开在困难中的北京，离开了你们，真感到度日如年。我觉得我离开北京会有一些影响。回北京后，就会比较好一些。

我反复无常，这也使我十分惭愧。但返回北京，我才感到是对的。

望速决定，我好归来。

因为弄飞机票，我猜想，也不一定如在京那样方便。

爸爸
十日

小朴说我的想法，不合实际。

但我还是想及早回去！

附刘小朴信。

1976年8月12日

黛儿如见：

前两函谅已收阅，不知你是否在收到电报，告平安抵广州后，为我向北京话剧团张允康书记汇报？此事极重要。若尚未告知张书记，宜立刻打电话报告我的行径与现在居住的地方（即延安二路217号三楼刘小朴转）。张书记曾说若到该回来时，当电告我的。你必须与张书记一谈，问我何时返京？并报告我安抵广州。记得早嘱你代向张书记汇报。此事万不可疏忽。

你说16日可以返京，是否可以？今日已12日了。长住广州不是事，不如早日归京。我甚至想到返京后，是否要做检讨？真有些惶惶不可终日。黛黛，你们真倒霉，遇见这样一个毫无能力，而且处处需要你们照顾的爸爸。

你和小达、彦林、昭昭、小刘迈、小唐迎情况如何，十分惦念。望你的信，眼都望穿了。知道你非常忙，少写几个字也好，当然希望你多写，详详细细地写。骂吧！骂这个累赘你们的爸爸吧！真是糟，到现在，我还是需要你写几个字来安慰我，使我能住几天。但实在说，我住广州真是不安极了。而小朴说"必须有万黛的信，叫你回去，才给你买飞机票"。我看飞机时间表，往常，波音飞机是下午5：30由广州开，晚八时到。如能返京，你必须告史群吉（550091电话）来车到机场接我，你们如无事，也来接我吧！但只有等你的决定了。

爸爸
十二日

问小达、小刘迈、昭昭、唐彦林、小唐迎好！

告欢子，我拉稀，已完全治好，勿念。

爸爸又及

1976 年 8 月 15 日

黛、小达、昭、彦林、小欢子：

昨晚收到黛儿与小欢子各一人一封信，我与刘小朴全家都非常高兴。虽然你们与刘伯伯（即爹爹，黛黛的公公）全家待我如骨肉，坚决不许我返京，我还是十分想我的北京。自然，与你们共患难，实际上，是给你们几个人添麻烦，使你们担心我的病，多了累赘。我走了，你们可以安心工作。最使我不安的是，刘伯伯把自己的大房间完全让给我，他自己却住在一个狭小的过道，但不这样，也不行，只得如此。不过长此以往，如何得了。当然现在只好等你们来信或电报叫我走，我就走。我与刘公公全家都处得很好。

小欢子，我给你信有两封寄往宽街中医院中药研究室（航空）。不知你收到没有，现在只好复写一封，寄往北京三里屯家里，望你收到即回信。你们几个晚上非住棚里不可，叫我放心，不要大意。小欢子，我同意你的意见，不要打电话叫小方子来接，她如来京，我更担心了。

小朴哥一辈待我如父亲，今天（星期日），他坚决带我逛兰圃，还照了几张相，为了给你们看，你看多细心！每天倒水，洗衣服都是他们，不许我做，我真成了一个大懦夫，他们每位都是大大夫，小朴哥为我量了许多次血压，听了心脏，他说还可以。你们放心。你们几个人都为我这个老父亲受累，我真是老废物。黛黛，如有工夫，要常和北京话剧团组织上联系，说我时时刻刻想念剧团的同志们。并告诉有大夫看病。

小欢子，你能单独生活，是极好的锻炼。现在广州下了几场雨，又凉爽一些。小达，爹爹与全家都很好，大嫂待命去医疗队，她十分厚道。感谢你，又写了长信给家里，告诉我的习惯种种；其实，不写信，已待我非常好。小欢子，你要查查我的信，共两封，寄往宽街中医院。祝你们更好地做防震工作。

爸爸
十五日

附刘小朴 8 月 15 日的信。（略）

1976 年 8 月 16 日

黛黛，小达；昭昭，彦林；小欢子：

我来刘家将近十日（九日至此，今已十天），全家都待我太好了，无话可说（甚至夜间怕我摔倒，要我在痰盂内小便，小朴大哥亲自去倒，我真过意不去）。

关于"吃"，你们想不到，我在刘家已吃了三次盐焗鸡，由爹（我当面称他为"老阿哥"，他比我大两岁）、大嫂、四嫂①亲自买，有时阿姨做，有时爹自己做。牛奶、鸡蛋，充足供应，这是刘家想尽了办法买来的，每顿饭竟有四菜一汤！当然，他们买东西从来合法，不走后门，就是费时间站队。

晚间，小朴、爹、或小炘②来陪我聊天，教我说广东话，但我大约已老，根本记不住，学说广东话自然不行，连听广东话也不行了。

小欢子说：十六天后将又恐有下一个十六天，要长期打算。我想九月初就差不多，也实在该回去了。

黛黛、小达与小欢子的信，我读了多少遍。有时一面读，一面感动得流下眼泪。

方才收到欢子的信二封，看见了剧团的介绍报临时户口的信与俞和孙同志的信。欢子，你为我感谢俞和孙和张演同志的友情，如果日后有麻烦他们的时候，我一定说。杨奇与许诺同志目前想必很忙，一时未必能见访。小欢子，你查问了没有，我寄中医院的两封信，你收到否？

现在我一定听黛黛与欢子的话，再定归来日期。但在外边太久了，总不很好。能归北京时，便急速告知，以便设法购飞机票。买票未见得如黛黛办的那样快，我还是很想回家，但决不贸然归来，要听你们的信再离开广州。

许久未刮脸，今日刚刮了脸，就收到小欢子的信两封。非常高兴。刘伯伯说，"你高兴了，你现在头发都变黑了！"不久，小朴大哥还要带我到理发店去。也许到那时就该回家了吧。老阿哥给我炸了一瓶花生米，每天吃得我都胖起来。

至于小方子回京事，小欢子一定要写信给她，告诉她，我已赴广州，苏雷未见得希望现在来京（告苏雷写信阻止她也可以），其次，千万不可未得批准便自行回家，这是犯军令的。我一切都好！祝你们好。

爸爸

黛儿，如有空，仍盼你多来信。你的信真是最大的安慰。问小达、唐二哥、昭昭他们好。你也应该保重，叫我放心。你的信都收到了。

爸爸
十六日

① 大嫂、四嫂为刘小达的大嫂和四弟妹。
② 小炘即刘小达的四弟刘小炘。

1976年8月18日

黛儿、小达、昭昭、彦林；小欢子：

　　连日得信，昭昭、小欢子并小友大刚的信，以及今晨（18日）又收读黛儿亲笔来书。还有孙阿姨自定兴来函慰问、宽解我的信，真是感慰不止。我对你们这些儿女对我的心意，原不必提些感谢与感激的话，但有时读了又读，不觉泪下。你们想得太周到，办得太好了！我现在已安下心来在刘家再住些天，直等到你们叫我回去，我再回京。只是刘小朴大哥以及刘家爹爹待我太厚，今生大约无从相报了。

　　小欢子，昨日有省文艺处三人来刘家（其中有许诺的爱人，许诺同志因在学习，约星期天才能回家），都因收到张演同志的信特来看我，他们都很热情，问我有何事，都来帮忙，并留下地址和电话。我们谈了段时间，董励（许诺同志的爱人）同志特别提起张演同志来信相托，来慰问与帮助，请见了张演同志与俞和苏同志代我表示感谢。

　　再，方才小达的父亲，又将小达给我的信给了我。还是因我在广州不安心，又来信安慰我。告诉你，小达，我一定等你们来信，我再回家。我现在安心住到你家里了！

　　方才读到小参考（18日），上面说北京小窝棚已大部拆除，大部分返回原住宅。在一篇"北京七百万居民返回住宅"中提起"北京地区不大可能发生强烈的余震"。看样子，地震问题将告一结束。回家之事仍候黛黛、小达、小欢子等讨论决定。

　　小欢子，如我们的窝棚已奉命拆除，那些从北京话剧团借来的油毡、木料等等必须收好，待我回来后，即交还公家。此事十分重要。

　　昭昭，不知小唐迎的爷爷、奶奶如何，务请代为慰问，二位老人的房子，不知修好了否？

　　再，小欢子，那些借来的油毡、木料等，如已无需要，则不可放在街上，没有人住，容易遗失。至于何时交还公家，请与大刚或大姐商量一下。

　　小方子处必须小欢子写信给她，告她情况，勿为我着急，我已安居广州，无事。再，欢子，你要说清楚些，周到些，不然，怕方子会以为不欢迎她回家了。

孙阿姨来信，那里（即定兴县北关大队李仲文同志转）也够紧张。劝我多在广州居住一些时，到九月十五再说。我想，现在情况渐趋好转，哪能到那时再回去呢？我回来，必须请孙阿姨回来。也只好待我回京后，再请她回来。你说，小欢子，是不是？

方才，下午五时，杨奇同志与华加同来访，谈了一阵，恰巧老阿哥在家，我也请他老人家在一道闲谈了一阵，他们就回去了。小欢子，请一并向张演同志俞和荪同志告诉一声，说杨、华二同志来看了我，我都非常感谢他们的盛意，再谢张、俞二同志。

爸爸

为了急于发信，今日我不再写了。

1976年8月21日

黛儿、小达；昭昭、彦林；小欢子：

得黛黛18日来信，备知北京震情缓和，等等。而病人较多，你们仍不得稍事休息。大家身体如何？惦念之极！连日有小朴大哥与爹爹领游兰圃，流花湖，烈士陵园等处，在公共汽车上浏览了珠江、沙面、交易会。公园草木之盛，奇花异草、大树、湖、亭、阁、池、游人之多，叹为观止，我看其他城市的公园不可比拟也。爹爹身体健壮，健步如飞，精神抖擞，我则老牛破车，气喘吁吁，简直无从相比。昨日中午小惠①又招去到她家午餐，爹爹也请去了，小惠烹调手艺很高，烧仔鸡、炒鱼片、翁菜鱿鱼卷、紫菜大蚝汤、广州咸鱼，其味将馋死小达，虽过去北京之广东酒家也不可比的。主要，他们全家（梁先生、陈先生、小惠之爱人与亲戚）的热情确是感人。吃得好，真好；但也吃得昏然，如腾云驾雾，爹爹看我又热、又累，刚吃完，便速带我"撤退"，好回去睡睡午觉，因为上午已逛了几小时的"流花湖"了。明天，爹爹将在六时前带我搭公共汽车远赴一极大的广东茶楼，饮茶，吃早点，观光广州人的风气。我也答应，这都是小达和黛黛的盛意嘱托，使老人也奔波不止，我明知道他老人家够累的，但盛情难却，我还是答应了。

关于回北京事，我恨不得立刻归去，但爹爹、大哥均不许我去，劝我稍住几天，再稍玩一时养好身体，再作归计。不要震情一解除便回京，这样匆匆来去，反成笑话。

我现在还在犹疑，不知黛黛与小欢子（尤其是小欢子！）能为我再做一归京的决定否？小欢子要买的尼龙游泳衣，我已托小朴大哥去办。他说他看了后，还要四嫂再看，然后买。我不能说广东话，又离开人不行，只好麻烦他们了。再给小朴大哥和爹爹一点钱，他们坚决不要，怎么说，也不收。不知你们再说一次如何？

关于请孙阿姨回来的问题，是否日子（我回京的）定了，你和小欢子（或小欢子现在就写）一同诚诚恳恳、十分热情地给她一封信，说不久即请她归来。（她当然愿在定兴多住一时的，但小欢子动笔更好，小欢子是一个有本领、会说话、会写信的人。）

上面是二十日写的。

今天上午又随刘家伯伯到泮溪茶座吃早点。广州饮早茶之风，实在可观，一个茶座设在一个极美丽的花园里，但其中各厅、各楼、各小间（即水泥与玻璃窗建成的洋式的大客厅或餐厅）各小茶室，都挤得满满，可以说，塞得满满的客人，老老小小，男男女女，在那里大吃特吃。这种早点在北京真是见不着的。我与老阿哥二人吃了一点东西，喝了茶便又大游泮溪公园，至九时半才回来。

又收到黛黛十九日的信，五妹[②]欢迎往广海去游海澡，我决定不想再打扰她。但她的盛情是十分感人的。而且我正在广州爹爹家吃了她托人送来的"海鲜"了，你能否回封信感谢她的盛意。我想至晚本月底之前回北京。你们看，如何？一客不能再烦二主了！我想北京之极，我想看你们，想看看小欢子如何过家家的。我看小欢子一个人在三里屯住，我也很不放心。唐伯伯一家都很辛苦，彦林夫妇还好吧。都为我问一声好。

爸爸

二十一日

[①] 小惠即刘小达二妹刘小惠。
[②] 五妹即刘小达的五妹刘小馨，在广海渔村当医生。

  小朴大哥与四嫂满街四处大找尼龙的游泳衣，据说根本没有。真是谢谢他们了！

  小朴大哥在兰圃为我照了几张相片，特奉上，有功夫可交予欢子一看。同时商定时间，我好飞回。但至晚不能过月底，似29日如何？或29日之前如何？

爸爸

附刘小朴8月21日信。（略）

1976年8月23日

黛黛、小达；昭昭、彦林；小欢子：

  昨日一连收到三封信，黛黛的两封，小欢子的一封。关于24—28的预报，想小欢子必也知道。现在棚子已拆了，如有震情，只好与别家共处。在这种特别情况下，就不能讲究了。好在欢子还有独立生活的能力，我也可以勉强放心，但今晨又传来小道消息，说21日北京又有震情，不知你们如何，真是老的老，小的小，搬回去，又出来，真是怎么办？你们本身如何，家里如何？希望黛儿与小欢子（特别是小欢子，我最小的女儿），速来信告知一切，万勿隐瞒个人的情况（无论什么情况，除非领导上不许外传，那就算了）。但愿小道消息毕竟是小道，希望都平安，平安！！黛黛与小达，必然忙得不行。太忙，就写两三行。小欢子，一定也忙，但必须写两行，万万不可沉默，你——小欢子——一定叫爸爸放心。你自己如何？我们的二层楼如何？我看暂时不要请孙阿姨，万一有事，我们担负不起责任，除非她自己要来，那是另外一回事。但我想，她不会来的。昨晚客人很多，小惠的爱人与小惠，后来许诺夫妇，以及欧阳山（他已解放，没有问题了）夫妇，闲谈一阵，但是非常累。天气热，晚上还是32度，今天中午大约要有33度，挥汗如雨，一夜起来多次擦身。小欢子，告诉姐姐，如"小岛"能在"解放军文艺"上登载，那固然很好，但也不可骄傲，不可争名。我看会演未见得能最近在京举行了。看来，我月底返京，都成问题。真是累及爹爹、小朴、小炘、大嫂、四嫂、小姑婆、刘家全家，我心不安，也无办法。

刘小迈的信与画都交给爹爹，刘迅与刘琼、爹爹很高兴，小迅也快乐得直叫！你们必须来信，好事与不好的事都要告诉我，家中人如好，我心中才有个数！真是惦记，祝你们一切工作顺利。

给小炘帮黄家伯伯的信已给小炘，他已立刻电告了。

爸爸

23 日中午

1976 年 8 月 27 日

黛黛、小达；昭昭、彦林；小欢子，我的幼女：

昨天一连收到 23、24 日黛黛寄来的两封信。北京震情，尚未完全解除，现在只好等待。但我在广州待得太久，眼看将 20 天，实在不是长久之计，如你们姐妹们（尤其是小欢子）商量好，可以回来，我便回来。请黛黛便信（或电告）告小朴大哥，我好乘机回来了。

黛黛，刘家全家待我太厚，而且这些天已破费很大，看他们每人都不富裕，我多次要给爹爹和大哥一点钱，他们绝不肯收。我看唯一的办法，就是以黛黛的名义寄来 100 元给大哥。黛黛的手头如不够，可与欢子暂借，甚至三人凑足一百元，航空寄来，给大哥或爹爹，随你们的意。这样，我便稍稍安心。不久，回京，我当还给你们，因为你们也必很窘迫的。

小欢子，你为何还不来信？要详详细细地写信。你个人情况，三里屯家中情况，我们棚子情况如何？希望你一一都详细告我。家中煤气罐，恐怕又要换了，房租、水电费也须交，这些你先垫下，我回来还给你。小欢子，我求求你，你要常常写信，爸爸望你的信，实在想得要命！快来信！望知一切！

正写时，收到昭昭与彦林的信，你们这样忙，既修房，又拍电影，又办公，何必来信。尤其是彦林，这个"苦力"，更不要写信。北京又搭棚准备过冬，这如何得了？

小达说，叫我在广州过九月，这实在太长了。我拖累刘家太甚，再，我实在想回北京，看看你们。

爹爹正要出去，我将和他一道走，不多写了。这时，小朴哥回家，连叫我"曹叔叔"，因我昨日理发，更显得突然年轻，以往叫我"曹伯伯"的。

广州秩序良好，一切正常，请勿念。（小欢子，户口本、房电收据等物要收好。）

问彦林、唐伯伯、唐伯母、小姑姑（玉洁）好！

爸爸

二十七日

1976年8月28日 上午 第一封

黛黛、小达、昭昭、彦林、小欢子，我的幼女：

昨日与"老阿哥"逛了东山一带，并看了中山医学院，很累。我晚上想了半天。看来，北京震情将反反复复，甚至要过了冬天才能稳定，而且还可能在棚里过冬，这样，确是难以为继的。（想想北京严冬的天气，朔风刺骨的寒！）请你们再想想（尤其是小欢子要多想想）我的归期吧，大约，至多也不能住到九月底。

昨日与爹爹、小朴谈起回北京事，他们看出我归心似箭，说邀我到中秋（即九月八日）后即还北京。我因探亲（此乃私事）来广州，绝不好张口向此地一些不熟的朋友，问迁移公家住处的事①。（而每日的住食将会非常贵的，即便可以的话。）

且刘家爹爹一家虽然待我非常厚，非常好，我也不能住到九月底。想想招待远客（虽然是至亲）的困难，我不忍再住那样长。他们太辛苦了。

回家，看见你们，自然很高兴，但也有些麻烦事，这些事现在完全由小欢子（在三里屯的家）担负了。

如现在回去，再无人搭起棚，必须另有三人住棚的地方，即欢子、孙阿姨（她来信，说我回家后给她去信，她必然来京）和我。避震，我看，只能是暂时；如若有人说要避两年，难道真在外面住两年么？今天28日，已是传来北京将有震情的最后一天了，情况我不知道。

务请小欢子讲讲，大姐、二姐、刘唐两哥也讲讲。你们姐妹弟兄们也实在辛苦了！！为了我这个老东西，使你们费了不少事，担了不少心。但无论如何，总要适可而止。

再，前信不知黛黛可收到否？刘爹爹、小朴等全家破费很多，我这次向爹爹与小朴商（议？）给他们一点补助，他们坚不肯收。只好请黛黛以她的名义寄给小朴（或其他人。黛黛看，哪个人合适，便寄给谁）100元。黛黛现在手头不够，只好（让）欢子、二姐多多少少凑足此数，寄来（航空）。我回来即还给你们。

再，小欢子，三里屯的副食本的油票，本月即到期，需买下。还有芝麻酱、粉条、豆腐等物，你也只好费神去买一下。

小欢子，务请你用保险航空信封寄来全国通用粮票15斤，刘家是非常需要的，我在此非常能吃，大约一天至少一斤！请寄给我。

祝你们工作顺利、快乐！粮票望立刻办！小欢子！谢谢你！

爸爸

二十八日上午

我想能多早，便多早回京！

小欢子，杨奇同志托人送来几本书，广东出的，请一并告诉张伟同志并致谢。

① 针对爸爸的为难情绪，估计有人建议爸爸迁移到广州的公家住处去。

1976年8月28日 上午 第二封

小欢子，并黛黛、小达、昭昭、彦林：

刚发了给黛黛与小欢子各信一封回来，收到小欢子的信，说许久没收到我的信。奇怪，我现在每信都复写一份，小欢子与黛黛每人一封，应该小欢子也收到的。我写给欢子的地址是：朝阳区北三里屯北二十四楼三门二层四单元（并又写了宽街中医院中药研究室的地址,如北三里屯投不到的话),是否可查询北三里屯的邮局,也可能我们那个楼的孩子们把信弄没了,也可能寄往中医院去了。

我托欢子速寄全国粮票15斤(用航空保险信封寄),我在此地每天可吃一斤,可能突然要胖起来!再,本月油票及副食本上的东西都需要买。此信,我寄给欢子,用中医院地址。望欢子见信,速寄全国粮票15斤。再,以黛黛名义寄给小朴100元,黛如不够,请电告欢子分担一部分,一并寄来。我回家便还给你们。

黛黛收到此信后,望电告欢子,速来信告我。她的收信地址,真不明白为何她收不到。并把我给黛黛的信也能给欢子一阅,不用自己送去,即在电话中读一遍也可以。

看了欢子25日的信,北京有些人与小欢子同样是大放松的样子,对震情已不太紧张,那么,你们商量一下,我是否可以回北京了。

避震事不可能求万全的。广州可玩的地方,我大约走了一半,把爹爹与小朴大哥累得可以。每晚不是来些客人,就是聊闲天。我又好谈一些历史古事,弄得他们非听不可(不听,又是不讲礼貌),而老阿哥偏称我在"讲学",实在妙不可言。

此地因曾遇几次台风之尾,下来几天大雨,凉爽一两天,现又热起来,今天32度,明天33度,现在我又打赤膊给你们写信。

欢子劝我到广海事,我早在信中说不能去了。可能欢子没收到我的信,可能有三封了!

祝你们姐妹、小达、唐二哥工作顺利!快乐!

问大纲、小芳、高潮、小震、苏苏好!

爸爸
二十八日上午 第二封

我们的爸爸曹禺
和妈妈郑秀

1976年8月29日

小方子、小欢子、黛儿、昭儿、我的爱女们与我的刘大哥、唐彦林二哥：

今天特写信祝贺小方子八月二十七日的生日，已晚了几天了。小方子要一双皮鞋，多大号？（尺寸，或画个样子）何种颜色？但刚才，我问了刘小朴大哥与几个朋友（广东的）他们都一致说，广州市没有高跟鞋，上级反对这种风气。小朴大哥又说托人再问，先请方子按自脚底画一个样子寄来，找找看。昭昭的尼龙的游泳衣，只好也找小朴大哥托人去买。

欢子27日信，黛儿26日晚的信都收到。关于北京震情时紧时松，又紧又松，"内紧外松"，反正是闹个不停。不过现在我更想在中秋节后回京。若有不测，也算尽了人力了！小达竟说住到九月底，十分可感！休戚相关，至亲的肺腑之言！但住到九月底，也太长，太长了！容长商议吧。

小欢子，你暂不要请孙阿姨返京，万一有何不幸，你我都担当不起（尤其是你）。一切家事，你若能应付得了，便不可请她老人家来！待我归来后，再信请她回京。大姐信中（真？）夸你有独立生活能力，不知有管这些家庭琐事的能力否？如天高气爽，有些食物（米、面）要霉，你知道米面到哪里买否？可问五楼李同志（女，即有东北口音的）。

今天（星期日，二十九日），大哥、爹爹、小炘、四嫂，坚决要请我到东湖公园，并划船照相。游人如鱼跃，我与刘爹爹、全家人，各照一张。我作划船状，其态甚可笑也。

此湖有九曲桥，又有亭馆卖活鱼，并可代做。广东公园之树林、棕榈、枞、梅、竹处处茂，全国罕见的。榕树大如华盖，连街上都有。四处都是广州的市花——英雄树，花大，红如血，二三月才开，其树强而高，不容他树比他高，耸然如峰。广州人说其花可烧粥，可治肠胃闭结。广州之宝太多，又可见广州之东西无不可食，亦无不可治病也。

此信为小方子写的，顺便复给黛黛与小欢子！祝你们工作顺利！快乐！

爸爸

二十九日

小达：现在广州市上已大卖月饼，且有五仁甜饼（当然用票）。爹爹说，广东人重视中秋节，今日可能刘小馨（小五）回家过中秋，但也不一定，因为广海也在防震。

爸爸

二十九日

爹爹又告诉我，小五妹今天一定回家。大喜事！又该大吃一番了！

再问唐伯伯、唐伯母、玉洁好！

1976年9月3日

黛黛、小达、彦林、昭昭、小方子、小欢子，我的四个爱女，两个好女婿：

收到黛黛八月三十日下午的信并唐山来信，与北医报刊，以及小欢子的信和全国粮票20斤。粮票送十斤给刘老伯伯，他老人家又坚决不要，总说他家粮票甚多。

昭昭、小方子、小欢子所需要的游泳衣及高跟鞋等等，刘小朴大哥四面八方去找，而未得任何结果，但仍继续寻找。他说找到后，再叫我亲自看，是否合适。

我大约15日左右回京（小朴说20日左右前后，我与他还在"相持"不下地争论着）。

昨晚小朴忽然说我感冒，其实只有点咳嗽，鼻子堵塞而已，于是全家动员。行将半夜，四嫂出去买阿司匹林（也怪我，问了一声有否A.P.C这类药物）。"老阿哥"半夜找来"扑尔敏"与维生素C。今晨已好了。这都怪我贪凉怕热，总在光着上身吹风的缘故。

黛黛、小欢子、小方子的信已收到两封，我都念了多遍，尤其是唐山来函，十分感动人。新旧社会两重天，如无中国共产党与伟大领袖毛主席，哪里有这些英雄人物与事迹。我恨自己年老，又无本领去救灾。看见那些贫下中农"大公无私"的精神与共产党员、解放军，只有愧羞不已！

真是年老多病，既到广州，只好听你们的话，终日与"老阿哥"一同出游，心中的"苦"又说不出（他老人家真是想方设法使我喜逐颜开）。

小姑婆来了，看见天气很好，阳光甚丽，又来寻衣服，说了半天，我只好拿出三件（其实不脏），麻烦她老人家去洗。

他们家的人都十分爱劳动，不像我如此懒得可笑，大约像动物园中的"懒猴"，而且是个"老"懒猴！

昨日上午老阿哥带我去广州的水果（乡？），看见了甘蔗林、甜橙丛树、橄榄（青果）树、芭蕉、蒲葵、杨桃树、针枞、榛、榕、槿，说不完的名花异草漫山伴水。时而湖水涟涟，时而溪流淙淙，木桥、村舍，无处不青绿迎人，偏有"大红花"（又名"灯笼花"）点缀其间不胜数，行人常见，已不去看。还有小山坡下的湖水中间的印度莲花，其叶紫红，浮在水面，莲花深紫红，略高水面尺许，真像个印度少妇。但最令人不忘的，是我国勤劳、不怕吃苦的社员们，在烈日水田中，劳动不止。许多人还在不停歌唱社会主义生活的美丽、丰富，可惜我不懂广东话，不能写给你们看。我觉得"盘中餐，粒皆辛苦"说得真对。因此，不知不觉在我每天吃饭时，拿起饭碗，便看见这些伟大社员们的身影。

东湖、晓巷、越秀山、泮溪各色公园，已每日随老阿哥（小朴若放假，便是他陪去）去看，大约广东风光，我已领略完了。

这两天街上不断击鼓吹号，欢送上山下乡的知识青年，这项工作广东领导做得很不错。

广州都很好，就是热得可以。现在还赤膊如来时，好在刘家全家对我如家人一样，我也不在乎，很随便了。我在刘府，在家时穿刘小朴大哥旧短裤，出门便穿四哥的新而讲究的短裤，有点广州人的味道了。

告诉你们，还是一句话，千好万好，不如早早回家！

                爸爸
                三日

读小迈来信，甚喜。

                公公

1976 年 9 月 5 日

小达、黛黛、彦林、昭昭、小方子、小欢子：

  我想十五（大约）回北京，当然若有大震情，自然不能回，当再议论，但也不能过 20 日，绝不能！只有早，不能晚。

  我在此地玩得甚快，由老阿哥催去。今天特别到沙面，到 1925 年 6 月 23 日革命烈士纪念碑与鸦片战争 1841 年铸造的大铁炮处参观。

  天气奇热，老阿哥如"常山赵子龙"，横冲直撞，上公共汽车时，为我先开一条"人"（非"通"）道，叫我跟随而上，我实在无力跟上，被人撞下来。老阿哥与我相失，我只好独自往沙面。中途在珠江边上稍望，有风徐来，还料老阿哥会在沙面桥边等我。不料老阿哥性很急，四处乱找，跑得满头大汗，终于在桥边会面，畅游一番。

  小方子，既有强烈震情预报，你在沈阳，便应提高警惕，夺门而出。我的四个爱女，失去一个，我会哭瞎眼睛。你们都要十分、千万小心才是。

  小欢子，你必须给我写信，你每字如千金，吝啬异常，真是令我——老爸爸——望眼欲穿！

  老实话，我想回家。李白有一句诗："锦城虽云乐，不若早还家！"

  稍之，大哥特去发信，不多写了！

                爸爸
                五日

我们的爸爸曹禺
和妈妈郑秀

1976 年 9 月 6 日

黛黛、小达、昭昭、彦林、小方子、小欢子：

广州天气真是奇热，现离中秋节仅两天，气候仍热得异常，现在赤膊写信，中午睡得流汗不止。

广州人诚如你说，视中秋节为大节。我和老阿哥每日上午出游，总由大街上公共汽车。街上食品店，买月饼者，由两排增为三排，喧喧闹闹大说其广东话，买着的，其乐不支，大约都能买着。因为站排人数愈来愈多，每条街有半里长，我们只有绕着他们走路。我看将由三排增至四排，这是我估计的。可见广州供应之好！也许我的眼花了——看得人数过多，实则并"冇"（广东字，读若"谋"）这样多，即没有这样多。街上男男女女，老老少少，持鸡、提鸭、（？）鲜鱼、田鸡，大都喜气洋洋。

街上粉店、面店终日（宾客）满堂，而饮冰室内，电扇风吹习习，座无虚席。雪球、冰水、大家吃得高兴。尤其是在大街上，公园里，湖畔，水边，小小大大，持一"雪条"（即我们北京的冰棒，读似"许丢"），吸饮不止，其乐融融。

菜市中，蔬菜如山，小汽车陆续运来不止。购买力很强，眼看一座座青绿山变成小丘，由小丘又变一堆堆"六"（广东人说普通话，即"绿"色）色物，但接连又运来小汽车或拖拉机车的菜补上。卖货员与购菜的都挥汗如雨，"叽里呱啦"，笑的，说的，热闹非凡，广州人生命力之强真非同小可！广州人嗓门很大，比起我们，我们有些像猫叫，广州人似虎吼。

我看广州人，有些人像"槟榔树"，直而硬，高入云端，一圈圈白色圆圈，由下而上，到了干端才有似葵而非葵的宽阔直叶。我颇想变成猴子沿树直爬上去，坐在上面，一瞰四周景物。但真是老人了，小时又没练过爬树的本领。现在，只有仰望兴叹了。

黛黛，你如再见科学院的王光伟同志，也请代致意！

我思归京，又怕归京，做检讨，现在还留着小欢子费了老大的劲要的上户口的说明书（据老阿哥说，现在也不需上户口了。）我想带回北京话剧团，亲自交还，向党请罪。

　　据老阿哥说，他还要留我住三个月，意志至诚。但此闲乐，终非吾土。北京尽管也使我烦恼，但毕竟是我的故乡，有我的子女。我和孩子现分居三处（小方子正在"灰蒙蒙"的沈阳），到了后天中秋佳节（本来在北京从不过节的），自己羁旅广州，尽管刘家老小都待我如至亲骨肉，仰望天上圆月，（也许那时落雨，不见月色），真是"一夜乡心九州同"，我会更想你们的。

　　小欢子，我根本不能读日文，你读到"东方红"了，可慕之至。我现在吃得好，又黑又胖，肚子突若西瓜，你看怎么得了！揽镜自望，须发尽白，似"非洲"老黑人，再见恐认不得"老爸子"了。

　　小方子，你的"小岛"能够在北京调演，真祝贺你，你要更用功。再，信中不要用那"军人"的口头语，什么"他妈的"。你平时虽然口中从未讲过，但写在信中，也不太合适。我相信我们能见着面的。

　　再，广州也有些奇装异服，蓄长发，从后面看，不分男女，但那是极少数的"衰仔"（需问小达，才明此语）。广州青年都穿着朴素，很有教养的样子。这些"衰仔"大约受异邦人的影响，不值一看。

爸爸
六日下午

1976年9月7日

黛黛：

　　明日将中秋，恨不得立刻回家。我想十五日一定回去。但小朴大哥说，须得你亲笔信准许我回去才去弄票，而且还得在他不值班期间，因为必须他送我到飞机场。此事只好由你决定。小朴大哥说在20日前后回京。我实在等得"活"不下去了，尽管回京后仍有许多麻烦事。如那封临时户口说明书仍带回交给党，并立即向党汇报我回来情况。这事请你代我想想，并立刻告诉我，你的想法，该怎么办？

此外，今日收到欢子信，关于上大学事颇为难。我将此信给你看。你是否电告她来找你商量一下，她有一些具体情况，可资参考决定的。

我写给欢子的信都是复写了的，如收到，而她未收到，叫她在中医院与三里屯都查查。

再，据欢子说，今年还要"好好庆祝"国庆。如此事当真，而万一有国宴，国宴中如有北京人大代表（在京的），我更应及早回京。不过，以往国庆并不举行国宴的，如有，也不请人大的普通代表，只有常委参加。

问昭昭、彦林全家好！他们一定忙得可以。你们都要保重身体。

此地还是奇热，打着赤膊写，一边流汗，一边想着你们，给四个可爱的女儿与两个好女婿写信。

爸爸
九月七日下午

1976年9月8日

黛黛、小达、昭昭、彦林、小方子、小欢子：

今天正是中秋，晚上，圆圆明月下，将与老阿哥、刘小朴、大嫂、四哥、四嫂、小惠、梁兄、阿迅、阿琼、小馨、关宇、关宙，还有小姑婆以及阿姨①等人，共吃各色月饼，（估计有）甜、咸、五仁、叉烧、双黄、椰丝的，还有各类说不尽的东西。真将馋煞小达与小欢子、小方子了！我不只是"广东"的"肥佬"，眼看便会成最肥的黑"巴克夏"②。体重将约有300斤，可以宰来供你们吃一个星期的，还可以送些给亲友。

黛黛，我真是等急了。您快点写信给小朴大哥，叫这个热得快犯喘病的黑"巴克夏"回北京的家去凉快凉快吧！现在九时已33度，到了中午必然到36度，再热下去，我真要发疯了。但广东人还要过这个最甜、最甜的中秋佳节，实在甜得妙不可言！

前信不知黛黛与小欢子收到否？上大学事，你们商议如何，下了什么结论，有什么办法？

念念不已。此信复本将寄往北京中医院的小欢子，内有小方子的长信，写得很好，可当月饼吃。收信后，一定回信，小欢子！

今天虽如此热，我还想邀老阿哥出门，逛逛广州的街景！

爸爸

九月八日

①梁兄即小惠的丈夫，关宇、关宙均为刘小馨的双胞胎子，阿姨即刘家请的保姆袁阿姨。
②我们估计，"巴克夏"是指广东口音的英语"big shot"，即"大人物""大亨"的意思。

昨晚非常愉快，四哥给我弹了贝多芬的"献给爱丽思"，肖邦的"华丽圆舞曲"，还有民歌 La Paloma 等。老四弹得非常好！科学家弹得一手好琴，真是可羡慕。

此信也可给小欢子一阅。

1976 年 9 月 8—9 日

彦林、昭昭、黛黛、小达、小方子、小欢子：

刚发了信，偏收到彦林、昭昭的亲笔信，其喜可知！今晚正是中秋，广州人大庆此佳节，忙得不亦乐乎。在北京，久不过中秋节，更不啖月饼，唐、刘、万三家都是"弟兄羁旅各西东"，（小方子在沈阳，小达在京，唐氏弟兄在西北），月圆、饼圆，而人不圆，只有看孩子们吃，过惯此佳节月饼的广州人吃。刘家并不富有，但也"集中火力"，"各显神通"，在今晚大"宴"一下，饭后又得吃各色各种月饼。广东人确有许多可学习、可歌颂的特点，但好吃却也是特点之一。

小馨由广海来，搞来海蟹、田鸡、各种海味鱼生，（大约把她一月所攒的工资全用光，）给老阿哥与全家人（当然也有我这个老亲家在内）吃。前几天又亲自做补身汤（内有一种鱼名"补身鱼"，海边偶有此物，市场不见，另还有花生米）与黑芝麻糊，予我们这俩老头子吃。

今晚老阿哥又将亲自烧鸭，用各种蒜头、柑、桔、姜等调味，既烤且蒸。又有冬瓜盅（此地冬瓜，每个似有你们医院氧气筒那样大，如做一半，又不知其中要放多少好东西。）小欢子见了，不知要流多少口水，眼睛得多大！

小欢子，你现在该托朋友换煤气筒了吧？你整天打游击，为何不邀一两个朋友在家中做点饭或者煮点汤喝喝呢！

今晚，老阿哥又准备上好英德县红茶，为大家吃了油腻后帮助消化，喝茶。今晚或将开一个家庭文艺晚会（其中有阿迅用广东话朗读毛主席诗词）。

方才，小朴大哥刚值完28小时的班回家，又匆匆拿去小方子的鞋样，四处寻买高跟鞋与你们（小欢子与昭昭）要的尼龙游泳衣。这是第三次，又跑了四个多小时，可以说广州跑遍了，还买不着。我想（大哥也如此想），算了吧。广州确实没有什么可买，不久运回一个肥猪似的爸爸宰了吃，就算了。不知你们说行不行？其实北京百货大楼什么都有，马马虎虎买点什么，也就成了。

我回来时，你们只要大姐与欢子来接，万不可大张旗鼓，若还得像彦林说的"欢迎，欢迎，热烈欢迎"，那实在不妙！

寄三张刚来广州时的"玉照"，爸爸现在已成为黑色"巴克夏"了！

今天是九日，续写昨日中秋佳节的盛况，盛宴不须多讲。添了一佳客，小馨的爱人老关。热闹非凡，既"热"，我打赤膊吃，且"闹"，孩子们（小迅、小琼、关宇、关宙）个个上阵，其乐可知。邀请袁阿姨（嫘姆）参加家宴。老阿哥特地开了一瓶广东的"莲花白"，我首先举杯，祝袁阿姨的健康，以后是老阿哥、小姑婆、各房兄嫂的健康；四个小广东仔，尤其是刘（读若"楼"）阿迅（读若"行"）也参加祝酒，闹得异常。

大家一致可惜二哥、二嫂未能来穗参加盛宴，但也为二哥、二嫂的健康祝了酒。这一席闹得"曹公公"昏昏沉沉，如醉如痴。老阿哥"睇"（广东话之"看"也）这个，看那个，真是子孙满堂，顾而乐之。他老人家连夸黛黛，又说把老二留在北京"就古耐"（对我说的，"照顾你"的意思）也很好。广东话实在一时学不好，我连说"姆乖"。

我的老阿哥忽然又邀请我穿好衣服到大街小巷一"睇"广州人如何庆家宴，他说这是奇观。只需走15分钟回来。我实在不行了，没有去。（其实，老四说，去年中秋他在乡下过的，天天忙于看病，也没有感到中秋的热闹。）

饭后，除文艺晚会外，小关宇还表演"广东杂技"（他才一岁多！）。令我奇怪的是，孩子们都提五颜六色的灯笼，大放花炮。小朴大哥在小楼台上指给我看，真是家家如此。骨科名手①刘小朴也很好热闹，连放花炮，空中一朵朵的火花，连成一线，为这个人放一炮，为那个人放一炮，还为黛黛、小达放一炮，为在沈阳的小方子放一炮，为在北京的小欢子放一炮，为唐二哥、昭昭放一炮。大家笑成一团，老四说"如果一个花炮冲入别人窗户里，那才叫'喜相逢'呢！"

以后，便摆开月饼宴，各种各色月饼，红豆沙汤，水果，最后吃小螺蛳（炒的，很香，要吸吮着吃）。这些吃的，都是大家凑着买的，恐怕别家也无这样丰富！最后小惠与梁先生来参加月饼宴，一片广东话，闹得我都像立刻会说广东话一样。

相片，我寄给大姐，怕万一寄丢了。

说完了，还是那句话"锦城虽云乐，不若早还家！"黛黛、小欢子、昭昭，你们就这一个爸爸！你们看着办吧！

祝好！

爸爸

（约9月8—9日）

① 刘家五兄妹都是大夫。

1977年3月8日

黛黛，我的爱女：

今天是三八劳动妇女节，热烈地祝贺你和你的战友们，光荣、愉快地过好这个伟大的节日。祝贺你们更好地完成，在无产阶级专政下继续革命的条件下，各条战线上的战斗任务。尤其在今天，正在防震期间，你们这个在劳动人民当中、全心全意地为人民服务的医疗队，一定会更好地完成这个艰巨而光荣的任务。

听说十月要有4～5级地震，想到你们正在紧张地准备各项战斗的防震工作，希望你和你的战友们一定会光荣地完成党交给你们这项在无产阶级革命专政下继续革命的医疗任务。

我相信，你——万黛会成为一个成功的带头人！无产阶级的大公无私的模范！

相信我，爸爸的爱女，爸爸的长女，爸爸绝不会再婚的。如果有谣言，那就是极可笑的谣言！爸爸等你回来看具体的事实吧！祝你的工作一切顺利！祝你身体健康！

爸爸
三月八日晚

约 1979 年 8 月

黛儿：

孟大夫（孟继懋大夫）与其女于本星期日出院，他们尚需谷维素，可否每人给买 40 粒？

小达想必已致信给其弟[①]，钱已准备 40 元，在我这里。

那次，你拿来的毛冬青的资料，我想看看，不知可能否？

我的恢复组织生活，党内外都无意见，现呈上级批，如无其他变化，想必批准的。

我很想写戏，但身体相当萎弱，连上楼都困难，强上楼，便更是闷，以致引起心绞痛。我出院此事，很想和你商量一下。

买谷维素款，你来时便交你。

祝你的革命工作顺利，身体健康

爸爸
即日

[①] 托刘小达在广州的弟弟刘小炘购买安眠药。

1979 年 9 月 26 日

黛黛：

　　信两件，寄给你。

　　我不久将赴瑞士，忙得异常。九月底即归来。

爸爸
9 月 26 日

八十年代（1980—1989 年）28 封

1980 年 5 月 3 日

万黛：

　　王希琰大夫[①]送你一本最新出版的 "Diseases of the Chest"（《胸科疾病》）。

　　此书既贵且重，持书上下飞机，十分费劲，望你仔细阅读，以报老父与希琰大夫之意。

爸爸
1980 年 5 月 3 日

　　你来看我，大为高兴。竟将此书忘却。冰箱一事，或空运，或地行，均望继续催促办理。不胜热望之至！

又及

---

① 王希琰大夫，曹禺在清华大学读书时的老师王文显教授的女儿，美国密执安大学医学院的儿科医生。

我们的爸爸曹禺
和妈妈郑秀

1980年5月6日[①]

黛黛：

　　冰箱一事[②]，务请转告老杜，万不要退还，更无须为此懊恼。此事与老杜丝毫无关，只怪那位卖冰箱的人不讲信用。我现在正需要冰箱，而这个冰箱运转（××？），虽旧（仍？）可用。万不要再多麻烦。爸爸老了，多一事不如少一事。老杜是个好人，不要使他为难，我就更不安了，你一定说到。咱们做事要实际一点！但如有 National 冰箱（七？）十年代的说明书与电路图，便给我一份。因为有些灯不亮。（这也是小事，没有，也无所谓。）万万不要（××？）老杜，更谈不上什么歉意。千万不要为爸爸添一层困难，我事太多，已应付不暇，至要！至要！

　　你的护照事究竟如何，十分惦念。如需帮忙，通知我。

　　不要着急，办一件事总不是那样容易解决。因此万不要烦恼！急坏身体（精？）神，（不值？）得！

爸爸
五月六日

　　再，运冰箱到北京的费用，望告我，我好还给此人。
　　如此信还说不清，你给我一个电话或早晨联系。
　　那个马达已不太热！

① 此信严重腐蚀，部分信纸已脱落。（　）内勉强标出的文字是一种猜测。
② 冰箱一事闹了个笑话。当时冰箱十分紧缺，万黛托老杜购到。但冰箱马达频频启动、运转、高热、出故障。后搞清楚原因，是由于保姆孙阿姨把冰箱当作降温箱，经常放置滚烫食品以图降温造成。

（时间不详）

黛儿：

票（三日）八张，不知够否？望告之医院118病室，或老史同志。票是三日七时开演的《雷雨》。

爸爸
30日

1980年10月6日

昭昭：

来信、稿件收到。我的意见记录①也看见，你所说的三种意见，我都同意。电影化与缩短剧本尤其重要。

戏能跳出旅馆，分割大段对话，变动结构都应该。只怕六万多字，仍嫌长了。

我不大主张一定忠实于原作，大致不差就很好。我对上海的《王昭君》电影剧本就是这样讲过，因此，我自己就提出要更改许多原编的思想、结构、感情。王炼、谢晋等同志颇能领会我的意见，加以发挥。集思广益，改正你自己的不正确的东西，我觉得这一年来，我是受益的。

我身体在京时已经很不好，回上海稍稍休养，医治，经玉茹阿姨精心护理，时刻不息，才逐渐好转。但医生再三嘱咐，不要漫不经心，注意体力与心脏状况，不然，随时仍有复发危险。你们要本月中旬或下旬寄出意见，我虽想尽力拜读，提出拙见，但今日已六日夜。此地虽比在北京较清净，然求见者仍不少。择选重要的记者如美联社等接谈，已够烦乱。不知何故，竟有由北京专程飞沪来访的记者，真是洋人的"气魄"！访完即返京，足见美国佬是会浪费的，会花钱的。

你们的稿件，我自当竭力阅读，意见与原稿，会寄给你。也许晚了两天，此地常有突如其来之事，也不能不应允。总之，你耐心等待，我的心脏只是平稳稍许，经不得太动脑筋！

祝你们全家好！我很奇怪你如此不懂礼貌，连一句问候话都不知晓。殊感诧异！②

问候你老爷子、老太太好，与孩子好。祝你一切顺利！

爸爸
1980年10月6日 夜

① 1979年12月29日，曹禺对女儿万昭、女婿唐彦林详谈了对他们改编《日出》电影剧本初稿的意见。事后，万昭将谈话整理成书面材料请父亲审定，曹禺在其后页写道："此意见稿，不一定都对，仍以我最近写的一些想法做参考好些。爸爸"

② 此批评是指万昭在这次来信中没有问候李玉茹阿姨。

1980年10月17日

昭昭：

这两天，还不舒服，但因已答应杭州大学讲话，我想在讲话前，立即看你们的《日出》电影文学剧本，边看，边在稿子的边沿上写了我的意见，意在使你们早日知道我的看法。

此次修改很见功夫。你们用了心，已经有些电影化，但仍感你们舍不得改动剧本。忠于原著，要在精神，不在词句用了多少。若能形象化多一些，多删一些过长的篇段，稍加变化，也许破去一些单调乏味的地方。

此剧本应以陈白露为主角。她不只是贯穿事件的引线者，也是旧社会的见证者，她又是人海浮沉中的旧社会人物。她是有良心的，软弱而又坚强，她的死，不是为钱逼的，是个年轻的女人还不大懂旧社会，怀着一腔热情，尚未看明白旧社会，便由于各种个人历史与周围情况的原因，以为自己不能改变旧社会为她定下的桎梏，不如在最美、最年轻的茂盛时期死去。这是幼稚的想法，但也是一个罕见的勇敢的女子的念头。不想在枯萎时期，为人轻蔑地死去。愿在人生的高潮中离弃人间，不忍继续受各种难堪的污辱与损害。她已看见旧社会中，地狱之下还有地狱。她看不见任何希望与理想。她不是前进的青年，她是堕落的，但她明确地知道自己不能长此生于混沌世界里。她的"死"是消极的，但她仍是经过一番折磨、痛苦、灾难，终为社会逼得看不见生路。即便有达生或比达生有魄力的朋友，也是救不活的。她在短短的二十三岁，已经沉溺得够深的了，是当时世界残酷势使她陷入泥坑，思想境界愈过愈趋绝望。然而，有一点，她不是苟且偷生的，在这一点，她与那得过且过的人大不相同。因此，我十分赞同你们把方达生与她最后的对话放在最后，放在她死前一刻，那是十分有力的改动。拍电影，也许难；但只要有好演员，懂得透，她便能支撑住这个场面，甚至为整个电影添了光彩。她这个人物应写得有发展，有层次，有变化，要演得深刻一些。她对一切人都有估价的。

交易所这场添得很有必要，其他各种人在家里的场面都好。

但仍有舞台味，必须完全电影化。你们如有精力，再在这个基础上（好的，千万不要改动！如我以上提过，或稿本上提过的种种，都不要动），再做提高。但你们必须每个地方想透了，再动笔，古人说"意在笔先"，这是规律。

很高兴，你们有毅力，一次比一次改得好！你可大改动，忠于原作在精神，不是在结构，或在章句。

接到昭昭的第二封信，知道你非常忙。且很疲乏，切望保重身体，不可"死命"工作，这不利于健康，并不利于文思。有时，急不来；有一定的休息，才能文思活跃，流动纸上。

我们都非"懒人"，大可不必以为趴在桌上冥思苦想，才是用功！李阿姨问你好。

问老爷子、老太太好，唐彦林好，妹妹好，小外孙好！

祝你

一切顺利

爸爸

80 年 10 月 17 日

稿件另用挂号寄去。

（约1980年底至1981年2月1日）

黛黛：

似乎很久，很久没有给你写信了。我收到你两封信，我在这几个月中时刻想到你，同时就要写信。但一肚子的话，总是无从说起，而且这几个月到南方去讲学，写点小文章，治疗，谈话，看戏……忙得不知如何是好。回到北京，又要处理三月来积压的书信与事件，又见外宾，又开会，既忙且累。提笔便放下，直到今天夜深，才定下心给你写几个字。

你的身体如何？累得如何？吃得消否？我见了小达，他说，你已能上夜班，而且能赚工资养活自己，并且有了一个很舒适的小 appartment（与友合住）。这使我稍放放心。上次信中，你的英语，已能和美友们畅谈了，这是一件人可欣慰的事，去外国，不通言语是痛苦的。我最近把英语完全忘却，到外国去只靠翻译，觉得十分不便。

王大夫与其爱人和曹教授全家太可感了！望你多多为我道谢！我的感激，不只因为你，而是因为他们的宽厚、慷慨、热情，是为了从祖国来的后一代。这是多么崇高的感情！当然，我十分感觉到作为一个高尚的人，这些朋友是异常可感的。

此次我去南方到杭州大学、浙江大学一共讲学十天，到温州讲演一次。祖国的山水与人民是可爱的。但祖国与人民还在困难时期。物价涨，生活困苦，虽比起以前，农民工人有比较优裕的生活，然而赤字多，各种改造与体制改革都还是问题。

只有一件尚堪告慰，政府与党中央似乎明白过去的错误，知道目前如再不努力，离山穷水尽的时候便不远了。因此，人民有觉悟，领导人也认识，不改不行。

看吧！我们这一辈人是尝过历史种种艰难与罪孽，我想，这也到"物极必反"的时候了。

不知小达何时能到美，如你们能团圆，我看再苦，也是快乐的。

我的身体虽大不如前，但还能挣扎几年。心脏病常犯，但不重，你可完全放心。

只有社会活动多，不能使我有少许安闲真写点戏，这是苦闷，真苦闷。

以上是我在一个月前写的，这个月到天津开会讲话，办事，接待各方客人，还是忙。

但，孩子，我将在最近三月内停止这些活动。我要写戏！我已是七十一岁了！今天已1981年2月1日了，过两天便是春节，很想在旧年前给你写信，但是晚了，这封信，你收到时已过了春节。

最近党中央又发了文件，主要是大家鼓革命精神，树正气，打歪风，安定团结，为四化建设尽力。形势比以前是好的，整个看，将来有希望，但团结还不足，物价大约可以刹住。总之一切，政治、经济、文化、教育都要大大整顿一下了！

我很想念你，你是受苦了！但也是靠你们这些中年人与有干劲的青年，为祖国拼命，祖国才有希望。目前，又提起一不怕苦二不怕死的口号，目前也只有这种革命精神才能使我们看见光明的前途。

年前，已听见远处鞭炮声。我想今年大年夜会有很多爆竹响，老百姓总是要过一个欢乐的年，要吃顿饺子的。

小欢子，已学了两年半医，下学期将在友谊医院当见习学生。她还能读书，渐渐对学医有兴趣了。总想到国外去学，到美国去，我告她想得太早！英文与专业知识都不够！她说只想知道美国大学的情况，如何才能进医院学医，好早些做一点准备。

我最近因太累，血压高一些，180/100，如今又好了！真希望你学点真本领回来。但我想，你们也许不会回来。都好，将来偶尔回回国，讲讲学，传传道，也是尽了爱祖国的心了！我希望你们过得幸福，过得愉快！

爸爸
春节，今天腊月二十七日

我们的爸爸曹禺
和妈妈郑秀

1981年9月6日

黛儿：

　　读了你给欢子的信，我非常高兴，也有些难过。这一年多住异地之苦，与各种困难、艰辛，你尝得差不多了。当然，你耐心刻苦，这使你能够逐渐适应美国的各种环境。我每读你的信，你写的是欢喜，高兴，愉快的事，然而我知道，你是如何用心在安慰我。我对国外生活——尤其是美国——我是比较清楚的。尽管多少中国朋友对你关心，帮助，尽管有某些好心的科学家给你一定的帮助，指导。我想象得出，一个有色人，在美国这个地方不能完全享受平等的待遇。只有祖国的强盛才能使一个中国人少受人的白眼。我很明白在国外求学之艰苦，远不在于学习语言之困难与技术的高深，而在于异国人（尤其是美国人，他们受了两百年歧视有色人种，黑人更甚，的传统教育）的白种优越感，以及所谓知识较深，聪明自负的优越感。满脸和蔼可亲的样子，心中经常蓄着一种多年不自觉的傲慢之气，轻视有色人种的腐朽心情。杜甫老年有一句诗："当面伤心背面笑"，这是比较准确画出一般自满、自足的中等经济的美国人对有色人种（包括今天的中国人）的态度。这种"窝囊"气，只有半夜扪心想想，才会察觉出来，因为他们现在学得更虚伪了，（他们的祖先虽然看不起有色人种，但还是粗犷、自然，他们的轻视情绪是露在脸面上的），因此，更狡猾了。除非你是包玉刚（那个世界轮船大王！中国人！最有钱的中国人！当然脱不了他的"黄脸皮"！），他们（这些不高明，少教养的一般美人！）会拜倒，甚至作出卑贱的媚相取他的欢心，或者盗贼一般在背后计算如何夺去他的惊人的盈利与财产。除非你是爱因斯坦（Einstein），他是犹太人！美人中那最骄倨的、又具极狭隘心肠的美人，也是十分鄙视或嫉恨的！我不是说这种美国人就是纳粹党，他们从祖先的教义起，就养成他们嫉视、鄙视犹太人的心理。至于帮助"以色列"，那是政策，抵制苏联的，他们会把你（如你已是爱因斯坦）当个平等人，因为他们没有爱因斯坦那种高深的学问，他们要利用他，要拉他入美籍，引以为荣。

　　所以你信中说："我到底是个土生土长的中国人，说句实话，对于美国的生活方式及一些思想，感情，我仍接受不了，我没有真正感到十分的高兴。"我觉你稍为懂得美国社会，也懂在这种社会中培养出来什么心理，什么感情，什么思想，什么人与人之间的关系。"人情薄如纸"，"世事冷若冰"，不要看美国社会中表面的繁荣，和美人间的亲热的拥抱与甜如蜜的言语。他们，一般地说，是翻脸不认人的。如果继续保持友谊，一般地说，是只为礼貌或保持将来的有利条件。这种情形，将来你会认识。当然，也许在科学界的知识分子间，比较好些。然而科学家也多少难以超脱美国社会与美国人情世故。

我不是教你用我对美国社会的看法，来看一切美国人。美国人有好的，有爱中国的，如Edgar Snow（埃德加·斯诺）、Smedley（史沫特莱）、Strong（斯特朗）同志，又如马海德。还有许多真懂中华民族、中国文化、中国人的高贵品格（我指的是中国的好人！）的美国人。此外，还有美国的许多伟人，如Lincoln，（林肯），如Mrs. Stone（斯托夫人），即写《Uncle Tom's Cabin》（《汤姆叔叔的小屋》）的作家，如写《草叶集》的惠特曼（Whitman），如马克·吐温（Mark Twain），那是美国人的精华、尖子，我们也引这些人为朋友，为有灵魂的人。

即使谈到现在专门研究中国文学与中国当今社会情况的美人，这些人中很少一部分是真正做研究中国的学者，更真实说，是为某种地方提供各种材料的人。

我觉得那些诚实，真正可爱可亲的美国人也是有的，那要你碰运气遇见他们。这些人是比较无偏见比较正直，是乐于帮助异国人的。那是美国的上等人，是用cut-throat（砍脖子）的手段争取金钱与地位的一帮美国人，拼命向上爬的美国人，认为的"傻瓜"，是被瞧不起的"笨蛋"。

说来说去，我希望你永远保持中国人的民族自尊心！中国人的"脊梁骨"！对一切异国人的来往，不卑不亢，有礼有节，充分表现中国人的高尚品格与文化修养，这就是祖国的好女儿，也是爸爸的好女儿！

我衷心祝贺小达到美国深造，他是个有志气、有干劲、能为祖国争光的大大夫。你们夫妻经过一年的离别，终能相聚于万里之遥的异土，这是更值得庆贺的。我深深为你们高兴。

祝贺你们成为大有造就的科学家，有一天，能如居里夫妇那样美满，获得在医学上最高成就，得到祖国人民的称誉，世界的认识！

我和玉茹阿姨听了小达赴美,非常高兴,我们亲自到西单商场(因北京的其他地方没有这样的衣服材料)挑选又挑选,挑中了一种藏青色底,上面绣着梅兰竹菊花(祖国历来认为最高贵的花)花色的"织锦缎",扯了一丈,我们认为雅致美丽,大方,有格调。玉茹阿姨(她到过十几个外国,见过很多场面,知道如何穿衣服)说,你肤色不够白,穿得太花,不如穿得较深,花样既美丽又有意义的衣服好。我们(尤其是爸爸)愿你如祖国高贵的花"梅兰竹菊",那样高雅,那样有风致,那样有节操,有品格,值得人永远赞美的中国人!

我应该讲讲我自己了,现在正召开人大常委会,听了许多好报告,参加非常有意义的小组讨论。我曾到北戴河休息,我在那里虽然游泳两天,但连续被召回开中宣部和文化部,文联的两次关于思想战线问题的座谈会。这个会很重要,我都发了言,这是党内的会。现在文化各方面的领导,党中央说"涣散软弱",对于思想十分错误的作品,言论,文章不能理直气壮地批评,而自我批评尤其难!这会是对中国全局,即,各机构、各组织、各文化、教育……事业,就要整顿的开始,我想这个思想整顿至少需两年。思想领先。目前中国事情复杂,有的地方十分进步,农业丰收,三中全会政策下来,包产到户,可以自由搞副业。农民几乎每家都有充足的粮食,多余的存款。几十架电视机到一个大队,在某个地方,一卖而光。所谓大三大件、小五件的要求更是供不应求,现在轻工业已经上去了,日后会更有起色。但是问题多,办事拖,社会风尚还不够好。然而自从从严、从速处理抢劫、杀人案件,枪毙一些严重犯,社会风气已始好转。目前的党中央确有批评与自我批评精神,有干劲,有办法,要一件一件,轻重有别地抓下去。这样960万平方公里、10亿人口的国家,弄得目前足衣足食。四川大水二次,如实报道,没有大损失。葛洲坝胜利地抓控制住洪水,还开一架发电机,供应江南北十数省的电,还有水力发电机未开。这个坝却没有用外国任何东西,而整个工程是中国人设计,中国自制的机器完成的。如有机缘我将亲自去看。北方农村现已不吃玉米窝头,都吃白面了。粗粮开始喂牲畜,做经济作物用。许多朋友们都亲眼看见。

可惜我在京事情太忙,开会,外事活动,看戏,开人大常委会,许多记者的访问,有中有外,还有必须写的文章,如序、介绍等非写不可。我的字拙劣万状,却还要题书签，你看可笑不！又推不却！只好每日被琐事拖着。

但我想，在今年秋末冬初要坚决辞却这一切琐事。专门写戏，或编《曹禺戏剧集》，应该补遗的文章。我已是七十几岁，不能再荒废时间。我到八十几岁时，这十年间，定要写出一点像样的剧本，多看点好书（我一生读书太少！）。这是非做不可的。人生百年，为时不多。我的心思是急如星火的。

我现在虽然忙，但仍时常锻炼身体，最近有时游泳，还能游 1000 米。我的心脏病竟未加剧。不过医院已查出我有胆结石，石大，已不能用中药消除。冬天，我将开刀，因为还有许多事需要料理，有的会又非到不可。

今天见着小达和"大哥"，相聚甚欢。我亲手把玉茹阿姨和我送你的"织锦缎"料交给他，叫他一定送到。

我身体尚好，日后还是能见面的。

千言万语，纸短情长，我只好不写了。你不一定复信，更不要写长信。那太费你的宝贵时间。

问王阿姨与其妹好，一切待你好的朋友们好！

玉茹阿姨托我再三问你好！

爸爸
1981 年 9 月 6 日

1981 年 9 月 21 日

黛黛：

收到你的 9 月 1 日信，知悉你已在大学医院学习，十分喜慰。

非常感谢曹家骥教授与王瑛兰夫人，他们待你如此热情，如此周到，亲切。我十分感激。祖国，我们最亲爱的土地，我们都是从这一片暖水热土上生育，培养出来的儿女。曹家一家人对你这般温暖，一方是"同在异乡为异客"，一方也是曹教授，确实是诚挚，忠厚，温良的长者，你能遇见这样前辈长者，也真是你的幸运。

王希琰与刘维政教授如此厚待你，也实在可感。我在 Ann Arbor 时，他们二位也是非常热情。

我见过薛廷美阿姨，只是记不得她的面貌了。难为她想得如此周到，把录音机，信封，信纸，邮票都送来给你用。王希琰阿姨怕你受屈，还送给你零用钱，这种种骨肉一般的情意使我激动，使我不知如何表达我的心意。

只有认真工作，认真学习，才会使这样可爱的人们快慰，满足，欣喜。这样高贵的心灵，如长江黄河，推动多少历史前进，见过多少英雄人物事迹，帮助祖国后一代，尽其所能，使祖国进步快些，好些。我们的伟大中国，就是有这些先辈鼓励我们无私地生活，拼命学习，使人民的精神与物质生活逐渐提高。

我感谢曹、王、薛、希琰、维政诸位朋友，因为他们的行为也教育了我。

我最近一天三班，几乎每日招待从国外来的友人，昨天 News Weekly（每周新闻）的三位记者来家中访问，虽在美未识，但见着美国朋友，由不得心里热乎乎的。我觉得美国人直爽，聪明，勤奋，有时天真得可爱之极，有时，他们不自觉地显露出他们深沉的见解与学识，简直是惊人。一句话，我十分爱美国人，美国的人民，美国的知识分子，他们是认真，严肃，勤奋，完全不是有些人乱说的那样！我不知你已经有此意否？

我现在身体不大行了。事太多，到晚心闷，且胸痛，靠药能解决一点问题，但长此以往，总非良策。周扬、赵循等同志与医生都劝我要休息一段，不能长在北京。要外出一段。现在国庆节即将举行，外国朋友来得多，我已支持不住。大家都劝我早离京赴沪，在玉茹阿姨处能安静休息一时期，再么即刻搞点写作，不能总搞社会活动。沪上有玉茹照顾，沪上的诸多朋友已打了招呼，暂不来往，借此稍疗养。我大约十一月底与玉茹同返北京，也许还早些。你信可寄京地，妹妹们会转到的。不过我不大主张你常来信，邮资太贵，可以吃一顿快餐。

Weg 教授未归，你的工作不能安排，真令我焦虑。从前以为可以校外找些临时工，但据说，现在并不那样容易。我真不能想象，你如何在外边过的，万里迢迢，遥望云天，真是一点办法也没有。不过，我总觉得在美国社会总可以找点事情做，只是又妨碍学习，而且英语听，讲都困难。这真是你的难关。你说一定拿出中国人的咬牙劲儿来，你会熬过去的。而且定能得到胜利。因为你不是一个普普通通的人。你有韧性，坚强，不服输，从来没有在困难面前低过头。在你面前，困难会有的，但我想绝压不倒你！

你现在也感到，在外国千好万好，不如祖国的一滴水好！但多少人，朋友，同学亲戚，和我在盼望你学成归国。然而，这确实一个关口过去，又一个关口。只看你如何征服了，但我真正相信，你有一种特殊的毅力会克服任何困难，学得到最先进的医学知识。你的才能也得保证这一点。

不要担心，我虽不健康，然还能渡过，在我来说，是比较困难的日子。我不大相信"唯意志论"的人，那些人是骗子，我们在十年浩劫领教过了。但我们这种普通人有点意志能力，而不是过分夸张它，这种意志，是能帮助我们克服眼前那种不太大的困难的。

小达到我家来详谈一次，他仍然高谈阔论，如平日。他是十分有信心，十分开阔，生龙活虎，十分旺盛的心气。这确是他的长处。

听他说，小迈功课很好，已不大贪玩了。

小欢子，今年当了五好学生，总平均八十五分。我真想不到。此儿异常用功，我怕她身体不够好，感情有些浮动。她问你好，方子也时常问你好。这两个妹妹把你当作她们的骄傲。

苏雷也问你好。

玉茹阿姨一再叫我问你好。她十分佩服你，说你十分坚强，又随和，又温良，她认为你是个十分出色的好女儿！

为我问曹教授、王瑛兰阿姨、王希琰阿姨、刘维政教授、薛廷美阿姨好！

凡是在 Ann Arbor 我见过的朋友，都请为我致意。

Michigan 是个十分美丽又有极大贡献的大学！我仍然想念这个难以忘记的地方！

爸爸
9月21日

1982年3月26日

唐二哥、昭儿：

你们的稿子，即将读毕，请于星期日（三月十八日）下午三时，到北京医院一谈。

探亲须携本人工作证。

问

你们好

爸爸
1982年3月26日

1982年4月23日

彦林、昭昭：

请你速将刘小达的父亲名字与广州地址详细写下，寄我。

我的地址是上海复兴中路1462弄3号曹禺，电话371074。

你们的改本如何？最近忙否？请问候老爷子、老奶奶好，你的妹妹、妹夫好。

爸爸
1982年4月23日

刘小达父亲名字及地址如不清楚，请打听一下。

又及

我正疗养。但事情也不很少，现只好尽量避免见人。

1982年7月18日

昭昭二女：

我写了一封信给大姐，但她的美国地址（最近的，闻她已迁居。）不知道。请你立刻回信告我，我待信发出。

问你全家好！

彦林好，孩子好，妹妹妹夫好，老爷子老太太好！

爸爸

一九八二年七月十八日

1982年7月26日

黛儿：

连得你信，总以各种烦琐，竟未能复，我心中是很不安的。

我十分惦念你，你是我的长女，迢迢万里，常恐一旦长逝，终于不见，是大恨事。

最近我身体逐渐好转，每日练操，游泳，已是常态，还是不必忧虑的。

我在今年一月底患重感冒，高烧39度8，进北京医院。不久，玉茹姨由沪赶来。当时她正在农村扶病演戏，虽急于来京，然终为农民演完，一天未歇，飞来侍候。

这期间我又得了胆囊炎，吴蔚然同志力劝必须开刀，他亲自动手，摘取胆囊，胆结石如桃核大。他告我，邓大姐十分关怀，几次托人嘱咐好好休养，要休息较长时期，才能彻底痊愈。

我在三月一日动手术，三天中稍感麻烦，仍未用止痛针，十天内即拆线，立起，走动，散步。吴大夫十分关心，护理均极周到。玉茹阿姨昼夜服侍，她带来西洋参与各种中药补品，问了中医，按日服药，两月后出了院。

我在京事多，开会见外宾，听报告，主持一定的工作，写短文，见记者等等。

由晨七时到夜十二时才可入寝。

为了避免这些事，我出院后即由京飞沪。京中事均托人办理。

我在沪已养了三个多月。此地朋友虽多，均未访问，我只见了巴金老友一人。探望我的人极少。我现在定下心，专力写作。过去三十余年多浪费过去，今日定将有生之年，做自己力所能及的创作。同时整理旧稿，预定至晚明年底，或后年初，出一个全集（戏剧）。上海天气今年较凉爽，伏案久了，便立起休息。尽管年事看高，我已七十二，然体力尚能支持。工作进行比较缓慢，总在日日进行。龟步虽缓，想终能走到目的地的。

希望再能活十年，若能写出一、二好东西，对祖国、人民和党稍有贡献；我深深爱着我的国家和人民，那么，我在"死"终于来临之前刻，我也许不会感到那样惭愧，那样内疚。

因此，北京人艺三十周年纪念会，及各种会议我都未返京参加。我的工作只是搞一点创作，其他事情都不是我的能力所及。

我很想念你和小达。小达用功，他参加行医考试，想必无问题。他是个很好的大夫，有能力，有技术，肯钻研，干劲冲天，他的事业必然顺利，你的工作也很好，现在英语已熟谙，学习当然方便多了。这都是好消息。

我看你的相片，你衣着仍如往日，十分朴素。你每日寻觅"人民日报"读，不忘今日祖国，我非常高兴。

日本戏剧界与日中文化交流协会过去请我赴日，我都未成行，今秋又来邀请。是否赴日？仍不能下决心。赴日十天访问，但前后总需一月。目前常感时日不多，屈指可数。除非组织决定要我赴日，我不能推辞。不然，似仍以不去为宜。

前两天金山同志晚七时脑出血，翌晨四时故去。他是一个极好的同志，他不知如何安排工作，终于未能竟其愿。我很悲痛，也为国家痛惜失去这样的人才。

你们夫妻到华盛顿一游，如见着柴大使，请为我问候。你们都应注意健康，万不可疏忽大意。你们是医生，当比我了解得多。

屡为老阿哥办赴港手续，都以失败告终。实深憾愧。此次老四由港来信，托为转广州市新市长某，我与此人素不相识，但当即转去，并附函，请其便中告知刘君朴同志。然久无消息，似亦不甚妙。老阿哥年事高，且有病，赴港探子，应不成问题，却数年来，竟不批准。其中道理，殊难捉摸。总望此次有些眉目才好。

王家阿姨，在美照顾你们二人，十分热情周到，我极感激，请为我向王阿姨及其先生，再三道谢。何日王阿姨再来祖国，希来沪一游，玉茹阿姨和我当竭诚欢迎。

附上照片数张，爸爸笑容可掬，当知爸爸心身均算健康，勿远念也。

玉茹阿姨在盛暑中排戏，演唱，再三托笔问你们夫妻好！

爸爸
一九八二年七月二十六日

1983年1月22日

黛黛：

读了你的信（八二、十二、二十七）近一个月了。你把我与巴金的相片放在书桌上，父女虽不能相见，终有一份影像留在心里，读了，既心酸，又欢喜！你是个有志气，有情感的孩子，对友朋热心，对事业忠诚，你不自私，只是事多劳累，使我牵挂。

你正在美搞科研，有大进展，得此机会大不容易，这是半生坚苦学，锻炼不息，才获得这样的成绩。你说记忆不如前，也许生理限制是如此，但对一个有抱负的人，这种记忆困难小事也是可以克服的。中国老话："人一之，己（作"我"讲）百之"，你正在壮年，你说"硬着头皮干！"人家学一次，我学一百次。天下难关岂有不可冲破，终于成功之理，我非常相信你，你自小便有锲而不舍的坚强精神，你会成为一个十分出色的科学工作者！

小达能在纽约工作，并已取得医务上各科成绩，英文过关不难，他定能在美医院做临床工作，可喜可贺，如能在癌症的研究突破一二关口，那一生便没有白活！天给我们至多百年，为人类做点好事，在这短短岁月中，是莫大幸福，其他，名啊利啊，确是小事，仿佛爱因斯坦时常不觉得自己是伟大的科学家，他一生谦逊，许多邻居仅仅知道他是一个和善的老人。

我到了一趟日本，比较累，回国后又开会，就病倒。先是一夜脸肿了半边，看了医生，睡个午觉，起来脸肿成个西瓜，住了院，抢治了三天，高烧退了，后来医生才告诉我面上三角危险区生了痈疽，幸而早入医院，不然会成急性脑膜炎，就很危险。不久，玉茹阿姨赶来，看护一个多月，中间又喉痛不止，察无病源又疑为喉癌，经会诊与活体检查，终有结论，不是癌，是慢性喉炎。我已出院，二十五日（八三年一月）即飞沪疗养。上海影片厂等我商量《雷雨》拍摄电影，由孙道临同志任编导，他已写出二稿，我必须去沪，他今年将赴美，行前计划将此片拍制成功。

你已学会开汽车，惜我已七十四，想开汽车终成泡影。我倒不想看你开汽车，却很想看你写出几篇重要论文，为医学又开个途径，至少想看你成为一个十分出色的爱祖国、有成就、有学识、真有点抱负的极诚恳的大夫。问王大夫与其爱人好，问你所有的朋友好。

小炘来信催为父亲即订下赴港日期，我已函广州市市长请为催促，并将他的信也转交梁灵光市长，我与他并不认识，他为此秉公办理，现在已经和以前办事不大相同，但百废待兴，需要改革的事甚多。不可一蹴而就。目前是一年比一年好。有些急性人或见事便从过去的经验角度估计国事的朋友与中国人，好与外国比，只知别家富足，便忘记自己家底薄，我们父母、兄弟、姐妹都是从历史造成百年来的贫困苦难中来的。我们忘记外国之有今天，也是由穷困中奋斗来的。祖国是自己的，真是暖水热土啊，养育我们不容易啊！

再问王希琰阿姨好，张骏祥为王老师[①]文显戏剧集写序，是大好事，我们都是王老师教出来的学生。

玉茹阿姨问你好，嘱你保重身体，劳逸结合。

爸爸
一九八三年一月二十二日

① 王文显是爸爸的老师。

1983 年 5 月 24 日

万昭：

　　星期六（二十八日）《推销员之死》不演出，休息。望挑好日子速告 550091 张学礼同志，他将票放在传达室。

　　票价已付，共五张。

　　匆匆祝

　　你们好！

爸爸
八三年五月二十四日

1983 年 12 月 4 日

彦林、昭昭：

　　来信知悉，关于《日出》，陈怀恺同志曾来信，征求我是否同意北影拍摄该剧本。我告以三月间可来沪一谈，再做最后决定。

　　现在上影孙道临同志正与我讨论拍《雷雨》事，已有他的改编本。

　　北影究竟准备得如何？我不知道。负责人看来是很积极的。你们想必比我知道得多。我尚未接到陈怀恺的复信。

　　你们全家近况如何？老爷子身体可好？请为问候。我健康不算很好，易疲惫。但还想在生前再赶出一点东西，不知时间允许我否？

　　我现寓上海华山路静安宾馆 209 号。春节后可能迁返沪寓。在此地尽量想夺回点时日，只看今后身体如何了？

　　祝你们一切顺利！

爸爸
一九八三年十二月四日

方才又接到你们的信，无新意见，不多复了。

1984年1月29日

黛儿：

读了你的信，我异常高兴！你毕竟是爱祖国的中国人！你是准备把你学习的成就献给祖国的中国人！人民需要你，你的北京医学院与医院，甚至于整个医学界需要你！

孩子，我常常担心你会长期留在异国。我不能设想一个爱祖国、人民哺育、培养的知识分子，尤其是高级知识分子，会为美国的种种物质上的成就、学术上、技术上、研究上的成就，变成一个盲目崇拜美国文化，竟然忘记自己对祖国的责任，不肯回国，早一点做自己应该做的事。

你急于想回国，把已学得的医学知识献给国家，献给为人民的医学。我们的祖国母亲是仍然在穷困、落后的状况当中。当然最近几年各方面都有大改进建设的力量很大，人民与知识分子的生活比以前好。我确实认为，也相信，我们党中央领导是有办法、有决心、有能力把中国在近十几年中建设成为名副其实的较富强的大国。黛儿，你正是此时最需要的专家！你是我们的接班人！人民需要你回国。你在祖国的老、小都想你回来，不只是感情上想念你，更是想你要为祖国，如你往日一样在北大当大夫的时候，那样热情，老老实实，诚诚恳恳，为祖国医学干活儿。

你决定回国是完全对的！你这样的决心是应该的，在目前盲目崇拜国外的世界的空气中，你表现一个中国人，真正中国人的精神。你挑选了一个崇高的、有良心的中国人的道路！回来吧，我的孩子！我为你有这样的决心与爱国的精神而自豪。我想，你的母亲和孩子也为你这样的决心自豪。你这样决定，准备回国贡献知识与才能，真是暖和我们这些老人的心。你的朋友、同学、同事与时常想念你的老师们总在想念你，希望你早早回来，下定决心回来为医学事业贡献力量。把你学的新知识——尤其是你使用计算机为医疗、为医学研究服务的高级学问、早一些介绍到祖国来！

　　黛儿，你会成为祖国重视的知识分子，你是接班人！但你依然会遇到困难、矛盾。如果一个人只是为自己想的名誉、地位或者个人的研究趣味而留在外国，不回祖国、不想祖国现在很困难、落后，需要有学问的知识分子回来，帮助她，向她报恩。这是使人失望、使人十分难过甚至是痛苦的事！

　　人各有志，不能强制某种心情的人回祖国。

　　当然，也不能强制有爱国心，爱祖国的人不回祖国，不为祖国服务。

　　孩子，你遇见一个很大的困难，在一个人生道路中，很难遇见的困难。问题，是大问题，是需要下大决心，勇敢地面对现实，来决定这个问题。

　　孩子，回国，你会遇见困难，但是你为了解决困难而回祖国的。不是为了享受各种美国式的生活方式、研究的方便而回祖国。

　　孩子，我不爱那种美国风气，生活方式，人与人的关系。我跟你一样！当然，并不是说美国科学技术不高明。我们当中有一种殖民地半殖民地的思想、习惯作祟，这在某种有半殖民地的思想、习惯的人，不稀奇。目前，在国内仍出现轻视祖国，藐视祖国的进步，甚至为了出国嫁一个美籍华人老头子的女人，或嫁给美国人（当然不只是美国，对其他外国也一样）的中国女人，这样的女人是被人藐视的。难道这样类似殖民地心理，毫无一点爱国的气节的男子，就应该算高人一等的人么？

　　也许，我说得太过了！我说错了！

　　有人很会用各种理由，甚至拿出爱国主义的理由来掩饰自己常住美国。这也无可奈何。

　　我最近身体见弱，但亦不致危在旦夕。只是十分想念你。尽管我不给你写信，你的种种情形总在我心中萦绕不已，见了你的照片，我看你的衣着朴素，不染美人气息。你有一位好友、张同志（北京医学院女同学）曾到美看望你，说你还是那样热诚朴实，十分怀念故土，我听了，真是高兴万分。

　　黛儿，你决心回来，小达决心留美，各走自己的道路。究竟谁是对的，早晚会有分晓。当然，有个家庭问题，一个可能，他可能暂来华探亲，你也可以赴美深造，另一个可能，二人从此异地相处，很难见面。我想了许久，还是不敢为你下一断语。

公与私的问题总难万全。

邓宛生全家在港，现在都成了英籍华人。我无法表出我对他们的态度！但这种人——这种中国人，实在是可鄙的！

我们有个杨振宁博士，他是美籍华人，据说也常回来，为祖国服务。小达走他的道路，也是可以为祖国服务的。

再，世界现在不大，中美之间仅隔一太平洋。日后的中国科学、卫生、医疗事业将大发展。中美学者互访，互相讲学。你们相见的机会，不会少的。

我不大明白你们究竟相处得如何？留在美国深造是可以的，但心仍要想着故土。如连祖国都忘了，我并不觉得这是十分光荣的事。

祖国待小达同志不算不好。他用功，有毅力，都是好的，但无本乡本土对他从幼到大的教育，只靠自己的努力，他能学得什么？如今我们该报恩，是要向国家、向人民报恩。有殖民地思想的人，只会向外国主子报恩。那是不足为训的。我想见你，但并不那样急。你要再与小达深思熟虑一下。然后做出一个妥善、明白、明了的打算。请问小达好！

爸爸
1984 年 1 月 29 日

1984 年 10 月 3 日

黛儿：

你的信给我很大的快乐。我离京仓促，未能与你通个电话，再见一次。有时念起，感到十分难过。你是我的长女，是我的骄傲。你热情，勤奋，负责，善用功，肯吃苦。终于回祖国，贡献你的学识。我每与人谈话，总不由得提起你——你是祖国的好女儿。

这一段在北医内科整日看病，并和同事们在讲谈你在美的心得，不知你身体吃得消否？从你说的每日锻炼、学习、工作情况，似乎你还能胜任愉快。仅仅听听古典音乐便足以休息身心，这是最好的习惯。我猜你的事情多，任务重。我曾对你说过，国内生活还是清苦，只有心爱祖国的知识分子，才能受得住目前种种困难与阻力。建设中，你有所贡献，这便是幸福！我目前是不安的，我回想一生，懒散与胡混，加上我那些极无兴趣的工作，使我浪费几十年，悔恨莫及。然而想来想去，来日无多，也只有在夕阳西落的年岁中，还是尽把力，写点东西，才能说稍稍对得起国家和孩子们。然经常写不出，其痛苦，难以形容。我只有下决心再干几年，即便无所成，也没白度这即将逝去的晚年。这一点，我是万分羡慕你的。你的信给我力量。你的大量工作，激发我摒弃疲劳、消极的坏情绪，要振作，再振作，要鼓把劲，再鼓把劲。我不愿耗费今天的光阴。这是多么伟大的时代，今天空气中有一种激动人心的电火，我们的社会即便背上昆仑山那样的旧包袱，也被那电火点燃，冲奋前进。当然有不少阻力，但你会感到奋发勇猛的精力将会冲倒一切。我们有希望，有使全世界震惊的将来。但看阅兵队伍时，小平同志立在车上那样镇静、威武的气势。我并不崇拜个人，我却以为我从他得来的印象，是领导有信心、国家能办好。我们将以我们的能力、智慧、韧性，使将来的中国能称雄于全世界。这个文明世界，黛儿，你会看到的，你也贡献了自己的力量。

我的空洞话说多了，我却不觉得这里有一点空洞。我感到我们又恢复昔日的那种信心充足、脚步踏实的时代。这种感触，也许只有极爱将来，又根据一些真实作证的人有。满腔私心恶念的人是不配有的，眼光近的人也看不见的。

庆贺你即将赴成都讲学，七小时的实实在在的科学讲话，确是够你准备的。你会成功！你将会在日后获得更大的成功，我的长女，我是充分相信你的。

庆贺你得美国呼吸学会Fellowship（会员）的荣誉，我预料你的荣誉将不止此，你将以你的不可估计的能力得到人们的真认识。荣誉常常写在一张纸上，或者刻在金牌上，然而最大的荣誉是永远铭记在人类的心上，黛儿，我不是以一种虚荣心来鼓动你，我是诚心诚意希望你以最无私的心胸看你的事业。而你的韧性与勤奋将会使人真正认识你！孩子，我不敢说，你一定是这样一种了不起的人，但你有这种可能！

我曾为贝满女中写过他们要我提的纪念校庆的话，已挂号寄去两次了，终未复信，不知是否我把地址记错了。你说你以"六十年代的大学生"的称呼自豪。

这是值得我与所有老人重视的青年精神：是立志远大充满活力的精神。我非常爱你这样的态度。

我身体只能说不太坏，有时心闷痛，有时咳嗽，有时犯一种莫名其妙的烦厌忧郁症。幸而玉茹阿姨不断照护我，劝告我，安慰我，我还过得不错。每天进补又吃得好，人似乎比前一阵胖了些。你不要担心，我会保重的。

玉茹阿姨读了你的信，她问你好，嘱你保护健康。

小迈快考大学了吧，逝水年月，我已记不清他原来的样子，更想不出他现在是什么神气了。谢谢刘老阿哥，每次总带些吃的。希望他身体康健，老人长寿！

爸爸
一九八四年十月三日 夜晚，上海

1985年5月28日

黛儿：

收到你的信，十分高兴。你能到福州讲学，在儿童时候受教育的地方，把你的学问传授给当地的医学界，这是极大的幸福。此外还能游览孩提时玩过的地方，回顾儿童世界的心情，这真是最好的机会。我羡慕还能出去开阔眼界的人，因为我已经担负不起精神和体力的劳顿。最近作协请我与玉茹阿姨和文学界人士到香港，我就辞去。身边虽有人照顾我，但我也不堪烦扰。你青年，中年都过得奋发有为，到今天为了成就，在国内多跑跑，多望几眼祖国的山河，祖国今日的成就，（当然，也看出今天改革中许多不足，有待于改善的缺点），将会激发你更大的爱祖国的心胸，对祖国的情感才是最高、最深的情感。人生如梦，为祖国献出自己的一点滴心血，这样的人才是可敬的人。我是不大赞成把祖国忘在脑后的人物，即便他是爱因斯坦。

你升为呼吸研究室副主任，是好事，只要你还能搞实实在在的研究，而不陷于行政事务，弄得已经获得的那点学问又因不用而荒疏了。我常想，如你没有别的什么负担，你还是可以到美国或其他国家进修或访问，也许再次回来，可以把世界的新科学知识又向祖国的医药界传授，这也是对祖国的贡献。黛儿，你是有这种前途的。

我一生所作不多，到了晚年，才明白不只学识不足，修养不够，连笔都拿不动了。当然，还是想有所作为，不甘于赖在人民与国家身上，成为累赘。但努力情况，大不如前，心有余，力不足，事倍功半，究竟能否在生前写点什么，都不得而知了。

那旧书柜你不用还给我，当作一点纪念物你就用下去吧。一动不如一静，现在买任何家具都劳神费事，而且运书柜还要麻烦北京人艺，我的家也放不下旧书柜，你也不必等回来买新书柜，不知你认为如何？我目前心绪不太好，总希望安静一点，不要"折腾"。

久不见，而且又不能通电话，（你院电话极难打通，打通了，也难找你。）我们父女从未谈谈心。我常觉自己即将大去。归期不远！你在北京，来去匆匆，也确实太忙大约终于找不着时间谈谈心了！这也是无可奈何的事情！

我耳聋渐甚，眼更花了。脚腿不太灵，偶犯心脏病，但大体都好。目前即在上海，也是感访问多，很麻烦。不过比在北京又少多了，唐诗有一句"晚年惟好静"，下句是"万事不关心"，我还是八十年代的老人，"万事很关心"的。

爸爸
1985 年 5 月 28 日

1986 年 1 月 5 日

黛黛：

你的信我离广州返京前夕才收到。到京已三日下午，听说，你已知我三日返京。等你的电话，未得。

今早（星期日）打电话给医院，你恰不上班。

只好写信，望你即来，或来电话，我候你。

订书事即办，只不知如何写法，才望你能来，当面告诉。

问好，新年好！

                  爸爸

1986 年 1 月 23 日

黛儿，我的长女：

  从你生下来到今天，这几十年的经历确给人以足够的深深的想念，深深的思索。也许这封信你收不到，你已离开中国探亲去了，我希望你仍旧能读这几个字，我很思念你，七十六岁的父亲，想起头生子，总免不了有各种的感情，当然我很爱你。你也应当把你的感情分给许多与你有密切关系的人。我们分别很久了。你我都是比较成熟的人。我记得最近一次送给我北京人鸭儿梨的时候，我给你谈了很长的话，几乎不允许你有一刻插嘴的功夫，然而我是发自内心说给你听的话，你未置可否？我猜不出你究竟如何想法，但这也不关重要。"心"愿意关着，任何钥匙也是打不开的。

  不久你送来一件厚厚的羽绒衣，你四处寻找才买到的。我穿了，不但身上暖，心也是温暖的。

  也许有一天，我们真能谈谈心。但是机会恐怕不多，我一则老一些，二则你很少敞开你的心，我大约也如此，所以，不能责怪任何人。只是我很感谢你，你始终关心我，虽然不可能太多。

  我祝愿你与你全家永远愉快，顺利。你的儿子小迈，将会有远大前途。我听了他的录音，我从心里快乐。他不愧为一个中国的杰出的青年，日后他会有惊人的成就。作为母亲的你是可以自豪的。愿你多多保重身体，在学习研究上有更高的发展。我对你的希望不只是你今天的成就，而在将来。

  本来可以早给你写信，但开会，见人，琐事太多，终于不能及时给你写封信。

  父亲毕竟是父亲，这句话的含义很多，只有你这样敏感的孩子会充分理解这句话。

  人是复杂的。但人也有一点人性，大约这就是作为人可贵的地方。

还是那句话，很想念你，遗憾是不能都敞开"父"与"女"的心长谈，这不责怪你，似乎也不能完全责怪我。

可能这是我给你最后的一封信，因为你在美的地址，我如果得不到也就无法多给你谈谈心了。

我老一点，但是不甘心就匆匆地死去，希望能写一点东西，哪怕非常不像样，也没有关系。人不是为"名"活着，而是为做一个真正的人活着。

问小迈好！

爸爸
1986 年 1 月 23 日 夜

1987 年 1 月 5 日

黛儿：

读了一九八六年末的信，我十分高兴，也很激动。反复读几遍，我确实觉得你的生活过得充实，有意义。在你艰难、复杂、辛苦却又充满了人生乐意的工作中，你体会到相当深刻的，人生的道理。譬如你把学问用在实践中，悟到融会贯通，把学到的东西变为自己的东西，而且无论在业务，学术中有一定"得心应手"的感觉；譬如"只做自己愿意做的事情，不勉强自己做自己不愿意做的事情"；又譬如"我更体会到一个人在工作，在学术中的地位只有通过自己奋斗来获得"。

我的长女，黛黛！你从永不休止地刻苦工作，劳动，实践中悟出的哲理给我多么大的触动。你的感受，你获得各种荣誉，在短短二年中，你写了十多篇学术论文，你在病房中亲自感受中国老百姓的灾难痛苦，那个十九岁的小民工，他身患肺化脓，败血症，你治疗，给衣服，给他钱，给他真正一个医生的心。你想到为什么小迈和这个小民工同是十九岁，同是中国人，二人却遭历这样不同的境遇，"世界多么不公平！"——这些感受使我比较明白一位真正的人的心！孩子，你给我多大的喜悦。你对人生的体会已经超越了"自己"，你比许多人了解中国，这个理想与实际脱离这样远的中国。

但是你毕竟是医生，你不是上帝，世界上也不可能有什么万能、讲点仁爱、讲点公平的统治者。因此那个小民工的"根本问题"无从解决，连他的病都不能完全治好，最后他的病仍有恶化的可能，他出了院。你给他钱，买了水果，送他棉衣，这又有多少用！即便你能把这一个十九岁的小孩子完全治好，给他许多工作的机会，但正如你所说，这样经济困难的病人常常可以遇到。你没有遇到的人和事，就更多了。你沉重，你心酸，也只能尽力尽心为他们做些事，"你不可能以后长时间为这些人工作"，只有"现在更努力工作，能服务的地方，就多服务一点"。

黛黛，你很踏实，'说'与'做'是一致的。你不能当耶稣，也不当马克思。尽自己的力量做一个中国妇女就你的具体的环境做了应当做的事。我觉得你很谦逊，你也不讳言自己这两年许许多多的成就。你治了不少的病人，介绍先进的临床诊治的科学，写了那么惊人多的论文，四处奔跑，做学术报告，参与国际呼吸衰竭会议。今昨两年，你确实辛苦，太辛苦了！

我猜想，你为妈妈更做了一个孝顺女儿都做到的事。你的心操碎了！

我完全体会到你需要一点家庭，小达与小迈和你在一起的温暖。你应和他们一同生活、一同互相照顾的生活。小达是个极有毅力、生活艰苦的好医生。我想到他的永不懈怠的工作魄力，他在意大利国际外科学会做报告，并放映他做手术的电影，得了各国专家的赞美。我为中国医学界又出了一位惊人的外科学者，十分高兴。小迈如此用功，如此深情，也是妈妈、钱姥姥和你这做妈妈的给了他十分健康的少儿教育的好结果，我为你高兴，你有这样的好伴侣和好儿子。他们都在等着你，你确应回你自己的家和他们长期在一处了。

上海也很冷，玉茹阿姨拿出你给我买的羽绒衫，我穿了好久了，我感到你给我的温暖。玉茹阿姨告诉我，你为买这羽绒衫找了许多地方，才买到的。当时我颇想给你写信，问问你的情况，但此地也有些事，就耽搁了。我住上海主要是为少开会，少应付一些"勉强自己做不愿意做的事"，北京从早到晚胡忙乱忙，读了你的信，我十分惭愧，你已找到生活的道理，我至今还在混，也就是应"官差"，自己也觉得一身"官气"，十分讨厌。

我七十七了，但仍想找个清净的地方，"做自己愿意做的事"，我的时间大约不多，颇有点紧迫感，我已经浪费几十年的光阴，很想补补失去的好时光。

我最近写了两句话来促迫自己：

"知过犹未晚，求实正中天。"

只是精神与体力差，但最后如能拼搏一下，也许还能做点实在的事。

我十分想见你长谈一次，然而你这封长信，已给我很大的鼓励。

你觉得有些"老了"，我看你永远不会老，你只是需要点家庭的温暖，要精神上暂时宽松一下，你会接着工作，学习，不断认真生活下去。黛黛，我的好女儿，你不仅是一个大人，你是一棵十分坚实、硬朗的大树了！

问问昭昭、彦林与妈妈好！祝妈妈的病逐渐好一些。当然，首先要学你，精神上永不老的大女儿。

爸爸
一九八七年一月五日

1987年6月7日

黛黛：

闻将远行，团圆在即，为尔欢喜。父年老体衰，再见未卜，岂不动心。一生是非曲直，颇难断处，要在长思深思，多念人长，宽大为怀，终有见地。余并非能超脱，岂能脱却苦恼、偏僻、固执！？但总希诚心善怀，不可偏执。

异地研究多便利，衷心望成大业，为人立功。我普通人耳，自是炎黄子孙，故土难忘，为国为民，应稍有贡献，不虚此生。

余从不爱自我中心人物，虽余终难免。但世界进步，岂可无大公英雄，长想将来文明？子孙后代世世出一些大人。

尔凤标幼德，瑚琏兰玉，每慰人心。用是更宜奋发，慰家乡父老。

书数字送远游。又为小炘、明月写一条幅，请代交。君朴阿哥曾信告书字奉交，见面请问候老阿哥，全家老小安好。

爸爸
一九八七年六月七日

1988年6月10日

黛黛爱女：

已读你寄的两封信，知道你有了家，而且想出去做事。你身体如何？受得了这样辛苦？我看你很幸福，身边有丈夫与儿子，他们都能干而善良，你是一个好妻子，好母亲。在美国，一切都方便，我看你是最幸福的人。

我闹肠胃病，现在已好。事情多，每日疲乏不堪，常坐坐就打盹，睡着了，但晚上仍得吃安眠药。

物价飞涨，日子不若以前，但总能过得去。一切大改革，因此大家都在冒险，但如果中国人不再冒一次风险，闯过关去，将来会更穷，更落后，我们子孙永成世界上最劣的民族。幸尔，在一切贪污、腐化、堕落、罪恶当中，还有些人正经干。看着我们正坐在大风大浪中的船里，只有拼命划，才能脱胎换骨，成为新中国人。

告诉小达，永远就得记住，自己是中国人，你们的儿子那样好强，那性格是中国好传统。我看你们都那样苦干，拼命竞争，实可羡慕。黛黛，你还能有收入，请美国客人吃中国饭么？你千万当心身体，你离开我时，很瘦，现在可能结实多了，不要难过，爸爸似乎还能活几年。

明天上午飞西安，为了中国唐朝梨园纪念馆开办事，全国戏剧界去得多，我不得不去。大约五天便回来。也许今年冬天，应邀到四川江安县要多住一阵。爸爸有点衰弱，很怕出门，但许多要紧事，又不能不管，只得出门。但我已快八十岁了。

老阿哥如何？老四如何？他们在香港的生活一定过得不错。香港，自由些，只要有钱，便无忧虑。目前大家都认为我精神面貌比以前大好。因此，你可以放心，说不定，我们还能见面。

爸爸

八八年六月十日

1988年7月23日

黛儿:

已见小迈,他非常可爱,简直是个大人了。我非常高兴,你们夫妇有这样一个大有前途的好孩子。

我曾写好一封信,放了半年,之因找不到你最近地址,一直发不出,现在我托他带给你。问小达好,读你最近的信,希望你们多保重。

爸爸
1988 年 7 月 23 日

送给你们一点纪念品,望收下。

1988年8月15日

黛儿、小达:

小迈来辞行,不久,你们又团聚了,此儿之可爱,实难言喻。他是个道地的有教养、有文化的中国孩子,今天北京就很少见到这样的青年。我的感觉他会在医学道路上飞奋前进,而且必然是一个十分出色的医学研究者,或如小达所望,是一位与其父有同样成就的外科专家。但我更希望他干干医学理论与实验,献出世界前所未有的发明,他的成就将有益于人类直到永远。小迈身体好,有志气,我看是可能的。这应该感谢你们两个做父母给他的爱,诚实,热情,文化修养。尤其黛儿的热诚,他会承袭下来。

我祝贺你们!我真正相信小迈会有这样光明的前途,而且为祖国争得荣誉。你们身体如何?我很惦念,尤其是小达,恐怕每天太累,要适可而止,要劳逸结合,黛儿也是如此。我健康尚好,不必惦念。但年近八十,体质已大不如前,但放心,一时不会大归(?)的。

不要过分节俭，身体要紧，有了健康才有一切。自然，供给小迈读书，需要钱。

你们可能见到妹妹方子与欢子，不要招待。你们辛苦的钱，不要为她们破费。你们应待自己的一切都要好一点。

真是说不完的话，我一生不好写信，请你们多多谅解，欢子，我也许久不给她写信了。一切都当心，开汽车，走路，都要小心！

爸爸
八八年八月十五日

玉茹阿姨问你们好，她非常喜欢小迈！

1988年11月27日

黛黛，我的好女儿：

我的肾功能不全，没有其他的病。现在用营养疗法，目前国内没有其他方法可治。但我的体力已逐渐恢复，你千万放心。我一定听话，好好养病。现在吃中药，一位很高明的中医，董老为我开的药。医院医护都十分用心，玉茹阿姨昼夜伴陪，已经一个多月了。因此，你可以放心，她会照顾我。你每次写信都问到玉茹阿姨，她也常提起你，问你好，全家好。

你说得对，我几十年未能写出东西，大部原因是这些年的文艺政策。也怪我不能独立思考，社会活动搞得太多。现在明白了，也晚了。但正如你所期望的，也不必难过。还是打起精神活下去，要乐观起来，一切都会好起来。

我的病历摘要寄给你，只是私下托一个很好的小大夫为我抄的。她是个好大夫，待我很好。此地的规矩大，病人的病历，不能外传。当然，这是他们的规矩。

你寄来的100元美金，我一定存起来，日后需要，我定会用。你的孝心，使爸爸心痛。因为你们的日子过得不会很宽裕。要为迈迈存钱上大学，这笔开销是可观的。你还要为小达买些好营养给他补身体，他十分辛苦，我深深明白。你们过得想必很简单，但你一定要照顾自己的身体。爸爸老了，想起你们都远在万里外，有时念记起来，不觉有些难过。但你不要怕，爸爸的病会好起来，我一定高高兴兴地活下去。我们终有一天会见面的。

我很想迈迈，他是极可爱的孩子，肯用功，一定好好读书，身体要锻炼，各方都好，要在异乡为中国争光。我在国外，住几天，便想我们这个国家，尽管我们的一切都落后，不能使人满意。当然，还要使迈迈学点中文，能读点中国的文学书籍。

方子回来了。她说美国孩子，都自我中心，无法无天的，我想得出那是个什么样儿。我们中国孩子，要知道自己是中国人，有我们传统的道德文化。迈迈在我眼里，是个很有品格与文化修养的孩子，这一点，你和小达要经常如此教养他。

玉茹阿姨问你好，常提到你开朗，明白道理，能干。爸爸远不及你开朗。

送你两张照片，日后有大一点的再寄给你。

爸爸

1988 年 11 月 27 日

谢谢小达，这钱中也有你的辛苦和感情！

不要买什么对症药品寄来。在美国药物太贵，买回来北京医院医生也未见得同意用。

（略去爸爸病历摘要）

爸爸的病逐渐好转，你千万放心，我的长女，我的好黛黛！

爸爸

1988 年 11 月 27 日

1989 年 2 月 12 日

黛黛：

收到你的信，知悉你们全家都紧张地工作。Otis 先生又请你们看了许多好戏。这些戏，我听说很好，但没有机会看了。

我的身体比前一阵好，"肌酐"由五点几落到三点几，胃口也好，睡眠好，安眠药服得很少了。

小迈为了考医学院，只有奋发用功，我听了很高兴。这个孩子，定然比他的父亲还要强，我相信，他会为中国人争光，为医疗事业作出贡献。但身体第一，万不可把孩子逼得太紧了。读书重要，但不给他一定的时间玩一下，他也读不进去。

你们生活过得不宽裕，你们的收入，是多少血汗换来的，以后万不可再寄钱来，我还能过，快八十了，人虽老一些，但精神还支持得下去。放心吧，我的最爱的长女，我的小黛黛。你不要为看我而回来，路费太贵，但母亲的病确是需要你在宽裕的时光来看看。听方子说，她近来还比较好，我想你会更清楚的。

我相信我还能活几年，你不要惦记我。我们早晚还能相见的。问小达，小迈好，玉茹阿姨问你好，她还是早晚陪伴我，你写信感谢她，她听了很高兴，叫我一再向你们全家好。

我应小朴的嘱，写了一个条幅寄到他的新家，未回信，想邮递中失落了。

黛黛，你的身体也要注意，还有小达，这样拼命工作，人到中年，怎么吃得消！祝一切好。

爸爸
一九八九年二月十二日

1989 年 7 月 30 日

黛黛：

收到来信，十分高兴。迈迈暑期用功备考，考取医大，想必成功，看见你们的屋内照片，是科学家的风范，井井有条，空间颇大。欢子在纽约，大玩大吃，还有在中国餐馆你们请她两次。她实在的高兴，也来信告我。小达和你都很劳累，你每日四小时乘地铁工作，还要回来烧饭。你须注意身体是否受得住。

我的血色素最近又是八克，三天前输血，仍感疲劳，幸而食量未减，仍按医院配好的东西吃下去。

玉茹阿姨伺候我，十个月，也是累，我颇不安，然病了，也想不了许多。

我很想念你们，但愿过了暑季，能够出院，但愿如此。

北京不太热，一切平安。

我目前手抖，执笔困难，不多写了。问小达好，小刘迈好。

你须节劳，迢迢万里，这句话也是空话。

爸爸
1989 年 7 月 30 日

20 世纪 90 年代（1990—1994 年）共 14 封

1990 年 2 月 5 日

昭昭：

唐迎来，送来花和钱，我很难受。你和彦林日子想不会很好过，送这些来，徒徒使我着急。何况昭昭有肝病，正在休养。仅迎迎的饭费每月又所费不赀。你们的心意使我十分感动，然这样，真是叫老人十分不安。

你的病究竟如何？你身体素来弱孱，小时便神经衰弱，平时太用功，你的健康仅靠你的毅力支撑，真想见见你们，问问你们最近的情况。

妈妈故去，我内疚很深，你们——你和黛黛小时我都未能照护，只依妈妈苦苦照顾，才使你们成才。想起这些，我非常愧疚。事已过去，无法补过。人事复杂，不能尽述，希望你们暇中能来医院，让我看看你们。

医院一、三、五、七下午三时——七时可探视，非常惦念。

爸爸
1990 年 2 月 5 日

进医院，要工作证。

我们的爸爸曹禺和妈妈郑秀

1991年2月21日

黛儿：

　　天天想给你写信，拖到今天收到《人艺梦》发表在《团结报》上，才有力气把剪报寄来。我十分惦念你和小达、小刘迈，不知在不景气的空气中你们生活得如何。看相片上的新居，你们还活得很好。只是小达太瘦，看来是太累，过分劳神了，我看见你们的好友Otis的相片，十分可爱。欢子来和爸爸过春节，把你给她的信给我看，你在圣诞节请十几位友人欢宴。你们都非常愉快。黛黛，你是热情的孩子，走哪里都有人喜欢你。

　　谢谢你，收到你与小达寄来200元美金。告诉你，我们在木樨地家中过了个极热闹的除夕夜，还放丁花和爆竹，我在家玩了八小时，居然没有发病。

　　我时常回想你在我生日和昭昭及妹妹们，办的十分欢快的家宴，现在一想如在目前。未知来日何时才能见到你，真是不可想象。

　　你走后，昭昭常来。看见她，就更想念你。

　　我想小刘迈会如他父亲的意愿当个医生的。

　　玉茹阿姨问你们好。她一直陪伴我，快三年了。春节好，万事如意！

爸爸
一九九一年二月二十日

附照片及《人艺梦》剪报。

1991年4月10日

黛儿：

　　《人艺梦》又在《人艺之友》上发表，读者都说写得好。你与昭昭和我的照片更使我高兴。十分惦念你们，自上次寄去《团结报》上的《人艺梦》，一直没得到你的信询。

我的身体还是没有大好，从早到晚疲乏。不久，要给我用一种美国的新药"促血素"，也许对我的贫血病有些用处。

　　昭昭来过，给我她亲手腌的泡菜，很好吃。她说，你们因为苦干，才保留下来职务。我想，当然，也因为你们有成绩，有长期工作成就。但是还惦念你们的生活。

　　我写不下去了，太累！方子已代我写了。

爸爸
一九九一年四月十日

　　玉茹阿姨问你们好。《团结报》给你五十元稿酬交给昭昭了。

1992年1月24日

黛黛：

　　收到你两封长信，并100元美金。

　　你们太辛苦了，为了开业，各种经历都经过了，现在竟苦干到诊所及医疗用具都齐全，这是艰苦创业的幸福果实。虽然日后会有的事情要做，总算初成一个段落，在万里之外的老父亲为你们真是高兴，从心里佩服你和小达，祝贺你们先办的、办成功这件大事。不容易啊，孩子，你们在美国这些年的奔波，你说如不停的陀螺旋转，不休止地马上奔驰，竞技场上不住地翻滚，这三个比喻使我理解你们为事业用尽了心力。这是值得的，人生有限，能做出一件事，就没有白过这一生。我有你们这样的儿女，我是自豪的。

　　你说这样忙，还开了两次Party，客人们都很高兴，满意，我猜想不仅仅因为你款待得好，更是由于你们热情、诚恳，这样的人，走遍天涯，都会有朋友。

　　希望你和小达开业后有许多人来就诊，其中会有你们喜欢的朋友。

　　昭昭来了，和我与玉茹阿姨讲，一定要除夕在木樨地聚会，她全家都来。昭昭要自己烧菜，和我们一起过年。方子从华盛顿来电话，除了告诉我们《原野》歌剧首场演出大成功外，她将到小欢子家（雅加达）去，春节就不能一块过了。

但我很想念你，尤其知道你们夫妇两个为开业这样辛苦，更使我（你们为了生活下去，活得真不容易！）想你，你这半生都过得艰难，连圣诞节你们都没有休息，春节你们更不会歇着。成就一件事很难，然而成功了，得到的快乐，就补偿这一切。现在如不做，日后真的老了，就绝对不能做了。

你们寄给我100美元，我很不过意，这是你们的血汗所得。你嘱咐要给蓬蓬50元人民币做压岁钱，这些天不可能，因为方子不在北京，孩子住在他爷爷家，我与他通不了电话，待方子回来，我再补给他，你放心吧。

小迈通过 interview 我十分期望，他一定考取；父母对他的苦心与操劳，不会白费。万一有失，你们也不要难过。那一定是题目很难，孩子还是用了大心的。

我目前心情很好，一切都往开想，人也就乐观了。病情稍有好转，你们也放心吧。黛黛说我与你们一块走到二十一世纪，这当然也是我的期望，那时，我就是九十岁以上的老爸爸了。我们都会过得很好。

黛黛的病人 Weitraub 先生是一个十分有生活精神的人，他活得高兴，也使人高兴，这才是个可羡慕的人。希望你们能治好他的病，只要他多活下去，他的病就有特效的治法。

玉茹在我身旁，连说问你们好，她确是时常挂念你们，尤其是黛黛，我的长女，说你是热情、真诚的好女儿。还有一句，真能干！能吃苦！不多写了。祝全家快乐

爸爸

1992年1月24日

玉茹阿姨也会做菜，她现在可能做呢！

1992年2月14日

小达、黛黛：

祝贺小达诊所开业！

你们辛苦数月、劳累备至，终于办成自己的事业单位，这将会大大发展，成为你们二人加上小迈下大功，出现日后大成就的开始。我细细地读了"广告""介绍文字"，以及"小达十分详明的名片"。看了又看，非常兴奋。你们的后半生将有光明的，远比今日还重要的前程，作为你们的爸爸，作为小迈的公公，我是多么快乐，多么自豪。

我相信来就诊的人一定逐渐多起来，你们接待室充满了候诊的病人，更相信小达会一个一个地治好，有黛黛你在一旁襄助。工作虽然累，但必然顺利的。

祝贺小迈考取三个最好的口腔医院[①]，好医院等待你的选择，你有你的 Best Choice。今后，你更要追随你的爸爸妈妈的榜样，你要成为华人的好后代，你要付出更大、更艰苦的工夫。

我的可爱的小孙孙，不想你会这样出色，你的双亲和你的各方面亲友是如何为你高兴。

谢谢你们给我寄来《原野》歌剧的消息，听说它很成功，这是作曲家金湘的努力以及许多中国与美国朋友们的干劲，是有益于文化交流的好事。小方子作为歌词与歌剧剧本的作者，重新安排，仅仅做了开始的工作。她在华盛顿待了十天，（剧院仅招待十日），她回旧金山，由此，到印尼看小欢子去了。她知道你正在忙于建诊所，因此，她就没有看你，我想日后还有的是机会看你们。但是她没有信询问你，这个妹妹是该打的。

我的身体渐好转，没有早搏，心律齐，血色素十一点几，肌酐三点五。

玉茹阿姨祝贺你及全家，更问你好。

爸爸
一九九二年二月十四日

[①] 后又考取一医学院。

1992年3月20日

黛黛：

祝贺你和小达银婚纪念。你们二人几十年从各种困难中共同奋斗出来，由青年到老年信守誓言，相知更相敬，把孩子教育成人，把事业搞到有些规模，这真是大可贺喜的好事。你们还有一段长长的路要跋涉，但这是从一个成功到又一个成功，前途是光明，是幸福，爸远远为你和小达、小迈深深祝福。

你们的诊所告成了。经过商业和医业种种事务、困难，你们的病人已经逐渐增多。你们对诊费拿不出多少的中国同胞，给些方便，取微量诊金，你们究竟是高尚的医生。我为你们这样的人道态度庆幸、感动。

我看了小达的三份广告，宣传很实在，全面，"诊所手术随到随做，快速价廉，无痛效好"，我欣赏这样真实的宣传，你们都是能说到做到的。

方子回来说，在华盛顿给你打了电话，但是没有人接，可能你们不在家，她也没有继续打下去。

我一直在医院，过春节回一次家，只待了六小时，又返院。春天来了，有阳光时，我在外面坐坐，与玉茹阿姨共享受，阳光下望望行将发绿的树枝，桃花已经开了，眼看就满目花枝，真想出院，但行动不便，又离不开医药。

祝愿诊所病人更多，以后收入一多，你们的诊所会成为纽约最有名望的诊所。

玉茹阿姨嘱笔问你们好。

爸爸
1992年3月20日

全家福与Otis、客人等，十分爱人。

1992年7月29日

黛黛、小达、小迈：

时时想念你们。体弱，易倦，不能长时执笔。人在北京，心常在你们家中，眼睛也望见你们，听着你们，真是万里遥远，恨不能飞往纽约，见你们一面。

因此，更羡慕老阿哥与四弟及明月和你们欢聚异域。使我艳羡的，小迈开车，和他们伴游华盛顿，Niagara Falls（尼加拉瀑布）等地，精彩极了！

老人心里舒畅，老阿哥会活得长久，我们医院有百岁老人，耳聪目明，且健谈，老阿哥也如此长寿，请代我向他祝福。

昭昭告我你原有一瘤子，经极严格的检查，证明确是良性瘤，这是我们大家的福气！你健康了，远远的老父，也心安一些。但我觉你太劳累，我怕你是老了一些，虽然才五十多岁。今后，你要知道节劳，尽量使自己过得舒展一些。我看小达也应如此。在美国，还有周末休息。看来，你们连周末度假，也不是经常的。

我明白，我说这些，也是无用。在美国社会里，大家都忙，何况，你们还有个诊所，待周末，为病人看病。

前一阵，因北京人艺四十周年大庆，我出去三次，便累得整天吸氧。

玉茹姨托问你们好，她整日在医院陪伴我，十分辛苦。她说感谢你们问她好，致慰问之意。方子每星期总来两次，昭昭也和唐迎来看我，小欢子从印尼来看我，住了两星期。

北京时热，时雨，盛暑的天气已近末尾。北京秋天，再过20天，就要到了。

收到你寄来100元，很谢谢，也过意不去，你们赚钱太不容易了！以后，别再惦念我，不再寄钱了。

寄一张照片，是本年照的，把我照得太年轻了。

祝一切如意！

爸爸
1992年7月29日

1993年1月28日

黛黛：

收到93年1月3日信，十分高兴，你开了四次party，请了朋友们，有的且是"恩人"。做了许多好吃的东西，家里收拾得很漂亮，你们生活得多有趣，多精神。我十分赞同博爱、平和、神圣、高尚的气氛，这一点在Christmas更是显明。日常关系上，我以为美国人颇率真，亲切，而且很有感情。你们在美国遇见许多可爱的美国朋友，这也说明你们待人也亲切、热情。

正月初一，我与李阿姨把昭昭一家：彦林、唐迎，和小方子一家都请到木樨地过年，大家包饺子。此外，李阿姨与金凤（我们请的保姆）做了许多好吃的菜，大家围一圆桌，喝酒、照相，菜做多了，吃了炖鸡、清蒸鱼、红烧猪蹄膀、一品锅，还有不少冷菜，最后饺子端上来。大家都吃不下，这些菜，一连吃了几天。晚间外边鞭炮齐鸣，几乎连说话都听不清楚。北京春节确实热闹，这几天不断有爆竹声，要闹到十五元宵节算过完春节。

李阿姨早回来了，她手术后身体还可以。每天大清早由木樨地乘公共汽车赶来，到晚上八点钟才回去，陪病人一整天，真是我的好老伴。我很感激。

你说人应该多giving，我也以为如此。一个人能在异国感到神圣、平和、高尚的人与人的关系，那真是幸福。

我现在病情较稳定，然而终日十分疲乏，总需要吸氧气。这种病十分恼人，中国古话说"带病延年"，我可能还活一段时间。

你说给史叔叔100元，给小蓬蓬100元，都办了。

那张150美金支票不能存蓄，银行人说你把1993，写成1992，如果是1992年的Jan 4日签的，那就过期了，银行取款，只限在签字后的半年内取款。现在把这张支票退给你，你们再签Jan.4，1993的支票寄来。

黛黛千万不要懊恼，你们太忙，可能疏忽了。

问小达、小迈迈好。

爸爸
1993年1月28日

1993年4月1日

黛黛：

我收到你三月七日的信，知道你打算今年回国探望亲友，看视爸爸，昭昭，妹妹等，我十分高兴，玉茹阿姨说，"黛黛来了，你多有福气，小欢子也定于今年五月来京，这一家可团圆了！"

不知你能何时来京，是否都能在一个时间会面，这不太重要，反正早晚我可以看见你们。黛黛，你是我的长女，我经常怀念你，仿佛你还是两三岁时在江安的样子，常常想到你在中学、大学以及后来在北大医院当医生的种种神态。我似乎就看见了你，觉得你就在我的身旁。你是多么善良可亲的好女儿，我不自觉地在熟朋友谈起你。你能来北京，太好了，你说为了见可爱的故土，心情急迫，有点（不安？）的情绪。不用急，已经有几年不见，再等些时间，也无关紧要。

看了你给小迈用的书房，可惜不见刘迈，他大约是很大了。圣诞节和新年的装饰很好看，真是一片欣荣气象。你们招待朋友宴会的相片，我也见到了，你和刘小达都很健康，一点不瘦。

这阵子，开政治协商委员会，我乘轮椅参加两次，中国日报刊载了相片，看看爸爸现在是什么样子。我疲乏，实在走不动了。见了些熟朋友，很高兴。

玉茹阿姨读了你的信，你写到她日夜为我操劳，"这份耐心，长性，真情"，她读了，很感动，叫我问你好，问全家好，特别问小刘迈好。

北京天气好，春天到了，一切都绿了，生芽，有的长花了，看来，这些都在欢迎我的长女的到来。

问刘小达好！

爸爸

1993年4月1日

1993年4月24日

黛黛：

欢迎你归来。

爸爸很想念你，一路上辛苦了，休息一阵，等时差感过了，再来看我。

好好休息！

问昭昭，彦林，唐迎好！

爸爸
1993 年 4 月 24 日 下午

1993年10月2日

黛黛：

连收到你的信，你和小迈到耶鲁大学参观，想必很有意思。我过生日，你和小达又寄来美金 100 元，我很过意不去。好像我过生日，你们寄钱祝贺，成了惯例，我只好收下，道声谢谢了。

生日那天，昭昭，方方，欢欢，玉茹阿姨，史叔叔，小白都在附近一个饭店，吃各种肉食火锅，很热闹，还有小蓬蓬，小唐迎，就是没有你们，美中不足。人老了，又有病，何时，能与你们团聚，不能想象。总希望能见你们一面，尤其是你黛黛，我最爱的长女。

回家仍要与在医院一样吃许多药，打针，每星期至少两次到大夫那里看病。大夫说，身体正常，要小心，别感冒。

我每天最大的苦恼，是终日疲乏，起床后不一时，就累，又要吸氧气。客人来或有什么事情，我仍能支持一阵，但来完了，我便须躺在床上吸氧，真是没有办法。

因此，给你复信，也感困难，多次说给你写信，然终于没有精神，只好放下。

小达就来了，很高兴，见了他，可能知道你们的生活、工作种种，万里迢迢，只有长日地想念你们，尤其是你。

你的照片我看了，你很欢快又像是丰满一些，不感到你有疲乏的样子。你还那样忙么？

工作，家务，招待亲友多少事集在一起，想必很累的。

阳光洒满一地，窗外树叶微微地抖动，秋风起了，北京的天蓝得透明，如果你们在北京，我们一同到香山走走多好。

可惜，我走不动了，还是坐轮椅，但也可以推出去，享受明媚秋光，可能纽约的秋天与北京差不多，我就更怀念你们。

写了几句，就乏力写下去。

不行，还是用力写，写信，好比见着你一样。我思念过去。时常忆念你和昭昭来看我的情形，在那痛苦的"文化大革命"时期，我在铁狮子胡同躲着，你们姐妹俩来看我，硬拉我出门，看大字报，冬天的夜晚，走了半条街，我就不想走了，在一个馄饨铺里，你们请我吃一碗热馄饨，还喝了一杯啤酒，那是最美的一顿饭。你们的笑声，和高兴的神气，我记得清清楚楚。

还有好多次，我们在铁狮子胡同一块吃饭，带着小刘迈，和小唐迎。现在孩子们都大了，小迈魁梧像棵结实的树（从相片看），唐迎工作很累，有点瘦，他和我说了许多今天社会黑暗的故事，他已经成了一个很精明的人了。

我病卧五年，外边的事可以说一点不知道，希望我们的中国，摆脱过去的黑暗，种种丑恶，能逐渐变为一个光明的国家。现在改革开放，是有进步的，人富起来，生活好起来，但一种只是爱钱的社会风气，使人感到气闷。

我总希望，我能活到看国家富强起来，人们相互之间文明起来。我一生经过的古老的中国，使我更渴望，我们的愿望早些实现。

欢子生活得很好，颇有进步。昭昭工作很累，维持生活，很辛苦，她最近小脚趾受伤，现在已好了。你放心。

问全家好，你多保重！

爸爸
1993 年 10 月 2 日

玉茹阿姨问你好，看到你寄来的照片，黛黛愈来愈漂亮。

我们的爸爸曹禺
和妈妈郑秀

1994年3月19日

万黛：

你好。爸收到你3月8日写来的信，知你十分惦念爸爸，他感冒已基本控制住了，请你不要着急。

你的信，爸看了十分动感情，句句都是发自由衷的爱，由衷的惦念，文采又好，爸为有你这样一个好女儿感到欣慰和自豪。

上封信知你十分艰苦，每天要花两小时铲雪。在国内已知纽约奇寒和暴风雪，冬去春来，你总算熬过这个困苦的严寒了。

你爸这次上呼吸道感染，吊了青霉素之类的药物，影响到肾功能，以致肌酐上升到7.8，最近已降下来了，到6.3，大约是。只是他又老了些，不易恢复，经常乏力，也无力握笔。据医生说，要花好一段时间，才能恢复原来的体质。

我确实很累，几乎从出家门到回家，每天是13小时，因替工不灵，没有办法。幸好最近小白来了，我可以放点心。但上海单位又送来一个十分出色的学生，和我学一出戏。我在上海单位仍挂个艺术指导名义，每月仍拿上岗工资，我很不好意思，只得每周挤出点时间为这个21岁的小青年教戏，也算尽最近一些心力。但毕竟人老了，感到力不从心。下面留些地方，让你爸涂几个字，你可以更放心些。盼望你和小迈六月份能返京看爸。祝你全家幸福，你自己多多珍重。

李阿姨玉茹
1994年3月19日

我的最爱的女儿黛黛，不知还有力气写几个字给你不？我尽力地写，我想我要等你，等小刘迈，等你们来中国看我。无论如何，我会等你们，见你们一面。

剪下报纸一角，讲我在医院的情况。你看完了，再寄回来，方子昭昭还没有看呢。

我心思很乱，周身无力，更感到是个老而无用的病人了。这里也有春天，明媚的春光，照进来，还是十分喜人的。

我想念你们，想念孩子们，想念你和在外国的小欢子。我还有力气可鼓，别以为不成了，爸爸还成，还能活几年！活几年！

你一定保重身体，人老了，丢失健康，对你很不好。

爸爸

问小达小迈好。

1994 年 7 月 29 日

黛黛：

连接你来信，我非常高兴，尤其是小迈的考试都通过，已进入医生的阶段，更使我这个老头欢喜非常，你们在他身上用的心力都得到结果。他知道父母的心如何疼爱他。这都使我兴奋。祝贺他已取得医生的位置，说外公引他为荣，我很骄傲有这样一个外孙。一个很出色的青年医生！

你寄来300元美金，昭昭已换成人民币送来。我寄500元人民币给玉茹阿姨，她很感谢你。

你们对玉茹阿姨的关心，体贴，她十分感动，我的四个女儿都对她的病有深切的慰问，她体会很深。

黛黛，以后你再不要寄钱给我了，你在美辛苦，赚钱不易，我和昭昭经常谈起，你寄钱来，我心很不安。

我的病体仍不见好转，终日疲乏，来友谈一次话我就很累。我写信很困难，握笔无力，时时忘记字。我不能写了。

我很想念你，我的长女，我的爱女。老病的人尤其想你。你说明年能来，你能来看是我最高兴的事。

希望我见到你，还是高高兴兴的父女的会面。

问小达好，及刘家全家人好。

爸爸
1994 年 7 月 29 日

1994年10月20日

黛黛，我的爱女：

你从瑞士回来了，真是到了仙境，一定有不少美妙的回忆。可惜我不在你身旁，听你亲口叙述。我真是想念你，我的长女，时常望你来北京看我。我经常回忆你年轻时，年幼时的种种可爱的情景，觉到自己真是老了，只有忆旧是个安慰。我85岁了，不知何时能见着你，再见你？想起来心酸。

我过生日那天，还算热闹，有昭昭一家三口，小方子一家三口，加上小白和史叔叔，我们一道到一家东北口味的餐馆，颇新鲜。最使我感动的，是你给我的生日礼，昭昭说，"这是大姐托我换成的现款，大姐说，要爸爸日后天天用来买自己想吃的东西，别舍不得用。"黛黛，你想得真周到，这是贴心的话。万里遥远的地方的女儿寄来的孝心，我欢喜得不知说什么好。

我十分欣喜，小迈早已知道用功，成绩好，考上医院的大夫职称。各种病能看，而且又准备大考，想试最后一关。他一定能成功，将来一定成为一个卓越的好医生。

他明年能来么？你明年能来么？衷心想见见你们，我以为我们有好多年没有见面了，真想你们，实在想念你们！

玉茹阿姨的病好多了，现在正在化疗，要八个疗程，化疗之后体弱无力，一时不能来，大约明年一月中旬才能来，这一段长长的时间，离别得太久了，很难耐住这寂寞。玉茹阿姨非常感谢你，你对她的关心，她向你问好。

我一切正常，就是一天到晚疲乏，没有气力，因此，给你回信已耽误多时了，希望你能谅解。

昭昭与方子每星期来，独没有你来，我见不到你，真是很大的遗憾。恨不得，病立刻好了，我能到纽约见你一次，但这是做不到的事。这更是遗憾了！问小达好，小刘迈好。

爸爸
1994年10月20日

你的信写得好，读它如读一篇优美的散文，希望你常来信，以慰远念，更是使老父亲少一点悬念。

今晚有朋友送我一只螃蟹，一只很大的螃蟹，你看我多美，你想不想吃螃蟹！？

你信封上的印好的地址纸片，可否给我寄几张，我总怕写错了地址，你收不到我的信。有了地址片，我就贴在信封上，不会遗失了。

我们的爸爸曹禺
和妈妈郑秀

2

妈妈的来信（1985—1988 年）共 10 封

1985 年 4 月 11 日

我心爱的大孙孙，我的小迈迈：

　　昨天（4 月 9 日）收到你 3 月 22 日先后两封信和 8 张 NY 风景明信片。我知道小迈迈花了很多时间写的三封信（包括给小唐迎的长信）。我的小迈迈真是长大了，那样懂事，那样体谅你爸爸，关心他的身体和工作，还为早日入学作了充分准备。这样，阿婆就放心多了。祝愿你爸爸手术成功，身体健康，工作顺利；小迈迈学习应心顺手，早日适应当地的学习环境。初去，只求能慢慢听懂课堂教师讲课，记简单笔记，下课用功复习，完成必要的作业就行了，不必一下子就提出过高的要求，以免累坏了脑子和身体。你懂得身体健康是将来大有成就的先决条件，学习和工作虽然需要坚强的毅力，但如果身体虚弱，百病丛生，只能力不从心，遗憾终生了。最近两三年，阿婆久病不愈，深深体会到：一个人要长寿，必须健康，而且能从事力所能及的工作和轻微的体力劳动，那样晚年才能心情愉快，发挥余热，否则，长寿便没有意义。阿婆要竭尽所能，慢慢地恢复健康，等待我的大孙孙回国探望阿婆！你说得对，小迈迈一定会再见阿婆的。

……我住在北医宿舍已半年了，仍很不习惯，非常想回西石槽我的破房子住，但你妈妈和二姨始终不同意，我说，小民舅舅在北京培训半年，晚上可以回西石槽陪我住，等九月后他回武汉，我再回北医宿舍住，不是既"避暑"，又舒畅了我"念旧"的情绪，活跃我老年生活兴趣。西单、西四一带我很不熟悉，生活也不习惯，没有一个朋友，而我在东城却有几十个亲友，仅东四、东单一带就七八家朋友，每天都有人在闲暇时间来，或我步行去聊聊天，同看电视，欣赏好的音乐，还可以吃些各家不同风味的家常便饭，对我的性情来说是适合的。而在这里，除了你妈妈，没有别人可以谈话，而过去阿婆每天有小乖乖在身边，总觉得"其乐无穷"，看见小乖乖放学回家，我就高兴，就不感觉沉闷孤独了。想到这儿，阿婆真的十分后悔让小迈迈远走高飞。自然这样的想法是老人自私心在作怪，阿婆现在只能采取现实的态度来对待这个问题了，还是让阿婆在万里外虔诚地遥祝我最亲爱的小迈迈日日平安，身体健康，学习进步吧！

　　你写给小唐迎的长信，介绍你学习数、理、化的体会，非常实际有用。小迈迈真像一个大哥哥给小弟弟指导学习方法，耐心、细致、非常实际，肯定对小唐迎有很大帮助。估计你于 4.1 上学了，初去，估计不大适应，也想课业很重，特别是英语听、说的一关，须大力闯过，以后逐渐地适应、掌握了，也就轻松、运用自如了。估计到暑假 9 月开学后，你就能上课听懂 80%～90%。不必顾虑，困难难不倒勤学苦练的小迈迈，小迈迈不久就将成为一名出色的优等生。阿婆对自己心爱的小人儿是充满信心的！愿上帝赐福小迈迈！

阿婆
4 月 11 日

　　纠正来信个别错别字："转达……意见、信息等等"是"达"字，误作"答"；"热爱……事业"，不能用"疼爱……事业"。

1985年7月12日

我最亲爱的小乖乖，小迈迈：

近两个月没给你写信了，但无论阿婆走到哪里，心里总是想着、叨念着小乖乖。上周从福州回到北京，读到你三封信，真高兴极了。阿婆没白疼我的小孙孙，他是那样的争气，为全家争气，为祖国争气。不到一个短学期，居然五门课程得了 high pass 的优异成绩！小乖乖付出的艰苦脑力劳动是可想而知的。如果小迈迈在阿婆身边，我一定让小乖乖考后睡个足，吃得好，把身体养好，再好好地玩，踢球、游泳，观看好的文艺节目，舒张一下筋骨是完全必要的。值得庆幸的是：你爸爸对你的精心培养，辅导学习，他所付出的精力，你长大了，应该好好地报答你爸爸和妈妈。……阿婆十分感激你的两位美国爷爷和伯伯，他们所给予的友谊和温暖令人十分感动，还有，几个月来他们二位在你身上无私的破费，以及今年你生日他们赠送给你那样重的礼，实在让我感到惊奇，没想到我的小孙孙到处有人爱，连在万里外的美国异乡也有这样的好老人、好伯伯慷慨地在你身上花费这许多钱，金钱是有值的，而友谊和孺情却是无价之宝，你应当永远铭记于心，并代咱全家对他们表示深深的谢意！

……乘暑假空隙，有 Otis 给你补习英文，是再好没有的良机，你要虚心，以坚韧不拔的精神，从速学好必需学到的课目，掌握了学习的工具，下学期上学就会轻松些，听、说能力也必会加强。至于读、写可在课下自学，尽量加快阅读能力，纠正一些错拼字，到年底小乖乖的英语一定会大大提高，阿婆衷心地祝愿小迈迈学习进步，身体健康！

……北京今夏天气反常，气温比南方高，经常下雨，气压低，我很不舒服，只好多吃氨茶碱，打喷雾剂。你妈妈白天上班，我一人在家很闷，又不能单独行动，乘车太挤，只好在屋看报，看书，看电视，想写点"回忆录"之类，迟迟未着手。等过了盛暑，身体更好些，我一定开始做点事，阿婆剩下的时间不多了，希望经常收到小乖乖的来信。再谈，愿小迈迈健康、进步，一切顺利！问候你爸爸和二位美国朋友好!

阿婆
7月12日

1987年11月11日

心爱的黛儿:

　　你走后,每逢我一个人在家,特别是吃晚饭时和饭后,平时有你和我做伴,甚至有时吵吵嘴,也显得有生气。临睡看 CCTV English Service 时,有时我睡着,你就关上电视,悄悄地回你屋去睡,我感到十分幸福,平静地睡香得很!可现在,没有了,临睡必须我自己去关电视,一看,床前的沙发却是空空的,我大女儿不在我身边了,不知何时再能享受那样的温馨?

妈妈
1987年11月11日

1987年11月30日

我最亲爱的小迈迈,我的大孙孙:

　　今天,阿婆因你爸爸前些天在医院宿舍门口遇险的事,至今心有余悸,精神恍惚,不能多写。只有两句最重要的话向你说,你一定要听:

　　1. 你来回、出入学校和家门,身上一定要带20元到30元钱,遇到坏人抢钱,你千万不要和他讨价还价,把身上的钱统统给他,更不要表示敌意。这样大概可以"买命",不受伤害。

　　2. 你一定要更加勤奋学习,大学课程必须全神贯注地钻研,才能学好。再,你爸爸工作十分辛苦,他挣的工资,你用得最多,你千万要勤俭节约,不要浪费。(你看你从小戴了多少副眼镜,用了多少个铅笔盒?而阿婆至今四十年了,只戴过两副眼镜。你记得小梁文吗？她已上高中了，还用小学的铅笔盒。）

过几天再写信给你。祝你学习进步，平安快乐！

阿婆

11 月 30 日

1988 年 3 月 3 日①

黛儿：

这是我第五封信，但均未得复！

距你 1 月 29 日来信迄今已一个月零 5 天，我天天盼夜夜想，但始终未得你只字。……

昨天昭来，从转达室见到你 2-19 给陈增辉的信，就急忙上楼告诉我，我以为也有我的信，可是又让我非常失望、难过、着急，我掉下泪了。我以为 2 月份只有你一人在家，不会忙乱，会不少给我来信，但一个月零 5 天你没来一封信，究竟为什么？是发生什么事故吗？还是你生病，遇到不祥的意外？为什么小迈迈也不来一封信？告诉我，你们究竟为什么不来信？我白天夜间哭了几次，你忍心让久病的妈妈如此煎熬度日吗？我几次和知心的朋友说：我后悔，不该牵线搭桥让你们远离我去异国，虽说现代交通迅速，万里之遥，朝发夕至，但究竟手续重重，麻烦之至，又需大量旅费，谈何容易！我情愿平日生活清苦些，亲人团聚，有分有合，各有所司，不比现在江山远隔，梦幻萦牵要好得多吗？可能小达、小迈不同意我的想法，当然以你们的安排为主，但我热望你，我的好女儿，如若我的身体情况，不宜出国，那你明年一定要回国看我，并一起生活一两个月，好吗？

……

妈妈

3 月 3 日

①因信件遗失，让妈妈焦急等待，备受煎熬，现在读着，仍心疼、难过。

1988年3月7日

黛儿：

昨天下午总算盼到你的信了，是你2、18写的。算来此信足足走了16天，可算慢得出奇！

……听妹说，陈增辉念你的信中有关的一段话说：你现正在寻觅工作，小迈正在申请转学Columbia，希望不久能解脱经济困境，我听了很高兴。你走之前我就再三嘱咐你，到美后要尽快设法工作，哪怕收入很少，精神有所寄托，比整天在家里自学英语要好得多，而且一个工作惯的人，一旦离开日常工作是非常不习惯，也是很难熬的。我刚退休时就有此感觉，后来我在街道上教夜校，常去区里集体备课，听报告，精神上就舒畅多了。后来回福州游逛一次，回京后又立即申请回校当个"编外""补差（额工资）"教员，一直到1984年我犯病住院为止。不久你回国我才算真正退休。我多次说过，我要女儿挣钱养我，我不愿增添女婿的负担，小达老父也需要他赡养，小迈学费奇贵，实在够难为他了，所以我热望你不久就设法工作，哪怕小小科研项目或其他劳务都无不可。听说美国最低工资 \$3.5/per hour，如若我年轻10岁，去美国做个baby sitter，我也愿意。贺阿姨说她在纽约做了七个月的小儿家庭保育员，挣了\$1000，买了电动打字机和大彩电带回。现在她的女儿自费留学，绝大部分费用，靠自己打零工，父母和亲友资助很少。

……我有生之年，要求用你自己挣来的钱养活我，自然我要尽量节约。阴历年关已过，估计没有什么大份的花费了。我知道对你和妹妹来说，我真是个大累赘。我很久以来就悟出一条真理：长寿必须建筑在健康的基础上，否则累人害己。最近邓颖超大姐倡导、赞成"安乐死"，她认为：一个人到了医疗和药物无能为力时，不如让自己的亲人安静地死去，免受极大的痛苦。报载：英国前国王乔治五世死得很突然，无大痛苦。最近才揭露：原来是伊丽莎白二世的祖母玛利皇后因不忍心眼睁睁地看着亲人处在极端痛苦之中，于是签署了让乔治五世"安乐死"的手谕。

小迈迈一字也不写给阿婆，是忙得如此地步吗？他知道吗？阿婆每晚必亲亲他的照片，向他道晚安哩！

妈妈
3月7日

1988年9月27日

黛儿：

　　小迈迈学费负担极重，我已从Otis致小迈信中知悉，他说"你的父母为你做出极大的牺牲"，勉励小迈要珍视你们为他创造良好的学习条件。Otis确是美国人中难得的好朋友。你们要随时鼓励小迈迈更奋发图强，千万别甘居中游，从现在起就做好考医学院的准备，我相信他将能考上医学院。告诉他，阿婆等待他成功。

　　关于和对过邻居冲突的事，其实不怪小迈，是小唐迎认为那个年轻人对老人说话太不客气引起的。你走后宿舍院内设了厂桥居委会北医宿舍分会，负责卫生、治安等工作，他们在每幢单元门前的垃圾管道口处和墙根上，贴了"不许在此处倒垃圾和污水"的布告，别的单元门口很干净，唯独四单元门口仍有对面和左边平房的住家在单元门前倒垃圾。那天我们正准备去友谊商店购礼品，唐迎蹬车，小迈和昭骑车已走在前，我走到门口正准备上三轮，看见对面那年轻人（不认得）正往管道口倒他家垃圾，我说了一句："不是不让在这倒垃圾吗？"那人强辩说："你看见我倒啦？我要倒进管道里面不行吗？"其实管道口居委会已用铁丝捆上，不能随意开关。小唐迎听他强辩，蛮狠不讲理，就下车和他理论起来。这时年轻人的岳父（老头）出来骂唐迎，唐迎和他大声争吵起来，小迈和昭听见争吵声就回来，小迈迈看见老头和年轻人居然要动手打唐迎，他才急了，还老头一拳，老头自然不依不饶，要赖往小迈身上撞。昭和我吓坏了，我跳下车，大声叫小迈和小唐迎回来，他们谁也不听，昭急坏了，跑去拉架，你想她那么小个，何济于事！幸张阿姨和居委会的同志闻声出来，才把他们劝阻了，避免一场会有极大后患的事故发生。我们一同上楼，洗手、脸，休息几分钟后，我提议由我带昭和小迈去给对面老头（不知何姓名）赔礼道歉，我当面让小迈给老头鞠一个躬。老头笑了，说："没事，没事，我们还是好街坊。"并用手摸摸小迈迈的头。事情就这样结束了。那天是我和昭遇到的最紧张的场面，幸亏我没添病，总算两个孙儿平安无事是最大的幸事。据昭说，唐彦林也已严厉地教育小唐迎一番。小迈迈回去，你们也教育了他。让小迈迈永远记住这次万没想到事故的教训吧！出门在外，千万不要惹是生非，不要逞能好强（小徐也说服了小迈，遇事不要动手），避免无谓牺牲，切切！我在西石槽住了三十多年，从来没和邻居吵过架，这次小迈迈回西石槽怀旧，全院的街坊都出来看他，问长问短，大家都很喜欢小迈迈。姐！你放心，你总说妈妈脾气大，但我在学校，在院内，从来没跟谁吵过架，我更没跟学生发过脾气，不是吗？

……我托付强褙褙爸爸给小迈写的条幅，……因爸爸的墨迹，尤其是给小迈题名的墨宝，小乖乖应该珍存，为要。

眼下北京进入"金秋季节"，秋高气爽，蒋彤（注：小迈同学）答应十月二日下午蹬三轮带我去天安门观赏国庆花坛。

妈妈
9月27日

最亲爱的小迈迈：

你平安到达 NY，怎么忘记给阿婆发平安电报？你不是说到香港不打电报，回 NY 后再打，为了省钱，我很乐意，但你不应该忘记自己答应的事呀！以后别让阿婆担惊受怕了！

这次你回国，在家待的时间太少了，前后不及一周，我记得只有你回来的第三天上午，你躺在沙发上，阿婆躺在床上，我们聊了一上午，聊得很开心，只有这时，小乖很像小时候一样，依恋着亲人，依恋着家。你长大了，没有忘记婆，这是阿婆最大的快乐，有了你和你们的小家，我们的大家（包括二姨一家）才幸福！

小迈迈，你明白你的爸爸妈妈，为了你能上医科大学，现在虽尚在读医预，但他们已献出最大的心血，负担着沉重的学费担子，艰难地在工作着，你要体会父母的厚爱，百倍努力学习，不可须臾松劲，要成功、胜利，只有艰苦地努力，这一点你要向你爸爸学习，学习他坚韧不拔的毅力、持久不懈的努力，事业总会有成的。小迈迈，要听话！你的美国大朋友 Otis 先生给你的长信，不也是鼓励你加倍努力，不要辜负你父母一片爱子之心！

阿婆随时等待听到你节节进步的好消息！祝愿小迈健康、幸福，学业进步！

阿婆

9月27日

1988年10月1日

黛儿：

田本相写的《曹禺传》，是咱住西石槽时，他就开始收集材料，动手写了。你记得他曾将一部分稿样给我看，并说等全书脱稿后，再来征求意见。听说他后来自安徽调京广播学院工作，也曾来过一封信，我复了信，但其后无音讯，不知何故。《人民日报》（海外版）连载的《一颗新星出现之前》是全书节选，并非全貌，是叙述爸的《雷雨》发表之前的事迹，并未闻有单独出版的版本。我已让昭到书店寻觅有无《曹禺传》全集，如有，即购寄，如买不到，你不如请爸爸代向田本相索取。（因他前曾答应等全书出齐后，将送我一册。）再说，我不知道田本相现在的工作单位、地点，无从通讯。告知你，1988年（本年）7月22日（星期五）第七版田写的《一颗新星出现之前》一文中登载了有关我和爸的事，不知你看到没有？小迈在家也看了，他不懂，莫名其妙，也难怪，半个世纪以前的旧事了，早已过眼云烟，消失殆尽了！

……

妈妈

十月一日晨

1988年10月26日

黛儿：

……没想到这两周右腿疼痛加剧，晚间不能睡，体重锐减，不能举步。……此药（布洛芬）有些翻胃，饭食受影响。我服用了五天，疼痛略减，但胸闷、气喘加剧，所以从昨天起拟暂停服一阵，以复方APC片代替止痛。现在大腿基本上不大痛，只是小腿骨有时痛得钻心，只好让张阿姨轻轻抚摸几分钟好些。这些天日子真不好过，我特别想念我万里外的儿孙，不知什么时候才能见到你们？妈妈什么都不要，就要人，就要你们！但愿厄运不久过去，再好好练气功，恢复一下体力。

……我带小迈和唐迎去冰心家，照的相片很难得。冰心先生高龄88岁，尚笔耕不辍，令人敬佩。我们去她家前几天，正值近代中国文学馆和北图联合举办冰心文学生涯七十年大会，那天她接待客人谈话多了些，回家病了好几天。我们去的那天，她刚刚起床，但依然热情接待我们，对两个孙儿非常喜欢，把她的爱猫让人抱出来给孩子们玩，所以那张相片很珍贵，与爸爸给小迈写的条幅一样值得珍存。

……清华大学校史研究室为于1991年建校80周年庆祝活动，向校友征文，邀我写稿，订于本年底前截止，所以我在腿痛前每天上午拟稿或写《烟云录》未竟稿，约两三小时；下午午休后读报刊，周末及星期天和朋友们与妹妹一家人相聚，是我最开心的时候；晚看电视，星期二的《草原小屋》必看，晚报赞英格一家人靠劳动生活，和睦相处，是最幸福的家庭，我非常同意这个赞语。《草原小屋》是近来美国电视连续剧中最好的作品，它是那样自然、淳朴，人心那样善良，可以代表真正的美国人。还有CCTV的English Service，自你走后我也是一天不落，坚持要看，宁可牺牲其他"好"节目。凡此种种，我觉得我的时间并不是很充裕，从不感觉"没事干"，只恨现在手脚不灵，不能多做家务事，或出门走动走动，希望腿病好了，再练气功，对我身体康复起作用，等待你回国带我去你们那里，看看四十年不见的弟、妹，并和你的小家庭聚会半年，再回来彻底养老，你说好吗？

妈妈
10月26日上午

1988年12月12日

心爱的黛儿,并达婿、小迈孙孙:

　　昨天妈妈过了一个极愉快的生日。昭一家和即将赴美的黄菊如阿姨和王舅舅、舅妈都来一起晚宴。佳肴有炒鱿鱼卷、冬笋炒香菇、清蒸活鲢鱼、白斩鸡、熘鱼片、燕丸汤,还有冰糖银耳加菠萝,大家吃得饱饱的,原准备的炒面都吃不下了,留着肚子吃蛋糕。昭一家合送我北展的大蛋糕,质量仍很好。彦林因加班,分电视剧(特别行动?)镜头和配音来晚了,他吃了三分之一的蛋糕,只吃一点菜肴,就给我拍照。共照了十余张,都是以妈妈为中心。我穿上昭替我选购的浅灰色、开口高领的漂亮时髦毛衫,面前镶了珠珠和闪光片的花纹,色彩很调和,大家都说好看,说妈妈穿上年轻十岁,你看像吗?可惜不能自理头发,所以头发很不合意,目前只能做到这样,等天暖、病除,再照好相片寄你们。告诉你们两件奇异的现象:(1)12月10日我暖寿那天下午,你自东北带回的君子兰,忽然在叶中心开了四朵橘红色类似喇叭花,漂亮极了。我还是第一次见到君子兰花。张阿姨说她原主人家也有君子兰,几年也不见它们开花。(2)一个多月来我因腿疼,常常睡不着;每当夜阑人静,我远望窗外天空。只要是晴天,总有一颗很亮的星星悬在天空,它的下端垂着闪闪发微光的星华,一起从西向东移动,子夜以后更亮,非常洁净、晶莹。我不觉随口而出两句:小星星亮晶晶,垂挂星华,光照万里骨肉亲!晴空夜静,伴我安眠暖我心。妈妈的心声你们听见没有?

　　……你常帮助妹妹,知情者都夸黛黛心眼好,最心疼妹妹,妹妹也最爱姐姐。妈妈亏得有你们两个好女儿,才能过上幸福的晚年!谢谢我的好儿孙们!祝愿你们三个永远平安、幸福、快乐!

妈妈
1988年12月12日上午

(为保留信件原貌,此部分中的某些字词未按现在的文字标准修改)

后 记

完成这本回忆录《我们的爸爸曹禺和妈妈郑秀》,实现了我们长期以来心底的热望!

出版这本回忆录,我们要感谢故乡湖北潜江的乡亲们。2020年11月,湖北潜江举办第四届曹禺文化周的纪念和学术活动,让我们深受感动,感受到潜江人民对剧作家曹禺的一腔真情、对研究曹禺戏剧的长性和执着、对发扬中国戏剧文化的坚定决心,也感受到国家和人民长期以来对爸爸的重视和关怀。

我们要感恩潜江市委、市政府,感谢曹禺研究会傅海棠会长、曹禺纪念馆叶和玉馆长对出版回忆录的暖心关怀和巨大支持。

回忆录面世,离不开长江出版社社长赵冕和编辑朱舒、张琼的责任担当、心血付出和辛勤劳动。

你们的鼎力帮助,使我们姐俩从心底感受到故乡的温暖,爸爸写了《我是潜江人》,我们要说的是"月是故乡明"!

同时,我们不会忘记写作过程中亲友们的热情接待和真情追述,不会忘记研究曹禺的专家和前辈对我们的深刻启迪和诚挚帮助。不少学者致力于曹禺研究,他们以坚忍不拔的精神,不畏艰辛、繁复,走遍大江南北寻访爸爸的故旧,扎入浩如烟海的旧书刊、报纸、档案探索爸爸的艺术人生。他们对曹禺戏剧的艺术精神、贡献和弱点,做出了深刻、精辟的研究和评价。

我们要特别感谢田本相先生,他的研究显示了一个理论家深邃的思想和坚实的方法论根基、艺术家的激情和才华,向我们揭示了曹禺剧作与造就它的时代、社会生活、文化艺术与曹禺本人生活经历、思想感情乃至性格、婚姻之间的深刻联系。同时,我们认识到,田先生是真正懂得曹禺、懂得曹禺戏剧的人。田先生的《苦闷的灵魂——曹禺访谈录》是爸爸留在世上的心灵记录,它是无价的,因为，还有谁能够在爸爸活着的时候让他如此"掏心窝子"，谈得这么多、这么系统、这么深入、这么坦白呢？我们想，这是由于田本相先生赢得了爸爸的心。我们写这本回忆录时经常用到这本访谈录，我们还认真阅读参考了田先生撰写和主编的《曹禺传》《曹禺评传》《曹禺剧作论》《曹禺全集》《曹禺年谱》等，过程中我们数次求教于他，得到他的指点。

五十余年来，曹树钧教授为曹禺研究付出了巨大的精力，始终保持着旺盛的探索热情，他不远万里，不辞辛苦，持之以恒，采访了近百位亲历者，收集了大量的第一手资料，抢救了不可再生的精神财富，不断深入挖掘新的研究课题，写出了近百部（篇）论著。我们对曹树钧教授这种勤奋刻苦的治学精神感到由衷钦佩。曹树钧教授在曹禺研究中坚持尊重历史、尊重事实的科学态度，表现出求真务实的学者勇气。他也是长期鼓励支持我们写作回忆录的文学理论家。

此外，崔国良先生的《曹禺早期改译剧本及创作》、梁秉堃先生的《在曹禺身边》为我们提供了爸爸早期戏剧活动和在北京人艺四十余年艺术生涯的宝贵史料。

在书写过程中，我们的好友、同学胡乃羽、胡秀吉、钟子林、黄晓和、蔡良玉、梁茂春等教授花了很多时间和精力阅读原稿，谈感想，提意见，出主意，给予了我们很多鼓励和帮助。中国艺术研究院资料馆的刘小辉一次又一次为本书的照片重拍、翻修、精工细作，使许多老旧照片恢复原貌，清晰、光亮起来。

在本书争取出版的过程中，刘琳、赵倩、吴彬、董建国、郭娟、刘丽华、于文舲等热心朋友曾鼎力相助；天津南开大学文学院李杨教授和爸爸老友吴祖光叔叔之子吴欢先生也曾向我们伸出援手；天津曹禺纪念馆老馆长王海滨为我们题写了书名。这一切，我们是永远不会忘记的。

万昭　万黛

2020 年于北京

我们的爸爸曾昭抡和妈妈郑秀

相册

青年时代及家庭

（15张）

我们的爸爸
郑秀 曹禺 和妈妈

◆青年时代的爸爸，眼神里深藏聪慧

◆1936年妈妈清华大学毕业照

◆妈妈陪伴爸爸创作《雷雨》的清华大学图书馆西文阅览室,靠窗两个面对面的座位

我们曾禺和妈妈
郑秀

◆奶奶薛咏南

◆外公郑烈和外婆林佩英

◆继外婆翁德敏和二姨郑华(右)、三姨郑韶(左)

我们的爸、曹禺和妈、郑秀

◆表舅公方声洞（黄花岗烈士）

◆外公郑烈（左）和舅公林文（黄花岗烈士）

◆ 1933年爸爸（右）和妈妈（中）在清华大学演出《罪》的剧照

◆ 20世纪30年代创作《日出》时的爸爸

我们的爸爸和妈妈
郑秀

◆张彭春指导爸爸饰演话剧《财狂》中的男主角

◆ 20世纪30年代，爸爸（右一）和妈妈（左一）为同学吴季班夫妇做傧相

◆ 20世纪30年代，妈妈（右）和同学黄菊如在清华园

010 – 011 | 青年时代及家庭

◆ 20世纪30年代，妈妈（左）与同学黄菊如在清华大学大钟旁

◆ 20世纪30年代，妈妈（左一）在清华大学与同学合影

我们

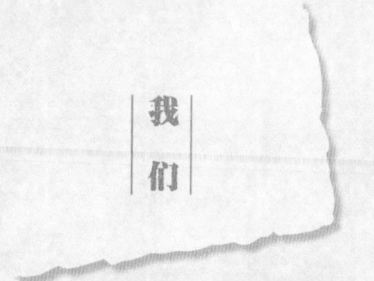

＃ 抗战
时期

（17张）

◆ 1935年,《雷雨》在日本首演剧照

◆ 1939年,爸爸应闻一多邀请在昆明导演《原野》

014 – 015 | 抗战时期

◆ 1939年，爸爸受闻一多之邀在昆明导演《全民总动员》时演职员舞台照（站立者第一排右边第二人为爸爸，第三人为闻一多）

◆ 1939年，爸爸应闻一多之邀在昆明导演《原野》时的剧照

我们的爸爸和妈妈

郑秀 曹禺

◆ 1940年江安，爸爸怀中的黛黛感到很幸福

◆ 1939年江安，温馨家庭中的小宠儿黛黛

◆ 1940年江安，黛黛抱着拐棍喊道："拿棍棍打日本人！"

016 – 017 | 抗战时期

◆ 1940年江安，妈妈和黛黛，母女二人真快乐

◆ 1940年江安，爸爸妈妈和黛黛

郑秀 曹禺和妈 我们的爸

◆ 1941年江安，昭昭出生了，妈妈的心情并不好

◆ 1941年江安，妈妈抱着黛黛，肚里怀着昭昭

018-019 | 抗战时期

◆ 1942年重庆，黛黛（左）和昭昭（右）

◆1943年，爸爸在话剧《莫扎特》中饰莫扎特，张瑞芳饰阿露霞

020 - 021 | 抗战时期

◆ 1944年重庆，妈妈抱着昭昭，身边是身穿糙毛衣的黛黛，当时生活很艰难

我们的爸爸
曹禺和妈妈
郑秀

◆黛黛和小伙伴周晓平（张允和、周有光之子）

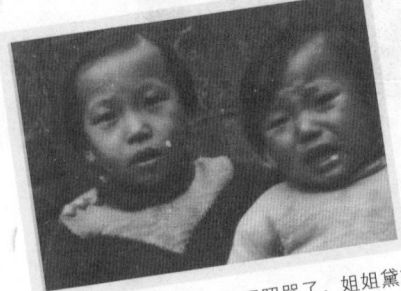

◆抗战时期重庆，妹妹昭昭哭了，姐姐黛黛马上过来哄

◆抗战时期重庆,妈妈(后排右一)与好友胡子婴(后排左一)、张允和(前排中)等合影

我们

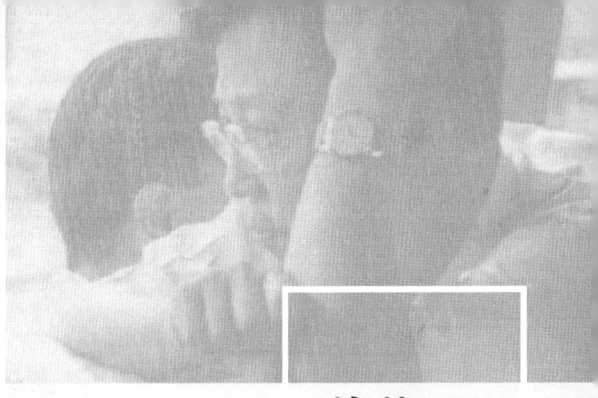

抗战胜利后

（5张）

◆ 20世纪40年代，爸爸赴美讲学

◆ 20世纪40年代末，爸爸冷眼看旧世界

◆ 1947年，爸爸应救济总署之邀在河南黄泛区演讲

026 - 027 | 抗战胜利后

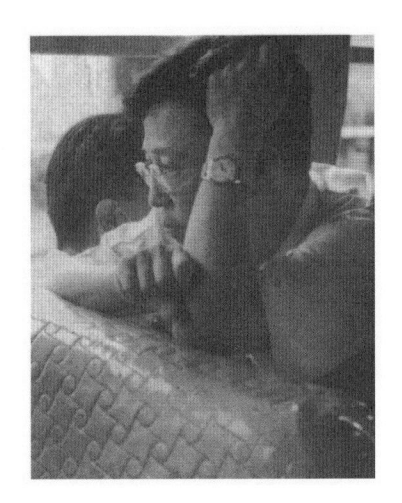

◆新中国成立前夕，爸爸在沉思

◆抗战胜利后，从四川回南京，黛黛（右）和昭昭（左）在外公家

我们

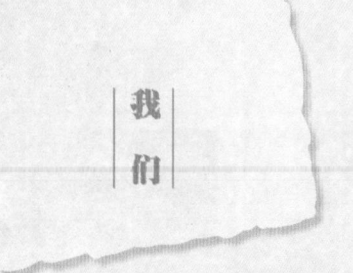

新中国
成立后

（31张）

我们的爸爸——曹禺和妈妈郑秀

◆ 1950年福州植物园，昭昭依偎着妈妈

◆ 1950年福州，昭昭在妈妈身边健康成长

030 – 031 | 新中国成立后

◆ 1950年福州家中，妈妈给黛黛收拾完行李，很辛苦，黛黛（左一）要离开妈妈，一人先行赴京求学，哭肿了眼睛，昭昭（右二）很舍不得，只有姨婆十分淡定

◆ 1950年福州家中，黛黛（右）和昭昭（左）在妈妈呵护下的快乐童年

◆ 1951年，爸爸（右二）率领皖北文工团去治淮工地演出，雄赳赳地走在最前面

◆ 1952年，爸爸在张自忠路寓所书房中写作

◆ 1954年，爸爸与焦菊隐在北京人艺院庆活动中

郑秀和 曹禺 我们的

◆ 1957年，妈妈（二排右二）与北京男二中学生合影

◆ 20世纪50年代爸爸的这张照片比较像爷爷

◆爸妈支持我们在艰苦生活中锻炼——
昭昭（左一）在海河劳动中进餐

◆爸妈支持我们在艰苦生活中锻炼——
黛黛（右一）在西北参加医疗队

036 - 037 | 新中国成立后

◆新中国成立后，爸爸虚心地向农民求教

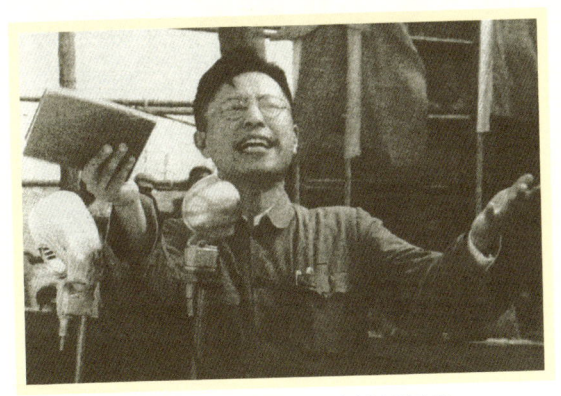

◆新中国成立初期，爸爸即兴朗诵，为新中国欢呼

我们的爸爸和妈妈

郑秀

◆新中国成立初期,爸爸(左二)认真专注地参加文艺整风会议

038 – 039 | 新中国成立后

◆新中国成立初期,爸爸与焦菊隐、赵起扬、欧阳山尊伯伯在史家胡同会议室共商北京人艺建院大计,黛黛(右)和昭昭(左)来看望

郑秀 曹禺 我们的 和 妈妈

◆ 20世纪50年代，妈妈和黛黛（右）、昭昭（左）在北京中山公园

040-041 | 新中国成立后

◆ 20世纪50年代，黛黛（右）和昭昭（左）生活在妈妈身边

我们的爸爸曹禺和妈妈郑秀

◆ 1976年，爸爸与黛黛（左）、昭昭（右）在天坛公园畅谈后

042－043 | 新中国成立后

◆ "文革"中,爸爸在人艺传达室分报纸

◆ "文革"中,黛黛(中)抱着刘迈、昭昭(右)抱着唐迎与爸爸合影

我们的爸爸曹禺和妈妈郑秀

◆ 1980年北京，妈妈（前排右一）与黛黛（后排左一）、昭昭（前排左二）、大女婿刘小达（后排中）、二女婿唐彦林（后排右）、大外孙刘迈（前排左一）、小外孙唐迎（前排右二）的全家福

◆ 1978年，妈妈在北京二十五中任英语教员时的工作照

◆ 20世纪80年代，庄唯坦表舅（右一）从台湾来京看望妈妈（右二），与昭昭、唐迎合影

◆ 1982年，妈妈（前排右五）与北京二十五中学生合影

046 – 047 | **新中国成立后**

◆ 1987年4月15日，爸爸在第四届中国戏剧梅花奖颁奖礼上（这张照片极为传神，后半生内心的苦闷、纠结、不甘和痛苦以及处境的尴尬都令人惊叹地表现出来了——作为颁奖者，他仍在台上，同时，他又是那么孤独）

◆爸爸对剧本《太平湖》和导演、表演发表意见

◆"文革"后,北京人艺复排《雷雨》,爸爸与导演、演员一起讨论复排方案

◆爸爸（左一）与《天下第一楼》的编剧何冀平（右一），导演夏淳（右二）、顾威（左二）研究工作

郑秀 曹禺和妈妈 我们的爸

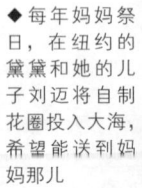

◆每年妈妈祭日,在纽约的黛黛和她的儿子刘迈将自制花圈投入大海,希望能送到妈妈那儿

◆1986年,妈妈和黛黛(右)、昭昭(左)在北京紫竹院合影,相爱的三人世界

◆刘迈给外婆送花圈

我们

手迹

84.1.29

第 1 页

黛儿:

读了你的信,我异常高兴!你毕竟是爱祖国的中国人!你想的是把你学习的成就献给祖国的~~医疗卫生事业~~(中国人!),你在北京医学院或医院,甚至于整个医学界再奋斗!

孩子,我really担心你会长期滞在美国。我又绝没想一个爱爱祖国人民的、掌握了好知识分子,尤其是高级知识分子,会在美国的科~~学~~、物质上的成就、学术上、技术上、研究上的成就,奋斗一十几年辛辛苦苦地,去忘记自己祖国的意愿,不肯回到祖国,甲一点做配得该做的事。

你急于学成回国,把自学得的医学知识献给国家,献给我们人民,医好他们的病。我们的祖国现在是很穷的,有困难的,所以需要中啊!当然,~~总之~~目前,总不能靠着做更多洋进的力量很大,但是我相信你这一辈,我确实认为,也相信,我们党中央领导是有办法、有决心,(所以要好)有能力把中国在正几十年中或为各种共富的繁荣强盛的大国。那儿,你在那时候是最需要你的呀!你是你们的探泊人!人家要你回国,你去训考,你都要的回来,不,是要快去早回祖国,更要想法变卖所在祖国,如你~~想~~一样去找大家大的的~~钱~~那样把儿~~着~~、~~爱~~、诚心意地,给祖国医学干活儿。

你快意回国是完全对的!你这样的决心是应该说的,走回家看望学祖国外的世界的去中,你表露理一个中国人,真正中国人的精神,你挑选了一个崇高的、有良心的中国人的面貌!

回国吧,我的孩子!我为你有这样的决心去爱国骄傲而自豪。我想,你的母亲~~听了~~知道你这样的决心自豪,这样的决定,能高兴同快乐的。知识分子才能,才是爱~~表~~我们这些长

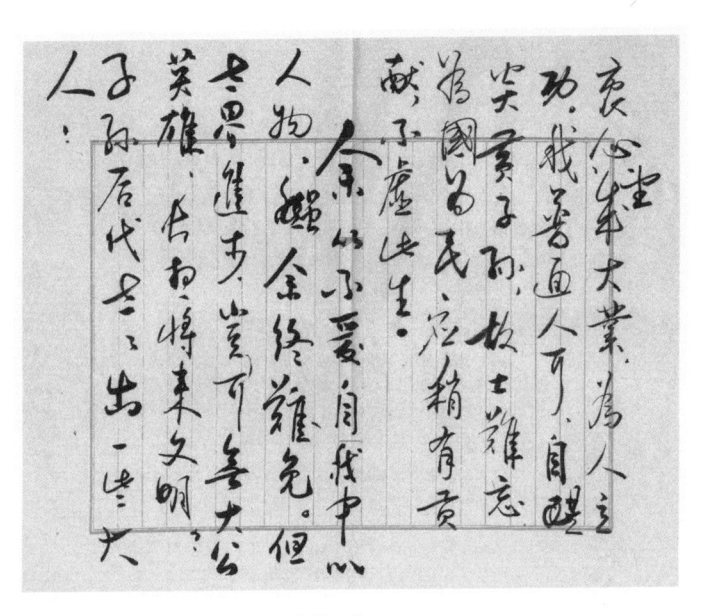

衷心祝苹大業为人之功。我是普通人可自醒笑责子孙。故土難忘。為国为民应稍肯贡献于鹿此生。

余好不爱"自我中心"人物。螂余终難免。但七思進去尝可有大公英雄。吾和将来文明子孙后代去、出一些大人子！

◆ 1987年6月7日，爸爸写给黛黛的信

郑曾我
秀禺们的
  和

◆ 1994 年 10 月 20 日，爸爸写给黛黛的信

056-057 | 手迹

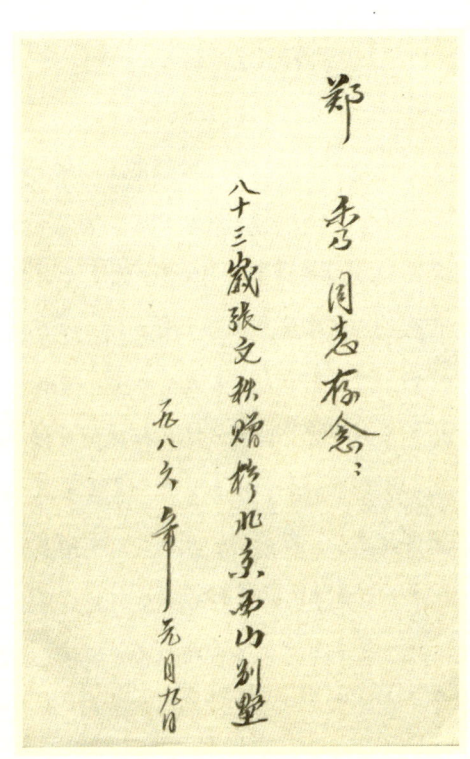

◆革命前辈张文秋给妈妈的赠书扉页

郑曹我
秀禺们

国际文化出版公司 投清华《校友通讯》
《稿纸》 P.1
《雷雨》在这里诞生 1987.4.5
——追忆往事之一—— 寄出

1936届校友 郑秀
1987.3

今年值我们(1936届)毕业50周年纪念之际，我曾在《校友通讯》第13期投载《乐园里的家》文中提到：人视清华育三宝，图书馆、体育馆、大礼堂。指的是母校当年物质方面的设施；然而更重要的是清华优良的校风和她拥有理、工、文、法多学科众多经验丰富、享名中外、学识渊博的专家、教授、学者和在名师培育下成长起来者数更多，大有作为杰出的科学家、数学大师、著名的建筑工程师和不少政治、国际法学专家、学者，以及诸多文学名士。而今天，在无比优越的社会主义制度条件下，在党有关尊重知识、尊重人才政策的鼓舞下，又有一

◆妈妈遗作《〈雷雨〉在这里诞生》

◆ 妈妈遗作《烟云录》第60页

◆妈妈遗作《烟云录》第 61 页

我们

想起与父母相处的许多往事,
感恩之情越加浓烈,
他们是给予我们生命、养育我们、
影响我们一生的最重要的人。